NIETZSCHE E A FILOSOFIA BUDISTA

Antoine Panaïoti

NIETZSCHE E A FILOSOFIA BUDISTA

Tradução
Marcello Borges

Editora Cultrix
SÃO PAULO

Título do original: *Nietzsche and Buddhist Philosophy.*

Texto de acordo com as novas regras ortográficas da língua portuguesa.

1ª edição 2017.

1ª reimpressão 2018.

Editor: Adilson Silva Ramachandra
Editora de texto: Denise de Carvalho Rocha
Gerente editorial: Roseli de S. Ferraz
Preparação de originais: Luciana Soares da Silva
Produção editorial: Indiara Faria Kayo
Editoração eletrônica: Join Bureau
Revisão: Bárbara Parente

Dados Internacionais de Catalogação na Publicação (CIP)
(Câmara Brasileira do Livro, SP, Brasil)

Panaïoti, Antoine
Nietzsche e a filosofia Budista / Antoine Panaïoti; tradução Marcello Borges. – São Paulo: Cultrix, 2017.

Título original: Nietzsche and Buddhist philosophy
Bibliografia
ISBN: 978-85-316-1410-1

1. Nietzsche, Friedrich Wilhelm, 1844-1900 2. Filosofia budista I. Borges, Marcello. II. Título.

17-05183 CDD-181.043

Índices para catálogo sistemático:
1. Filosofia budista 181.043

Direitos de tradução para o Brasil adquiridos com exclusividade pela
EDITORA PENSAMENTO-CULTRIX LTDA., que se reserva a
propriedade literária desta tradução.
Rua Dr. Mário Vicente, 368 — 04270-000 — São Paulo, SP
Fone: (11) 2066-9000 — Fax: (11) 2066-9008
http://www.editoracultrix.com.br
E-mail: atendimento@editoracultrix.com.br
Foi feito o depósito legal.

À Lhassa et Alexandre, mes enfants, mes amours
[A Lhassa e Alexandre, meus filhos, meus amores]

Sumário

Agradecimentos 9
Notas sobre traduções, textos e fontes 13
Abreviaturas 15
Introdução 19

Parte I **Niilismo e budismo**
1 Nietzsche como Buda 41
2 Nietzsche como Antibuda 95

Parte II **Sofrimento**
3 O *amor fati* (amor ao destino) e a afirmação do sofrimento 145
4 O *nirvāṇa* e a cessação do sofrimento 203

Parte III **Compaixão**
5 Superando a compaixão 259
6 Cultivando a compaixão 289

Conclusão: rumo a uma nova resposta ao desafio do niilismo 315
Bibliografia 341
Índice remissivo 359

Agradecimentos

Eu não teria conseguido escrever este livro sem a ajuda, o incentivo e a orientação de Eivind Kahrs e Raymond Geuss, meus dois orientadores de doutorado na Universidade de Cambridge, e de Christine Tappolet, orientadora do meu pós-doutorado no Centro de Pesquisa em Ética da Universidade de Montreal. Um agradecimento especial à Margaret Cone, que leu pāli comigo durante os quatro anos que passei na Grã-Bretanha e com quem travei diversos debates estimulantes sobre o pensamento budista. Preciso agradecer também a Vincenzo Vergiani por ter me dado a oportunidade de ensinar sânscrito e história intelectual da Índia no último ano em que estive em Cambridge e por realizar um seminário sobre filosofia Madhyamaka na Quaresma, na Páscoa e na Festa de São Miguel de 2009. Lecionar na Faculdade de Estudos Asiáticos e do Oriente Médio ajudou-me a aclarar muitas ideias, em particular sobre o budismo. Desejo agradecer ainda a Rupert Gethin e Martin Ruehl, dois membros da banca examinadora do meu doutorado, por sua crítica construtiva à minha dissertação e por seu apoio contínuo ao projeto de redação de uma monografia com base na pesquisa de doutorado que realizei.

As ideias expostas neste livro tomaram forma durante um período de dez anos. Inúmeras pessoas tiveram papel nesse processo, como professores, alunos, amigos, adversários e familiares. Posso mencionar algumas. Da Universidade McGill, gostaria de agradecer em particular a Alia Al-Saji, Katherine Young, Emily Carson, Lara Braitstien, Thubten Jinpa, Sanjay Kumar, Philippe Turenne e Hasana Sharp. Muito obrigado, também, a Jonardon Ganeri e a Jim Benson, membros da banca examinadora do meu mestrado em filosofia, por seus preciosos comentários relativos à tese que defendi sobre a filosofia de Nāgārjuna. No Centro de Pesquisa em Ética da Universidade de Montreal, recebi a ajuda inestimável de meus colegas, em particular de Sara Villa, Morgane Paris, Ryoa Chung e Nathalie Maillard. Quero agradecer ainda a Hilary Gaskin, da Cambridge University Press, e a meus dois leitores externos e anônimos por seus úteis comentários sobre a primeira versão em papel deste trabalho. Na última década, beneficiei-me muito de conversas e debates instigantes com diversos amigos mais próximos, em especial Lily Soucy, Oliver Moore, Nikolas Metaxas, Pierre-Antoine Tibéri, Fabrizio Biondi-Morra, Anna Elsner, Richard Armstrong, Pierre-Luc Déziel e Sofia Bachouchi. Nikolas Metaxas, na verdade, foi quem primeiro me levou a pensar nas questões tratadas neste livro. De certa maneira, a concepção deste trabalho tomou forma em uma noite fria de inverno, em fevereiro de 2005, em um café de Montreal, momento no qual Nick e eu discutimos a oposição entre a afirmação da vida por parte de Nietzsche e a suposta negação da vida por parte do budismo.

Por fim, minha família merece a maior parte dos agradecimentos. Quero expressar minha gratidão a meus pais, Hélène Panaïoti e Glen Williams, e a meu irmão, Thomas Williams, por seu firme apoio em todos os passos do meu caminho tortuoso. Agradeço muito a meus avós Constantin e Thérèse Panaïoti. Meu avô merece boa parte do crédito por me ter ensinado a raciocinar desde os 5 anos de idade – e por forçar-me a fazê-lo antes mesmo de eu começar a estudar para valer (o que demorou um pouco). Minha avó, com sua insaciável *joie de vivre*, fizesse chuva ou sol, foi, do mesmo modo, uma verdadeira inspiração desde a infância. Todo meu amor e minha mais profunda gratidão, enfim, a meus filhos extraordinários, Lhassa e Alexandre Panaïoti, e sua bela e notável mãe, Lily Soucy. Devo tudo que tenho de valor e que conquistei até agora a Lily. E, sem Lhassa e Alexandre, este livro nunca teria visto a luz do dia.

Notas sobre traduções, textos e fontes

Todas as traduções de textos em francês, alemão, sânscrito e pāli presentes neste livro foram feitas por mim. Usei as abreviaturas relacionadas a seguir para me referir à maioria dos textos canônicos ocidentais e indianos. No caso dos textos indianos, baseei-me em edições críticas de textos e/ou nas edições desses textos aceitas em sua maioria como referência pelos indologistas. Todas as citações das obras de Schopenhauer são da edição crítica de A. Hübscher de seus livros: *Sämtliche Werke*, Mannheim: F. A. Brockhaus, 1988. Todos os trechos de cartas de Nietzsche são da edição crítica de sua correspondência produzida por G. Colli e M. Montinari: *Nietzsche Briefwechsel*, Berlim: W. de Gruyter, 1980. Por fim, todas as referências às obras de Nietzsche são da edição crítica de seus textos produzida por G. Colli e M. Montinari: *Nietzsche Werke*, Berlim: W. de Gruyter, 1977.

Considerando que faço uso livre de notas e fragmentos inéditos de Nietzsche, devo deixar clara a metodologia adotada na utilização de tais fontes, afinal o uso (e abuso) de fragmentos é tema de controvérsia entre os estudiosos do filósofo. Minha abordagem em relação aos *FP* pode ser caracterizada como uma espécie de meio-termo entre a ênfase dada por Heidegger para *VP* como sede da verdadeira filosofia de Nietzsche, por um lado, e a rejeição completa ao material inédito de Nietzsche, por outro, tal como a condenação de Julian Young ao "Nietzsche póstumo" em *The Death of God and the Meaning of Life*, Londres: Routledge, 2003, pp. 97-106.

Vários fragmentos de Nietzsche foram agrupados pela irmã dele, Elisabeth, e publicados sob o título *A Vontade de Poder*, em 1901. Heidegger acreditava que as obras publicadas de Nietzsche seriam, na verdade, um mero preâmbulo ao trabalho que ele estaria preparando e que a verdadeira contribuição de Nietzsche à filosofia só poderia ser encontrada em *VP*, sua "principal obra filosófica". Ver M. Heidegger, *Nietzsche*, Pfullingen: Neske, 1961, vol. I, p. 12 (obra em quatro volumes). No outro extremo, temos a opinião de que *VP*, ou qualquer coleção de fragmentos inéditos de Nietzsche, seria pouco mais do que "uma lixeira repleta de pensamentos, rabiscos, devaneios e experimentos mentais (malsucedidos, de modo geral)". Ver Young, *The Death of God*, p. 98; comparar com B. Magnus, *Nietzsche's Existential Imperative*, Bloomington: Indiana University Press, 1990, e M. Clark, *Nietzsche on Truth and Philosophy*, Cambridge University Press, 1990, a fim de obter versões mais moderadas dessa posição.

A verdade simples e monótona é que os fragmentos não são nem ouro nem lixo. A maioria deles oferece apenas percepções sobre o que Nietzsche pensava ao escrever determinados textos, e muitos deles são pouco mais do que versões anteriores de aforismos que apareceram de modo efetivo nas obras publicadas. Não vejo nenhum risco real em levar em consideração o que é encontrado nos cadernos de apontamento de Nietzsche. O motivo simples para isso (ao contrário do que expõe Young) é que não há bifurcação entre um Nietzsche produtor alucinado, bombástico e irracional de anotações e um Nietzsche autor publicado, contido e escrupuloso. Este livro faz uso dos fragmentos, portanto, como fonte confiável (mesmo que não privilegiada) do pensamento *nietzschiano*.

Abreviaturas

A	*O Anticristo*, Friedrich Nietzsche
ABM	*Além do Bem e do Mal*, Friedrich Nietzsche
AK	*Abhidharmakośa*, Vasubandhu
AKBh	*Abhidharmakośabhāṣya*, Vasubandhu
AN	*Aṅgutarranikāya*
AR	*Aurora: Reflexões sobre os Preconceitos Morais*, Friedrich Nietzsche
BA	*Bodhicāryāvatāra*, Śāntideva
BAP	*Bodhicāryāvatārapañjikā*, Prajñākaramati
BĀU	*Bṛhadāranyakopaniṣad*
ChU	*Chāndogyopaniṣad*
CI	*Crepúsculo dos Ídolos*, Friedrich Nietzsche
CN	Correspondência de Nietzsche
CR	*Crítica da Razão Pura*, Immanuel Kant
DBhS	*Daśabhūmikasūtra*
Dhp	*Dhammapadā*
DN	*Dīghanikāya*
E	*Ética*, Baruch Spinoza
EH	*Ecce homo*, Friedrich Nietzsche

FET	*A Filosofia na Época Trágica dos Gregos*, Friedrich Nietzsche
FM	*Sobre o Fundamento da Moral*, Arthur Schopenhauer
FP	*Fragmentos Póstumos*, Friedrich Nietzsche
FPp	*Filósofos Pré-platônicos*, Friedrich Nietzsche
GC	*A Gaia Ciência*, Friedrich Nietzsche
GM	*Genealogia da Moral*, Friedrich Nietzsche
HD	*Humano, Demasiado Humano*, Friedrich Nietzsche
KU	*Kenopaniṣad*
LV	*Sobre a Liberdade da Vontade Humana*, Arthur Schopenhauer
MA	*Madhyamakāvatāra*, Candrakīrti
ME	*Meditações Extemporâneas*, Friedrich Nietzsche
MMK	*Mūlamadhyamakakārikā*, Nāgārjuna
MN	*Majjhimanikāya*
MP	*Milindapañha*
MSA	*Mahāyānasūtrālaṃkāra*, Asaṅga
MV	*Madhyamakavṛtti*, Candrakīrti
MVR	*O Mundo como Vontade e Representação*, Arthur Schopenhauer
NT	*O Nascimento da Tragédia*, Friedrich Nietzsche
NW	*Nietzsche contra Wagner*, Friedrich Nietzsche
Pm	*Paramatthamañjusā*, Dhammapāla
PP	*Parerga e Parapolimena*, Arthur Schopenhauer
Pp	*Prasannapadā*, Candrakīrti
QRP	*Sobre a Quádrupla Raiz do Princípio de Razão Suficiente*, Arthur Schopenhauer
S	*Zu Schopenhauer*, Friedrich Nietzsche
SN	*Saṃyuttanikāya*
Sn	*Suttanipāta*
ThGA	*Therātherīgathāṭṭhakathā*, Dhammapāla
TNH	*Tratado da Natureza Humana*, David Hume
TV	*Triṃśikāvijñapti*, Vasubandhu
V	*Vinaya*

VC	*Sobre a Visão e as Cores*, Arthur Schopenhauer
VD	*A Visão Dionisíaca do Mundo*, Friedrich Nietzsche
VM	*Sobre verdade e mentira no sentido extramoral*, Friedrich Nietzsche
VN	*Sobre a Vontade na Natureza*, Arthur Schopenhauer
VP	*A Vontade de Poder*, Friedrich Nietzsche (org. E. Forster--Nietzsche e P. Gast)
Vsm	*Visuddhimagga*, Buddhaghosa
VV	*Vigrahavyāvartanī*, Nāgārjuna
YṢK	*Yuktiṣaṣṭikākārikā*, Nāgārjuna
Z	*Assim Falou Zaratustra*, Friedrich Nietzsche

Introdução

Pode haver algum sentido na existência se o Ser é uma ficção, como se reconhece?[1] Será possível uma ética sem Deus? Haverá algum propósito na existência neste mundo, se este mundo é tudo que existe? Será possível a virtude sem Transcendência? Se nada há por trás, muito menos além, deste mundo de devir, a vida ainda pode ter algum sentido?

Todas essas indagações são variações sobre um único tema. Esse tema cativante vai interessar a todos que têm ouvidos para a filosofia de Friedrich Nietzsche e, de modo mais geral, a qualquer um que não se deixe levar pelo teísmo ou por um de seus representantes. Ele anuncia o que chamo de *desafio do niilismo*, o desafio de se desenvolver uma ética após o colapso da ficção, sobre a qual se baseavam antes todos os sistemas éticos predominantes. Nietzsche identificou com acerto essa

[1] Todos os nomes (como Ser, Deus, Verdade) e as propriedades (como Permanência, Sublimidade, Transcendência) do *wahre Welt* (Mundo Verdadeiro/Real) rejeitados tanto pelo pensamento de Nietzsche quanto pela filosofia budista aparecerão com inicial maiúscula ao longo deste livro. A finalidade é destacar o robusto caráter metafísico de tais conceitos. Comparar com a inicial maiúscula dos "conceitos platônicos" de R. Rorty, como Verdade, Bem, Racionalidade e Filosofia, em *Consequences of Pragmatism*, Mineápolis: University of Minnesota Press, 1991.

ficção. É o Ser – "o que é, mas não se torna".[2] Sendo assim, o desafio do niilismo é o desafio de se formular um ideal humano em um mundo *e* para um mundo de evanescente devir.

De Parmênides e Platão em diante, o edifício do pensamento ocidental erigiu-se sobre a "ficção vazia" do Ser.[3] Essa ficção tem muitas faces: Deus, Substância, o Absoluto, o Transcendente etc. O Ser é o que sustenta o conceito metafísico do Real, o conceito epistemológico do Verdadeiro e o conceito moral do Bom. Em contraste com o Ser, o devir mostra-se irreal, falso e mau. De um lado, há a Verdade fixa e confiável do que existe; de outro, a aparência mutável e traiçoeira do que vem a ser.[4]

Um vácuo filosófico, existencial e ético segue-se à parca compreensão de que o devir é tudo que existe e que o Ser é uma mentira. Portanto, nada, ao que parece, é real, verdadeiro ou bom. Nietzsche chama a esse vácuo de niilismo. A crise do niilismo segue de perto a morte de Deus/Ser. É uma crise, já que ameaça solapar todos os valores, significados e propósitos. Daí a necessidade de responder ao desafio do niilismo com a formulação de uma ética pós-teísta autêntica. Sem tal ética, o mundo permanecerá envolvido pela ausência de valores e pela falta de qualquer base de avaliação, e todos os seres humanos serão considerados igualmente sem valor. Nenhuma visão apontará o caminho. Seguir-se-ão a mediocridade e o *laissez-faire* em todos os planos. A decadência de culturas, a desintegração de sociedades e a estagnação de pessoas. O ressurgimento do fanatismo insensato e da religiosidade desesperada que observamos hoje se alimenta da nudez ética de uma cultura desacostumada (talvez apenas em caráter temporário) às suaves mentiras do teísmo. A fim de não se desperdiçar uma grande oportunidade, o desafio do niilismo deve ser enfrentado, apesar de ainda não termos

---

2 *CI* v, § 1.

3 *Ibid.*, § 2.

4 Comparar com J.-P. Sartre, *L'être et le néant: essai d'ontologie phénoménologique*, Paris: Gallimard, 1943, p. 12.

começado a encará-lo de fato, muito menos a compreendê-lo. Por isso Nietzsche ainda é o pensador mais relevante de nossos dias. Ele foi, de fato, um filósofo póstumo. Agora, o tempo dele chegou.

A tentativa de Nietzsche de responder ao desafio do niilismo assume a forma de sua ética de afirmação da vida. Estabilidade, Paz e Sublimidade são propriedades do Ser. Mas o Ser é uma ficção. Portanto, um mundo de vir a ser, de devir, é um mundo de incessante instabilidade, conflito e sofrimento. Por conseguinte, o ideal de afirmação da vida consiste em uma postura diante do sofrimento. Essa postura comporta duas características fundamentais: uma atitude conveniente perante o próprio sofrimento (*amor fati*) e uma atitude conveniente perante o sofrimento alheio (a "superação da compaixão"). A meta final pretendida pela ética de afirmação da vida é um estado de grande saúde, o qual envolve não apenas a aceitação, mas o acolhimento, a afirmação e a celebração do ilimitado sofrimento da vida.

Porém, da forma como são apresentados por Nietzsche, tanto o *amor fati* quanto a superação da compaixão são conceitos éticos muito vagos. Em função disso, a visão de grande saúde dada pelo filósofo mantém-se um tanto misteriosa. A incisividade e a precisão das posturas negativas e críticas de Nietzsche não encontram paralelo em sua filosofia positiva. Isso pode muito bem ter sido proposital. A ética de afirmação da vida que ele começou a formular em seus últimos anos é um esboço, um rascunho grosseiro, um projeto. Seria um preâmbulo?

Ao desenvolver uma resposta ao desafio do niilismo, Nietzsche tomou como modelo o contraexemplo do homem que considerava seu maior predecessor. "Eu poderia me tornar o Buda da Europa", escreve em 1883, "mas, para ser sincero, eu seria o antípoda do Buda indiano".[5] Na época de seu colapso, em 1889, Nietzsche esteve muito próximo de se tornar ambos.

---

5 *FP* 1882-1884, 4(2).

Nietzsche sabia que Sidarta Gautama, o Buda histórico, havia feito duas das coisas que ele então fazia. Primeiro, Buda rejeitou com firmeza o mito do Ser e admitiu apenas o devir. Segundo, procurou formular uma ética sem baseá-la na ficção de um Absoluto Tolerante e Sublime – uma ética que visa tratar da natureza dolorosa da vida em um mundo de turbulento devir e de frustrante impermanência. A ética de Buda, por conseguinte, também visou um estado ideal de bem-estar supremo, ou de grande saúde (*nirvāṇa*).

Foi por isso que Nietzsche proclamou-se o Buda da Europa. Como seu antecessor indiano, ele é um pensador desafiador, honesto o suficiente para denunciar o Ser como mentira e corajoso o bastante para formular uma ética de grande saúde com base na realidade solitária do devir. Mas Nietzsche também se apresenta como Antibuda. À ética de negação budista da vida, que considerava insalubre, em essência, Nietzsche opõe a da afirmação da vida. *Amor fati* é o *nirvāṇa* virado do avesso, e a superação da compaixão é o oposto do cultivo budista da compaixão. A história da tentativa *nietzschiana* de resposta à crise niilista fica mais rica.[6]

Os ganhos heurísticos na interpretação do pensamento de Nietzsche, obtidos mediante o exame mais acurado de sua relação com o budismo, são apenas a ponta do *iceberg*. O pensamento budista tem muito a oferecer para a tradição filosófica ocidental, em si e *de per si*.[7]

---

6 A relativa escassez de estudos sobre a relação entre Nietzsche e o budismo é muito desproporcional à importância do envolvimento desse filósofo com o budismo no desenvolvimento de seu pensamento. Tais estudos existem, mas tendem a ser ignorados pela grande maioria dos estudiosos de Nietzsche, às vezes por bons motivos. Seja como for, o fato de não se levar a sério o envolvimento de Nietzsche com o budismo tem produzido um considerável ponto cego em nossa compreensão do pensamento nietzschiano e de seu significado filosófico mais amplo.

7 Aqueles que precisam ser convencidos disso devem ler dois trabalhos recentes que mostram com clareza a pertinência das ideias budistas para a tradição analítica e a tradição continental do pensamento ocidental contemporâneo: M. D'Amato, J. Garfield e T. Tillemans (orgs.), *Pointing at the Moon*, Oxford University Press, 2009, e M. Siderits, E. Thompson e D. Zahavi (orgs.), *Self, No Self? Perspectives from Analytical, Phenomenological and Indian Traditions*, Oxford University Press, 2011.

Considerado em conexão com o pensamento *nietzschiano*, porém, oferece nada menos do que a oportunidade de um início de superação da debilitante dependência humana do Ser, sem cair em um vazio ético. Nietzsche e os grandes filósofos budistas da Índia Clássica chamavam uma espada de espada: quase toda a filosofia e a religião – do Oriente e do Ocidente – foi criada com base na ilusão bicéfala de alma/ego/eu e Deus/Ser/Substância.[8] Ademais, na tradição budista, bem como nos escritos *nietzschianos*, há a firme tendência a *psicologizar* o universo não só do pensamento religioso, mas também do abstrato, teórico. Essa tendência psicológica está bastante relacionada com o discurso médico mais amplo no qual essas filosofias se apoiam. O pensamento metafísico,[9] em particular, é interpretado em relação às necessidades e aos desejos específicos (patológicos) do sujeito. Portanto, traçar vínculos entre o pensamento de Nietzsche e a filosofia budista não acrescenta apenas uma significativa profundidade à nossa compreensão das implicações da rejeição do Ser nos níveis metafísico, epistemológico e ético: destaca também um conjunto complexo de considerações psicológicas que apontam para uma nova concepção da virtude, esta pós-teísta.

Nietzsche acreditava que decerto Buda sofria dessa doença que ele, Nietzsche, havia diagnosticado, ou seja, a *décadence*. Por isso, opôs sua ética de afirmação da vida à ética budista de negação da vida, quiçá decadente. Mas Nietzsche errou ao acreditar que Buda sofria dessa doença e, assim, desorientou-se ao fazer essa oposição. Logo, sua resposta ao desafio do niilismo não é algo esclarecerdor. Dito isso, afastada a

8 A justaposição dessas duas tríades de conceitos não é arbitrária. A "alma" é o correspondente pessoal e individual de Deus – segundo alguns, sua *anima*. O "ego" é, supõe-se, "o que existe, mas não vem a ser", ou seja, o Ser, na qualidade de base da subjetividade. Por fim, o "eu" é a Substância à qual os eventos mentais e físicos são atributos.

9 Nietzsche e os filósofos budistas tinham problemas com a metafísica da substância. Não está claro se teriam considerado a chamada "metafísica do processo" de "metafísica". Por conseguinte, exceto quando afirmado o contrário, a expressão "metafísica" refere-se, neste livro, à metafísica da substância.

confusão de Nietzsche e, nesse processo, enriquecida nossa compreensão de seu pensamento e da filosofia budista, abre-se caminho para uma nova visão ética. Com efeito, a percepção psicológica obtida com a implosão da dicotomia negação/afirmação da vida aponta não apenas para um relato híbrido do que não é salutar na forma como a pessoa comum lida com o mundo, mas também para algo parecido com uma visão híbrida de grande saúde. Em jogo, portanto, está a nova resposta ao desafio do niilismo, que supera as limitações da resposta *nietzschiana*. Um novo relato da psicologia moral, uma nova ética, uma nova direção para os esforços humanos – é isso, em última análise, que esta obra busca formular.

O impulso para essa empreitada é revelado por compromissos metodológicos claros. Entre eles, um método particular de interpretação do pensamento de Nietzsche; uma abordagem específica do budismo; e uma hermenêutica distinta a fim de fazer com que o pensamento *nietzschiano* e a filosofia budista dialoguem. Algumas palavras sobre cada um desses três pontos.

Nietzsche não fala com uma voz, mas com diversas vozes. A maioria dos filósofos busca consistência e uniformidade em suas alegações, seus argumentos e suas posições em geral. Não é o caso de Nietzsche. Não que ele se alegrasse com inconsistências e contradições, ou que não se preocupasse com a consistência, como alguns de seus leitores menos generosos possam estar inclinados a acreditar. Com efeito, ele esforçou-se por dar plena expressão a diversos pontos de vista ou perspectivas e aceitou que uma das consequências de fazê-lo seria o aparecimento de choques, conflitos e ambiguidades entre perspectivas distintas.[10] Apesar de ser inevitável falar desse modo, há, portanto,

---

[10] Ao comentarem o método *nietzschiano*, P. Heller, em *Studies on Nietzsche*, Bonn: Bouvier, 1980, e P. de Man, em "Nietzsche's Theory of Rhetoric", *Symposium* 28(1), 1974: 33-51, enfatizam a dinâmica em jogo entre as perspecticas nos textos de Nietzsche: as maneiras com que se sobrepõem e se superam umas às outras e

sempre alguma coisa um tanto incorreta em qualquer frase que comece com "Nietzsche disse/afirmou/acreditou...". É que não existe Nietzsche no singular.[11]

A abordagem de Nietzsche ao escrever sobre filosofia é consistente em relação às suas posições teóricas mais gerais. Primeiro, ele não acreditava em um assunto unificado.[12] Em seu lugar, dava destaque à "pluralidade" dentro de um assunto que se imagina singular. Os textos polifônicos de Nietzsche estão em sintonia com a pluralidade radical de sua própria subjetividade.

Segundo, ele rejeita a tríade cognitiva/emotiva/conativa sobre a qual repousa a própria crença na suposta imparcialidade do filósofo.[13] A percepção filosófica, para qualquer dos sucessores de Platão (ou de Aristóteles), consiste em um "saber" intocado pelo que é considerado inferior no homem, ou seja, sentidos enganosos, emoções caprichosas e volições erráticas. Nietzsche tem uma história diferente para contar. Ele reduz tanto o cognitivo quanto o emotivo ao conativo – todas as crenças e todos os sentimentos têm, afirma ele, para sua condição necessária e sua base psicológica, certos desejos e necessidades. Até o conhecimento abstrato, que com efeito falseia a realidade – não existem círculos, esferas ou triângulos verdadeiros no mundo real, os números

---

refletem, assim, os mecanismos do perpétuo devir do mundo. Em contraste, meu ponto aqui trata da irredutível pluralidade dessas perspectivas, cujas oposições e dinâmica, como veremos, nem sempre são dialéticas (contra Heller e Man).

11 Essa ideia não deve ser confundida com a visão habitual de que existem, por assim dizer, três Nietzsches, os quais corresponderiam aos assim chamados períodos – inicial, intermediário e tardio. Ver M. Clark, "Nietzsche, Friedrich", em *Concise Routledge Encyclopedia of Philosophy*, Londres: Routledge, 2000, pp. 630-631. Com efeito, o estudo atual não presta muita atenção na distinção entre os três períodos, focalizando a pluralidade de vozes de Nietzsche, várias das quais abrangem dois ou três "períodos", e algumas das quais fazem alegações fundamentalmente contraditórias no mesmo período.

12 Ver, por exemplo, *ABM*, § 19.

13 Sobre esse ponto, ver *ABM*, em particular §§ 3, 5 e 6. (Nietzsche não emprega os termos "cognitivo", "emotivo" e "conativo", mas isso é irrelevante.)

são meros marcadores de posição etc. –, é um produto da vontade primitiva de viver e de predominar no ambiente, o que leva o sujeito a ignorar particularidades (irrelevantes), a generalizar, a gerar universais etc.[14] A posição de Nietzsche tem implicações importantes para a figura do filósofo. Ao expor um sistema ou uma visão, o filósofo está apenas dando voz a alguma característica de sua(s) vontade(s). No mais das vezes, afirma Nietzsche, as obras de artistas e de pensadores são frutos de conflitos entre as vontades plurais em seus íntimos.[15] No caso do próprio Nietzsche, diversas vozes têm a oportunidade de expor diversas perspectivas expressivas de diversas vontades. Daí a pluralidade de vozes dele.

Terceiro, o desaparecimento da metafísica do Ser, e com isso o da divisão do mundo em aparente/real, implica que não existe Verdade Absoluta determinada sobre qualquer coisa – implica que não existe a "visão de lugar nenhum", para usar a frase de T. Nagel.[16] Existe apenas uma pluralidade de perspectivas derivadas (e expressivas) de uma pluralidade de interesses.[17] A teoria do perspectivismo que emerge da crítica de Nietzsche à metafísica e à psicologia é posta em prática com o uso que ele faz da polifonia.

Essas são as bases da abordagem de Nietzsche ao escrever sobre filosofia – como uma peça bakhtiniana de máscaras e vozes. Essa abordagem não deve ser considerada um obscurantismo imaturo e narcisista; trata-se, embora Nietzsche não gostasse dessa frase, da "implicação lógica" de suas posições sobre o assunto, sobre a psique humana e sobre a Verdade e o conhecimento.

---

14 Ver, sobre essa questão, os notáveis comentários de Nietzsche em *ABM*, §§ 3, 4 e 14. Poder-se-ia argumentar que essa característica do pensamento *nietzschiano* antecipa desenvolvimentos contemporâneos da psicologia evolutiva. Todavia, é de se lembrar que Nietzsche considerava a ênfase na adaptação da teoria da evolução como reflexo de uma vontade reativa, e por isso insalubre (*GM* II, § 12).

15 Alguns exemplos são discutidos em *GM* III.

16 T. Nagel, *The View from Nowhere*, Oxford University Press, 1989.

17 *FP* 1885-1887, 7(60).

Os efeitos da abordagem de Nietzsche são três. Primeiro, Nietzsche usa expressões ou conceitos importantes de maneira que parece contraditória, inconsistente ou, no mínimo, ambígua – por exemplo, as expressões "niilismo" e "niilista". Uma boa maneira de se compreender essa característica um tanto frustrante de seus textos é aceitá-la como a consequência infeliz do uso de vozes distintas, as quais empregam de maneira confusa a mesma palavra com sentidos diferentes. Segundo, Nietzsche faz declarações consideradas contraditórias – como "o budismo está além do bem e do mal" (*A*) e "Buda situa-se sob a ilusão da moralidade" (*ABM*). Mais uma vez, essas contradições confusas são resultado da pluralidade de vozes de Nietzsche. Terceiro, algumas das vozes de Nietzsche adotam posições extremas, manifestadas em linguagem bastante chocante – posições que conflitam com o que parece ser o impulso mais matizado de seu projeto filosófico geral (por exemplo, a declaração polêmica de que a compaixão prejudica a seleção natural).

É possível argumentar que um pensador como Nietzsche não pode ter um "projeto filosófico geral", que seus textos são apenas uma algaravia de visões contraditórias e que não há como distinguir suas vozes. Segundo essa posição, Nietzsche é uma figura literária, não um filósofo de fato, pois não exibe um pensamento sistemático.[18] Essa é uma de duas posições extremas. A outra trata o pensamento *nietzschiano* como um sistema, tal como faz J. Richardson.[19] Para tanto, é preciso atribuir os mesmos peso e valor a todas as suas vozes, a fim de que todas as suas alegações possam ser passíveis de um tratamento uniforme no mesmo

---

18 Parece ter sido essa a posição de Russell em *History of Western Philosophy and its Connection with Political and Social Circumstances from the Earliest Times to the Present Day* [*História da Filosofia Ocidental e sua Conexão Política e Social Desde os Tempos Primitivos até o Presente*], Nova York: Simon and Schuster, 1945 – uma posição aceita sem críticas por quase toda uma geração de estudiosos anglo-americanos do início do pós-guerra. Naturalmente, a avaliação de Russell sobre Nietzsche baseava-se em parte (se não totalmente) em uma severa avaliação *ad hominem* do caráter moral de Nietzsche, supostamente vil.

19 J. Richardson, *Nietzsche's System*, Nova York: Oxford University Press, 1996.

plano discursivo. Isso envolve um verdadeiro achatamento dos textos de Nietzsche – a tradução de algo tridimensional em um plano bidimensional –, com várias vozes expressando perspectivas de ângulos diversos, mas também de diversas posições nos eixos reativo/ativo ou insalubre/salutar. Por meio de formidáveis contorções interpretativas, essa abordagem produz um "sistema" um tanto atraente, embora nada convincente. A maioria dos filósofos se esforça para transformar seu pensamento em um plano achatado. O pensamento de Nietzsche é uma paisagem montanhosa escarpada, e qualquer tentativa de aplainá-lo estará destinada ao fracasso. Essa abordagem empobrece a filosofia *nietzschiana* e não é melhor do que a tratar como "mera literatura".

Essas duas posições extremas não esgotam a questão. Apesar de Nietzsche colocar em prática seu perspectivismo de forma bastante confusa, ele pode ser lido como um filósofo. Ele não apresenta um sistema, mas, mesmo assim, há consistência e coerência na atitude geral a que seus pensamentos deram voz e na direção geral para a qual aponta. Talvez Nietzsche não tenha um sistema, mas com certeza tem um projeto. O ideal mais amplo pretendido por seu pensamento é a grande saúde de afirmação da vida. Esse ideal encontra a primeira articulação em suas discussões iniciais sobre a tragédia ática e mantém-se como a estrela-guia do pensamento *nietzschiano* até seu colapso. O princípio hermenêutico mais importante deste livro, por conseguinte, é o respeito à irredutível pluralidade de vozes de Nietzsche – a aceitação de sua divertida prática do perspectivismo –, sem perder de vista o que confere a seu pensamento uma unidade global, ou seja, o ideal da grande saúde. Com isso, é possível evitar o desespero diante das contradições e ambivalências de Nietzsche, sem incorrer na armadilha ingênua de encontrar um sistema fixo em seus textos.

Esse princípio básico manifesta-se de duas maneiras. Primeiro, permite uma estratégia interpretativa que consiste, em essência, em acomodar as aparentes inconsistências, contradições e ambiguidades dos textos *nietzschianos*, visando chegar à estrutura mais ampla, a qual explica as diversas perspectivas a que Nietzsche confere voz. Essa estrutura mais ampla quase sempre envolve as ideias fundamentais de Nietzsche sobre saúde (os impulsos ativos, criativos, de afirmação) e doença (os impulsos passivos, reativos, de negação). Portanto, é com a resolução das aparentes contradições nas posições de Nietzsche que se atingirá uma compreensão mais profunda de seu projeto geral.

Segundo, o princípio hermenêutico esboçado acima possibilita distinguir as diversas vozes de Nietzsche e atribuir pesos diferentes às suas várias alegações. O princípio que está em ação aqui é o da saúde relativa. Algumas vozes de Nietzsche são mais reativas (menos saudáveis), outras são mais ativas/criativas (saudáveis). Tendo isso em mente, é possível minimizar aquelas (saudáveis/criativas) que o próprio Nietzsche teria considerado posições mais reativas, menos saudáveis.[20]

Desconfio que Nietzsche teria aprovado essa abordagem. Não só a leitura que ela possibilita leva a sério a pluralidade de suas vozes, como também é criativa em si e *de per si*. A imparcialidade engessada não é o que guia essas indagações;[21] algumas ideias do texto *nietzschiano* são enfatizadas de modo intencional (e consciente), outras recebem menos

[20] Entre os exemplos, temos as ingênuas glorificações da violência e da crueldade, destinadas, mais do que qualquer outra coisa, a provocar seus contemporâneos sentimentaloides – o desejo de provocar, obviamente, é reativo; ou suas posições misóginas – resultado claro da reação de Nietzsche à sua desastrosa formação e às suas experiências traumatizantes com Lou Andreas-Salomé. Pode-se argumentar que isso permite a Nietzsche largar o anzol com muita facilidade, ou que estou ressuscitando aquele Nietzsche gentil de Kaufmann, em seu *Nietzsche: Philosopher, Psychologist, Antichrist*, Princeton University Press, 1974. Minha resposta é que estou apenas aplicando o princípio nietzschiano da "saúde relativa" para isolar e minimizar vozes muito imaturas, magoadas e reativas em Nietzsche. Isso é necessário caso queiramos nos manter focados no ideal de grande saúde sem nos distrairmos com os guinchos quase irrelevantes das vozes mais iradas e ressentidas de Nietzsche.

[21] Sobre a infeliz tendência de os filósofos transformarem em múmia tudo o que tocam, ver *CI* III, § 1.

atenção, e todas aquelas em que há engajamento são tratadas como ideias vivas, plásticas, dinâmicas, as quais podem ser usadas e servir de fonte de aprendizado, sem serem apenas analisadas e comentadas. Mais importante ainda: minha leitura é, por assim dizer, a expressão direta de minha vontade de "chegar a algum lugar" com a filosofia positiva de Nietzsche. Certa vez, M. Foucault comentou que a questão de fato interessante, em relação a Nietzsche e a nietzscheísmos, não é "o que Nietzsche disse?", mas "como podemos usar Nietzsche com seriedade?"[22] Como B. Williams, concordo com Foucault e estou convencido de que Nietzsche também teria concordado. Este livro usa Nietzsche com um propósito específico: a formulação de uma nova resposta ao desafio do niilismo, melhor e mais saudável do que as respostas encontradas na obra *nietzschiana*. Em minha opinião, chegou a hora de o próprio Nietzsche "sucumbir", cumprindo com isso o seu destino, por assim dizer.[23]

No que concerne ao budismo, vale dizer que este livro o trata como filosofia, e não como religião. Em termos mais específicos, pelo fato de ter-me valido de fontes apenas do sul da Ásia, este livro trata de Nietzsche e do pensamento budista indiano.[24] Dessas fontes foram extraídas, resumidas e reconstruídas diversas posições fundamentais que, consideradas como um todo, são o que chamarei de *filosofia budista*. Não restam dúvidas de que o budismo teve o papel de religião – ou seja,

---

[22] Citado em B. Williams, *The Sense of the Past*, Cambridge University Press, 2006, p. 300. Contra uma crítica objetivista, essa abordagem dos textos *nietzschianos* não implica, de modo algum, uma imunidade a interpretações errôneas. Qualquer que seja seu dinamismo e sua criatividade, minha exegese das obras de Nietzsche é tão falseável quanto qualquer outra leitura.

[23] Essas construções frasais foram tomadas de empréstimo de *Z* (ver Z I, "Zarathustras Vorrede", §§ 9-10, em especial).

[24] Minhas fontes são os discursos de Buda tal como registrados no cânone Theravāda e nas obras de filósofos budistas indianos do período Clássico. Quando não traduzidos, os termos técnicos budistas aparecem em sua forma sânscrita, mesmo quando um texto pāli é citado; comparar com. A. K. Warder, *Indian Buddhism*, Déli: Motilal Banarsidass, 1970.

uma fonte de consolo metafísico – para a maioria de seus seguidores, desde a sua origem, e que por milênios as instituições budistas desempenharam o papel social, cultural, econômico e político representado por instituições religiosas do mundo todo. Ademais, as escolas budistas começaram a se separar logo após a morte de Sidarta Gautama, o que resultou na rápida proliferação de posições doutrinárias opostas com relação a vários pontos filosóficos. Mesmo assim, em sua essência – ou seja, nos ensinamentos de seu fundador e de vários de seus seguidores eruditos – o budismo também exibe um núcleo filosófico distinto, bastante destacável dos componentes doutrinários cultural e contingentes em termos históricos das diversas escolas budistas. É desse núcleo que trato neste livro.

É inquestionável o fato de o budismo destinar-se a uma meta prática específica, ou seja, o atingimento de uma sabedoria libertadora capaz de levar a uma mudança qualitativa radical na experiência e no relacionamento pessoal com o mundo. Como observou M. Siderits, porém, o caráter ético do budismo só pode ser considerado incompatível com o racionalismo da filosofia ocidental "quando presumimos que o racionalismo é incapaz de resolver questões soteriológicas ou existenciais".[25] O Buda e seus seguidores, entretanto, nunca fizeram essa suposição. Ao contrário, julgaram que a solução de questões existenciais e éticas exige pensarmos com clareza e analisarmos o funcionamento da mente, o mundo que vivenciamos, as formas como lidamos com ele e

[25] M. Siderits, *Buddhist Philosophy and Personal Identity: Empty Persons*, Aldershot: Ashgate, 2003, p. xiv. Hayes se ofende com o emprego da expressão "soteriologia" em discussões sobre o budismo. Como observa, e com razão, não existe *sōtēr* ("salvador") no budismo, e, portanto, não há *sōtērion* ("salvação"). Por conseguinte, argumenta Hayes, é incorreto falar de soteriologia no contexto budista. R. P. Hayes, *Diṅnāga on the Interpretation of Signs*, Londres: Kluwer Academic Publishers, 1989, pp. 34-35. Estou propenso a concordar. É por isso que falo de ética budista e de psicologia moral budista neste livro, e não de soteriologia budista.

assim por diante.[26] Por isso, não há nada de errado em tratar o budismo em termos filosóficos, como filosofia.[27]

A controvertida tarefa de isolar uma filosofia budista "ideal" do budismo considerado como religião e ideologia envolve a identificação das características da doutrina budista não dogmáticas, falsificáveis e independentes de posições dogmáticas.[28] No que diz respeito à metafísica, a filosofia budista à qual se chega rejeita com firmeza a existência de um ego permanente e compromete-se com uma crítica radical da metafísica da substância. No domínio ético, a filosofia budista propõe um conjunto de afirmações sobre o que torna as pessoas insalubres em termos psicológicos e também sobre o que está envolvido na busca pela grande saúde do *nirvāṇa*. No que diz respeito à epistemologia, ela

---

[26] Como observa Siderits, o suposto hiato ideológico entre a filosofia ocidental e a "sabedoria" oriental é herança da romântica construção do século XIX sobre as culturas asiáticas como apenas "espirituais", em oposição a um Ocidente rude, positivista e racionalista (*Buddhist Philosophy*, p. xiv). Sobre a recepção romântica dos textos orientais na Europa e seu enorme impacto sobre as atitudes contemporâneas diante da Índia e do pensamento indiano, ver os excelentes trabalhos de R. Schwab, *La Renaissance orientale*, Paris: Payot, 1950; R. Gérard, *L'Orient et la pensée romantique allemande*, Nancy: Thomas, 1963; R.-P. Droit, *L'oubli de l'Inde: une amnésie philosophique*, Paris: Presses Universitaires de France, 1989; e W. Halbfass, *India and Europe: An Essay in Understanding*, State University of New York Press, 1988. Na verdade, o raciocínio não é tão alheio à Ásia e a racionalidade ocidental não dista tanto de questões mais práticas e éticas como alguns podem pensar. Por isso, não é possível desenvolver um argumento coerente para justificar o que Halbfass chama de "a exclusão do Oriente do domínio ao qual se pode aplicar o conceito de filosofia" (*India and Europe*, p. 155). Para uma discussão mais detalhada da característica de "eurocontemporocentrismo" da postura filosófica ocidental convencional diante do pensamento indiano, ver o excelente *Introduction to Hindu and Buddhist Philosophy*, Edinburgh University Press, 1999, de R. King, em particular pp. 1-41.

[27] Diz-se que o *Nirvāṇa*, o *summum bonum* da ética budista, é acompanhado pela "sabedoria/percepção" (*prajñā*). De fato, é essencial desenvolver a sabedoria para atingir o *nirvāṇa*. Assim sendo, apesar de tanta ênfase em uma meta prática, ética, não restam dúvidas de que o budismo é, pelo menos de forma nominal, uma forma de "amor à sabedoria" (*philō-sōphia*).

[28] Comparar com. M. Siderits, *Buddhism as Philosophy: An Introduction*, Aldershot: Ashgate, 2007.

abraça uma posição que, na linguagem atual, pode ser descrita como um contextualismo pragmático. Na filosofia da linguagem, enfim, adota uma forma de nominalismo. As coisas são bem mais complicadas nos detalhes, mas em essência é isso que a filosofia budista em jogo neste livro abrange.

Há duas coisas nessa abordagem ao budismo que podem se mostrar muito irritantes tanto para budistas como para budologistas. A primeira é que não se dará atenção alguma a temas metafísicos escolásticos, aos quais os autores budistas de todas as épocas dedicaram muita atenção e os quais os budistas sempre consideraram pontos centrais de seu sistema de crenças. Os principais são o renascimento, a retribuição moral natural e o *status* de um ser perfeito como Buda após a morte. Por mais que esses temas tenham sido importantes nas discussões indianas clássicas, as posições filosóficas fundamentais (ou seja, não dogmáticas, falseáveis), que formam o núcleo da filosofia budista, são independentes dessas questões em termos lógicos. Se a reencarnação e a retribuição moral natural ocorrem ou não, na verdade, nenhum efeito exercem sobre o Ser como conceito coerente ou incoerente, ou com a existência ou inexistência de um ego permanente no cerne do sujeito. De modo similar, meu relato sobre o *nirvāṇa* como a grande saúde que participa do afastamento da febre ígnea da sede (*tṛṣṇā*) não tem relação obrigatória com a posição individual sobre o destino pessoal após a morte, sobre a iluminação ou sua falta. Em suma, minha filosofia budista ideal independe de características histórica, cultural e ideologicamente contingentes da doutrina religiosa budista. Essa distinção entre o necessário e o contingente pode ser interpretada como uma forma de arrogância típica dos filósofos, mas é difícil negar seu valor ou resistir ao foco mais acurado que ela possibilita.

O outro grande elemento irritante de minha abordagem não envolve aquilo que exclui por conta da doutrina, mas por conta das escolas. Em suma, aceito qualquer versão do budismo que (1) defenda a existência de um eu irredutível (como a Pudgalavāda), (2) proponha a existência de um Absoluto Transcendente (como a Cittamātra) ou (3) endosse uma forma de metafísica realista da substância (como a Vaibhāṣika Sarvāstivāda)[29] como inconsistentes, em essência, com os sustentáculos básicos do pensamento de Buda.[30] Tudo no mundo, segundo os primeiros discursos, depende de causas e condições e, como resultado, é impermanente. Como perceberam com acerto os filósofos budistas posteriores, isso se aplica tanto aos diversos elementos que constituem a "pessoa" – daí a "ausência de eu"* das pessoas – quanto aos elementos constitutivos de qualquer coisa do mundo – e daí a "ausência de substância" de todas as coisas. Nessa posição, Nāgārjuna, fundador da escola Madhyamaka, nos séculos II-III d.C., fez pouco mais do que extrair as conclusões lógicas das visões filosóficas fundamentais de Buda. O que é chamado de surgimento codependente de todas as coisas é a essência do

---

29 Ao contrário do que parecem acreditar muitos estudiosos do budismo, (3) não inclui todas as escolas envolvidas no projeto taxonômico Abhidharma. Das escolas cujos textos chegaram até nós, só os Ābhidharmikas Vaibhāṣika Sarvāstivādin consideravam sem reservas os "elementos" (*dharma*) que constituem o mundo como existentes em substância, e não como processos fugazes. Como observa de maneira correta Gethin, o *status* ontológico dos elementos não foi especificado no Abhidharma encontrado antes em fontes Theravāda. R. Gethin, "He Who Sees *Dhamma* Sees *Dhammas*: *Dhamma* in Early Buddhism", *Journal of Indian Philosophy* 32(4), 2004: 513-542, pp. 541-542. Para uma exploração detalhada da transição entre a taxonomia ontologicamente reservada e a ontologia realista nos círculos Sarvāstivādin, ver C. Cox, "From Category to Ontology: The Changing Role of Dharma in Sarvāstivāda Abhidharma", *Journal of Indian Philosophy* 32(5-6), 2004: 543-597.

30 Portanto, nem é preciso dizer que vou desconsiderar a cepa transcendentalista – e hoje defunta – da erudição budista, a qual afirmava que a crítica budista do eu aponta apenas, na verdade, para um "eu superpessoal". E. Conze, "Spurious Parallels to Buddhist Philosophy", *Philosophy East and West* 13(2), 1963: 105-115, p. 114. Sobre essa corrente budológica e seus graves defeitos, ver S. Collins, *Selfless Persons: Imagery and Thought in Theravāda Buddhism*, Cambridge University Press, pp. 7-12.

* *Selflessness*, no original, mas como "ausência de eu", e não no sentido tradicional de "altruísta" (N. do T.)

pensamento budista, e é desse ponto crítico que decorre quase todo o resto da filosofia budista.[31]

Vale observar que minha opinião sobre as outras escolas budistas mais importantes, cujos textos chegaram até nós, é dada a partir da tradição budista. É sob a óptica budista, e não sob alguma visão externa, que ramos do budismo que continuam a expressar a crença no Ser – seja em relação a um eu, um Absoluto ou uma Substância – são denunciados por exibirem o defeito psicológico fundamental que o budismo procura combater, ou seja, um apego persistente à Permanência, ou a necessidade de firmeza de um "Isto É". Em outras palavras, existe uma história a ser contada dentro da tradição budista sobre o motivo pelo qual escolas como Pudgalavāda, Cittamātra e Vaibhāṣika Sarvāstivāda distorcem a mensagem de Buda.

Pode ser argumentado ainda que há algo de artificial, injusto, pouco caridoso e arrogante do ponto de vista intelectual na distinção entre a filosofia budista pura, ou ideal, e o budismo como religião. Estou disposto a engolir esse sapo. O que faço é artificial e, de certo modo, pouco caridoso com todos aqueles que afirmam ser necessário acreditar em reencarnação e *karman* para serem budistas corretos. Mas tudo que importa para meus propósitos é ser filosoficamente legítimo.

Nesse sentido, minha abordagem está de acordo com duas ideias reforçadas até nas apresentações mais tradicionais do budismo. Primeiro, como forma de terapia, a autocompreensão budista é levada muito a sério. Segundo, a construção de uma filosofia budista ideal

---

31 Assim como este estudo dá pouca atenção à distinção entre os três períodos de Nietzsche, também minimiza a distinção entre as posições "budistas iniciais" e as dos pensadores a elas associados, o chamado movimento Mahāyāna do budismo (isto é, Nāgārjuna, Candrakīrti ou Śāntideva). Tal como se dá com os períodos *nietzschianos*, a ideia é que há de fato bem mais continuidade do que descontinuidade entre os diversos períodos do desenvolvimento da filosofia budista e que, portanto, não há justificativa para tratar de modo isolado esses supostos "períodos".

pode ser considerada uma aplicação do princípio budista da "habilidade nos meios" (*upāyakauśalya*).

Com efeito, esses dois pontos estão relacionados de maneira íntima. Primeiro, e acima de tudo, Buda deve ser visto como um terapeuta, e não como um pensador teórico. Sua mensagem visava aliviar o sofrimento humano. Por isso, ela é voltada para um ideal distinto de grande saúde, isto é, o *nirvāṇa*. Tal como é apresentada neste livro, a filosofia budista preserva o caráter terapêutico das formulações mais tradicionais do pensamento budista. Como um médico da humanidade, Buda adequou com pragmatismo seus ensinamentos a seu público, dependendo do grau de maturidade intelectual e ética desse público.[32] A verdade absoluta e determinada parece ter-lhe sido bem menos importante do que o efeito que suas palavras e ideias teriam sobre seu público. Para ele, o "o quê?" parece ter sido bem menos relevante que o "como?" e "para que finalidade?".[33] Portanto, meu uso e minha formulação da filosofia budista respeitam não só a ideia fundamental do budismo como uma filosofia de grande saúde, como podem ser considerados a apresentação/adaptação "habilidosa" das ideias budistas para um público específico.

Este livro destina-se, antes e acima de tudo, àqueles que se interessam por questões filosóficas e éticas tal como inseridas na tradição ocidental. Minha apresentação do budismo como filosofia reflete isso. Não só a levo com sinceridade até o cerne do que é essencial no movimento intelectual iniciado pelo Buda histórico, como ela pretende ainda ser uma forma "habilidosa" de mostrar as ideias budistas para um público

---

32 Como escreve Burton, "um bom médico varia o remédio em função da natureza precisa da doença, e uma flexibilidade similar pode ser encontrada na maior parte das tradições budistas. Acredita-se que Buda não ensinava a mesma coisa para todas as pessoas, adaptando sua mensagem em função das necessidades, capacidades e interesses específicos de seu público". D. Burton, "Curing Diseases of Belief and Desire: Buddhist Philosophical Therapy", em C. Carlisle e J. Ganeri (orgs.), *Philosophy as Therapeia*, edição especial do *Royal Institute of Philosophy Supplement* 66: 187-217, p. 203.

33 Sobre esse ponto, ver também a introdução em S. Hamilton, *Early Buddhism: A New Approach: The I of the Beholder*, Richmond, CA: Curzon Press, 2000.

filosófico ocidental. Como resultado, minha concessão à conservadora convenção ocidental atual de considerar apenas as posições não dogmáticas e falsificáveis como "filosóficas" não precisa ser vista como um eurocentrismo positivista e irrefletido. A própria tradição budista dá espaço para tal adaptação dos ensinamentos de Buda. A habilidade nos meios vence qualquer intransigência dogmática.

Por fim, algumas palavras sobre a estratégia hermenêutica empregada por este livro a fim de fazer com que o pensamento *nietzschiano* e a filosofia budista dialoguem. A hermenêutica no cerne deste livro se dá por meio de uma "fusão de horizontes"[34] no plano do discurso médico. A ética, em particular, será discutida de acordo com uma tipologia no centro das duas filosofias, isto é, a dos tipos saudáveis *versus* os doentios.[35]

Sem dúvida, minha decisão de enfatizar o ideal de grande saúde tanto no pensamento de Nietzsche como na filosofia budista está longe de ser uma decisão arbitrária. De um modo ou de outro, na prática, todo texto budista indiano existente valoriza a centralidade do discurso médico no pensamento e na prática budistas. Em palavras mais simples, é da grande saúde do *nirvāṇa* que o budismo trata, em última análise. O pensamento positivo de Nietzsche, de modo análogo, volta-se para um ideal de grande saúde.[36] Ademais, o próprio conceito de grande saúde

[34] Essa forma de "fusão de horizontes" não é a mesma descrita por Gadamer, responsável por criar a expressão. H.-G. Gadamer, *Wahrheit und Methode: Grundzüge einer philosophischen Hermeneutik*, Tübingen: Mohr, 1972. Em vez de fundir os horizontes do intérprete e do texto interpretado, minha meta é a fusão dos horizontes de dois tipos distintos de texto, ou filosofias.

[35] No pensamento de Nietzsche, essa distinção também pode ser descrita como forte *versus* fraco. Como vou explicar no Capítulo 1, força/saúde e doença/fraqueza, no contexto do pensamento *nietzschiano* (e também na filosofia budista), não devem ser tomadas de forma literal, como se correspondessem à aptidão/indisposição no sentido biológico habitual.

[36] Nesse sentido, devo observar que a figura infame do *Übermensch* está manifestamente ausente deste livro. Com efeito, parece-me (e para um número crescente de estudiosos) que, ao contrário da figura do "tipo saudável", a figura do *Übermensch* pertence mais ao mundo da sabedoria de Zaratustra do que ao do pensamento

já é o centro da relação de Nietzsche com o budismo. Como o "Buda antípoda da Europa", afinal, Nietzsche se via como propositor de uma "grande saúde" que afirma a vida, em oposição diametral ao que considerava a "grande doença" do Buda indiano, o qual nega a vida. A hermenêutica da fusão dos horizontes budista e nietzschiano relativos ao plano discursivo da grande saúde, em suma, tem raízes nos textos de Nietzsche. Com efeito, é, na verdade, apenas uma questão de se levar Nietzsche a sério.

---

nietzschiano. A relação irônica de Nietzsche com as proclamações de Zaratustra foi posta em destaque há pouco por Pippin, "Introduction", em R. B. Pippin (org.), *Thus Spoke Zarathustra: A Book for All and None*, trad. ingl. de A. Del Caro, Cambridge University Press, 2006, pp. viii–xxxv. Em termos mais gerais, *Z* é o texto de que menos me vali ao discutir a filosofia de Nietzsche.

Parte I

Niilismo e budismo

Capítulo 1

Nietzsche como Buda

O principal conceito no relacionamento entre Nietzsche e o budismo é o niilismo. O budismo, afirma Nietzsche, é uma forma de niilismo, assim como o seu próprio pensamento.[1] Mas o que o filósofo entende exatamente por tal expressão? Responder essa questão não é uma tarefa tão fácil quanto possa parecer à primeira vista. De fato, o niilismo não pode representar de maneira coerente um conceito nas obras nietzschianas. Vejamos: se o niilismo é o sentido desorientador da ausência de valores e de metas que se segue à morte de Deus,[2] então o que Nietzsche quer dizer ao descrever o cristianismo como "niilista",[3] ou os cristãos, os

1 *FP* 1885-1887, 9(35).

2 *Ibid.*, 5(71): "A crença na falta de metas e de sentido (isto é, niilismo) é o efeito psicologicamente necessário quando a crença em Deus [...] não é mais sustentável". Ver também *ibid.*, 1888-1889, 17(3). A maioria dos estudiosos, mesmo aqueles que oferecem análises sofisticadas e cuidadosas do niilismo no pensamento *nietzschiano*, parece satisfeita em trabalhar só com essa definição de niilismo – ou seja, M. Heidegger, *Nietzsche*, Pfullingen: Neske, 1961 (obra em quatro volumes); R. G. Morrison, *Nietzsche and Buddhism: A Study in Nihilism and Ironic Affinities*, Oxford University Press, 1997; B. Williams, "Introduction", em B. Williams (org.), *The Gay Science*, trad. ingl. de J. Nauckhoff e A. del Caro, Cambridge University Press, 2005, pp. vii-xxii; e B. Reginster, *The Affirmation of Life: Nietzsche on Overcoming Nihilism*, Cambridge, MA: Harvard University Press, 2006.

3 *A*, § 20.

seguidores de Platão e os idealistas alemães como "niilistas"?[4] Com certeza ele não quis dizer que cristãos, platonistas e idealistas desenvolveram suas visões de mundo sobre o pano de fundo da morte de Deus. Tampouco ele iria ficar dizendo que todos eram criptoateus. O niilismo parece ser um conceito incoerente. Mas as posições de Nietzsche sobre o niilismo estão no centro de seu relacionamento com o budismo. O primeiro passo para compreender esse relacionamento, portanto, é esclarecer os diversos sentidos da expressão "niilismo" nos textos nietzschianos.

Apesar da ambiguidade no(s) niilismo(s) de Nietzsche, pelo menos uma coisa está clara. Quando ele usa palavras como "niilismo" e "niilista", não se refere àquilo que os filósofos entendem hoje por niilismo. Essa palavra é usada sobretudo em discussões sobre metafísica e ética. Niilismo metafísico é a posição segundo a qual nada existe de fato e segundo a qual, na verdade, o universo se resume a um vazio absoluto. Essa é uma posição que alguns estudiosos atribuem (de maneira errada) à filosofia de Nāgārjuna e de seus seguidores.[5] Também é possível argumentar que essa é a implicação lógica da crítica que Nietzsche faz à metafísica do Ser. Seja como for, o niilismo metafísico não é o que ele entendia por niilismo.

O niilismo metaético, por sua vez, é a posição segundo a qual não há fatos morais – o conjunto de "entidades morais" é um conjunto vazio.[6] E, embora às vezes Nietzsche seja caracterizado como um niilista

---

4 *EH*, "Warum ich so gute Bücher schreibe"; *NT*, § 2.

5 Ver D. Burton, *Emptiness Appraised: A Critical Study of Nāgārjuna's Philosophy*, Richmond CA: Curzon, 1999; C. Oetke, "Remarks on the Interpretation of Nāgārjuna's Philosophy", *Journal of Indian Philosophy* 19(3), 1991: 315-323; "'Nihilist' and 'Non-Nihilist' Interpretations of Madhyamaka", *Acta Orientalia* 57(1), 1996: 57-103; e T. Wood, *Nagarjunian Disputations: A Philosophical Journey through an Indian Looking-glass*, University of Hawaii Press, 1994.

6 Ver G. Harman, "Ethics and Observation", em S. Darwall, A. Gibbard e P. Railton (orgs.), *Moral Discourse and Practice*, Oxford University Press, 1997, pp. 83-88; *Explaining Value and Other Essays in Moral Philosophy*, Oxford University Press, 2000; bem como a teoria do erro de Mackie em "Ethics: Inventing Right and Wrong", em S. Darwall, A. Gibbard e P. Railton, *Moral Discourse and Practice*, pp. 89-100.

metaético,[7] tal niilismo está ligado apenas de modo tangencial a uma das maneiras como ele próprio usa a expressão. Em diversos trechos, Nietzsche descreve o niilismo como uma consequência da percepção de que a metafísica na qual a moral judaico-cristã se baseia está irremediavelmente *dépassé*. Logo, tal niilismo é subsequente à percepção de que não existem "fatos morais" (como entendidos antes), ou seja, posterior ao niilismo metaético.[8] Fica óbvio, portanto, que o niilismo discutido por Nietzsche não pode ser o dos metaéticos contemporâneos.

Isso basta como definição do que o niilismo não é. A questão, "o que é niilismo?" está em aberto. Em última análise, é preciso distinguir dois niilismos principais[9] nos textos nietzschianos.[10] No cerne de ideologias "niilistas" como cristianismo, platonismo e idealismo, há um niilismo que se encontra na raiz de todas as visões tradicionais de mundo baseadas no teísmo, ou, de modo mais geral, em qualquer fé no Ser. Chamo a isso de *mentalidade niilista*. Em contrapartida, a vertigem existencial que se segue à morte de Deus refere-se a uma crise histórica e cultural precipitada pela ruptura de sistemas de valoração baseados em tal metafísica. Chamo a isso de *crise niilista*. Ambas exigem discussão detalhada.

A mentalidade niilista é o que há por trás da ficção do Ser. Em termos mais específicos, é o que dá origem ao que Nietzsche chama de

---

7 Considere, por exemplo, *ABM*, § 108: "Não há fenômenos morais, apenas uma interpretação moral de fenômenos" (comparar com *CI* VII, § 1). Todavia, na teoria do erro de Mackie, o niilismo metaético só se sustenta ao se adotar o cognitivismo metaético, o que Nietzsche por certo não fazia. Para ele, as proposições morais são uma questão de como alguém se sente, e não do que alguém conhece.

8 Sobre esse ponto, ver Reginster, *The Affirmation of Life*, pp. 25-26.

9 Falo em "niilismos principais" porque ainda há outros dois niilismos, um tanto menores, que aparecem nos apontamentos inéditos de Nietzsche, ou seja, niilismo ativo e niilismo passivo (*FP* 1885-1887, 9(35)). Estes serão discutidos no Capítulo 2.

10 Essa distinção é bem mais fundamental do que aquelas discutidas antes na literatura comentarista: Morrison sobre o niilismo ativo/passivo (*Nietzsche and Buddhism*, pp. 22-23); Reginster sobre o niilismo desorientação/desespero (*The Affirmation of Life*, pp. 33-34); e as "três formas de niilismo" de Heidegger (*Nietzsche*, vol. II, pp. 63-71).

wahre Welt ("Mundo Verdadeiro/Real"),[11] o principal postulado por trás de quase todo pensamento religioso, filosófico e até científico.[12] Em suma, a mentalidade niilista é responsável por gerar a ilusão de um reino do Ser, o qual é, de certo modo, mais fundamental, mais real e verdadeiro do que o mundo do transitório devir que nos é dado como experiência.[13]

O que, pode-se perguntar, há de niilista nisso? A metafísica do Ser é niilista visto que começa com um retumbante "não". No centro da narrativa com que foi idealizada a ficção do Ser há a negação das propriedades principais do mundo que vemos e vivenciamos. Em suma, a mentalidade niilista produz o Ser pela negação do devir. Nietzsche explica como a ficção do *wahre Welt* é gerada com um tipo específico de raciocínio, o qual infere as propriedades negativas do *wahre Welt* por meio de uma contradição das propriedades do mundo real:

> Este mundo é aparente – *logo*, existe um mundo verdadeiro. Este mundo é condicionado – *logo*, há um mundo incondicionado. Este mundo está repleto de contradições – *logo*, há um mundo livre de contradições. Este mundo vem a ser – *logo*, há um mundo que é.[14]

O domínio fictício, suprassensorial, do Real é gerado por meio de um procedimento reativo que nega validade às qualidades bem reais do

[11] A expressão *wahre Welt* não é traduzida porque o alemão *wahr* implica não apenas algo que é verdadeiro, mas também real. No mínimo, o *wahre Welt* é um conceito mais metafísico do que epistemológico (a Verdade é uma propriedade do Ser – o Real –, e não vice-versa). Com efeito, a metafísica do *wahre Welt* é uma "metafísica do Ser", para usar a frase de Heidegger.

[12] *GC*, § 344. Ver também *GM* III, § 24.

[13] Em *CI* III, § 2, Nietzsche fala do *wahre Welt* como produto da "falsificação do testemunho de nossos sentidos". Porém, como ficará claro em breve, sua crítica à metafísica do Ser é menos um ataque positivista ao teísmo do que um veredito severo sobre o que pessoas fracas e irritadiças inventaram para proporcionar a si mesmas a ilusão consoladora da estabilidade em um mundo que consideraram hostil demais para ser tratado tal como nos aparece, e, na mesma medida, para se vingarem da vida.

[14] *FP* 1885-1887, 8(2).

mundo que nos é apresentado pelos sentidos. Em suma, "o '*wahre Welt*' foi construído a partir da contradição com o mundo real (*wirkliche Welt*)".[15] É a negação presente na raiz da metafísica do Ser que revela o caráter niilista, em essência, de tal metafísica.

Porém, a metafísica do Ser não é niilista apenas em virtude de sua fonte negadora ou por ser negadora, mas também por suas implicações no campo da ideologia – implicações que decorrem de maneira natural de sua origem na negação. Veja suas duas características principais. Primeiro, é a *metafísica primordial da substância*, pois postula uma Substância Fundamental, Real (Ser), subjacente a toda mudança apenas contingente ou acidental, fenomênica (devir). Segundo, é a *metafísica primordial da transcendência*, pois postula um reino do Ser e da Verdade, o qual transcende ao mundo imanente do devir e da mera aparência. O "Mundo Real/Verdadeiro" do Ser encontra-se tanto por trás do mundo que vemos (assim como a Verdade está "por trás" do véu da aparência/ilusão e a Substância está "sob/debaixo de" seus atributos) quanto além dele (assim como o Transcendente está "além" do imanente, o Céu está "além" da Terra etc.). A implicação, claro, é que este mundo de devir é "nada" (*nihil*, em latim).[16] O mundo real, comparado com o *wahre Welt* Substancial, Transcendente, é mera superfície e mera imanência – em termos metafísicos, é a não coisa, o nada. A mentalidade niilista, portanto, entrega um Mundo Verdadeiro e Real do Ser à custa da redução do mundo do devir a nada.

O niilismo metafísico, com relação ao valor ontológico "do que vem a ser", tem por corolário um niilismo metaético concernente a seu valor moral, que serve então de base para a condenação moral do mundo real. Como Nietzsche enfatiza em *A*, a transcendência do *wahre Welt* encontra sua expressão mais forte em um conjunto de ideias morais relacionadas de forma íntima com o conceito de Realidade/Verdade

---

15 *CI* III, § 6.

16 Ver, em relação a isso, *CI* III e IV.

(*Wahrheit*): o Bem, a Justiça, a Paz, a Sublimidade etc. Há, implícito no próprio postulado de um *wahre Welt* dotado de tais atributos, uma completa desvalorização do mundo em que vivemos.[17] O mundo do devir não é apenas falso e irreal, é também um reino no qual o Bem é algo estranho. O resultado é um niilismo metaético relativo ao mundo em que vivemos – uma atribuição do "valor de *nil* [nada em inglês]" ao mundo real.[18] Deleuze explica: "Valores superiores à vida não podem ser separados de seu efeito: a depreciação da vida, a negação deste mundo".[19] Mas a negação do valor do mundo real implícita na invenção de um *wahre Welt* é apenas o primeiro plano da condenação moral deste mundo pelo niilista. O mundo do devir não é apenas sem valor ou inútil; ele tem um valor moral negativo, com efeito. Como explica Nietzsche, "tendo sido idealizado o conceito de 'natureza' como conceito antitético a 'Deus', 'natural' tinha de ser a palavra para 'repreensível'".[20] Assim, a mentalidade niilista entrega o domínio do Bem pelo preço da redução do mundo real a uma desolação moral.

Portanto, na raiz da ideologia da mentalidade niilista há duas alegações gêmeas: "não, o mundo do devir não é real!" e "não, o mundo do devir não é bom!". O resultado é um reino do Ser que é Real e Bom, em oposição a um reino desvalorizado, esvaziado, niilizado do devir, que é irreal e mau. Os niilistas chegam, é claro, a aquilo que alimentou seu pensamento desde o início. A metafísica do Ser começa com uma série de nãos relativos ao mundo real e entrega um mundo real reduzido a

---

17 *A*, § 15.

18 G. Deleuze, *Nietzsche et la philosophie*, Paris: Presses Universitaires de France, 1962, p. 170.

19 *Ibid.*, p. 169.

20 *A*, § 15. Comparar com *EH*, "Warum ich so klug bin", § 3: "Qual a maior objeção à existência até aqui? Deus"; e *CI* VIII, § 34: "O 'além' – por que um além, se não como meio de macular este mundo?". Embora Nietzsche tenha o cristianismo como alvo específico de tais trechos, suas alegações se aplicam, *mutatis mutandis*, a todas as formas de ideologia do *wahre Welt*. Textos como *CI* II-IV deixam isso muito claro.

nada – a nenhuma "coisa Real" neste mar de devir e a nenhuma "coisa Boa" neste mar de mudanças, conflitos e contradições.

Essa circularidade suspeita leva Nietzsche a indagar sobre a base psicológica de tal pensamento.[21] Ao começar por dizer não, o que esse pensamento revela? Sobre a depreciação da vida do niilista, o que lhe é indicativo, ou sintomático? Essas são as perguntas que Nietzsche quer responder. E nesse ponto Nietzsche não é nada ambíguo. O pensamento por trás da ficção do Ser/Deus "tem sua raiz no *ódio* ao natural (realidade!), é a expressão de um descontentamento profundo com o que é real".[22] Portanto, na raiz da invenção do Ser segundo a mentalidade niilista, há o rancor contra a própria existência. A fim de desvendar essa alegação psicológica, faz-se necessário o exame de um conceito importante da filosofia de Nietzsche: a *décadence*.* A *décadence* é uma forma de fraqueza física e emocional que se manifesta em primeiro lugar como cansaço[23] e irritabilidade.[24] Essa irritabilidade é que proporciona à *décadence* a sua fórmula, ou seja, "a preponderância de sentimentos de desagrado sobre sentimentos de prazer".[25] Cansados e irritadiços, os *décadents* estão sempre amargurados com a vida.

---

21 Essa volta psicológica na indagação de Nietzsche sobre as origens do *wahre Welt* reflete seu compromisso teórico maior com a visão de que a função da metafísica é a substanciação e a justificação de uma postura moral primária (*ABM*, § 6). Segundo Nietzsche, a relação entre um sistema metafísico e a moral que ele "entrega" é sempre circular, uma vez que toda espécie de metafísica reforça uma atitude moral/ética, em geral pré-reflexiva, e encontra base nela. Sendo assim, não se considera histórico o relato de Nietzsche sobre a gênese da metafísica do Ser. Seu foco, na verdade, é a psicologia que lhe serve de base.

22 *A*, § 15. Ver também *EH*, "Warum ich ein Schicksal bin", § 8.

* Em francês no original, que mantive. (N. do T.)

23 Em *EH*, "Warum ich ein Schicksal bin", § 7, Nietzsche refere-se aos *décadents* como "os exaustos". Ver também *FP* 1888-1889, 14(174). A conexão entre *décadence* e fadiga existencial é recorrente em seus textos tardios.

24 *ABM*, § 293, e *A*, §§ 20 e 22.

25 *A*, § 15.

O *décadent* é o tipo doentio quintessencial da filosofia de Nietzsche. E, com efeito, entende-se melhor a *décadence* como uma doença. A maioria das pessoas deve estar familiarizada com a aversão ao contato, uma experiência pela qual se passa quando a saúde e a vitalidade estão em "declínio" (o significado literal de *décadence*). Quando estou doente, qualquer luz que não seja a mais suave me parece forte demais, qualquer som fica alto demais, tudo que é inesperado parece desagradável etc. Fico querendo que as coisas se mantenham quietas, imóveis, estáveis e previsíveis. É essa atitude em geral vivenciada que Nietzsche atribui aos *décadents*.

A consequência primária (logo, um sintoma) da *décadence* é o que Nietzsche chama de *ressentiment*.[26] Entre os efeitos do *ressentiment*, temos "raiva, vulnerabilidade patológica [...] e a sede de vingança".[27] Mais uma vez, Nietzsche parece apontar para um estado psicológico que qualquer um que já tenha ficado doente, esgotado, estressado ou apenas com muita fome reconhecerá com facilidade. A sensibilidade e a vulnerabilidade excessivas, tanto no sentido físico quanto no emocional, que sinto quando estou doente ou muito cansado deixam-me mais irritável e menos paciente (com pessoas *e* objetos – como se me sentisse "alvo" de tudo que acontece comigo), julgo com mais severidade (como se o fato de menosprezar um estranho me "animasse", por assim dizer), fico mais propenso a ter raiva, a me desapontar, a ter reações emocionais espontâneas (do corpo, da fala e da mente), a ter comportamento passivo-agressivo ou apenas agressivo etc. O *ressentiment* de Nietzsche refere-se a essa propensão geral a uma agressividade vingativa, autodefensiva, que, na maioria de nós, acompanha estados como doença e exaustão. É por isso que ele o descreve como o principal efeito da *décadence*. Além disso, na medida em que o *décadent* é um tipo fraco,

---

26 Em francês no original. (N. do T.) Em *EH*, "Warum ich so weise bin", § 6, Nietzsche explica que o ressentimento é a "tendência mais natural" dos *décadents* doentios.

27 *A*, § 15.

o *ressentiment* está relacionado de modo íntimo com a impotência. Os *décadents* estão fracos demais para lidar de forma ativa com o mundo ou para participar de qualquer tipo de conflito genuíno. Em vez disso, fervem com rancor reativo e deixam seu *ressentiment* inchar.

Do seio inchado do *ressentiment* do *décadent* acaba nascendo o *wahre Welt*. Nietzsche afirma que a sede por um *wahre Welt* é fruto da forte insegurança dos *décadents* em face do mundo e de sua incessante instabilidade. O turbulento tumulto do devir é bastante enervante para *décadents* hipersensíveis. Por isso, eles constroem a própria vida como um problema: disso decorre o "ódio à realidade" que alimenta a mentalidade niilista e sua metafísica. Mas quem tem mesmo o trabalho de construir a metafísica do *wahre Welt* é o *ressentiment*, mais precisamente o *ressentiment* contra a "realidade".[28] A alegação de Nietzsche é que a "niilização" do mundo real, na fábula de um Mundo Real e por meio dela, é um gesto de vingança ressentida. É esse desejo de vingança que dá ao ódio dos *décadents* sua força, sua capacidade de criar uma ideologia que cobra um ônus da vida. A negação do valor do mundo – tanto ontológica quanto ética – é um ato de retribuição, por parte dos *décadents*, pelo sofrimento por que passam nas mãos de um incômodo devir. Na essência da metafísica do Ser, a negação da vida é o fruto supremo de seu *ressentiment*. É por esse efeito que a reatividade dos *décadents* torna-se criativa. Sua criação é o Ser.

Portanto, o primeiro passo na confecção do *wahre Welt* não é a postulação intelectual de um Mundo Real do Ser, da Verdade, da Placidez e da Sublimidade. É algo pré-cognitivo e pré-reflexivo; é uma atitude de desconfiança e de frustração para com o mundo, que resulta em uma rejeição reflexiva, instintiva do mundo.[29] Essa atitude, segundo Nietzsche,

---

[28] *FP* 1885-1887, 8(2); *ibid.*, 1888-1889, 15(30).

[29] Como relata Nehamas, "Nietzsche não ataca só a distinção entre aparência e realidade. Oferece ainda [...] um relato psicológico de sua origem". A. Nehamas, *Nietzsche: Life as Literature*, Cambridge, MA: Harvard University Press, 1985, p. 171. Ver também

é a atitude primordial moral(izadora) – "este mundo do devir me faz mal, é maligno!", pensa o *décadent*. Portanto, a doença por trás da ficção do Ser envolve a sensação de ser visado pela vida e envolve interpretar a existência como problemática em termos morais e o mundo como culpado.[30] Se o resultado final da mentalidade niilista é uma visão na qual o mundo que vemos e vivenciamos é inútil, sem valor, sem sentido, enganoso e maligno, é porque o niilista já decidiu, de antemão, que o mundo é desprezível.

Apesar disso, mesmo que a invenção do Ser pelos *décadents* seja sobretudo um gesto destrutivo de vingança, há também nele um elemento de criação. Este se conecta com o último sentido, e talvez o mais sutil, no qual a metafísica do *wahre Welt* é niilista. Com a fábula do Ser, os *décadents* se equipam justamente com aquilo pelo que mais anseiam, ou seja, um reino de Permanência, Placidez e Sublimidade. A paz e a quietude, afinal, são "o Bem" por excelência para o tipo doentio e esgotado.[31] Portanto, construir o *wahre Welt* não é apenas um ato de vingança, mas também de tranquilizadora autoconsolação e conforto. "Não temam, meus irmãos, o Ser, nossa morada final, aguarda por nós, caso consigamos nos livrar deste mundo desgraçado", dizem os *décadents*. Nietzsche alega que isso é *niilismo* em sua forma mais pura. O Ser é construído por meio de uma contradição de tudo que é real – vir a ser, condicionalidade, impermanência, pluralidade irredutível, contradição, incerteza, instabilidade, conflito etc. – e, como tal, é o maior nada já idealizado pela humanidade. Nietzsche explica: "Os critérios dados ao 'Verdadeiro Ser' das coisas são os critérios do não ser, do nada".[32] Outra

---

G. T. Martin, "Deconstruction and Breakthrough in Nietzsche and Nāgārjuna", em G. Parkes (org.), *Nietzsche and Asian Thought*, Chicago University Press, 1991, p. 91-111.

30 Como explica Nietzsche em *GM* III, § 15, as pessoas que sofrem procuram, por instinto, o culpado responsável por seu sofrimento.

31 *GM* III, § 17; *FP* 1888-1889, 14(174).

32 *CI* III, § 6.

forma de dizê-lo é que os niilistas *décadents* têm, ao longo dos tempos, "chamado o nada de Deus".[33] O resultado da mentalidade niilista dos *décadents*, portanto, é a veneração involuntária do *nihil* sob o disfarce do Ser/de Deus. Essa deificação do nada é fruto da tentativa dos *décadents* doentios de se proteger do precário mundo do devir. O que Schopenhauer chamou de "necessidade metafísica"[34] é, na verdade, um covarde desejo de nada.

O segundo niilismo discutido por Nietzsche não é uma "mentalidade", mas um evento. É a crise niilista. Aqui, o foco primário de Nietzsche está na crise niilista que começou na Europa de sua época e na qual nós, no Ocidente, talvez ainda estamos enredados. Nesse contexto, o niilismo expressa a radical falta de valor que obscurece toda a existência, quando a única coisa que se acreditava lhe conferir valor – o *wahre Welt*, ou Deus – revela-se como uma mentira. Nietzsche explica:

> Posições extremas não são substituídas por posições moderadas, mas por posições extremas de um tipo oposto. E assim, a fé na absoluta imoralidade da natureza, na ausência de finalidade e de sentido, é o efeito psicologicamente necessário quando a fé em Deus e em uma ordem moral essencial não pode mais ser sustentada. O niilismo aparece nesse ponto [...] pois nos tornamos desconfiados de qualquer "sentido" no sofrimento, ou mesmo na existência. Uma interpretação ruiu; mas como era considerada a [única]

[33] *Ibid.*, § 17.

[34] *MVR* II, XVII. É de se observar que a visão anterior de Nietzsche sobre a "necessidade metafísica" de Schopenhauer era que ela, na verdade, manifesta-se após o desaparecimento da religião, em lugar de ser a fonte da religião, como afirmara Schopenhauer. Ver *GC*, § 151; *FP* 1880-1881, 6(290). Nesse estágio, Nietzsche parece ter pensado na "necessidade" específica de uma metafísica da coisa em si, como a de Kant ou de Schopenhauer. Textos tardios como *ABM*, § 12, ou *FP* 1885-1887, 8(2), porém, deixam claro que Nietzsche acabou se realinhando com Schopenhauer. Teologia e religião, nas obras tardias, expressam a necessidade metafísica primordial dos *décadents*.

interpretação, tem-se a impressão de que não havia sentido algum na existência, como se tudo fosse em vão.[35]

A vida, depois que a intoxicação com as mentiras teístas e metafísicas se esgota, parece inútil, sem valor, sem sentido e sem direção.[36] O niilismo que se segue é uma penosa constatação da realidade, a qual oferece uma realidade desprovida de qualquer valor.

A crise niilista está relacionada com a mentalidade niilista de duas maneiras. Primeiro, é por causa da mentalidade niilista que Deus (o *wahre Welt* cristão) foi visto como o único centro de valor, mérito moral e sentido neste mundo que se supõe vil e corrupto. Com a morte de Deus, tudo que nos resta é uma vida desvalorizada, reprovada; nas palavras de Nietzsche, há "um desvio do 'Deus é verdade' para [...] 'tudo é falso'".[37] O mundo fora valorado em (e por meio de) sua relação com um Absoluto Divino, Transcendente, Supranatural. Abrandada a intoxicante ficção do teísmo, surgem os sintomas da privação – a história parece sem rumo, o universo carece de qualquer unidade de propósito ou sentido, e a verdade parece uma miragem.[38] Portanto, a crise niilista pode ser descrita de modo mais adequado como uma ressaca das piores, que aflige a Europa após um longo período de embriaguez no qual o mundo ganhou sentido por meio de uma grande mentira intoxicante. Se a morte de Deus precipita a crise niilista ao privar o mundo de seu

---

[35] *FP* 1885-1887, 5(71). Considere, em relação a isso, a descrição dessa crise feita por Deleuze: "Antes, a vida era depreciada desde a altitude de valores superiores, era negada em nome desses valores. Aqui, pelo contrário, resta apenas a vida, mas ainda é uma vida depreciada, que agora continua num mundo sem valores, desprovido de significado e propósito" (*Nietzsche*, p. 170).

[36] Heidegger explica com habilidade a conexão entre o valor do mundo e o sentido/propósito da vida no pensamento de Nietzsche. Em termos simples, este último depende da "ordem do mundo ético" proporcionada pelo primeiro (*Nietzsche*, vol. II, p. 65).

[37] *FP* 1885-1887, 2(127).

[38] *Ibid.*, 1887-1888, 11(99).

valor fictício, é bem porque a mentalidade niilista manteve o controle da Europa por tanto tempo.[39] Seu niilismo metaético concernente ao valor do mundo do devir (em oposição ao do Ser) transforma-se em uma declaração final do valor do mundo após a constatação de que o devir é tudo que existe.

A segunda forma de a mentalidade niilista preparar o terreno para a crise niilista relaciona-se com uma ficção niilista específica, ou seja, a Verdade. Nietzsche alega que a insistência na veracidade (*Wahrhaftigkeit*), que elimina a ficção de Deus, é um produto da moral niilista. A moderna honradez científica é que mata Deus, "proibindo a mentira implícita na crença em Deus". Mas tal honradez é, com efeito, um desdobramento da veracidade cristã.[40] Como tal, encontra sua base histórica e ideológica na metafísica do *wahre Welt*.[41] A dicotomia "verdade *versus* mentira", afinal, é uma das oposições fundamentais na raiz da distinção feita pelos niilistas *décadents* entre o Ser e o devir, o Real e o apenas aparente. Porém, em sua encarnação como probidade científica, é bem a veracidade que acaba denunciando o próprio *wahre Welt* como uma mentira. O resultado é a morte de Deus.

A morte da fé cristã nas mãos de sua própria veracidade, e por meio dela, é um exemplo do que Nietzsche chama de autossuperação (*Selbstüberwindung*/ *Selbstaufhebung*).[42] A veracidade cristã prevalece sobre o que a nutriu na origem, e o destrói: "O cristianismo *como dogma* foi destruído por sua própria moralidade".[43] Nesse sentido, a mentali-

---

39 Em *A*, § 47, Nietzsche explica que "quando alguém situa o centro de gravidade da vida não na vida, mas no 'além' – no nada –, também priva a vida de seu próprio centro de gravidade". A crise niilista ocorre quando se aceita enfim que o "além" nada mais é do que o nada, e a própria vida fica para trás, desprovida de qualquer "centro de gravidade".

40 *GC*, § 357. Ver também a discussão de Nietzsche sobre a ciência moderna e seu ateísmo como uma nova personificação da moral niilista em *GM* III, §§ 24-25.

41 Sobre a "fé metafísica" que se encontra na raiz da "fé na ciência", ver *GC*, § 344.

42 *Ibid.*, § 357. Ver também *GM* III, § 27.

43 *GM* III, § 27.

dade niilista é responsável pela desmistificação de seu próprio mito fundamental. Assim, a crise niilista na Europa é resultado da autossuperação da mentalidade niilista.

Isso revela o "niilismo" em ação na crise niilista. A autossuperação da mentalidade niilista atua por meio de uma nova série de negações. Não, Deus não existe. Não, o Ser não foi confirmado, de modo algum. Não, não existe um Céu. Não, não há o Bem, não há base para a Certeza, não existe Permanência e Estabilidade etc. Em suma, agora são negadas as ficções da mentalidade niilista e de sua metafísica. Portanto, há, no coração da crise niilista, um niilismo como atividade – um projeto de demolição.[44] É essa atividade de niilização do *wahre Welt* que entrega o niilismo como um estado de coisas ideológico; o resultado é a crise niilista, na qual o valor anterior (fictício) do mundo foi reduzido a nada.

Agora que os dois sentidos principais do niilismo nos textos *nietzschianos* foram esclarecidos, é possível começar a examinar com seriedade o complexo relacionamento de Nietzsche com o budismo. Em termos básicos, Nietzsche é movido pela convicção de que tanto ele quanto Buda propuseram os mesmos nãos no contexto de crises niilistas bem similares. Foi por conta dessa base niilista comum que Nietzsche se identificou como "o Buda da Europa".[45] Ele se via como alguém diante de um ponto na história das ideias europeias similar à posição ocupada por Buda na história das ideias indianas.[46]

---

44 *FP* 1885-1887, 9(35).

45 *Ibid.*, 1882-1884, 4(2).

46 Como escreve Morrison, o "interesse de Nietzsche [pelo budismo] girava em torno do que ele considerava um paralelo histórico direto entre a Índia na época de Buda e a Europa de seu próprio meio" (*Nietzsche and Buddhism*, p. 8). Comparar com F. Mistry, *Nietzsche and Buddhism: Prolegomenon to a Comparative Study*, Nova York: W. de Gruyter, 1981, p. 35; J. Figl, "Nietzsche's Encounter with Buddhism", em B. Bäumer e J. R. Dupuche (orgs.), *Void and Fullness in the Buddhist, Hindu and Christian Traditions: Śūnya-Pūrna-Pleroma*, Nova Déli: D. K. Printworld, 2005, pp. 225-237; e A. M. Frazier, "A European Buddhism", *Philosophy East and West* 25(2), 1975: 145-60.

Folheando as anotações de Nietzsche sobre a Índia Antiga e o surgimento do budismo,[47] fica óbvio que ele via um claro "paralelo histórico"[48] entre a Europa de sua época e a carregada paisagem espiritual e filosófica na qual Buda surgiu.[49] O budismo, escreve Nietzsche em *A*, "surge *após* um movimento filosófico que durou centenas de anos; o conceito de Deus

---

[47] Além das obras de Schopenhauer, as duas principais fontes budologistas de que Nietzsche se valeu para desenvolver ideias sobre o budismo foram C. F. Koeppen, *Die Religion des Buddhas*, Berlim: F. Schneider, 1857-9, e H. Oldenberg, *Buddha: sein Leben, seine Lehre, seine Gemeinde*, Berlim: W. Hertz, 1881. Outras fontes indologistas a que teve acesso incluem J. Wackernagel, *Über den Ursprung des Brahmanismus*, Basel: H. Richter, 1877; M. Müller, *Beiträge zur vergleichenden Mythologie und Ethnologie*, Leipzig: Englemann, 1879; e H. Kern, *Der Buddhismus und seine Geschichte in Indien*, Leipzig: O. Schulze, 1882. Historiadores intelectuais discordam muito sobre os textos que Nietzsche leu, quando os leu e com que cuidado (ou seletividade) os leu. Sobre essas questões, ver Frazier, "A European Buddhism"; Halbfass, *India and Europe*; J. Figl, "Nietzsche's Early Encounters with Asian Thought", em Parkes, *Nietzsche and Asian Thought*, pp. 51-63, e "Nietzsche's Encounter with Buddhism"; M. Sprung, "Nietzsche's Trans-European Eye", em Parkes, *Nietzsche and Asian Thought*, pp. 76-90; A. Vanderheyde, *Nietzsche et la pensée bouddhiste*, Paris: Harmattan, 2007; e R.-P. Droit, *Le culte du néant: les philosophes et le Bouddha*, Paris: Seuil, 1997. Para dois relatos interessantes, embora de modo algum definitivos, sobre o modo como essas fontes moldaram as ideias de Nietzsche, ver Morrison, *Nietzsche and Buddhism*, pp. 6-29, e Halbfass, *India and Europe*, pp. 141-147. Esses são, de longe, os tratamentos mais completos da questão. Como seu foco é a filosofia e não a história intelectual, uma reconstrução completa da gênese das ideias de Nietzsche sobre o budismo, e do contexto cultural e intelectual no qual elas tomaram forma, está além do escopo deste livro. O leitor interessado deve consultar as fontes mencionadas acima.

[48] Essa frase é de Morrison, presente em *Nietzsche and Buddhism* e em "Nietzsche and Nirvana", em W. Santaniello (org.), *Nietzsche and the Gods*, State University of New York Press, 2001.

[49] O período no qual Buda surgiu, escreve Nietzsche, foi "mais dedicado ao pensamento e viciado nele do que o nosso"; foi um período no qual "as pessoas se encontraram tão perdidas nas ravinas das doutrinas filosóficas quanto as nações europeias se viram, vez por outra, sob as sutilezas de dogmas religiosos (*FP* 1884, 25(16)). Ver também *FP* 1886-1887, 5(72).13. Algumas fontes budistas atestam esse estado de coisas, ou seja, o *Brahmajālasutta* (*DN* I.12-46) e o *Sāmaññaphalasutta* (*DN* I.47-86). Com efeito, há consenso entre os indologistas atuais sobre o fato de a Índia daquela época ter sido mesmo palco de formidável atividade intelectual e filosófica. A esse respeito, ver o excepcional trabalho de Thapar sobre a história social da Índia Antiga: *Ancient Indian Social History: Some Interpretations*, Londres: Sangam Books, 1984. Ver também R. F. Gombrich, *What the Buddha Thought*, Londres: Equinox Publishers, 2009.

já está abolido na época em que surge. O budismo é a única religião de fato *positivista* que a história tem para nos mostrar".[50]

Sem dúvida, Nietzsche sabia muito bem que, na verdade, a cosmologia budista deixa incólume o panteão indiano tradicional com seus deuses e semideuses. Mas sabia também que Buda negava a imortalidade a qualquer dessas divindades. Nenhum ser, segundo o budismo, está imune à decadência. Nesse sentido, o budismo é mesmo ateísta.[51] Com efeito, foi além da ilusão de um *wahre Welt* - do Ser, da Permanência e da Estabilidade - que Buda enxergou, e isso é que importou para Nietzsche. Além disso, Nietzsche interpretou o desenrolar do teísmo indiano que precedeu Buda como análogo ao processo de veracidade niilista solapando a ficção do Ser (Verdadeiro) que levara à morte de Deus na Europa. Ao comentar a veracidade científica da Europa moderna, que "agora *desautoriza a mentira implícita na crença em Deus*", Nietzsche explica que "o mesmo desenvolvimento deu-se de forma independente na Índia [...] O mesmo ideal obrigou à mesma conclusão. O ponto decisivo foi atingido cinco séculos antes do calendário europeu, com Buda".[52] Buda, em suma, foi a figura seminal de uma crise niilista indiana provocada por uma morte indiana de Deus.

A afirmação de Nietzsche pode não ter sido muito convincente do ponto de vista da história. Afinal, o teísmo sobreviveu a qualquer morte de Deus que possa ter acontecido na Índia. Porém, do ponto de vista filosófico, sua alegação é de importância crucial. Nietzsche estava certo ao pensar que ele e Buda eram parecidos, pois ambos atacaram as

---

50 *A*, § 20. Importante observar que, já em 1881, Nietzsche andava sugerindo à Europa que se livrasse de Deus, "empreendendo o que fora feito milhares de anos atrás na Índia, numa nação de pensadores, como um imperativo do pensamento" (*AR*, § 96).

51 Para uma discussão sucinta do ateísmo no budismo, ver A. K. Warder, *Outline of Indian Philosophy*, Déli: Motilal Banarsidass, 1971, pp. 60-61. Ver também G. Wallis, "The Buddha Counsels a Theist: A Reading of the *Tejjivasutta* (Dīghanināya 13)", *Religion* 38(1), 2008: 54-67, para uma discussão mais detalhada da rejeição de Buda ao teísmo.

52 *GM* III, § 27.

ideologias dominantes de suas épocas, e ambas as ideologias eram baseadas na ficção do Ser. Conforme o jargão nietzschiano, Nietzsche e Buda praticaram o niilismo (como atividade) no seio da crise niilista. Ao esposar um conjunto bastante similar de visões negativas, disseram não às mesmas coisas e pelos mesmos motivos. Isso é verdade, malgrado o fato de os dois pensadores surgirem em contextos históricos e culturais muito diferentes.

Nietzsche fez eco aos três principais nãos de seu equivalente indiano. O primeiro mito que explodiu com Buda foi o de que o sofrimento é uma característica acidental, ou desnecessária, da existência. Como Nietzsche sabia muito bem, o ponto de partida da filosofia e da prática budista é a alegação de que o sofrimento (*duḥkha*) é uma característica essencial de todas as formas de vida, mesmo as mais confortáveis.[53] Os brâmanes *upaniṣad* da Índia Antiga afirmavam que, ao contrário das aparências, a Sublimidade é da natureza de tudo.[54] Buda rejeitou essa mentira; disse não para essa ficção. Pelo contrário, afirmou, o sofrimento é da natureza de tudo.[55] Com efeito, a superação da ilusão de que o esforço e a dor podem sempre ser evitados mediante o acesso a um

---

[53] Essa é a mensagem fundamental do que a tradição considera o primeiro ensinamento de Buda, a respeito do qual um relato pode ser encontrado em *V* I.10. *Duḥkha* (ou *duḥkhatā*, forma nominal mais direta) é um termo técnico budista sem equivalente preciso na língua inglesa. Em si, a palavra representa um vasto espectro de sensações, as quais vão desde a dor física aguda ou um tormento psicológico à mera inquietude. Claro que Buda e seus seguidores admitiam diversas formas e graus de *duḥkha*. Os primeiros discursos falam dos três tipos principais de sofrimento: *duḥkhaduḥkhatā*, o que consideramos, de modo geral, dor física e angústia mental; *vipariṇāmaduḥkhatā*, ou o sofrimento causado pelo fato de que tudo muda e acaba ruindo; e o enigmático *saṃskāraduḥkhatā*, que se refere tanto ao sofrimento causado por termos atitudes/crenças impróprias (*saṃskarā*) como ao sofrimento sempre envolvido no fato de sermos compostos (*saṃskṛta*) e, portanto, sujeitos à decadência (*SN* IV.259; ver também *DN* III.216 e *SN* V.56).

[54] Ver, por exemplo, *BĀU* III.9.28.

[55] *SN* IV.28.

reino de Paz, Serenidade e Permanência é a condição necessária para embarcar no caminho da ética budista.

Essa ênfase no sofrimento como característica fundamental da existência e na mentira implícita em qualquer negação desse fato encontra paralelo no pensamento *nietzschiano*.[56] Uma das coisas que Nietzsche herdou da filosofia de Arthur Schopenhauer é a visão de que a vida está permeada de sofrimento.[57] Embora possa não ter aderido à posição de seu mentor filosófico quando este dizia que só o sofrimento é positivo e que o prazer é negativo – pois o prazer nada é senão a ausência do sofrimento[58] –, Nietzsche por certo adotou uma posição mais moderada, a de que a vida está repleta de tristeza e que os poucos prazeres que temos de fato são passageiros e breves.[59] Com efeito, para Nietzsche é a "honestidade" de Schopenhauer envolvida na identificação da profunda natureza "impiedosa" do mundo – ou seja, sua brutalidade e o sofrimento ilimitado – que acaba denunciando o teísmo como uma mentira.[60]

---

[56] Comparar com M. Conche, "Nietzsche et le bouddhisme", *Cahier du Collège International de Philosophie*, vol. IV, Paris: Osiris, 1989: 125-144, p. 125.

[57] Para uma discussão detalhada da influência de Schopenhauer sobre Nietzsche a esse respeito, ver D. Berman, "Schopenhauer and Nietzsche: Honest Atheism, Dishonest Pessimism", em C. Janaway (org.), *Willing and Nothingness: Schopenhauer as Nietzsche's Educator*, Educator Oxford University Press, 1998, pp. 178-196, em especial p. 180 e ss.

[58] Ver *MVR* I, § 88, *MVR* II, XLVI, pp. 657-658, e *PP* II, § 149. Para uma visão análoga da filosofia indiana, ver a posição que Maṇḍanamiśra atribui a seu oponente Naiyāyika nas linhas iniciais de seu *Brahmasiddhi*.

[59] Em *GC*, ele afirma que se existe algo que toda arte e toda filosofia pressupõem é "o sofrimento e os sofredores" (§ 370); em *GM* III, § 28, ele descreve o homem como um "animal atormentado"; e em um fragmento crucial, ele usa os termos "existência" e "sofrimento" no lugar um do outro (*FP* 1886-1887, 5(72).13).

[60] *GC*, § 357. Esse trecho deixa óbvio que, embora, para Nietzsche, seja a veracidade que mata Deus, é, em boa parte, a veracidade sobre o sofrimento que abate o colosso. Se a veracidade é o algoz de Deus, o "problema do mal" é seu machado afiado.

Em suma, Nietzsche manteve-se pessimista ao longo de sua vida ativa. Com isso, quero dizer que o que chamarei de pessimismo descritivo – a posição segundo a qual a vida e o sofrimento não podem ser dissociados – é o pano de fundo unificador da obra *nietzschiana* e cobre seus períodos ditos inicial, intermediário e tardio. Essa alegação é um tanto controvertida. Embora não restem dúvidas de que o sofrimento – as contradições, a violência e as dores aparentemente insensatas da existência – é o "dado" central no chamado Nietzsche inicial,[61] a história-padrão diz que, com o tempo, ele superou o entusiasmo juvenil pela filosofia de Schopenhauer e dali em diante abandonou a preocupação inicial com o sofrimento universal, voltando-se então para a crítica da moralidade, a crítica cultural e assim por diante.[62]

Mas a história é mais complicada do que isso. Para começar, embora não haja dúvida de que o jovem Nietzsche ficou muito impressionado com o pensamento de Schopenhauer,[63] parece que teve, desde o

---

61 Considere, por exemplo, *FET* (1873), o texto inédito de Nietzsche sobre o pensamento grego "pré-platônico", no qual Anaximandro e Heráclito são elogiados por serem os únicos filósofos antigos capazes de reconhecer o mundo como o grande tumulto de sofrimento que ele é (§§ 4-5). *NT*, por seu lado, trata da tragédia ática como uma forma de teodiceia em face do ilimitado sofrimento do mundo. A defesa que Nietzsche faz do pessimismo de Schopenhauer e a crítica severa ao otimismo de Strauss em *ME* I, § 6, também são reveladoras.

62 Sobre esse ponto, ver D. Breazeale, "Introduction", em D. Breazeale (org.), *Untimely Meditations*, trad. inglesa de R. J. Hollingdale, Cambridge University Press, 1997, pp. vii–xxxii. O leitor interessado deve consultar *Willing and Nothingness* de Janaway para mais discussões sobre a relação entre a filosofia de Schopenhauer e o pensamento nietzschiano.

63 As obras de Schopenhauer foram uma das razões pelas quais Nietzsche passou da filologia clássica para a filosofia. Ele descobriu Schopenhauer ainda jovem e, mesmo quando se voltou contra seu mentor, rejeitando por fim as ideias publicadas em *MVR*, Schopenhauer sempre esteve, de certo modo, no fundo da mente de Nietzsche. Como lembra Berman de maneira acertada, "Schopenhauer se manteve como a principal influência filosófica de Nietzsche, mesmo quando se voltou contra ele e Wagner [...] talvez, Schopenhauer foi mais importante para Nietzsche como 'bom inimigo' do que como mentor ou aliado" ("Schopenhauer and Nietzsche", p. 187). Minha discussão sobre Nietzsche como Antibuda no Capítulo 2 confere ainda mais crédito à alegação de Berman.

princípio, reservas importantes sobre a doutrina de seu mentor filosófico.[64] Ademais, a visão de que Nietzsche teria alguma vez rejeitado o pessimismo *in toto* é tosca demais. Os escrúpulos iniciais de Nietzsche sobre o pessimismo de Schopenhauer, com sua rejeição posterior, não visavam seu elemento descritivo – ou seja, a visão de que o mundo está cheio de sofrimento –, mas seu elemento normativo – isto é, a visão de que o mundo está tão cheio de sofrimento que não deveria existir.[65] Essa característica normativa do pessimismo é que distingue o que Nietzsche chamaria mais tarde de "pessimismo da fraqueza"[66] (ou seja, de Schopenhauer) do "pessimismo da força" (ou seja, dos gregos trágicos).[67] Como pessimista forte, Nietzsche nunca deixou de concordar com o elemento descritivo do pessimismo de Schopenhauer.[68] Ele nunca deixou de pensar que a vida é dolorosa em essência e que o otimismo teísta (ou qualquer otimismo, na verdade) é ingênuo e ilusório. Esse compromisso com o pessimismo descritivo faz parte do que lhe permitiu proclamar-se o Buda da Europa.[69]

---

[64] Breazeale, "Introduction", p. xvii. Na nota 13 de seu texto (pp. xxx-xxxi), Breazeale oferece amplas evidências da inquietude inicial de Nietzsche diante do pensamento de Schopenhauer. Em relação a isso, ver *S*, o ensaio crítico e inacabado de Nietzsche sobre o sistema de Schopenhauer.

[65] Ver I. Soll, "Pessimism and the Tragic View of Life: Reconsiderations of Nietzsche's Birth of Tragedy", em R. C. Solomon e K. M. Higgins (orgs.), *Reading Nietzsche*, Oxford University Press, 1988, pp. 104-133, nas pp. 124-125.

[66] *FP* 1887-1888, 11(294). Ver também *ibid.*, 1888-1889, 14(25).

[67] NT, "Versuch einer Selbstkritik", § 1. Ver também *FP* 1885-1887, 10(21), e *ibid.*, 1888-1889, 14(25). O que Nietzsche quer dizer ao escrever, de maneira confusa, que os gregos não eram pessimistas em *EH*, "Warum ich solche gute Bücher schreibe", e em *NT*, § 1, é que eles não eram pessimistas fracos, ou pessimistas normativos. Comparar com Soll, "Pessimism and the Tragic View of Life", p. 125.

[68] Apesar de não usar as expressões "pessimismo descritivo" e "pessimismo normativo", esse é um ponto que Berman levanta de maneira convincente em sua discussão sobre o ateísmo de Nietzsche ("Schopenhauer and Nietzsche", p. 189 e ss).

[69] Nesse sentido, Nietzsche segue as pegadas de Schopenhauer. Afinal, Schopenhauer enfatizava em especial o acordo entre seu pensamento e o budismo, em grande parte por conta do suposto pessimismo deste último. A esse respeito, ver *MVR* II, XVII, p. 186.

A segunda área de superposição entre o pensamento de Nietzsche e os ensinamentos de Buda trata de um conceito específico, comum a todos os sistemas tradicionais construídos sobre a ficção do Ser. O objeto da negação, nesse caso, é uma noção mais local do Ser, por assim dizer. Em jogo, encontra-se "o que é, mas não vem a ser" no campo pessoal, individual, ou seja, a alma, o eu ou o ego. Na filosofia budista, como no pensamento *nietzschiano*, o eu é denunciado como uma ficção enganadora. Em termos técnicos, a ideia é que tanto a unidade pessoal sincrônica quanto a identidade pessoal diacrônica são construídas de modo conceitual, em vez de real. Esse ponto crucial exige discussão detalhada.

A doutrina da "ausência do eu" é o fundamento da filosofia budista.[70] Se o primeiro ensinamento de Buda trata da natureza onipresente do sofrimento, o segundo lida com a inexistência do eu.[71] Há um bom motivo para isso. Segundo os discursos, o que caracteriza o sábio budista é decerto a ausência da imputação do eu ou do "meu" a qualquer evento físico ou mental.[72] Atingir a meta ética no coração da filosofia e da prática budista exige a superação absoluta da ficção do "eu".

Tendo em vista sua relação direta com a ética, é óbvio que a crítica budista ao eu não se restringe a qualquer ideia ou noção de eu ou de alma. Atingir o *nirvāṇa* não é apenas uma questão de abandonar a ideia de uma alma imortal ou de alguma abstração desse tipo.[73] Portanto, o objeto da crítica budista corresponde à noção sensata de "eu" pressuposta na vida e no pensamento cotidianos.[74] A incontroversa alegação

---

[70] Comparar com D. Arnold, *Buddhists, Brahmins and Belief*, Nova York: Columbia University Press, 2005, p. 118.

[71] *V* I.10-11. Esse relato da ordem dos ensinamentos de Buda é o mesmo em todas as escolas do budismo cujos textos chegaram até nós.

[72] *SN* III.44. Essa característica da psicologia moral budista vai receber uma discussão detalhada no Capítulo 4.

[73] Sobre esse ponto, ver M. Alhabari, "Nirvana and Ownerless Consciousness", em Siderits, Thompson e Zahavi, *Self, No Self?*, pp. 79-113, nas p. 82 e ss.

[74] É por isso que o fato de existir uma ampla gama de conceitos de "eu" na filosofia, tanto antiga quanto contemporânea, não é um problema para o pensamento budista.

budista é que todos os humanos normais[75] compartilham uma crença pré-reflexiva em sua própria existência como um eu discreto, unitário e permanente.[76] É em virtude dessa crença intuitiva (e, portanto, não muito expressada) no "eu" que atribuímos a nós mesmos tanto a unidade sincrônica – o mesmo "eu" que tem cabelos castanhos, ama meus filhos, sente fome e está digitando – quanto a identidade diacrônica – o mesmo "eu" que escreveu a dissertação de doutorado que agora está sendo reescrita, por mim, como um texto monográfico digitado. Portanto, o eu é tanto o "proprietário" unitário das diversas propriedades físicas e mentais que formam um indivíduo quanto a "pessoa nuclear" que está sempre lá "dentro", por assim dizer, desde o nascimento até a morte, se não antes e depois também. Por fim, se nos pedirem para descrever o que conta como nosso "eu profundo", a maioria vai aludir, de um modo ou de outro, ao duradouro sujeito-testemunha no coração de nosso ser e ao agente do pensamento e da ação que exerce grande parcela do controle sobre o corpo e a mente. É a esse conceito universal de eu que Buda se refere ao afirmar que não existe eu.

Com efeito, a filosofia budista está bem alinhada com a afirmação de Strawson, que insiste que qualquer inquirição sobre a natureza do eu deve estar relacionada com a forma com que de fato pensamos a nosso próprio respeito:

> A investigação metafísica da natureza do eu subordina-se à investigação fenomenológica do sentido do eu. Há uma forte restrição fenomenológica em qualquer resposta aceitável à questão metafísica que pode ser expressada dizendo-se que o factual "Existe algo como um eu mental?" equivale à questão "Algum sentido (genuíno) de eu é uma representação precisa de alguma coisa que existe?" (D. Strawson, "The Self", *Journal of Consciousness Studies* 6(5-6), 1997: 405-428, p. 409).

[75] Óbvio que aqueles que sofrem de patologias específicas causadoras de despersonalização estão excluídos.

[76] Zahavi lança dúvidas sobre se o eu visado pela filosofia budista captura de fato o "entendimento pré-filosófico, cotidiano daquilo que somos". D. Zahavi, "The Experiential Self: Objections and Clarifications", em Siderits, Thompson e Zahavi, *Self, No Self?*, pp. 56-78, na p. 66. Alhabari faz um excelente trabalho ao aplacar as preocupações de Zahavi em "Nirvana and Ownerless Consciousness", pp. 82-88.

Em seu lugar, a visão budista da pessoa é a de um sistema funcionalmente integrado de processos psicofísicos, desprovido de um núcleo central, imutável.[77] Ao ser analisado, o que se descobre são diversos eventos físicos e quatro tipos de eventos mentais, ou seja, sensações, conceitualizações, volições e cognições.[78] Não se encontra nenhum ser ou pessoa como "dono" ou "portador" desses cinco componentes; só se encontram os componentes.[79] A ilusão da unidade (sincrônica) de agente/pessoa é gerada pelas maneiras com que os diversos fluxos psicofísicos que formam um ser humano estão integrados em termos funcionais. A da identidade (diacrônica) é gerada pelo que Parfit, em sua discussão sobre a identidade pessoal, chama de relações de "conectividade" e "continuidade" entre esses fluxos psicofísicos.[80] Na verdade,

[77] Essa visão, observo de passagem, parece estar em perfeito acordo com os trabalhos mais recentes da neurociência. A respeito, ver F. J. Varela, *Ethical Know-How: Action, Wisdom, and Cognition*, Stanford University Press, 1999, p. 36; J. Westerhoff, *Nāgārjuna's Madhyamaka: A Philosophical Introduction*, Oxford University Press, 2009, pp. 208-10; e O. Flanagan, *The Bodhisattva's Brain: Buddhism Naturalized*, Cambridge, MA: MIT Press, 2011, p. 95 e ss.

[78] Essa é a doutrina dos cinco componentes, ou agregados. Ela surge pela primeira vez no segundo ensinamento de Buda (*V* I.11) e é empregada ao longo dos discursos. M. MacKenzie apresenta um excelente resumo do significado de cada componente em "Enacting the Self: Buddhist and Enactivist Approaches to the Emergence of the Self", em Siderits, Thompson e Zahavi, *Self, No Self?*, pp. 239-273, nas p. 242-243.

[79] Essa posição é considerada por muitos análoga à teoria do eu como feixe, proposta por pensadores como Locke e Hume na tradição ocidental. R. Sorabji, *Self: Ancient and Modern Insights about Individuality, Life, and Death*, Oxford University Press, 2006, p. 278 e ss. Entretanto, Alhabari questionou há pouco se essa seria uma descrição precisa da visão expressada por Buda nos discursos (*Analytical Buddhism* e "Nirvana and Ownerless Consciousness"). Essa é uma discussão na qual não preciso entrar. Para meus propósitos imediatos, o que importa é que a filosofia budista nega a existência de um sujeito permanente. Qualificar com precisão o relato da pessoa que emerge dessa crítica é algo que está além do escopo da discussão atual.

[80] D. Parfit, *Reasons and Persons*, Oxford University Press, 1984, p. 206. O próprio Parfit reconhece os paralelos entre suas posições e as de Buda (ibid., p. 273, 280 e 502-503). Não faz muito, Parfit tentou se distanciar do que chama de "a Visão Budista", com o que ele quer dizer uma forma de eliminacionismo relativo a pessoas. Ver "Experiences, Subjects, and Conceptual Schemes", *Philosophical Topics* 26(1/2), 1999: 217-270, na p. 260. Porém, como fica claro na discussão de Ganeri sobre o assunto (*The Concealed*

porém, não há um eu a quem tal unidade e identidade pessoal possam pertencer. Assim como a expressão "carruagem" não se refere a nada além de certo número de objetos montados de determinada maneira, a expressão "pessoa" não se refere a nada além de certo conjunto de processos físicos e mentais que funcionam juntos de determinada maneira.[81] Em termos estritos, não existe sujeito unificado com cabelos castanhos, que ama seus filhos, sente fome, está redigindo esta frase etc.; há apenas cabelos castanhos, um conjunto de emoções afetuosas dirigidas a duas crianças, uma sensação de fome, um cérebro e um corpo trabalhando na digitação dessas palavras etc. De modo similar, não existe um "núcleo Antoine Panaïoti" que escreveu uma dissertação entre 2007 e 2010 e agora escreve um livro com base nessa dissertação; há apenas um nexo de fluxos funcionalmente integrados de eventos psicofísicos que portam elevados graus de continuidade, entre 2007 e o dia de hoje, no mínimo.

Em termos mais abstratos, a alegação budista é que enquanto estamos todos comprometidos pré-reflexivamente com a visão de que nosso "eu" é uma entidade fixa, ou "coisa" – uma substância, como autores budistas tardios poderiam se referir a ela –, o que quer que seja aquilo a que nos referimos ao dizer "este é o meu eu" é, na verdade, um processo fugaz com o qual nos relacionamos de certas maneiras. Após

---

Art of the Soul, p. 161 e ss), a posição budista sobre pessoas não é tão evidente quanto a posição budista relativa ao eu. Uma posição comum (Vasubandhu) é que as pessoas são "reais como designação convencional" (*prajñaptisat*), mas sem realidade substancial. Contudo, na visão Mādhyamika, que nega realidade substancial a todas as coisas, a "pessoa" não é mais real/fictícia do que qualquer outra coisa. Embora a questão tenha uma complicação interminável, pode-se ao menos dizer, contra Parfit, que a filosofia budista não é eliminacionista com relação às pessoas.

[81] *SN* I.135. Ver também *MP* 27-8. A analogia com a carruagem é muito popular na literatura budista. Sobre o reducionismo mereológico talvez presumido nessa visão, ver Siderits, *Buddhist Philosophy*, pp. 76-80. No Capítulo 4, explico por que, contra Siderits (e muitos outros), nem todas as primeiras escolas budistas eram reducionistas. Também argumento que Buda não era, em termos estritos, reducionista.

análise, a postura do eu como substância implícita em nossa experiência comum de mundo mostra-se insustentável.[82]

É possível reconstruir quatro argumentos principais para a inexistência do eu com base em fontes budistas.[83] Podemos começar com o argumento da falta de controle. Ele se baseia no controle muito limitado que temos sobre "nós mesmos". Nossos corpos mudam, entram em decadência e param de funcionar, quer desejemos isso, quer não. Do mesmo modo, nossos sentimentos, percepções, desejos, estados de consciência etc. parecem flutuar sem que sejamos capazes de exercer muito controle sobre eles. Será apropriado, pergunta Buda, considerar como meu "eu" aquilo sobre o que exerço tão pouco controle?[84] Do modo como vejo a questão, esse argumento remete a uma forma muito intuitiva de pensar a identidade pessoal. Um dos motivos pelos quais falo de minha mão como sendo minha e a de outra pessoa como dela é que posso mover minha mão à vontade, mas não posso mover a dela "de dentro", por assim dizer, e vice-versa. Buda alega que até a intenção de mover a "minha" mão não é minha de forma significativa. Existem apenas uma intenção, uma mão e um movimento. Postular um agente que tem a intenção e também possui a mão é supérfluo.

O segundo argumento relaciona-se com a natureza transiente de todos os processos físicos e mentais. A ideia, em sua forma mais simples,

---

82 Como explica R. Gethin, a ideia budista é que deveríamos conceber as pessoas "em termos de sequências de eventos físicos e mentais em conexão causal, em vez de substâncias permanentes" (*The Foundations of Buddhism*, Oxford University Press, 1998, p. 160). Naturalmente, a implicação é que estamos todos comprometidos pré-reflexivamente com a visão da substância. Na minha opinião, essa alegação fenomenológica se mantém, embora poucas pessoas, a menos que tenham estudado filosofia, usem a palavra "substância" para descrever seu eu nuclear.

83 Para mais discussões sobre os três argumentos iniciais – os encontrados no cânone Theravāda –, ver S. Collins, *Selfless Persons: Imagery and Thought in Theravāda Buddhism*, Cambridge University Press, 1982, pp. 97-103, e Gethin, *The Foundations of Buddhism*, pp. 136-138. MacKenzie apresenta um perfil mais detalhado do quarto argumento em "Enacting the Self", p. 244.

84 *SN* III.66-67.

é que o que quer que eu possa considerar como meu "eu" – ou seja, qualquer um dos cinco componentes, o "todo" que formam etc. – não tem permanência alguma. Não há nada, segundo a filosofia budista, que não surja por meio de certas cadeias de condicionalidade e que, portanto, não passe por outras cadeias de condicionalidade. Os eventos físicos e mentais que "me" constituem são fugazes.[85] O que quer que eu possa abranger como "eu mesmo" acaba perecendo. Mas supõe-se que o eu seja algo duradouro. Uma identidade pessoal ao longo do tempo implica mais do que mera continuidade; parece se referir a algum tipo de entidade perpétua. Se fosse diferente, o que significaria dizer que fulano é a mesma pessoa que conheci na infância?

Esse, por si só, poderia ser um "argumento da impermanência" contra o conceito cotidiano de eu. Mas Buda leva esse argumento criterioso um pouco adiante e, ao fazê-lo, fica claro que ele estava bem preocupado com a visão dominante do eu proposta pelos Upaniṣads.[86] O que é impermanente, alega Buda, não pode ser fonte de felicidade duradoura. Nesse sentido, é insatisfatório. Portanto, se nada no mundo da experiência pode assegurar a satisfação duradoura, nada pode se qualificar como o eu dos Upaniṣads, cuja natureza é a Sublimidade. A conclusão de Buda é que, vez que tudo, de um modo ou de outro, acaba se mostrando como base de desapontamentos, frustração ou dor, nada conta como "eu".[87]

O terceiro argumento funda-se no conceito de superfluidade. A ideia inicial é que não se pode apresentar uma explicação coerente

---

85 *SN* I.125.

86 Presume-se que ele tivesse em mente a "analogia do condutor" apresentada em *KU* 3.3-4. A esse respeito, ver K. R. Norman, "A Note on *Attā* in the *Alagaddūpama-sutta*", em *Collected Papers II*, Textos reunidos; Oxford, Pāli Text Society, pp. 100-109.

87 *SN* I.125. A conexão entre o Eu Verdadeiro e a felicidade pode parecer peculiar a um público filosófico ocidental, mas basta consultar as obras dos Antigos (ver Sorabji, *Self*) ou, há pouco, a discussão apresentada por Taylor sobre o eu e a moral para ver que essa é uma ideia comum também na tradição ocidental. C. Taylor, *Sources of the Self*, Cambridge, MA: Harvard University Press, 1989.

sobre a relação entre o eu e os cinco componentes psicofísicos. O eu não pode ser o mesmo que esses componentes porque eles são impermanentes, e, por definição, o eu precisa ser permanente. O eu tampouco pode existir totalmente separado dos componentes, porque eles delimitam o escopo da experiência, e é insensato falar de alguma coisa situada "além da experiência". Por fim, o eu não pode "ter" ou "ter o atributo de" uma experiência específica, pois não fica claro por que deveríamos chegar a distinguir o "eu" de "suas" experiências.[88] O eu, em suma, é um conceito supérfluo. A experiência pode muito bem ser justificada sem referência a um eu subjacente, e por isso é supérfluo postular essa entidade adicional, o "eu". O eu não tem nenhum papel explicativo, e nada falta em uma descrição de mundo que se saia bem sem ele.[89] Como resultado, não há motivo para acreditar que exista.

Por fim, o quarto argumento não é tratado nos discursos, mas em um texto budista tardio, o *AKBh* de Vasubandhu, do século 4 d.C. Como muitos de seus contemporâneos budistas, Vasubandhu admitiu apenas dois meios válidos de conhecimento, a percepção e a inferência. Sua alegação é que nenhum deles permite um conhecimento do eu.[90] Não se tem uma experiência do eu pela visão, pelo olfato, pela audição, pelo paladar ou pelo tato, tampouco ele é "visto" em introspecção.[91] Pode

---

88 *DN* II.66-8.

89 Muitos pensadores da Índia e do Ocidente têm resistido a essa tese. Argumenta-se que a subjetividade, a atividade, a memória, a consciência do tempo etc. – para não falar de conceitos morais como responsabilidade e autointeresse racional – exigem que haja um eu robusto, unitário, permanente. Muitas dessas questões são discutidas em Siderits, Thompson e Zahavi, *Self, No Self?*. Pena, mas este não é o lugar para defender a posição do não eu de seus diversos críticos.

90 *AKBh*, p. 461.

91 Comparar com a busca de Hume pelo eu em *TNH* I.4, § 4. Sobre as afinidades entre as posições de Hume e de Buda, ver A. H. Lesser, "Eastern and Western Empiricism and the No-Self Theory", *Religious Studies* 15(1), 1979: 55-64, mas comparar com Conze, que, tendo em vista sua interpretação (hoje considerada equivocada) transcendentalista do budismo, descarta o paralelo como "espúrio" ("Spurious Parallels to Buddhist Philosophy", p. 114). Importante observar que Ganeri apresentou uma controvertida

haver uma "sensação" de eu, sim, mas não há uma familiaridade perceptiva com um eu permanente, substancial. Vasubandhu afirma ainda que qualquer inferência apresentada para determinar a existência do eu é inválida ou baseada em premissas doentias. A conclusão desse argumento epistêmico é que a declaração de que existe um eu não pode ser sustentada por meios válidos. A crença no eu deve ser descartada.

Sem dúvida, embora a filosofia budista seja intransigente em sua crítica à nossa noção cotidiana de eu, de modo algum é sugerido que paremos de falar de eus, de pessoas, seres, indivíduos e assim por diante. É muito eficiente usar pronomes pessoais para nos referirmos a pessoas e, de modo geral, usar diversas convenções linguísticas, as quais, tomadas literalmente, pareceriam implicar que existe unidade e identidade quando, na verdade, não há nenhuma.[92] Porém, como Buda enfatiza, palavras como "eu" e "ser" são apenas nomes, expressões, modos de dizer, designações com frequência usadas pelo mundo.[93] Desse modo, embora eu possa dizer "Eu estou andando", não devo me deixar enganar e pensar que existe de fato um agente ("eu") e uma ação ("o andar que faço"), pois na verdade existe apenas uma atividade (andar).[94] Com efeito, apesar de não faltar nada em uma descrição do mundo que não usa o conceito de "eu" e nos idiomas que se baseiam nessa ficção, é prático continuarmos a nos expressar de modo eminente como se o "eu" (e os pronomes pessoais) se referissem na verdade a uma entidade permanente, e não a uma coleção de componentes psicofísicos em fluxo constante, desprovidos de um eu. A fim de explicar isso, os primeiros exegetas budistas desenvolveram o instrumento hermenêutico da diferenciação entre a verdade suprema da

---

defesa historiográfica da posição segundo a qual as posições de Hume teriam sido, na verdade, inspiradas diretamente pelas ideias budistas, via *Dictionnaire historique et critique* (*The Concealed Art of the Soul*, pp. 228-231).

92 Comparar com Gethin, *The Foundations of Buddhism*, pp. 145-146.

93 *DN* I.202.

94 Tomei emprestado esse exemplo de Nāgārjuna (*MMK* II).

"falta de eu" e a verdade convencional de declarações relativas ao "si mesmo" ou ao "eu".[95]

Embora Nietzsche desenvolva e defenda essa ideia de forma um pouco menos sistemática, a visão budista de que o eu unitário e permanente é uma ficção encontra um paralelo próximo em seus textos. A posição de Nietzsche segundo a qual "não existe ego algum"[96] baseia-se na percepção fundamental, também encontrada no budismo, de que o "eu" é pouco mais do que um "conceito sintético".[97] Aqui, a ideia é que a identidade pessoal – tanto sincrônica quanto diacrônica – é o produto de uma síntese conceitual pré-reflexiva dos diversos processos mentais e físicos que constituem uma pessoa. É claro que Nietzsche sabia que o "eu" não é um mero conceito, mas algo "sentido".[98] Essa sensação é que está por trás da "superstição da alma".[99] Assim como Buda, Nietzsche reconheceu que o conceito de "si mesmo" ou de "eu" é o produto de mecanismos psicológicos pré-reflexivos e considerou o conceito de um eu unitário e permanente algo bastante problemático.

O eu criticado por Nietzsche compartilha muitas características com o eu rejeitado pelos budistas. Primeiro, é considerado algo irredutível e permanente, que perdura imutável ao longo do tempo. É como

---

95 Importante observar como a distinção entre verdade suprema e verdade convencional na filosofia budista não é, como se costuma presumir, uma distinção ontológica de aparência/realidade (ver, a esse respeito, Ganeri, *The Concealed Art of the Soul*, p. 59). Em vez disso, trata-se de um instrumento hermenêutico desenvolvido de início para se distinguir "declarações literais" pronunciadas por Buda – por exemplo, "não existe um eu" – de "declarações que exigem interpretação" – como declarações que parecem se referir ao eu. Entre os Sarvāstivadins Vaibhāṣika, porém, a distinção torna-se ontológica – "satya" pode significar tanto "verdade" como "realidade" –, isto é, entre a existência convencional, ou aparência, e a existência substancial, ou realidade. Essa é uma tendência que Nāgārjuna combateria com veemência.

96 *FP* 1887-1888, 9(108). Ver também *FP ibid.*, 40(42).

97 *ABM*, § 19; ver também *ibid.*, 1885-1887, 1(87).

98 *FP* 1887-1888, 10(19).

99 *ABM*, § 19. Nietzsche, em relação a isso, descreve a crença no eu, ou na alma, como "uma espécie de superstição popular desde tempos imemoriais [...] que até hoje não parou de causar problemas como a superstição do sujeito, ou eu" (*ibid.*, "Vorrede").

uma pepita do Ser fixada em um mar de devir. Nietzsche chama isso de "atomismo da alma", expressão que utiliza para se referir à "crença que sustenta que a alma é algo inerradicável, eterno e indivisível, uma mônada ou átomo".[100] Segundo, para Nietzsche, o conceito de eu é, em essência, o de um agente ou fazedor. É por causa da crença no eu como entidade discreta, que possui e controla o corpo e a mente, que a atividade – a qual, em termos estritos, é impessoal – pode ser bifurcada entre um agente (a pessoa) e uma ação (feita pela pessoa).[101] A terceira característica do eu, de acordo com Nietzsche, está relacionada de perto com seu papel de agente. Em suma, supõe-se que seja um sujeito unitário, singular, responsável pelo pensamento e pela vontade.[102] Supõe-se que o eu, nesse sentido, seja o "eu" irredutível, que age como "causa de pensamentos" e fonte de "motivos".[103]

Nietzsche argumenta que esse conceito de eu é de todo infundado. Para começar, não existe nada de permanente ou duradouro no núcleo do sujeito. A respeito, Nietzsche apresenta um argumento muito similar ao encontrado nos discursos de Buda. A impermanência de todos os eventos físicos e mentais, afirma, impede-nos de falar de uma pessoa com identidade diacrônica robusta: "A transição contínua não nos permite falar no 'indivíduo'".[104] No que diz respeito ao eu como agente, a alegação de Nietzsche também ecoa a dos pensadores budistas através das eras. Toda a atividade humana, na visão dele, assemelha-se a um evento como a "chuva". Embora possamos dizer "está chovendo", é claro que não existe um "isso" como agente que "chove", apenas uma chuva

---

[100] *Ibid.*, § 12. Sem dúvida, Nietzsche está visando Leibniz aqui, em particular o conceito de mônada exarado por Leibniz em seu *Monadology*, de 1714. Ver G. F. Leibniz, *The Monadology and Other Philosophical Essays*, org. e trad. por P. e A. M. Schrecker, Indianápolis, IN: Bobbs-Merrill.

[101] *ABM*, §§ 16-17; *GM* I, § 13.

[102] *ABM*, § 19.

[103] *Ibid.*, §§ 17 e ss. Ver também *CI* VI, § 3.

[104] *FP* 1884-1885, 36(23).

impessoal.[105] De modo similar, quando digo "eu como", há, na verdade, apenas o comer.

Entretanto, a crítica de Nietzsche ao "eu" como sede singular da vontade e do pensamento não encontra paralelo direto no pensamento budista. Ele alega que a própria complexidade do querer, em particular, indica que o que de fato está em jogo é uma multiplicidade de vontades, sentimentos e outros "eventos mentais",[106] em vez de um eu unitário, ou alma, que delibera e decide a ação a ser adotada. Daí o sujeito como "multiplicidade",[107] ou uma "estrutura social de muitas almas".[108] Não se deve interpretar erroneamente essas frases acreditando-se que Nietzsche pensava haver muitos "eus" discretos "habitando" cada pessoa, de alguma maneira. Afinal, está claro que para ele o próprio conceito de eu discreto como simples "coisa" permanente não tem sentido em si e *de per si*, não apenas porque os indivíduos têm muitos deles. Embora o fraseado seja peculiar, sua ideia é, em essência, a mesma que a de Buda. Não existe um eu nuclear e singular que detenha as rédeas do complexo mente-corpo; mesmo os processos mentais e físicos que parecem proceder das atividades de um "eu" – ou seja, a vontade, a decisão, a deliberação, a recordação, o ato de erguer um braço etc. – são eventos assaz complexos que põem em jogo uma multiplicidade de processos e os quais não envolvem nenhum "ser nuclear" que possa ser considerado o "encarregado". A unidade pessoal sincrônica, segundo a visão de Nietzsche, bem como a de Buda, é uma construção mental.

---

105 *GM* I, § 13. Na verdade, Nietzsche emprega o exemplo do raio, mas ele não se traduz muito bem para o inglês contemporâneo, que não tem uma forma verbal referente à "atividade" de relampejar [verbo que a língua portuguesa possui – N. do T.] – vide o "*lightneth*" (Lucas 17:24) da Bíblia do Rei Jaime.

106 Coloco a expressão "eventos mentais" entre aspas porque Nietzsche, ao contrário de Buda, deixou bem clara a questão mente-corpo ao esposar uma visão não dualista, qual seja, a do mundo como vontade de poder (*ABM*, § 36). Esse tópico será discutido em detalhes no Capítulo 3.

107 *FP* 1884-1885, 36(23).

108 *ABM*, § 19.

O terceiro ponto de superposição entre o pensamento negativo de Nietzsche e a filosofia budista trata de sua rejeição comum ao que hoje é chamado de metafísica da substância. No pilar central dessa metafísica, encontra-se a alegação de que o mundo consiste de coisas ou entidades (substâncias) dotadas de propriedades ou qualidades (atributos). Por exemplo, um metafísico substancial sustentará que há vários tipos de "pedra", com a propriedade da "dureza" em diferentes graus. A pedra, nessa óptica, possui a propriedade/qualidade da dureza. Do ponto de vista do chamado atributo, diz-se que a dureza é inerente à pedra, que é o substrato para a propriedade da dureza. Essa visão tão intuitiva é rejeitada tanto no pensamento *nietzschiano* como na filosofia budista, em virtude de exibir um comprometimento com a estaticidade do Ser, ou seja, com a existência duradoura de substâncias que perduram, inalteradas e imutáveis, enquanto seus atributos não essenciais, apenas contingentes, variam com o tempo.

A fim de apreciar na totalidade a posição budista, é importante situá-la no contexto religioso e filosófico no qual o budismo surgiu. A ideologia indiana dominante na época de Buda girava em torno de uma sólida metafísica do Ser, que encontrava sua principal expressão nos primeiros Upaniṣads dos brâmanes.[109] Para os brâmanes dos Upaniṣads, todo o universo se reduz ao Ser primordial (*brahman*), do qual emanou no início.[110] *Brahman*, nessa visão, é a Substância

---

[109] Essa é, de longe, a visão majoritária entre os budologistas – em especial Warder (*Indian Buddhism* e *Outline of Indian Philosophy*), Gethin (*The Foundations of Buddhism*) e Gombrich (*What the Buddha Thought*) –, embora tenha sido questionada não faz muito por J. Bronkhorst, *Greater Magadha: Studies in the Culture of Early India*, vol. II, Leiden: Koninklijke Brill NV, 2007. Contudo, a evidência aduzida por Bronkhorst não justifica o abandono da posição que considera que a crítica ao eu e ao Ser por parte de Buda visa as doutrinas dos Upaniṣads. De qualquer modo, sem dúvida foi assim que tanto seus seguidores quanto seus oponentes bramânicos o interpretaram no período Clássico.

[110] *BĀU* I.4.1 e ss.

Primordial subjacente a "tudo que existe" (*sarvam idam*). Buda fez uma réplica empírica a essa posição:

> *Bhikṣus*, vou instruí-los sobre "tudo". Ouçam isto: o que é "tudo"? É o olho e as formas, o ouvido e os sons, o nariz e os odores, a língua e os sabores, o corpo e as coisas tangíveis, a mente e as representações. Isso, *bhikṣus*, é o que se chama de "tudo". *Bhikṣus*, àquele que diz: "Rejeite este 'tudo'", proclamarei que outro "tudo" está tendo uma simples conversa.[111]

Os sentidos e seus objetos[112] eram tudo que Buda admitia em sua descrição do mundo.

Em suma, a visão de mundo que encontra expressão nos discursos não deixa espaço para o conceito de substância, ou, em termos mais genéricos, de "existência".[113] Com efeito, ao olhar para determinada coisa, as perguntas que Buda faz não são "o que é isso, quais as suas propriedades? etc.", mas sim "como isso surge/cessa, sob que condições isso surge/cessa? etc.". Em outras palavras, ele não está interessado em saber que tipo de coisa é *x*, mas no(s) tipo(s) de processo(s) ou de evento(s) envolvido(s) ao se falar de *x*. O princípio da impermanência universal é uma consequência direta desse foco no surgimento condicional, e não na existência. Afinal, como proclama um discípulo de Buda, "tudo que surge também cessa".[114]

Nas obras de Nāgārjuna e de seus seguidores, a crítica budista à metafísica da substância torna-se explícita. Todas as coisas, argumenta Nāgārjuna, são desprovidas de existência inerente, ou "próprio ser". Em suma, a posição de Nagarjuna é que todas as coisas são vazias de

[111] *SN* IV.15. O vocativo recorrente *bhikṣus* refere-se ao público de Buda, qual seja, um grupo de seguidores monásticos (*bhikṣus* significa, literalmente, "mendicantes").

[112] Com efeito, no contexto indiano, a mente é tratada, tal como os cinco sentidos aceitos no Ocidente, como um sexto sentido.

[113] A esse respeito, ver Warder, *Outline of Indian Philosophy*, p. 58-61.

[114] *V* I.181.

substância. Esse é o princípio conhecido como vazio (*śūnyatā*) – na verdade, uma abreviatura de "vazio de substância" (*svabhāva*).[115]

Para estabelecer seu ponto, Nāgārjuna transfere e redefine o ensinamento fundamental budista do surgimento codependente.[116] Nos discursos, o surgimento codependente – que equivaleria ao conteúdo cognitivo da iluminação de Buda[117] – é aplicado de modo bem específico à pessoa, a fim de mostrar que o que chamamos de "indivíduo" é, na verdade, um nexo surgido de modo codependente a fatores fugazes, flutuantes, todo desprovido de um "eu" substancial. Nāgārjuna leva isso um pouco adiante e afirma que todas as coisas do mundo surgem de maneira codependente e, portanto, são desprovidas de existência ou substância intrínseca, robusta: "Como não há nada que não surja de maneira codependente, não há nada que não seja vazio [de substância]".[118] Uma das principais ideias de Nāgārjuna é que o próprio conceito de substância é incoerente. Supõe-se que a substância não tem causa. Sendo assim, não corresponde a nada em um mundo de condicionalidade universal. E mais, mesmo que existisse uma substância, o próprio fato de não ter causa a impediria de participar deste mundo de condicionalidade – não tendo causa, não poderia ter eficácia causal própria.[119] Desse modo, as substâncias são entidades redundantes – não têm papel explicativo.

E mais: segundo a posição de Nāgārjuna, a substância não é apenas um conceito incoerente e/ou redundante, também é, em essência,

[115] Sobre esse ponto, ver Westerhoff, *Nāgārjuna's Madhyamaka*, p. 23 e ss.

[116] Os dois versos propiciatórios no início de *MMK*, embora devam ter sido interpolados, têm a virtude de deixar claro, desde o princípio, que Nāgārjuna revisa o ensinamento do surgimento codependente (*pratītyasamutpāda*) no intuito de afirmar que todas as coisas, não apenas as pessoas, carecem de natureza substancial (*-bhāva*) própria (*sva-*).

[117] Ver *V* I.1-2.

[118] *MMK* XXIV.19.

[119] Sobre isso, ver *MMK* XV e XXIV.

incompatível com o mundo da forma como o vivenciamos. Uma análise simples das "coisas"[120] e das relações entre elas leva à conclusão de que nosso mundo deve ser formado apenas por processos, e não por "objetos" portadores de propriedades. Se as coisas acontecem como acontecem, afirma, é porque são vazias de substância.[121] Além disso, um mundo de Substância, ou Ser, de modo algum se assemelharia ao mundo em que vivemos. Não haveria surgimento, não haveria morte, e o universo seria imutável e livre de todos os estados diversificados que podem ser testemunhados.[122] Entre o mundo do Ser imutável e outro de fluxo constante e turbulento devir, Nāgārjuna adota uma posição diametralmente oposta à de Parmênides, Zeno ou Platão – o Ser é irreal, ou fictício, e só o devir é real.

---

[120] Essas "coisas" incluem todos os elementos primários a que as primeiras escolas metafísicas indianas (inclusive a Vaibhāṣika Sarvāstivāda) tentaram reduzir a realidade. Nāgārjuna passa em revista todos esses conceitos – como os sentidos (*MMK* III), os elementos tradicionais da cosmologia indiana (*MMK* IV), os componentes (*MMK* V), os fatores de existência (*MMK* VI) etc. – a fim de mostrar que todos eles só podem existir/ocorrer como processos desprovidos de existência intrínseca, não contingente, em lugar de entidades estáticas dotadas de substância. Ele também examina diversas relações – como entre causa e efeito (*MMK* I), a ida e aquele que vai (*MMK* II), ação e agente (*MMK* VIII), fogo e combustível (*MMK* X) etc. – para mostrar que elas só podem envolver processos contingentes, mutuamente codependentes, e não entidades reais. A estratégia preferida de Nāgārjuna para discutir esses resultados é realçar a "consequência indesejada" (*prasaṅga*) da atribuição de uma essência substancial a qualquer *x* que esteja em discussão. Em suma, ele procede por sequências de reduções *ad absurdum*.

[121] Essa é a conclusão de *MMK* XXIV, talvez a mais clara expressão da filosofia Madhyamaka que se pode encontrar. Em *MMK* XXIV.15, Nāgārjuna declara: "Tudo faz sentido para aquele que aceita o vazio. Nada faz sentido para aquele que não aceita que as coisas são vazias". Comparar com *VV* 70: "Tudo prevalece para aquele para quem o vazio prevalece. Nada prevalece para aquele para quem o vazio não prevalece". O autocomentário a esse verso deixa claro que "tudo" permanece, entre outras coisas, para todas as convenções sobre o modo como o mundo opera. Sobre esse ponto crucial, ver em particular Arnold, *Buddhists, Brahmins and Belief*, p. 140 e ss, e G. Priest, *Beyond the Limits of Thought*, Oxford University Press, 2002, p. 266 e ss.

[122] *MMK* XXIV.38.

Com efeito, Nāgārjuna questiona o próprio conceito de Ser, ou existência: "Não há algo como a existência (*sattā*) quando se trata de entidades desprovidas de um ser próprio".[123] Com a condicionalidade universal, cai a Substância – o mundo é formado por processos que surgem em dependência mútua, de modo que tudo carece de existência substancial, intrínseca. Com a Substância, por sua vez, cai a própria existência, pois só as substâncias podem ser consideradas existentes de fato. Para Nāgārjuna, nada jamais "é"; os eventos apenas "têm lugar", ou "ocorrem". Em suma, Nāgārjuna rejeita qualquer metafísica do Ser e, de modo mais geral, qualquer sistema de pensamento que postule um reino de Realidade Suprema ou de Verdade Absoluta, acima e além de um reino de "meras" convenções ou práticas transacionais. Isso porque, em sua visão, o conceito de "próprio ser" no qual toda e qualquer metafísica desse tipo se baseia é pouco mais do que uma ficção.

Portanto, o vazio universal do próprio ser constitui uma rejeição robusta à metafísica do Ser em favor do "devir universal".[124] Em vez do Ser e de seres, o que temos é um mundo de interdependência, inter-relacionamento e contingência – um mundo de processos dinâmicos, em vez de entidades discretas. No lugar de um mundo de entidades (substâncias) dotadas de propriedades (atributos), o que temos é um mundo de "qualidades" fugazes – para usar a expressão substancialista – no qual uma "coisa" nada mais é do que "a soma de seus efeitos".[125]

---

123 *MMK* I.10a-b.

124 Essa é a interpretação da filosofia de Nāgārjuna que se ajusta melhor aos textos. A interpretação de Nāgārjuna, é de se mencionar, é um subcampo muito controvertido da budologia. O filósofo foi apresentado como niilista metafísico, monista-absolutista baseado em algo parecido com o idealismo transcendental de Kant e, em termos recentes, um idealista metafísico *à la* Berkeley. Nāgārjuna também foi apresentado como um cético radical, um proto-Wittgenstein e como antecipador de Rorty e Derrida.

125 Nehamas, *Nietzsche*, p. 74. Essa frase aparece na discussão de Nehamas sobre a crítica de Nietzsche à metafísica da substância, mas não surpreende ao percebermos que também se adequa como luva à filosofia budista.

Nietzsche é da mesma opinião.[126] Em muitos trechos, ele ridiculariza as ideias da existência rígida (em oposição ao surgimento), da Substância (em oposição à força) e do Ser (em oposição ao devir).[127] Para Nietzsche, Parmênides e seus seguidores eleatas estavam errados e Heráclito estava certo[128] – nunca se pisa duas vezes no mesmo rio. "A mentira da coisicidade, a mentira da substância, da permanência", escreve Nietzsche, todas resultam da "falsificação do testemunho dos sentidos".[129] Como no pensamento budista, o mundo visto por Nietzsche é composto apenas de processos e eventos evanescentes, e não de coisas. Não existe objeto ou entidade que persista a mudanças fenomênicas e "possua" atributos; há apenas processos dinâmicos.[130] Em suma, Nietzsche rejeita a metafísica da substância com fundamentos muito semelhantes aos de Nāgārjuna. Para ele, nosso mundo é de perpétuo devir e impermanência, no qual não há lugar para a estaticidade do Ser, ou da substância. É isso que Nietzsche tem em mente ao afirmar que o budismo tem a ilusão de Deus por trás de si.[131] Como notou de modo correto, o budismo rejeita no todo a Substância, que, para Nietzsche, é apenas outra forma da ficção do *wahre Welt*.

Mas Nietzsche tem mais a dizer a respeito. Sobre a crítica budista à metafísica, escreve: "A negação budista da Realidade [...] é perfeitamente

---

[126] Comparar com Conze, que rejeita o paralelo entre a doutrina do vazio e o niilismo de Nietzsche como um "paralelo espúrio" devido a uma compreensão errônea das ideias budistas ("Spurious Parallel to Buddhist Philosophy", p. 106). Mas Conze sustentou a posição, hoje considerada incorreta, de que o budismo está voltado para a realização de uma Realidade Transcendental. Combinada com a leitura parcial e um tanto quanto impiedosa da crítica de Nietzsche ao *wahre Welt*, isso revela uma avaliação bem insatisfatória dos paralelos entre o pensamento nietzschiano e a filosofia budista.

[127] Elas incluem diversos trechos de suas primeiras palestras (*FPp*) e de textos inéditos (em especial, *FET*), de suas anotações e de textos publicados, como *ABM* e *CI*.

[128] *CI* III, § 2.

[129] *Ibid.*

[130] A respeito dessa questão crucial, ver Nehamas, *Nietzsche*, pp. 74-105.

[131] *A*, § 20.

consistente: não apenas a indemonstrabilidade, a inacessibilidade, a ausência de categorias para um 'mundo em si mesmo', como também a *percepção dos procedimentos errôneos* por meio dos quais se chega a todo esse conceito".[132] A que, poder-se-ia perguntar, ele estava se referindo nesse trecho?

Como Nietzsche havia percebido com certeza, a crítica budista ao Ser, e com ela a da metafísica da substância como um todo, é, mais do que qualquer outra coisa, uma crítica psicológica. Isso não quer dizer que o pensamento budista, como o *nietzschiano*, atribui a invenção "niilista" do *wahre Welt* à *décadence* e ao *ressentiment*. Em vez disso, a percepção budista é que enxergar o mundo formado por substâncias duradouras subjacentes a propriedades fugazes – ver o Ser onde há apenas o devir – é o produto de uma grande personificação do universo. Em suma, a ilusão do Ser é na verdade uma versão cósmica da ilusão do eu. É gerada por meio do mesmo processo psicológico, aplicado ao mundo todo e a seus milhares de fenômenos fugazes, por conta dos quais o fluxo de fugazes eventos psicofísicos se une em um "eu" unitário, permanente e substancial, que então se presume atuar como substrato para eventos físicos e mentais. A ficção do eu, nesse sentido, é o modelo para a ficção do Ser como um todo. O eu, dito de outra forma, é a Substância prototípica. Assim como reside, inalterada e fixa, sob a/por trás da ascensão e queda de eventos físicos e mentais, o que quer que "seja" persiste ao longo do tempo, sem se deixar tocar ou mover por qualquer coisa que surja e passe por ela.

Essa análise da psicologia na raiz da metafísica do Ser é evidenciada pelo caso da metafísica bramânica inicial, a qual serviu de munição para Buda. Para os autores dos *Upaniṣads*, o Ser primordial do qual todo o universo é uma emanação não é outro senão o *ātman*, ou "eu".[133] O princípio cósmico unitário, ou Substância, nada mais é do que um Eu

[132] *FP* 1887-1888, 9(62).

[133] Ver, por exemplo, o relato cosmogônico em *BĀU* I.4.1 e ss.

Universal. O resultado é que o núcleo de minha pessoa - meu "eu" (ou seja, *ātman*) - é idêntico ao Ser primário subjacente a toda a realidade (ou seja, *brahman*). É essa doutrina referente à identidade fundamental entre o eu pessoal e o Eu Cósmico que o sábio Uddālaka Aruṇi transmitiu a seu filho com a famosa frase: "Esta coisa muito sutil é a essência de tudo que existe. É a Verdade. É o Eu. É o que você é (*tat tvam asi*), Śvetaketu".[134] Essa metafísica também está por trás da injunção do sábio Yājñavalkya à sua esposa: "Em verdade, Maitreyī, minha querida, o eu é o que deveria ser visto, ouvido, em que deveríamos pensar e nos concentrar. Quando alguém tiver visto e ouvido o eu, pensado e se concentrado nele, todo este universo será conhecido".[135] É claro que "conhecer tudo que existe", para místicos como Yājñavalkya e Uddālaka Aruṇi, não envolve adquirir um exaustivo conhecimento empírico do mundo. Na verdade, trata-se de atingir o conhecimento do Absoluto, da imorredoura essência de todas as coisas.[136] De atingir, nas palavras de Nietzsche, o *wahre Welt*.

O *wahre Welt* como Eu Cósmico - essa é a grande ilusão que não enganou Buda e seus seguidores. Em resumo, os autores dos *Upaniṣads* entregaram de bandeja a Buda sua "percepção sobre os procedimentos errôneos por meio dos quais se chega a todo esse conceito [o *wahre Welt*]".[137] Com efeito, um ponto-chave (subvalorizado) da filosofia budista é que não há coincidência no caso dos brâmanes dos *Upaniṣads.* O eu que construímos pré-reflexivamente como substância permanente,

---

134 *ChU* VI.8.7. Essa famosa frase é repetida ao final de VI.9-16.

135 *Ibid.*, iv.5.6. Comparar com a linha final da cosmogonia BĀU mencionada antes: "O eu é o caminho para tudo que existe. Pois, através dele, conhece-se tudo que existe" (I.4.7).

136 Com efeito, o eu dos Upaniṣads é descrito como intangível e impensável no seu todo (*KU* 3.15.a-b e 6.12) e "livre da velhice e da morte, livre da tristeza, livre da fome e da sede" (*ChU* 8.1.5). Em suma, parece ter sido atingido por meio da tradicional *via negativa* do metafísico.

137 *FP* 1887-1888, 9(62).

ou substrato duradouro, é, de fato, o modelo do Ser, da Substância ou de Deus. Por trás da dupla crítica budista ao Eu e à Substância há a visão de que o "eu" é a "substância" primordial, o primeiro ser, a primeira coisa que "existe, mas não se torna". A especulação dos brâmanes sobre a identidade subjacente do eu verdadeiro e de *brahman* como Alma do Mundo não foi mero acidente. De fato, o raciocínio nos *Upaniṣads* é bem revelador. Por certo, trata-se de um dos casos mais transparentes do que Nietzsche, mais de dois milênios depois, chamaria de metafísica do *wahre Welt*.[138]

A conexão fundamental entre a ficção do eu e a ficção do Ser é exposta com mais clareza nas obras de Nāgārjuna e de seus seguidores. Ao afirmar que todas as coisas carecem de existência intrínseca, ou substância, ele afirma em essência que todas as coisas carecem de um eu:[139] na verdade, que o princípio da "ausência de eu de [todos] os fatores da existência" (*dharmanairātmya*) é apenas uma extensão do princípio da ausência de eu das pessoas" (*pudgalanairātmya*).[140] Essa extensão baseia-se na percepção fundamental de que o que há por trás da ficção do Ser é a ilusão da própria identidade. De fato, Nāgārjuna e

---

[138] Na tradição ocidental, essa transparência pode ser encontrada na obra de Leibniz. Em sua *Monadology*, pp. 213-225, ele postula entidades irredutíveis, semelhantes à alma, como a substância fundamental, simples e primária da qual o mundo é composto. Para a crítica irônica de Nietzsche ao tal "atomismo", ver *ABM*, § 12.

[139] Ao apontar para as raízes de sua crítica à substância, Nāgārjuna refere-se em especial a um dos ensinamentos de Buda sobre as ilusões gêmeas da suposta existência e não existência da pessoa (*MMK* xv.7). O texto que Nāgārjuna cita é o *Kaccāyanasutta* (*SN* II.16-17). Nesse discurso, Buda afirma que falar de uma pessoa como "existindo" ou "não existindo" não faz sentido, porque, para começar, não há uma pessoa. Ele apresenta sua doutrina de surgimento codependente como um caminho alternativo, ou intermediário. O resultado é que o discurso sobre ser/não ser, ou existência/não existência, deve ser abandonado em favor do foco sobre o devir, ou o surgimento (impessoal) e a cessação. O ponto de Nāgārjuna é que isso se aplica a toda e qualquer discussão sobre ser/não ser, não apenas àquela que pertence a pessoas.

[140] Sobre isso e a ampla discussão que recebeu entre seguidores de Nāgārjuna, ver D. S. López Jr., "Do Śrāvakas Understand Emptiness?", *Journal of Indian Philosophy* 16(1), 1988: 65-105.

seus seguidores Mādhyamika situaram os efeitos do que os filósofos indianos do período Clássico chamaram de princípio do ego (*ahaṃkāra*) bem além do próprio ego. Na origem, o princípio do ego foi responsável por gerar pré-reflexivamente a noção de um ego permanente como proprietário do complexo mente-corpo; é o criador (*-kāra*) do "eu" (*ahaṃ*).[141] Subjacente à extensão Mādhyamika da doutrina da ausência de eu a todas as entidades, há a percepção de que o princípio do ego afeta mesmo toda nossa postura cognitiva pré-reflexiva diante do mundo. O princípio do ego não só "faz" o eu, mas também projeta a permanência e a estabilidade do "eu" como proprietário sobre o mundo, à guisa de um comprometimento pré-reflexivo com as "coisas" como substâncias portadoras de propriedades. Logo, presumimos que as coisas "existem de fato", que o mundo é feito de entidades "de fato existentes", relacionadas de maneiras específicas, rígidas. Nosso comprometimento pré-reflexivo com a metafísica da substância, no relato budista, é um desdobramento de nosso comprometimento pré-reflexivo com uma visão do eu como substância.[142] Personificamos sempre o impessoal no processo de reificação – que, afinal de contas, é o que fazemos com nossos próprios complexos mente-corpo.

---

141 A respeito, ver M. Hulin, *Le principe d'égo dans la pensée indienne classique: la notion d'ahaṃkāra*, Paris: Collège de France, 1978, p. 3 e ss.

142 Assim, a filosofia budista se encontra oposta, em essência, à visão adotada por P. Ricoeur, *Soi même comme un autre*, Paris: Seuil, 1990, que faz distinção entre a identidade que atribuímos a coisas duradouras, a mesmice (*mêmeté*), e a identidade que atribuímos a nós mesmos, a individualidade (*ipséité*). Ricoeur acredita que só a primeira envolve a ideia de uma substância duradoura, enquanto a segunda pouco tem a ver com a persistência de um eu nuclear duradouro. Na visão budista, que considera fenomenologicamente justificada, estamos todos comprometidos pré-reflexivamente com uma "visão do eu como substância" no que diz respeito à nossa experiência da individualidade. Esse substancialismo implícito, que reifica o eu hipostático, também está presente em nossa postura diante do mundo exterior; assim, eventos e processos, como os que formam o "eu" quiçá autoidêntico, também são reificados como coisas hipostáticas. Esse tópico será discutido com mais detalhes no Capítulo 4.

Desse modo, o pensamento de Madhyamka vai além de uma crítica da veneração mística do Ser/Deus que pode decorrer da ilusão do "eu". Sua alegação é a de que o próprio bom senso ingênuo – que vê um mundo de seres e eus, de agentes realizando ações, de substância e atributos etc. – exibe o mais pernicioso e insidioso efeito do princípio do ego. Como tal, o "bom senso" envolve um compromisso implícito com a metafísica do Ser baseada na existência substancial das coisas, que já abre caminho para o teísmo explícito, ou absolutismo, ou alguma outra versão mais sóbria da metafísica da substância. Tudo isso, na visão budista, é apenas uma grandiosa autoveneração (como o caso dos brâmanes dos *Upaniṣads*). Em contraste, de acordo com a visão de Mādhyamika, uma análise cuidadosa revela que tentar compreender o mundo com base em coisas/entidades, substâncias e atributos etc., exige uma colossal falsificação da experiência. Ficar sozinho ocorre em uma visão de mundo efetivamente "realista". Só existem processos e relações insubstanciais, não há "coisas", muito menos pessoas. Desse modo, o budismo procura cortar pela raiz as maiores ficções da humanidade. Isso porque, segundo a filosofia budista, o Ser/Substância não encontra amparo fora de uma psicologia humana equivocada. Sua única base é nossa ilusória sensação de identidade pessoal.[143]

---

[143] A esse respeito, Westerhoff está errado ao afirmar que o conceito de substância das obras de Nāgārjuna é diferente de qualquer conceito ocidental de substância, pois envolve um "componente cognitivo" do qual todos os conceitos ocidentais de substância carecem. Segundo Westerhoff, o conceito de substância de Nāgārjuna é único, pois "não é apenas um conceito teórico da ontologia, mas uma falha cognitiva, um acréscimo feito de modo involuntário pela mente ao tentar compreender o mundo" (*Nāgārjuna's Madhyamaka*, p. 13). Mas o fato de Nāgārjuna considerar a substância como uma "superimposição conceitual" (*ibid.*) não implica que seu conceito de substância seja, de algum modo, diferente do ocidental. Com efeito, o que encontramos em Nāgārjuna é uma alegação adicional, psicológica, sobre as raízes da metafísica da substância. A expressão "*svabhāva*" tem o mesmo significado geral que "substância" na metafísica ocidental – é o substrato "de fato existente" subjacente a "acidentes" contingentes e a mudanças fenomênicas. O que é único na filosofia de Nāgārjuna – e que o coloca em uma categoria à parte de qualquer discussão ocidental da metafísica

É ao adotar essa visão que Nietzsche se acha mais de acordo com a filosofia budista. A metafísica da substância, a ficção do Ser, as "mentiras" da unidade, da coisicidade e permanência etc. – todas essas coisas são secretadas pelo ego, segundo Nietzsche. Ao discutir o que chamou de "metafísica da linguagem" em *CI*, ele escreveu:

> É *isto* [a metafísica da linguagem] que vê ato e agente [...] este que acredita no "eu", no "eu" como ser, no "eu" como substância, e que *projeta* a crença no eu-substância sobre todas as coisas – somente com isso se *cria* o conceito de "coisa" [...] Por toda parte, pensa-se no Ser, *impingem-nos* o Ser [...] somente do conceito de "eu" se segue, como consequência, o conceito de "ser" [...] Receio que não vamos nos livrar de Deus porque ainda acreditamos em gramática.[144]

A metafísica da linguagem que acredita tanto no "eu", é claro, está enraizada no próprio conceito de eu. Considere o seguinte trecho:

> O conceito de *substância* [é] uma consequência do conceito de *sujeito*: *não* vice-versa! Se rejeitamos a alma, "o sujeito", careceremos completamente da pré-condição para a "substância" [...] O "sujeito" é a ficção de que muitos estados similares em nós pertencem a um substrato.[145]

A "substância" primária, protótipo de tudo que "existe" em vez de aquilo que se torna, conhece permanência, estabilidade etc., nada mais

(além da de Nietzsche) – é que ela vai além da alegação de que não há espaço para a substância em nosso retrato do mundo, e acrescenta que a atribuição de "existência própria", que caracteriza nossa visão intuitiva do mundo, tem raízes profundas na psicologia humana.

144 *CI* III, § 5. Ver também *ibid.*, § 2. Como os comentários nietzschianos deixam claro, é óbvio que a linguagem estrutura o mundo com base em substância e atributo. Os filósofos budistas também estavam cientes disso. É por isso que consideravam a linguagem como o domínio das convenções (*saṃvṛti*) ou práticas transacionais (*vyāvahara*) e argumentavam que não devemos pensar que ela capta a realidade extralinguística (ou seja, fluxo e processo) de modo transparente. Essas questões serão discutidas mais a fundo nos Capítulos 3 e 4.

145 *FP* 1887-1888, 10(19).

é do que o eu. O "eu" é o substrato unitário ilusório de todos os nossos sentimentos, a base unitária ilusória de todas as nossas ações. É o que é supostamente fixo e sobrevive à "multiplicidade da mudança". Como tal, o "eu" é a substância prototípica; é o modelo psicológico da metafísica do Ser e sua base de experiência.[146] Como fonte de nosso conceito de substância, é natural que "nossa *crença no ego* como substância, como a única realidade com base na qual atribuímos realidade às coisas em geral",[147] também deveria ser a base de todas as grandes religiões do mundo. "Toda a história religiosa da humanidade", conclui Nietzsche, "é entendida como a história da superstição da alma".[148] Tudo na metafísica e na religião, em suma, é fruto da ilusão do "eu".

É provável que Nietzsche expresse sua visão de forma mais clara no fragmento a seguir:

> O conceito de "realidade" e "existência" deriva do "sujeito"-sentimento. O "sujeito": interpretado de dentro de nós mesmos, de tal forma que o "eu" parece ser uma substância, como fonte de todas as ações, como agente. Os postulados lógico-metafísicos, a crença na substância, acidente, atributo etc., têm seu poder de persuasão através do hábito de considerar todas as nossas ações como consequências de nossa vontade – de modo que o eu, como substância, não desaparece na multiplicidade da mudança.[149]

As principais expressões nesse fragmento são "sentimento" ("sujeito"-sentimento) e "hábito". Em última análise, aquilo a que Nietzsche atribui a prevalência da metafísica da substância não é o conceito "eu/ego/sujeito", mas o sentimento pré-reflexivo de ser um eu substancial e mental, cognitivo, e, portanto, também os hábitos linguísticos que

---

146 Em relação a isso, Nietzsche fala da crença no eu como o "realismo mais antigo" (*ibid.*, 1885-1887, 7(63)).

147 *Ibid.*, 1887-1888, 10(19).

148 *Ibid.*

149 *Ibid.*, 9(98). Ver também *GM* I, § 13.

decorrem disso. O "eu" que se infla e se torna Deus/Espírito Universal, Causa, Substância, *wahre Welt* etc., não é uma ideia ou um conceito, mas algo pré-reflexivo e pré-filosófico.[150]

Em resumo, no que diz respeito à relação entre o "eu" como produto de síntese pré-reflexiva, o eu/alma como dogma e a ficção do Ser, o conteúdo do pensamento *nietzschiano* e da filosofia budista é muito similar. O fluxo de eventos mentais e físicos que constituem um "indivíduo" é sintetizado pré-reflexivamente. Então, o produto dessa síntese é reificado, o que dá origem à sensação de um "eu" substancial que confere tanto a unidade sincrônica ilusória (onde, na verdade, há apenas multiplicidade) quanto a identidade diacrônica ilusória (onde, na verdade, há apenas continuidade) ao assim chamado sujeito. É esse senso de eu que é "explorado", como diz Nietzsche em GM I, § 13, pelos metafísicos e tipos religiosos no intuito de construir o conceito de "alma". Claro que, em função de suas origens, a crença na alma é uma crença muito natural, para não dizer intuitiva. A ficção do Ser, por sua vez, também encontra sua origem nos mecanismos psicológicos que produzem o "eu". É na analogia pré-reflexiva com nós mesmos, por assim dizer, que presumimos de modo imediato que tudo que encontramos no mundo consiste, em essência, em uma substância duradoura por trás de atributos fugazes. Um passo a mais e chegamos à Substância Primordial – que se situa por trás do "mundo" considerado uma coisa –, ao Deus Criador do qual se originou, à numinosa coisa em si mesma (*Ding an sich*) por trás de todas as aparências, e assim por diante. O

[150] Ao enfatizar o papel do "sujeito-sentimento" em oposição ao conceito de sujeito, ou ego, torna-se possível responder a importante crítica que Nehamas faz à posição de Nietzsche. Nehamas considera a visão da substância prototípica como ego "muito insatisfatória" e tenta proporcionar evidências para mostrar que essa não poderia ter sido a visão nietzschiana (*Nietzsche*, pp. 85-86). Porém, como se vê, os três argumentos que cita a fim de sustentar esse juízo pressupõem que a visão de Nietzsche trata dos conceitos de "ego" e "substância", quando na verdade trata do senso de existência substancial, duradoura, vivenciado pela primeira vez no íntimo, como se pertencesse ao "eu", e depois projetado para fora.

wahre Welt, Deus, *brahman*, Ser etc., é, para o mundo evanescente e enganoso do devir, o que o "eu" permanente e real é para os passageiros eventos físicos e mentais que constituem a pessoa – de modo alternativo, mantém com o mundo do devir a mesma relação que a alma pura e imortal mantém com o corpo corrupto e decadente. Desse modo, a ficção do Ser é derivada da ficção do eu. O mesmo princípio de individuação atua tanto no campo microcósmico da pessoa quanto no campo macrocósmico do mundo inteiro.

Por fim, existe ainda uma conexão entre a rejeição de Nietzsche e de Buda às ilusões gêmeas de Deus/Ser/Substância e alma/ego/eu, por um lado, e sua insistência na universalidade do sofrimento, por outro. Se o sofrimento é uma característica necessária, não acidental, da existência, e se jamais for possível alcançar a Paz, a Quietude e a Sublimidade permanente, é porque estas são propriedades de um Absoluto Transcendente que não existe. Tanto Nietzsche quanto Buda rejeitam a ideia de haver uma alma pura que pode vivenciar alguma espécie de retorno final à sublime morada do Ser. Para eles, não há como nos escondermos do constante e turbulento fluxo de fugaz devir. Não existe Ser ou alma; portanto, não há Sublimidade duradoura.

Logo, tanto no pensamento *nietzschiano* quanto na filosofia budista, todos os três mitos principais situados no coração do que Nietzsche chama de metafísica niilista – o mito da Sublimidade, do eu e do Ser – não apenas são rejeitados com bases similares, como estão relacionados do mesmo modo. Por isso, caem da mesma maneira, como peças de dominó – o "eu"-Ser-Sublimidade. Para Nietzsche, rejeitar esses mitos é abraçar o niilismo. E ele sentia que foi isso que Buda fez. Após a crítica budista ao eu (*ātman*), ao Ser (*brahman*) e à Sublimidade (*ānanda*), a vida se despoja do valor que tinha antes. Como precursor do niilismo, Buda destruiu o valor e o significado antes atribuídos à vida por meio dos mitos niilistas ao destruir esses mitos. E é destruindo esses mesmos mitos em sua forma europeia (alma, Deus, Céu) que Nietzsche assume o papel de Buda da Europa.

A afinidade entre Nietzsche e Buda vai além dos elementos críticos de seus pensamentos. A crise niilista é a crise da ausência de valores, de méritos, de significado e de propósito. Mas esse é apenas um estágio de transição. O vazio ético deixado pelas críticas de pensadores como Nietzsche ou Buda precisa ser preenchido – não pode deixar de ser preenchido.[151] O desafio do niilismo, como expliquei antes, é o desafio de se desenvolver uma ética pós-niilista sem recair no pensamento ilusório de modos anteriores de valoração. É importante observar, além disso, que a forma de tal ética é a mesma, tanto no pensamento *nietzschiano* quanto na filosofia de Buda. Com efeito, suas visões éticas são visões de *grande saúde*.

A esse respeito, há uma relação profunda entre Nietzsche como Buda e Nietzsche como Anticristo. Além do fato de o budismo ser "cem vezes mais realista do que o cristianismo", por ser ateísta, positivista, fenomenalista e antimetafísico,[152] o que o distancia tanto da fé cristã é que a ética não é moralista, mas higiênica. Em *EH*, Nietzsche escreve: "a 'religião' [de Buda] deveria ser considerada um tipo de higiene, para não ser confundida com um fenômeno tão deplorável quanto o cristianismo".[153] Ao contrário do cristianismo, que afirma que o sofrimento é o resultado do pecado e fundamenta sua ética em um complexo de culpa moralizador, Buda reconhece que o sofrimento tem raízes na psicologia e na fisiologia humana e, portanto, adota "medidas higiênicas"

---

[151] Isso porque a atribuição de valor, mérito, significado e propósito é, segundo Nietzsche, uma atividade fundamental, a que qualquer criatura viva se dedica por necessidade, conscientemente ou não (ver, a respeito, *ABM* § 9).

[152] *A* § 20. Comparar com *ibid.*, § 23: "O budismo, repete-se, é cem vezes mais frio, mais veraz, mais objetivo [do que o cristianismo]".

[153] *EH*, "Warum ich so weise bin", § 6.

contra ele.[154] Boas ações, atitudes, estados mentais etc. são prescritos porque são saudáveis, todos diante do "propósito higiênico fundamental" do budismo.[155] Isso contrasta de modo claro com o cristianismo, que adota uma atitude moral bem niilista, segundo a qual o bem flui apenas de uma fonte - Deus, ou o Céu -, e tudo que está relacionado com o mundo aqui embaixo - o corpo, prazeres materiais etc. - é considerado maligno e corruptor. Nesse sentido, explica Nietzsche, "o budismo se distingue muito do cristianismo pelo fato de a autoilusão dos conceitos morais se situar bem atrás dele. Em meus termos, situa-se *além* do bem e do mal".[156]

Sem dúvida, as noções tradicionais de "bem" e de "mal" não conseguem sobreviver à morte da metafísica do Ser, que destrói a própria base do Bem. A ideia *nietzschiana* é que Buda teve de repor esses conceitos morais com conceitos éticos de outra espécie, e que selecionou, em seu lugar, os conceitos de "saudável" e "insalubre". Fica óbvio, com os comentários de Nietzsche sobre o budismo, que ele estava bem ciente do discurso médico no qual os ensinamentos budistas se apoiam. Budistas de todas as eras consideraram o Buda histórico, Sidarta Gautama, o médico supremo[157] e seus ensinamentos como uma forma de prática terapêutica.[158] Por conseguinte, a filosofia e a prática budista são voltadas para um ideal distinto de grande saúde, ou bem-estar

---

[154] *A* § 20.

[155] *Ibid.*

[156] *Ibid.*

[157] Esse epíteto é muito usado no cânone pāli. Ver, por exemplo, *AN* IV.340 e *MN* I.156-60, II.256-260. Ele sobreviveu até o presente, atravessando milênios.

[158] Essa ideia é tão comum no budismo que quase todos os textos da literatura budista indiana incluem uma referência à prática médica ou usam uma analogia médica para ilustrar um ponto. Para uma seleção útil da assim chamada "analogia médica" nos textos budistas, ver C. W. Gowans, "Medical Analogies in Buddhist and Hellenistic Thought: Tranquility and Anger", em Carlisle e Ganeri, *Philosophy as Therapiea*, pp. 11-33, nas pp. 16-19.

supremo, chamado *nirvāṇa*.[159] Os que não atingiram tal estado são descritos como doentes, enganados e/ou debilitados.[160] Dentre as coisas para as quais o ensinamento de Buda atua como antídoto, encontram-se as ditas secreções (*āsrava*), toxinas fluidas que invadem os ramos subconscientes do aparato psicofísico, infectando-o com propensões psicológicas (*abhiniveśa*) e tendências (*anuśaya*) latentes. Há ainda o ensinamento que lavaria as contaminações (*kleśa*) que maculam a mente da pessoa comum. Em suma, a ética budista se vale de um conceito distinto do "tipo saudável" que se opõe ao "tipo doentio". Ao tratar do tema, Nietzsche segue o exemplo de seu antecessor indiano. Sua ética também trata da oposição fundamental entre tipos saudáveis/fortes e tipos doentios/fracos. Posicionando-se, como Buda, além dos mitos niilistas do Bem e do mal, sua ética é a da grande saúde e seu alvo também é uma forma de doença, ou seja, a *décadence*.[161]

Portanto, ter-se-ia a impressão de que as respostas às crises niilistas envolvem sempre uma ética fulcrada em termos médicos. Livre da

[159] No cânone pāli, o *nirvāṇa* é descrito como saúde (*ārogya*) em *MN* I.508-511 e *Sn* 749. Comparar com *SN* IV.371, *MN* I.173 (*abhyādhi*) e *ibid.*, 511 (*anītika*). Todas essas construções negativas significam literalmente "falta de doença", mas expressões negativas em linguagens indianas costumam ter um significado positivo. Por conseguinte, *ārogya*, *abhyādhi* e *anītika* traduzem a sensação de "bem-estar".

[160] Considere, por exemplo, *Dhp* 198: "Em verdade, vivemos de modo agradável, sem doenças entre os doentes. Entre os doentes, vivemos sem doenças".

[161] Nietzsche só começa a se apresentar como médico da humanidade em seus trabalhos tardios. Embora um grupo crescente de estudiosos – a saber, K. A. Pearson, "For Mortal Souls: Philosophy and Therapiea in Nietzsche's Dawn", em Carlisle and Ganeri, *Philosophy as Therapiea*, pp. 137-163; H. Hutter, *Shaping the Future: Nietzsche's New Regime of the Soul and its Ascetic Practices*, Lanham: Lexington Books, 2006; e M. Ure, *Nietzsche's Therapy: Self-Cultivation in the Middle Works*, Lanham: Lexington Press, 2008 – indique que Nietzsche demonstrou um interesse continuado na filosofia como terapia a partir do final da década de 1870, só no início da década de 1880 é que ele dá a decidida "virada fisiológica" que levaria ao diagnóstico da *décadence* em suas obras tardias. Com efeito, a declaração de que poderia ser "o Buda da Europa", feita por Nietzsche em 1883, assinala o começo desse projeto. Isso não é coincidência: o manual de Kern sobre o budismo, que enfatiza em particular a figura de Buda como terapeuta, surgiu em 1882 e encontrou rapidamente um lugar na biblioteca de Nietzsche.

tríade fictícia Eu-Ser-Sublimidade e apresentada apenas com este mundo de sofrimento e de devir, a filosofia budista desenvolve um ideal ético baseado em um conceito distinto de saúde. Seguindo uma crítica similar, Nietzsche, como Buda da Europa, também formula uma ética de grande saúde. Qualquer que seja o conteúdo dessa ética pós-niilista (da qual falarei com detalhes nos capítulos seguintes), uma série de questões relativas à sua própria forma é apresentada. Por que a ética posterior à morte de Deus precisa se fundamentar em termos médicos? Por que a noção distinta de um tipo saudável tem papel tão importante no pensamento positivo de Nietzsche e na ética budista? Será apenas uma convenção estilística, uma escolha arbitrária, ou haverá uma conexão mais profunda entre o desaparecimento das ficções do *wahre Welt* e o ideal de grande saúde?

A distinção entre imanência e Transcendência é a chave para tratar dessa difícil questão. Sob o jugo do que Nietzsche chama de ficções niilistas do *wahre Welt* – sejam cristãs, bramânicas ou de algum outro tipo –, traça-se uma nítida distinção entre o imanente (este "mundo aparente", natural, do devir) e o Transcendente (o mundo Supranatural, "Real/Verdadeiro" do Ser). O Bem se localiza no reino do Transcendente. Em contraste, o mundo imanente, aparente, é corrupto e imoral. Seus habitantes simplórios e abrutalhados só podem ser salvos se forem afastados dele e orientados para sua contrapartida Transcendente. A moralidade tradicional, dita niilista, apoia-se apenas nessa estrutura essencial. Tal moral está embasada no Transcendente.

Porém, com o colapso da distinção entre imanente e Transcendente, puxa-se o tapete metafísico de sob os pés da moralidade. Daí a crise niilista. Sobre que base se pode formular uma ética? Perceba que, ao se tratar do domínio da avaliação, se há alguma coisa que sobrevive ao desaparecimento do Transcendente é bem esse grupo de categorias puramente descritivas com as quais os humanos sempre compararam e diferenciaram diversos indivíduos ou organismos aqui no mundo (antes apenas imanente). São as categorias da saúde e da doença relativas. Foi por isso que a ética se transformou em uma questão de saúde após a crise niilista.

A moral se torna higiene, o eticista se torna médico e o mérito ético do indivíduo torna-se função de sua saúde. O mundo apenas fenomênico, empírico, que sobrevive à morte de Deus/Ser, reduz-se ao corpo, aos sentidos, a diversos objetos dos sentidos e a eventos mentais. Esse foco exclusivo em nosso aparato psicofísico natural, demasiado natural, e sua interação com o ambiente deixam poucos candidatos além das categorias saúde e doença para articular um ideal ético.[162] Na ausência de um *wahre Welt* Transcendente, só o reino imanente do corpo senciente pode proporcionar uma base para qualquer discussão sobre virtude. E a saúde é, com certeza, o que sempre teve valor e significado "aqui embaixo", por assim dizer. Se não há "acima" ou "além", a saúde se torna, portanto, o paradigma de valor, mérito e significado – por exemplo, para a ética. Daí o discurso médico que permeia a literatura budista e a preocupação paralela de Nietzsche com saúde e doença.[163]

Pode ser argumentado que as metáforas médicas em geral e o discurso terapêutico em particular não se limitam de modo algum à articulação da filosofia budista e ao pensamento positivo de Nietzsche. Platão, por exemplo, volta e meia comparava Sócrates a um médico, os filósofos da

---

162 Essa tese é um tanto controvertida. Pode-se argumentar que há outros candidatos para a "bondade" após a morte de Deus, como a criatividade, a beleza, a grandeza, o sublime ou a autenticidade. Porém, meu ponto básico é que "saúde/saudável" é o "bem" mais primitivo, e "doença/doente", o "mal" mais primitivo no que diz respeito à avaliação das criaturas deste mundo, e nos termos deste mundo. Quando este mundo é tudo que nos resta, é natural que esses se tornem os termos para discussão da ética. Se não o fizeram na maioria das discussões contemporâneas seculares da ética, é porque, conscientemente ou não, os eticistas seculares ainda estão comprometidos com alguma forma de *wahre Welt*. Ainda terei mais a dizer sobre esse ponto na conclusão.

163 Desenvolvimento similar pode ser observado em alguns ramos da filosofia helenística, em especial entre epicuristas naturalistas (ver Gowans, "Medical Analogies in Buddhist and Hellenistic Thought", p. 19 e ss) e céticos ateístas (ver Ganeri, *The Concealed Art of the Soul*, p. 106 e ss).

Antiguidade costumavam se descrever como terapeutas para a cura das doenças da alma, e os textos cristãos também se valem de analogias extraídas do discurso médico, se é que não louvam diretamente Jesus pelas curas milagrosas que realiza.[164] No contexto indiano, as escolas bramânicas clássicas (dentre as quais se destaca a *Vedānta*) também empregam o paradigma médico no intuito de expressar suas posições éticas, malgrado seu teísmo e absolutismo metafísico.[165] Tendo isso em vista, parece questionável se há de fato conexão entre os ideais da grande saúde e a rejeição da metafísica do Ser. Metáforas com doenças e terapia parecem ser usadas de forma habitual, mesmo em sistemas muito metafísicos.

Todavia, é importante observar que tais sistemas religiosos e metafísicos fazem um uso estritamente metafórico da linguagem da saúde. As referências à saúde nesses contextos são todas figurativas. Representam algo cuja descrição literal exigiria um vigoroso relato metafísico – como, digamos, a alma que atinge o Céu, ou *ātman* unindo-se a *brahman*. Usando a terminologia *nietzschiana*, o discurso médico nesses contextos é metafórico, pois toma emprestadas as categorias do "mundo aparente" (saúde/doença) para expressar algo que acontece no "Mundo Verdadeiro/Real", como se supõe. Mas quando o *wahre Welt* é rejeitado, o discurso médico no qual a ética se baseia não é mais metafórico ou figurativo no mesmo sentido. A saúde não representa algo que permitiria uma descrição metafísica mais precisa, mais literal. A comparação implícita na metáfora está ausente agora; a bondade não é mais *como* a saúde, a bondade *é* apenas a saúde.

Apesar de a ideia de saúde ser tomada de forma mais literal no contexto do pensamento *nietzschiano* ou da filosofia budista, mesmo

---

[164] A esse respeito, ver a discussão detalhada de F. Bonardel sobre a diferença entre o emprego que o budismo e o Ocidente tradicional fazem do discurso médico com relação à ética em *Bouddhisme et philosophie: en quête d'une sagesse commune*, Paris: Harmattan, 2008, p. 26 e ss.

[165] Sobre isso, ver W. Halbfass, *Tradition and Reflection: Explorations in Indian Thought*, State University of New York Press, 1991, pp. 243-263.

assim não se supõe que tais ideias correspondem a (ou implicam) um estado de saúde física como a medicina moderna o compreende. Em 1889, Nietzsche escrevia sobre a grande saúde que tinha atingido[166] malgrado o fato de estar à beira de um colapso físico e psíquico. De modo similar, o *nirvāṇa* não implica um estado de adequação física como este costuma ser entendido. Essas ideias de grande saúde são novas noções de saúde. Por conseguinte, a discussão sobre saúde e doença deste livro não deve ser considerada como se se referisse à aptidão fisiológica. Não que, segundo Nietzsche ou Buda, eu seja de fato menos virtuoso quando fico resfriado. Em vez disso, a ideia é que a noção de remoção da doença, por exemplo, é bastante elucidativa quando se trata de formular conceitos pós-teístas, pós-metafísicos de virtude.

Há outra diferença importante entre a forma como se fala da saúde e se pensa nela em sistemas que se mantém comprometidos com a metafísica do Ser e naqueles que a rejeitam. É a ficção da alma racional. Na filosofia cristã ou platônica, a moral (e a filosofia em geral) visa curar a alma da doença que a aflige por meio da associação com o corpo, ou seja, as paixões, os desejos, os instintos etc. E mais, é a alma racional que pode enxergar o Bem e as outras Formas, combater as paixões e almejar o reino do Ser. Entretanto, na ética de um Buda ou de um Nietzsche essa estrutura é rejeitada na totalidade. Nenhuma alma ou nenhum eu, muito menos uma alma ou um eu racional, diferencia-se do corpo, dos desejos, das paixões, dos sentimentos etc. Não é a alma que precisa conquistar a saúde por meio da fé (cristianismo) ou da operação da razão (Platão), mas todo o aparato mente-corpo. Em contraste com a ideia de Platão, em particular, a grande saúde não pode ser obtida apenas pela operação da razão – supostamente, a mais elevada faculdade da alma –, mas pelo engajamento de todo o complexo mente-corpo, que envolve mais do que o mero raciocínio. Portanto, a ideia de grande

[166] Ver, em particular, *NW*, "Epilog", § 1.

saúde para Nietzsche ou para Buda não só é levada mais ao pé da letra, como significa algo diferente. Ela pertence à "pessoa" toda, não apenas à sua profunda alma/eu. Como tal, não pode ser apenas uma questão de "ter fé" ou de "ser racional".

Quanto a isso, eu argumentaria que, se a ética secular contemporânea não conseguiu dar a "virada fisiológica" nietzschiana ou budista, é porque, com seu racionalismo, ela se mantém comprometida de modo involuntário com uma dualidade mente-corpo persistente. Com certeza, falar da alma, e agora até do eu, está caindo em desuso. Mas a Razão, ou a faculdade cognitiva, como algo bem isolado de nosso lado mais "animal" (natural) – emoções, volições, sentimentos etc. –, ainda é aquilo com o que conta a maior parte dos filósofos para nos guiar por meio do espinhoso mundo da ética. Nesse sentido, a filosofia ocidental ainda é muito platonista. Ela acredita na alma racional, embora rejeite sua ontologia. É naturalista, mas infectada por um vestígio de dualismo entre mundo aparente/Verdadeiro. Quando, afinal, a razão se naturalizar em sua plenitude, a ética e a psicologia (para não dizer a psiquiatria) tornar-se-ão uma só. A ética tornar-se-á, como no pensamento *nietzschiano* e na filosofia budista, uma questão de grande saúde.[167]

Nietzsche como Buda. Essa frase é a chave para o entendimento do aspecto central da autocompreensão de Nietzsche. Também é a chave para o entendimento de aspectos centrais do pensamento *nietzschiano*. Ele é o Buda da Europa porque rejeita os três mitos niilistas *décadents* do eu, do Ser e da Sublimidade e assume, assim, um papel ativo em meio à crise niilista europeia. Ele também é o Buda da Europa por responder ao desafio do niilismo ao imaginar um ideal ético de grande saúde. Porém, é ao fazer isso, apenas, que Nietzsche afirma diagnosticar a *décadence* no centro da ética budista. De Buda, Nietzsche se transforma em Antibuda.

---

[167] Com efeito, é possível dizer que o interesse renovado na "filosofia como terapia" já está no horizonte. Ver, a respeito, o recente *Philosophy as Therapiea*, de Ganeri e Carlisle.

Capítulo 2

Nietzsche como Antibuda

À primeira vista, a alegação central de Nietzsche como Antibuda contraria de maneira direta sua visão como Buda. Sidarta Gautama, o Buda histórico, não se situa além do bem e do mal; ao contrário, mantém-se "sob o encanto e a ilusão da moralidade".[1] Isso porque a ética de Buda se mantém arraigada a uma condenação ressentida do mundo. Buda continua a avaliar a vida e a natureza como más e enganosas, embora rejeite o *wahre Welt* em oposição ao qual o mundo real muitas vezes sofre dessa má reputação. Ao propor uma grande saúde, que de fato consiste na não existência – o *nirvāṇa*, entendido aqui de modo literal como "desligamento", ou "extinção"[2] –, Buda se mostra como um *décadent* doentio, um profeta da negação da vida.

[1] *ABM*, § 56. Ver também *FP* 1885-1887, 2(127). Devo deixar claro desde o princípio que tudo que escrevo sobre o budismo neste capítulo concerne à interpretação que Nietzsche dá ao budismo. Ao contrário do Capítulo 4, este capítulo não trata da doutrina budista como tal; apenas relata e reconstrói as visões de Nietzsche.

[2] Morrison examina algumas das razões pelas quais Nietzsche manteve a interpretação "aniquilacionista" da meta budista do *nirvāṇa* promulgada pelas primeiras obras budologistas (por exemplo, a obra de Koeppen, *Die Religion des Buddhas*, e os primeiros ensaios de Müller sobre o budismo), apesar de essa interpretação ter sido questionada pelos budologistas tardios que ele lera (Morrison, *Nietzsche and Buddhism*, pp. 52-59). Mas o problema que Morrison vê aqui não é sequer um problema. Com

De que forma as alegações de Nietzsche como Buda e como Antibuda podem se conciliar? Será que Nietzsche está apenas se contradizendo? Com certeza, o Buda indiano não pode tanto ser e não ser "além do bem e do mal".[3] A fim de começar a resolver essa questão, será útil embasar as visões de Nietzsche sobre a *décadence* de Buda na diferença entre a mentalidade niilista e a crise niilista.

Na visão de Nietzsche, a resposta budista à crise niilista permanece como expressão do niilismo *décadent* no centro da mentalidade niilista. Como tal, Buda continua a avaliar a vida em termos morais. Nietzsche explica: "Com [o budismo] há, no niilismo, uma moralidade que não é superada: a existência como punição, a existência construída como um erro, o erro como punição, portanto – uma valoração moral".[4] O budismo, nesse sentido, é tanto uma religião niilista quanto o cristianismo; ambas são "religiões da *décadence*".[5] O budismo por certo se posiciona além do bem e do mal, pois sua ética concreta é uma higiene focada no saudável/insalubre, em vez de fazê-lo em atos bons/maus, estados mentais e comportamentos, mas, mesmo assim, continua a considerar a existência como maligna. Como tal, apesar de o budismo rejeitar a metafísica, que é a base da distinção moral explícita entre o Bem e o mal, permanece comprometido com a condenação moral implícita do mundo, na raiz da mentalidade niilista dos *décadents*.

efeito, o fato de Oldenberg, o Müller tardio e até Schopenhauer resistirem à interpretação aniquilacionista ao sugerir que o *nirvāṇa* envolve mesmo um retorno ao "ser puro" (*ibid.*, p. 56) confirma bem a suspeita de Nietzsche de que o ideal ético do *nirvāṇa* é de pura negação da vida. Como visto no Capítulo 1, o "ser puro", para Nietzsche, nada mais é, na verdade, do que o "puro não ser", ou o nada.

3 A inconsistência de Nietzsche não pode ser atribuída a uma mudança de opinião ao longo do tempo – as duas visões contraditórias são exaradas em textos do mesmo "período".

4 *FP* 1885-1887, 2(127) e 9(35).

5 *A*, § 20.

Nesse sentido, o budismo é uma forma do que Nietzsche chama de "niilismo passivo".[6] Niilismo passivo é uma forma de resposta à crise niilista. No Capítulo 1, expliquei que as crises niilistas são precipitadas pela niilização ativa dos mitos metafísicos inventados pelos *décadents*. Nietzsche e Buda são dois desses niilizadores, por assim dizer. Porém o "niilismo cansado" de Buda[7] não consegue ir além da negação do valor (anterior, baseado na metafísica/religião) da vida. Portanto, a falta de valor no coração da crise niilista é considerada como veredito final.[8] Buda, em suma, é um desses niilistas que "julga, do mundo como é, o que não deve ser, e julga, do mundo como deve ser, o que não existe".[9] Ou seja, ele continua a considerar o valor deste mundo como nulo após a morte da metafísica, que o reduziu de modo preciso a nada, e deixa de reabilitar este mundo criando valores novos e positivos para ele. Tal niilismo passivo é um "sinal de fraqueza",[10] isto é, um sinal de *décadence*.

Com efeito, o budista é fraco demais para desejar um "bem" positivo além da Paz, da Quietude e da Sublimidade do Ser. Sua reação à compreensão de que tal Bem não existe é desesperar-se com a vida. Assim, para Buda "o bem" torna-se um negativo absoluto, ou seja, a não existência. É por isso que os budistas, almejando o *nirvāṇa*, "buscam um caminho para o não ser" ativa e conscientemente.[11] Julga-se que a existência é tão ruim que, na ausência de um antimundo metafísico como meta para os esforços humanos, a não existência torna-se o mais elevado *desideratum*. A resposta budista ao desafio do niilismo, explica Nietzsche, consiste em um "afastamento niilista da vida, o anseio pelo nada, ou pelo oposto [da existência], por um tipo de exis-

---

6 *FP* 1887-1888, 9(35).

7 *Ibid.*

8 A respeito, ver Morrison, *Nietzche and Buddhism*, p. 22 e ss.

9 *FP* 1887-1888, 9(60).

10 *Ibid.* (35).

11 *Ibid.*, 10(190).

tência diferente".[12] Em resumo, a meta de Buda é niilista, é claro. No intuito de acabar com o sofrimento – para pôr fim ao "mal" do sofrimento –, ele deseja terminar com a existência e diz que esse término é "bom". Portanto, ele pode ser um "psicólogo profundo",[13] mas a condição patológica que visa combater é a própria vida. Isso porque, ao contrário das aparências, Buda não se posiciona de fato além do bem e do mal. Mesmo após rejeitar o mito do Ser, sua *décadence* continua a se manifestar como uma negação da vida, que agora fica explícita.

Diante disso, parece claro que a avaliação positiva que Nietzsche fez do budismo em textos como *A* e *EH* não é sincera em seu todo. O louvor de Nietzsche ao budismo nesses textos serve ao propósito de suas diatribes anticristãs.[14] Essa, é óbvio, não é a única fonte de afinidade entre Nietzsche e o budismo. Como mostrei no Capítulo 1, no que diz respeito a várias de suas visões negativas e à sua formulação de um ideal pós-teísta de grande saúde, Nietzsche se considerava o autêntico "Buda da Europa". Mesmo assim, não há dúvidas de que, quando ele nos diz que o budismo se situa além do bem e do mal, ele o faz apenas segundo o ponto de vista de sua polêmica contra o cristianismo.[15]

---

[12] *GM* II, § 21. Ver também *FP* 1887-1888, 10(190).

[13] *EH*, "Warum ich so weise bin", § 6.

[14] Conche expressa essa ideia com clareza: "Nietzsche faz um juízo positivo ou negativo do budismo em função de olhar oblíqua ou indiretamente para ele, ou seja, mediante um reflexo do cristianismo [...] ou diretamente, sendo, em última análise, um niilismo, um sintoma de esgotamento com a vida" ("Nietzsche et le bouddhisme", p. 127).

[15] Purushottama, a respeito, fala do "envolvimento 'instrumentalista' de Nietzsche com as filosofias do resto da Europa, usando o pensamento asiático para desafiar o cristianismo e a 'décadence' da tradição intelectual ocidental". B. Purushottama, "Nietzsche as 'Europe's Buddha' and 'Asia's Superman'", *Sophia* 47(3), 2008: 359-376, na p. 375. Ver também Mistry, *Nietzsche and Buddhism*, p. 44; Figl, "Nietzsche's Encounter with Buddhism", p. 234; E. Scheiffele, "Questioning One's 'Own' from the Perspective of the Foreign", em Parkes, *Nietzsche and Asian Thought*, pp. 31-47, na p. 42; Frazier, "A European Buddhism", pp. 146-147; Vanderheyde, *Nietzsche*, p. 169 e ss.; e Droit, *L'oubli de l'Inde*, pp. 188-189.

Não se deve levar ao pé da letra os comentários de Nietzsche sobre a relação entre o budismo e o *ressentiment*. Nos textos em que exalta as virtudes do budismo, uma parte importante do louvor de Nietzsche trata da atitude do médico *décadent* diante do *ressentiment*. "Não há nada a que a doutrina [de Buda] se oponha mais", diz Nietzsche, "do que o sentimento de vingança, de antipatia, de *ressentiment*".[16] E como é justamente o *ressentiment* o que mais enfraquece e extenua o *décadent*,[17] a prescrição de Buda tem, na verdade, o efeito desejado. É por isso que, em contraste com a meta do cristianismo, a meta do budismo é de fato atingível: "Eles reivindicam a alegria, a quietude, a ausência de desejo como sua meta mais elevada, e *atingem* essa meta. O budismo não é uma religião em que só se aspira à perfeição: a perfeição é o caso normal".[18] O que devemos pensar de um entusiasmo tão hiperbólico à luz da diferença entre Nietzsche como polemista pró-budista e anticristão e Nietzsche mais sóbrio, preocupado com a negação da vida em todas as suas formas?

Para começar, é importante perceber que Nietzsche de fato considerou a luta budista contra o *ressentiment* bem mais saudável para os *décadents* do que a cruzada cristã moralizadora contra o pecado.[19] Assim como ele pensa de modo genuíno que o budismo, como religião sobriamente antimetafísica, "é cem vezes mais fria, mais veraz, mais objetiva" do que o cristianismo,[20] Nietzsche vê grande valor na condenação budista ao *ressentiment* como efeito insalubre. Ao mesmo tempo, é óbvio que Nietzsche só pode estar contando parte da história. Como

[16] *EH*, "Warum ich so weise bin", § 6. Ver também *A*, § 15.

[17] *EH*, "Warum ich so weise bin", § 6: "Nenhuma reação poderia ser mais desvantajosa para o exausto: tais efeitos [os efeitos do ressentimento] envolvem o consumo rápido da energia nervosa, o aumento patológico de excreções nocivas".

[18] *A*, § 21.

[19] Em *EH*, "Warum ich so weise bin", § 6, Nietzsche deixa claro que ele próprio aplicou o método de Buda em períodos de grande agonia. Portanto, não é de todo insincero ao escrever que Buda é um "psicólogo profundo" (*ibid.*).

[20] *A*, § 23.

sua ética é uma expressão da negação da vida, Buda ainda deve estar abrigando o que Nietzsche chama de "*ressentiment* contra a realidade".[21] Isso, afinal, é o que está por trás da condenação moral dos *décadents* ao mundo real, ou seja, o reino do devir. Por trás de cada julgamento como "a vida é maligna", ou "o devir não é bom", abriga-se um *ressentiment* oculto. Como movimento *décadent*, o budismo é uma religião de *ressentiment* contra a realidade, e, como mero niilista, a vocação budista para o nada exibe um desejo subjacente de vingança contra a vida. Defrontamo-nos, então, com uma segunda contradição aparente. Embora o budista realizado se posicione "além do *ressentiment*", ele também está ainda enredado no *ressentiment*.

Como Nietzsche podia, ao mesmo tempo, louvar o budismo por combater o *ressentiment* e condená-lo por abrigar o *ressentiment*? É preciso distinguir os dois níveis, ou as camadas, de *ressentiment*. O *ressentiment*$_1$ opera em um campo superficial de intenção consciente. Dirige-se de forma explícita para certas pessoas e se manifesta como inveja, ódio, mágoa, aversão, vingatividade etc. O *ressentiment*$_2$, em contraste, é subconsciente e atitudinal. Emerge da sensação generalizada de descontentamento, desconforto e insatisfação do *décadent* com este doloroso mundo de fluxo, contradição e devir. É a vontade pré-reflexiva, tácita e subliminar de se vingar da vida. A invenção do *wahre Welt* dos *décadents* niilistas – na verdade, sua "necessidade metafísica" – é alimentada por esse *ressentiment* mais insidioso.[22]

Bem, o exemplo do budismo mostra que o *ressentiment*$_2$ pode sobreviver à destruição das ficções metafísicas que inicialmente surgiram dele. E mais, o exemplo do tipo budista mostra que o "*ressentiment*

---

21 *FP* 1885-1887, 2(127).

22 É claro que a reavaliação da chamada "moral do mestre", que no contexto judaico-cristão acompanhou esse desenvolvimento metafísico, também fez com que o *ressentiment*$_1$, mais consciente e intencional, entrasse em cena (ver, a respeito, *GM* I), mas isso não deveria nos impedir de distinguir o *ressentiment*$_1$ do *ressentiment*$_2$.

contra a realidade", ou *ressentiment*$_2$, pode permanecer mesmo quando o *ressentiment*$_1$ – efeito responsável pelo ódio a pessoas e situações específicas, na busca ativa pela vingança etc. – é combatido e até removido. Logo, a contradição na visão *nietzschiana* esmaece. O budista realizado, sereno, está, ao mesmo tempo, além do *ressentiment*$_1$ e ainda animado pelo *ressentiment*$_2$.

Essa distinção possibilita ainda compreender melhor o que acontece com niilistas passivos em meio à crise niilista. Sua incapacidade de imaginar um *summum bonum* além da não existência após a morte de Deus, ou *brahman* – sua incapacidade de ver qualquer valor no devir depois que o mito do Ser foi desmascarado –, não se deve a uma simples falta de imaginação. Tampouco é uma questão de preguiça (os *décadents*, afinal, têm na exaustão e na apatia seu traço distintivo). Não, o que há por trás da veneração budista ao não ser como meta ética é bem o que há por trás da veneração a Deus como o nada glorificado na mentalidade niilista.[23] O *ressentiment*$_2$ mantém-se como base psicológica da ideologia dos niilistas passivos. A ética budista começa com uma reação; começa com um vingativo e ressentido "não" diante da vida. Com efeito, a busca budista da "extinção" no não ser é, na verdade, o desnudamento da negação da vida que sempre esteve por trás da mentalidade niilista. É a negação da vida em sua forma mais pura e honesta. O nada não está mais envolvido por um disfarce metafísico, sendo chamado de Deus, Céu, *brahman* ou o *Ding an sich*; em seu lugar, o nada é almejado de forma explícita e transparente.[24] Como é o caso de toda negação da vida, esse anseio pelo nada é consequência da fadiga e da irritabilidade da *décadence*. E ao disseminar a doutrina de uma "vida boa" voltada para a não existência, ou morte, Buda mostra que está

---

[23] Como expliquei no Capítulo 1, chega-se ao *wahre Welt* por meio de uma contradição pura e simples do "mundo real". Como tal, trata-se de um grande nada.

[24] Ao discutir o desejo perene do *décadent* pela *unio mystica*, Nietzsche explica que ele sempre foi "o desejo do budista pelo nada, pelo *nirvāṇa* – e nada mais!" (*GM* I, § 6).

comprometido com o programa *décadent* de vingança contra a vida. O *ressentiment*$_2$ é o que o anima.

Nietzsche sabia que o ponto de partida para a "vida boa" do budismo é a compreensão de que o sofrimento é parte intrínseca da vida. E, como expliquei no Capítulo 1, nesse ponto ele concorda com Buda. Viver sem sofrer é uma contradição em termos, e perceber isso é um passo essencial para qualquer resposta coerente ao desafio do niilismo. Como ética pós-teísta, a ética budista focaliza o fenômeno bem real do sofrimento, a psicologia por trás dele, respostas apropriadas para ele, e assim por diante. E embora Nietzsche acreditasse que o foco budista sobre o sofrimento, em si e *de per si*, fosse bem apropriado (para não dizer de maneira realista e sóbria, em comparação com a moral cristã), ele sentiu que a atitude do budismo diante do sofrimento é insalubre em essência. Como tal, a grande saúde imaginada por Buda é, na verdade, um estado de grande doença.

De acordo com o diagnóstico *nietzschiano*, a ética budista comporta duas características fundamentais diante do sofrimento, ambas com uma postura insalubre, tipicamente *décadent*. O ideal budista do *nirvāṇa* trata do sofrimento pessoal – afinal, o estado de "extinção" envolve a remoção da própria condição para se sentir a dor. Por sua vez, o ideal budista do cultivo da compaixão trata do sofrimento do outro. A avaliação de cada um deles feita por Nietzsche exige mais atenção.

O *summum bonum* budista, *nirvāṇa*, expressa a vontade sóbria de pôr fim ao sofrimento. Como observa Nietzsche, "a questão 'como você pode escapar do sofrimento?' regula e limita toda a dieta espiritual" no budismo.[25] O *nirvāṇa*, esse "sono tão profundo",[26] é visto como um estado de ausência de dor. Portanto, em termos cosmológicos, representa o fim do ciclo de renascimentos em um mundo de sofrimento ilimitado.

---

25 *A*, § 20.

26 *GM* III, § 17. Ver também *ibid.*, § 27.

De acordo com a análise *nietzschiana*, despido da promessa positiva da Sublimidade no reino de um Ser Transcendente, o budista *décadent* volta-se para a segunda coisa melhor, ou seja, a promessa negativa de "não sofrimento" no estado de *nirvāṇa*, ou nada. E na tentativa de fugir do esforço do devir a fim de chegar à paz e à quietude da não existência, o budista se dedica não só à negação da vida, mas também, e em essência, à autonegação.

Isso fica bem claro nas quatro nobres verdades de Buda, as quais Nietzsche leu pela primeira vez nas obras de Schopenhauer.[27] Nelas, o grande médico da Índia Antiga apresenta: (1) uma declaração da condição que se procura aliviar, ou seja, o sofrimento; (2) um diagnóstico do que causa essa condição, ou seja, o desejo; (3) um prognóstico asseverando que o sofrimento vai acabar de fato se (e apenas se) se fizer cessar o desejo; (4) uma prescrição esboçando o que se deve fazer para a cura, ou seja, pôr fim ao desejo e, com isso, ao próprio sofrimento. Decorre de (2) e (3) que o estado de *nirvāṇa*, o qual (em termos psicológicos, e não cosmológicos) envolve a ausência total de sofrimento, só pode ser produzido pela destruição do desejo. Se a etapa (1) se relaciona de perto com a negação da vida dos *décadents*, então as etapas de (2) a (4) relacionam-se com seu corolário prático, ou seja, a autonegação.

Sobre a etapa (1), é importante observar que o desejo budista de pôr fim ao sofrimento já é uma expressão da *décadence* fundamental do tipo budista. Como *décadent* irritadiço, o budista sofre de suscetibilidade excessiva ao sofrimento.[28] Sua fadiga é tamanha que ele não consegue evitar vivenciar a resistência – para não dizer o contato em geral – de forma dolorosa. A esse respeito, Nietzsche fala do "ódio instintivo da realidade" característica dos *décadents*, que é a "consequência de

---

[27] Schopenhauer discute esse ensinamento central do budismo em *MVR* II, L, p. 716 e ss. Nietzsche também se familiarizaria com ele por meio das obras dos primeiros indologistas e budologistas alemães.

[28] *A*, § 20.

uma extrema capacidade de sofrimento e de excitação, que não deseja mais nenhum contato porque sente que cada contato é profundo demais".[29] A consequência é o hedonismo fundamental, implícito em qualquer forma de fuga *décadent* do sofrimento[30] e explicitado no budismo que, com sua ética, eleva o "hedonismo dos cansados" à "mais elevada medida de valor".[31] Portanto, é como hedonista *décadent* que o budista constrói o sofrimento como um problema inicial e busca atingir um estado sem dor. Nietzsche explica: "O único prazer que qualquer um ainda vai sentir na condição de exaustão [ou seja, *décadence*] é adormecer [...] O exausto quer descanso, relaxamento, paz, calma – esta é a felicidade das religiões e filosofias niilistas".[32] Nesse sentido, a procura budista pela ausência de dor do *nirvāṇa* permanece uma expressão da "idiossincrasia de *décadents*",[33] como praticamente todas as doutrinas éticas promulgadas ao longo da história. O que todos os *décadents* querem é não sofrer mais, e é bem isso que Buda oferece. Claro que ao constituir a dor como algo a ser removido, ele já se compromete com a negação da vida. Se não há vida sem sofrimento, não há ausência de sofrimento sem ausência de vida.

Por conseguinte, a luta contra o desejo que visa pôr fim ao sofrimento é uma luta contra a vida. Desse modo, da negação da vida se chega à autonegação. Isso encontra expressão clara nas etapas (2) e (3) do ensinamento fundamental de Buda. O sofrimento tem origem no desejo, alega Buda. Decorre disso que o desejo precisa cessar para que o sofrimento tenha fim. Portanto, a estratégia empregada para se atingir o *nirvāṇa* é comparável à do fatalista russo[34] que se deita na neve e

---

29 *Ibid.*, § 30.

30 *Ibid.*

31 *FP* 1887-1888, 10(190). Ver também *ibid.*, 9(35).

32 *FP* 1888-1889, 14(174).

33 *EH*, "Warum ich ein Schicksal bin", § 7; *CI* v, § 6.

34 Ver *EH*, "Warum ich so weise bin", § 6, para a aproximação que Nietzsche faz entre o fatalismo russo e a medicina de Buda.

deixa seu instinto congelar, por assim dizer, no intuito de gastar o pouco da escassa energia que lhe resta. A luta contra desejos, paixões e instintos encontrada no budismo é uma resposta natural, para não dizer instintiva, típica da *décadence*.[35] Os *décadents* sofrem continuamente por causa de sua extrema fadiga; seu nível de energia é tão baixo que qualquer forma de contato, qualquer resistência enfrentada, é uma experiência dolorosa. Então a cessação do sofrimento envolve a remoção das próprias condições para se entrar em contato conflituoso (e doloroso, por definição) com pessoas, coisas e situações. Livres do desejo, da vontade, da ambição, da determinação, da visão, da aspiração, da esperança etc., os budistas deitam-se na neve e deixam-se levar pelo torpor. Sem desejo, não há esforço, não há resistência, não há desapontamento. Em suma, não há sofrimento. Livres do desejo, os budistas *décadents* não oferecem resistência. Congelados na neve da ausência de paixões, entram no "sono tão profundo"[36] do *nirvāṇa*.

Esse ideal de "destruição do desejo" no intuito de pôr fim ao sofrimento encaixa-se muito bem na estrutura do que Nietzsche chama de moral do *unselving*[*] (*Entselbstungsmoral*). O "*unselving*" – a anulação – é a essência da ética de negação da vida.[37] A ética da anulação envolve uma batalha contra as paixões, os instintos e os desejos – isto é, contra a própria *vontade* individual.[38] Sendo assim, a anulação é a negação da vida em sua articulação mais concreta, ou seja, a da autonegação. Vontade, desejo, paixão, instintos do crescimento e da expansão etc. representam o que há de mais fundamental para o ser humano. Viver

---

[35] Ver, a respeito, *CI* II, § 11: "Ter de lutar contra os instintos – essa é a fórmula da *décadence*".

[36] *GM* III, § 17.

[*] Algo como "processo do não eu", "processo altruísta" ou "processo de autoanulação". (N. do T.)

[37] *EH*, "Warum ich so weise bin", § 6.

[38] Ibid., "Warum ich solche gute Bücher schreibe"; *AR*, § 2; *ibid.*, "Warum ich ein Schicksal bin", § 7; e *CI* v, § 1.

implica ter vontade.[39] Portanto, lutar contra a própria vontade equivale a lutar contra a própria vitalidade. É a negação da vida por meio da autonegação. Portanto, no caso do budista é a praxe da anulação que propicia a meta declarada do término do sofrimento. Por meio da autonegação – a destruição do desejo –, os budistas atingem sua meta, que é fundamentalmente de negação da vida – a cessação do sofrimento. Claro que, ao aplicar dessa maneira o método do *unselving* a *décadents* entorpecidos, Buda eleva, mais uma vez, a "idiossincrasia dos *décadents*" ao nível imperativo.[40] Ele entrega a felicidade ao fatigado, ou seja, a ausência da dor, estimulando-o a fazer dormir seus instintos e suas paixões, a tornar-se insensível e a não oferecer resistência – em suma, a anular-se. Assim, atinge o grande sono, o nada, a antivida do *nirvāṇa.*

Para Nietzsche, a negação suprema da vida e do eu não é a grande saúde, é a grande doença. A ética da anulação surge da doença da *décadence* e a acentua. Dito isso, como componente de uma ética pós-teísta autêntica, Nietzsche também distingue a anulação budista de morais anuladoras anteriores. As formas tradicionais dessas morais baseiam-se em uma dicotomia estrita entre a alma pura como morada da razão e fonte do bem, por um lado, e o corpo corrupto, sede de desejos, paixões e instintos, por outro.[41] Esse dualismo é rejeitado no budismo, que se livra do próprio conceito de alma. Mesmo assim, apesar de isso não ser mais feito do ponto de vista da alma pura – muito menos do ponto de vista de um Bem Transcendente –, Buda continua a considerar desejos, paixões e instintos como algo a ser combatido e, mais cedo ou mais tarde, destruído. Sua luta não é mais moral, que elabora o sofrimento como o efeito do apoderamento da alma divina pelo pecado corporal,

---

39 *ABM*, § 259. Ver também *ibid.*, § 13. A visão de Nietzsche acerca do primado da vontade na psicologia humana e na vontade de poder, de modo mais geral, vai merecer uma discussão detalhada no Capítulo 3.

40 *EH*, "Warum ich so weise bin", § 6.

41 A respeito, ver *EH*, "Warum ich solche gute Bücher schreibe"; *AR*, § 2; e *ibid.*, "Warum ich ein Schicksal bin", § 8.

enlameando-a nesse mundo corrupto. Todavia, por visar o fim do sofrimento, a luta de Buda ainda é uma luta contra o que é mais essencial para a vida, ou seja, o desejo. Livre de seu "eu nuclear", a casca vazia do aparato psicofísico, tomado pela dor, é declarada nociva e maligna. A meta ética é fazê-la cessar de vez – "extingui-la" no *nirvāṇa*. Isso exige a anulação, ou destruição, do que quer que sobreviva ao desaparecimento do eu/da alma.

Por conseguinte, os comentários de Nietzsche sobre o "egoísmo" saudável do budismo em sua polêmica anticristã devem ser considerados com certa reserva. Em *A*, § 20, Nietzsche mostra Buda combater a tendência dominante na ideologia indiana de sua época, que tinha "danificado o instinto da personalidade, subordinando-o ao 'impessoal'", levando-o, por isso, à "perda do interesse do indivíduo por si mesmo".[42] Buda, nessa versão dos eventos, combate essa tendência "com a tentativa rigorosa de conduzir de volta à *pessoa* até os interesses mais espirituais. Na doutrina de Buda, o egoísmo torna-se um dever".[43] Diante disso, Nietzsche parece dizer que Buda combateu a anulação e reinstituiu uma preocupação pessoal salutar. Como se viu em casos anteriores de contradições entre Nietzsche como Anticristo e Nietzsche como Antibuda, a alegação pró-budista não é totalmente insincera. Nietzsche de fato pensa que a preocupação dos budistas *décadents* com seu próprio sofrimento constitui um foco um tanto quanto iluminado sobre a própria pessoa, sua psicologia, sua fisiologia etc., sobretudo em contraste com o foco cristão sobre o pecado e a culpa, ou sistemas que visam a fusão impessoal como o Todo Cósmico, como o bramanismo dos *Upaniṣads*. Ao mesmo tempo, seja qual for a relativa sanidade da preocupação egoísta dos budistas com seu próprio sofrimento, fica claro que Nietzsche considerou que o método desenvolvido por Buda para combater o sofrimento envolve a mesma anulação no centro de todas

42 *A*, § 20.
43 *Ibid.*

as morais niilistas. A autopreocupação do budista pode ser menos ilusória do que a base metafísica da ética mais tradicional; mesmo assim, entrega a ética insalubre da anulação, a qual nega o eu e a vida. É preciso estar doente e fatigado para ansiar pelo *nirvāṇa*, e dirigir-se ao *nirvāṇa* torna a pessoa mais doente e mais fatigada.

A *décadence* no coração do budismo também se revela na segunda característica importante de sua ética. No que diz respeito ao sofrimento dos outros, o budismo prescreve o "cultivo da compaixão". A Nietzsche não passou em branco a importância da compaixão, da equanimidade e do altruísmo para o caminho budista. Ele vê uma conexão profunda entre o budismo e a compaixão em particular.[44] E, de fato, se os budistas adotam a atitude insalubre, em essência, diante de seu próprio sofrimento – isto é, o desejo de acabar com ele –, faz sentido adotarem a atitude insalubre também diante do sofrimento alheio –, ou seja, a compaixão.

Por que Nietzsche acha que a compaixão é tão insalubre? Em análise mais superficial, encontramos a simples alegação *nietzschiana* que diz que a glorificação da compaixão encontrada no budismo exibe um "ódio mortal por todo sofrimento em geral".[45] O budista teme o sofrimento. Esse temor se estende para além da preocupação pessoal, tornando-se também a recusa em aceitar o sofrimento alheio. De modo evidente, como o sofrimento faz parte da essência da vida, a ponto de o "temor ao sofrimento" equivaler, na verdade, ao "temor à vida", o cultivo budista da compaixão é, de fato, apenas uma extensão de sua negação subjacente da vida.[46]

[44] Nietzsche refere-se com frequência à proeminência da compaixão no discurso moral europeu como um "pré-movimento budista". *FP* 1887-1888, 9(126). Ver também *ibid.*, 1885-1887, 9(126); *GM*, "Vorrede", § 5; e *ABM*, § 202. A visão nietzschiana sobre a compaixão será discutida em detalhes no Capítulo 5. No contexto presente, interessam-me suas posições sobre a compaixão com relação à sua visão sobre a ética budista.

[45] *ABM*, § 202.

[46] Ver, a respeito, *FP* 1888-1889, 15(13), em que a compaixão é descrita como uma forma de autonegação.

Mas existe também uma conexão estreita entre compaixão e autonegação. Sobre essa conexão, Nietzsche afirma que a compaixão envolve o ódio a si mesmo,[47] até a "mortificação do eu".[48] Por trás dessas hipérboles, há uma visão mais sóbria, a de que a compaixão faz parte do programa de anulação. O combate aos instintos e às paixões pessoais – a destruição do desejo –, como fazem os budistas, é o que transforma alguém em um molenga delicado, discreto, modesto e compassivo. Desprovido de desejos, os tipos budistas não oferecem resistência e evitam todos os possíveis conflitos; cheios de compaixão, cuidam dos demais, estão sempre sensíveis à possibilidade de magoá-los ou de lhes criarem obstáculos, de compartilharem suas preocupações e interesses, e assim por diante. É pela autonegação da anulação que cultivam a compaixão.

Esse programa ético decorre das mesmas fontes que criam o sofrimento como um problema e sua eliminação como um *desideratum*. Ao comentar a "fisiologia da *décadence*", Nietzsche explica:

> *A exclusão instintiva de qualquer antipatia, qualquer hostilidade, quaisquer limites ou divisões nos sentimentos humanos*: a consequência de uma capacidade extrema de sofrimento e excitação que vivencia qualquer resistência, até mesmo a compulsão de resistir, como um insuportável *desprazer* [...] e só encontra sua bênção (o prazer) quando não oferece qualquer resistência aos outros, nem ao mal, nem àquele que é mau [...] O medo da dor, mesmo de uma dor mínima – que não pode terminar de nenhum modo que não uma *religião de amor*.[49]

Portanto, como se vê, o surgimento da compaixão, virtude central de qualquer "religião de amor",[50] não é apenas resultado inevitável da anulação pessoal. É fundamental para a meta *décadent* de reduzir o

[47] *ABM*, § 202.
[48] *FP* 1888-1889, 15(13).
[49] *A*, § 30.
[50] Ver, a respeito, *AR*, § 132, *GC*, §§ 338 e 345, e *FP* 1884, 25(178).

risco do conflito interpessoal a zero. Nesse sentido, a norma budista de cultivo da compaixão é, mais uma vez, mera expressão da "idiossincrasia dos *décadents*".[51]

Nessa mesma linha, Nietzsche também atribui aos *décadents* a propensão espontânea de sofrer diante do sofrimento alheio. Isso resulta de sua incapacidade de "resistir a estímulos".[52] Como resultado, o ato de colocar a compaixão em um pedestal, como fazem os budistas, é pouco mais do que "exibir [a própria fraqueza] como uma virtude" – um verdadeiro "baile à fantasia", na opinião *nietzschiana*.[53] Aqui, a ideia é que a compaixão seria, na verdade, um sentimento muito comum, o qual reflete pouco mais do que a incapacidade do *décadent* irritadiço de não sofrer diante do sofrimento alheio.

Parte da ideia *nietzschiana* a respeito é que a compaixão é intrinsecamente enfraquecedora. A compaixão implica ser ferido, prejudicado ou magoado pelo sofrimento alheio. Nietzsche explica:

> A compaixão se opõe às emoções tônicas que reforçam a energia do sentimento da vida: ela tem um efeito depressivo. Perde-se força quando se é piedoso [...] A compaixão é a *prática* do niilismo [...] A compaixão persuade ao *nada*![54]

Aqui, tocamos no maior problema de Nietzsche com a compaixão, o efeito depressivo. Fico pesaroso com o sofrimento alheio. Não é de surpreender que *décadents* fracos e irritadiços tenham tamanha tendência a isso, assim como tendem a qualquer coisa que possa puxá-los para baixo.

---

51 *EH*, "Warum ich ein Schicksal bin", § 7. A respeito, ver *EH*, "Warum ich so weise bin", § 4, trecho no qual Nietzsche afirma que só os *décadents* poderiam louvar e promover a compaixão como virtude.

52 *EH*, "Warum ich so weise bin", § 4.

53 *GC*, § 377.

54 *A*, § 7.

Há algo de intuitivo na alegação de Nietzsche a respeito. Quando me sinto esgotado, percebo que me encontro bem mais sensível e vulnerável aos dilemas alheios. A tristeza dos outros me perturba mais, um roteiro melodramático que sublinhe o destino trágico de um personagem em um filme péssimo me leva lágrimas aos olhos, o choro de um bebê no ônibus me deixa em um estado de profundo desconforto etc. Nesse sentido, pareço ter bem menos autocontrole. Era para isso que Nietzsche apontava. Em sua visão, a celebração budista da compaixão como grande virtude não é diferente da encontrada no cristianismo e em outros sistemas niilistas – surge da *décadence* e defende o autoenfraquecimento.

Por conseguinte, não deve surpreender o fato de a ética budista reservar um lugar tão especial à compaixão. Afinal, o budismo tem a não existência como meta. A propensão compassiva, altruísta, de pensar sempre nos outros em vez de em si mesmo empurra o *décadent* pela estrada que leva ao grande nada, por meio de um enfraquecimento e de uma anulação cada vez maiores. Como a compaixão enfraquece e esgota, ela é, naturalmente, o *modus operandi* de quem se encontra no caminho que leva ao grande sono do *nirvāṇa*.

Há uma rede densa e intricada de conexões entre a crítica de Nietzsche ao budismo como resposta insalubre à crise niilista e a sua postura diante da filosofia de Schopenhauer. Ao assumir o papel de Antibuda, Nietzsche também assume o de Anti-Schopenhauer.[55] Em grande parte, isso se deve ao fato de a compreensão de Schopenhauer a respeito do budismo, de sua relação com o cristianismo e de sua relação com sua própria filosofia terem causado um impacto considerável sobre a compreensão que o próprio Nietzsche teve do budismo. Como resultado, isso exerceu um impacto considerável sobre a maneira como ele se po-

55 Como escreve Purushottama, a "avaliação que Nietzsche fez do budismo como 'niilista' e 'espiritualmente irritante' aumentou em proporção à sua rejeição ao pessimismo de Schopenhauer" ("Nietzsche as 'Europe's Buddha'", p. 361).

sicionou diante de seu correspondente indiano. Logo, lançar luzes sobre Nietzsche como Antibuda exige um exame acurado do pensamento de Schopenhauer.

Aos olhos de Nietzsche, o pensamento de Schopenhauer é um caso claro e inegável de repetição da história. No pensamento de Schopenhauer, a crise niilista europeia causa o desnudamento da negação da vida no coração da mentalidade niilista e da metafísica que esta gerou ao longo da história da Europa, desde os tempos de Roma. O resultado, como ocorreu na Índia mais de dois mil anos antes, é uma ética em cujo núcleo há a indisfarçada vocação para o nada. Em suma, Schopenhauer é para a Europa o que Buda foi para a Índia. Sua ética é o resultado de um niilismo passivo que não consegue evitar a meta da não existência depois de revelado que o Ser é uma ficção.[56]

Mas não será a Vontade de Schopenhauer (uma versão mais condimentada, em suma, da "coisa em si" de Kant) uma versão do mito do Ser? Não será uma forma de *wahre Welt* que se opõe ao "mundo apenas aparente" das representações (*Vorstellung*)? Se for assim, Schopenhauer, diferentemente de Buda, não ultrapassou o mito mais poderoso da mentalidade niilista. Então, como sua ética pode ser o resultado do niilismo passivo? Não seria o caso de o niilismo passivo só conseguir assumir o comando depois que as inebriantes ficções da mentalidade começam a esmaecer, levando a uma espécie de retração dos valores? Como essa retração teria afetado Schopenhauer, se sua Vontade é uma versão da ficção do Ser? Em termos mais gerais, parece surpreendente ver Nietzsche estabelecer um paralelo entre Buda – que, como ele sabia muito bem, tinha rejeitado o pensamento metafísico – e Schopenhauer – o exemplo mais rematado de metafísico.

Porém a posição *nietzschiana* refere-se ao sistema de Schopenhauer como um evento na história das ideias, não apenas como um conjunto

---

[56] Ver, sobre essa conexão, *FP* 1885-1887, 9(35).

de ideias. Se seu foco e interesse fossem as ideias de Schopenhauer em si e *de per si*, os problemas suscitados acima seriam fatais para o budismo, uma vez que a abordagem de Schopenhauer é tão central para o pensamento positivo de Nietzsche. No entanto, embora Nietzsche se interesse pelas tendências mais amplas daquela que pode ser chamada de história do niilismo, essa abordagem não é afetada pela forma – metafísica *versus* "positivista" – de transparente negação da vida que o pensamento assume em meio às crises niilistas.

Apesar de Schopenhauer ser metafísico, aos olhos de Nietzsche ele também é uma das figuras europeias seminais dentre as responsáveis por matar Deus, além de sustentar boa parte do fantasioso pensamento niilista que tomou conta da Europa por um longo tempo. Com certeza, a doutrina do mundo como Vontade é uma doutrina metafísica tradicional, a qual lança um mundo real do Ser contra um mundo tão só aparente do devir, mas enxergar apenas isso significa perder de vista a importância da filosofia de Schopenhauer como evento na história da filosofia e da religião. A versão do Ser para Schopenhauer não é Deus, mas uma espécie de Satã cego. Sua "coisa em si" não é o Bem, mas o Mal. O fato de haver alguma coisa, metafísica na doutrina de Schopenhauer, mesmo residual, é pouco relevante; o que importa de fato é a indisfarçável negação da vida que se acha em seu núcleo. O mundo é mau, a vida é inútil – é isso que importa mesmo no pensamento de Schopenhauer. Isso, bem mais do que o manto metafísico contingente que o reveste, é que livra a ética de Schopenhauer de uma intransigente destruição da vida.

Expandir essas considerações um tanto abstratas exige um esboço sucinto da filosofia de Schopenhauer a partir de uma perspectiva bem nietzschiana. Primeiro, deve-se observar que, exceto por preservar a ingenuidade kantiana da "coisa em si",[57] Schopenhauer vira muitas coi-

---

[57] No prefácio a *MVR* I, Schopenhauer descreve a obra de Kant como "o fenômeno mais importante surgido na filosofia em dois mil anos" (p. xv), embora o apêndice dessa obra sugira que a única coisa que de fato impressionou Schopenhauer na filosofia

sas da maneira correta. Ele argumentou que falar de um Deus criador autocausado ou incausado é por demais incoerente.[58] E mais, ele acreditou que o mundo é tão obviamente repleto de tristeza e de sofrimento insensatos que a postulação de um Deus criador onipotente e benevolente não faz sentido algum.[59] Aos olhos de Schopenhauer, a ideia de que este mundo repleto de dor foi criado por um Deus benevolente é, na melhor hipótese, uma piada de mau gosto.

Schopenhauer também argumentou de modo enérgico que nada de fundamental distingue os humanos de outras entidades da natureza. Com efeito, ele posicionou toda espécie de evento do mundo – desde os fenômenos naturais que ocorrem em corpos inanimados até o comportamento humano – em um único *continuum*.[60] Há apenas uma diferença de grau entre uma pedra que cai em virtude da atração gravitacional da Terra e o movimento de meu braço na direção de uma maçã porque estou com fome e acabei de ver algo que poderia me nutrir.[61] Quando tratamos de seres sencientes, nós, humanos, não somos muito diferentes de outros animais, pois ansiamos e almejamos prazeres fúteis e metas efêmeras com a mesma compulsão com que um prato é atraído para o chão ao ser derrubado de uma mesa.

Isso é enfatizado pelo que chamo de *materialismo empírico* de Schopenhauer,[62] que o levou a adotar um fisicalismo naturalista estrito

---

kantiana foi sua doutrina do idealismo transcendental. A esse respeito, Schopenhauer refere-se ao ideal transcendental do tempo e do espaço como uma "verdade comprovada e incontestável" (*MVR* I, "Anhang: Kritik der kantischen Philosophie", pp. 496-497; ver também *FM*, § 22).

[58] Ver a introdução à edição de *QRP* de 1847, especialmente o § 8. O argumento de Schopenhauer é analítico. Como (1) tudo acontece por uma razão e (2) mesmo que existisse alguma coisa incausada, ela, por sua vez, não poderia causar nada, sendo incoerente a própria ideia de uma *causa sui* agindo como "força motriz primária".

[59] A esse respeito, ver *GC*, § 357.

[60] Ver *MVR* I, § 29.

[61] Esse é um ponto que Schopenhauer defende com firmeza ao longo de *LV*.

[62] A alegação de Schopenhauer é que, como fenômenos espaçotemporais, todas as coisas são materiais. Isso porque a matéria é o correlato objetivo do que ele chama de

no tocante ao problema mente-corpo. Como fenômeno, tudo no mundo é matéria, de ponta a ponta.[63] Como no budismo e no pensamento nietzschiano, não existe alma imaterial, não existe eu.[64] Por sua vez, a consciência é um fenômeno apenas físico; é o resultado da atividade cerebral.[65] Ateísmo, determinismo, naturalismo e fisicalismo são posições que Nietzsche também endossava.

Nietzsche nunca deixou de admirar Schopenhauer por essas posições. Em alguns trechos tardios o encontramos louvando a "honestidade" de Schopenhauer. Ele escreve: Schopenhauer é o primeiro a nos lembrar de que somos pouco mais do que feras e que, em suma, somos "alguma coisa estúpida".[66] Ele ensinou, "muito antes de Darwin [...] a doutrina do meio e da adaptação", chegando ao ponto – talvez até longe demais para Nietzsche – de reduzir a vontade humana a reflexos que operam com a dura "rigidez do processo mecanístico".[67] Nietzsche, nesse contexto, fala de modo apropriado do "naturalismo" de Schopenhauer.[68]

"forma subjetiva da compreensão", ou seja, a causalidade (*MVR* I, § 4). As formas da sensibilidade (*Sinnlichkeit*) na epistemologia de Schopenhauer são o espaço e o tempo, assim como para Kant. Mas Schopenhauer dispensa a complexa análise que Kant faz da compreensão (*Verstand*) e deixa apenas a causalidade como sua "forma". O que a compreensão faz, quando a percepção ocorre, é reunir espaço e tempo na forma do "objeto material", que é, portanto, inferido como a "causa" da percepção (ver *MVR* I, § 4, e seu tratado precoce sobre a visão; e *VC*, em especial § 1). A perceptibilidade e a materialidade, portanto, implicam uma na outra: "Todo objeto", declara Schopenhauer, "é a matéria como fenômeno" (*MVR* II, XXIV, p. 349). Assim, é apropriado falar do materialismo empírico de Schopenhauer do mesmo modo como Kant falou de seu realismo empírico em contraste com seu idealismo transcendental. No caso de Schopenhauer, é claro, o materialismo empírico é temperado por um robusto imaterialismo transcendental (*à la* Berkeley), especificamente o mundo como Vontade.

63 *MVR* II, XXIV, p. 349.

64 Schopenhauer rejeita de plano "o eu, ou [...] sua hipóstase chamada 'alma' como 'um erro fundamental muito velho e universal'" (*MVR* II, XVIII, p. 222).

65 Para a epistemologia naturalista de Schopenhauer, baseada de forma exclusiva no cérebro e no sistema nervoso do sujeito, ver *MVR* II, I.

66 *FP* 1887-1888, 9(178).

67 *Ibid.*

68 *Ibid.* A interpretação "naturalista" que Nietzsche dá a Schopenhauer vai contra a corrente de interpretação adotada por diversos estudiosos contemporâneos de

Em suma, ele considerou Schopenhauer um desses personagens formidáveis que contribuíram de modo ativo para a morte de Deus ao rejeitar os erros metafísicos sobre os quais se erigem *wahre Welten* mais tradicionais – teologia, dualismo mente-corpo, a atual superstição da alma pessoal imortal, a ficção do livre-arbítrio libertário etc.

De acordo com essas visões negativas, Schopenhauer também afirmou que o mundo nada é senão uma torrente flutuante de medo, dor e luta insensata. Para Schopenhauer, não existe um mundo Bom, um *wahre Welt*, por trás de tudo. Em seu lugar, existe um *wahre Welt* Mau. Em uma análise nietzschiana, foi aí que Schopenhauer deixou seu *ressentiment* subjacente dominá-lo.

Nesse sentido, veja-se a metafísica da Vontade de Schopenhauer. A contribuição de Schopenhauer para a metafísica consistiu na qualificação da coisa em si kantiana, quantitativa e qualitativamente:[69] a coisa em si (1) é singular[70] e (2) pode ser melhor descrita como um esforço cego, inconsciente e sem propósito, que Schopenhauer chama de Vontade.[71] A essência de todas as coisas, portanto, é uma Vontade singular, sem base e sem propósito. Como tal, essa Vontade, em esforço constante, não almeja "satisfazer" qualquer desejo ou necessidade em particular – como todas as formas de causalidade, a da motivação,

---

Schopenhauer, quais sejam D. Hamlyn, *Schopenhauer*, Londres: Routledge and Kegan Paul, 1980; Berman, "Schopenhauer and Nietzsche", J. Young, *Schopenhauer*, Londres: Routledge, 2005; e R. Wicks, *Schopenhauer*, Oxford: Blackwell, 2008. Todos esses estudiosos defendem alguma versão do que chamo de interpretação animista, que sustenta que a doutrina de Schopenhauer diz que há uma Alma do Mundo singular, imaterial, por trás de todos os fenômenos. A visão de Nietzsche é bem mais próxima da de Janaway, que comenta que "na tentativa de subsumir a ação humana em um relato mais amplo de forças 'ativas e em conflito', a aspiração [de Schopenhauer] é tanto a naturalização da humanidade quanto a humanização da natureza".

69 Por óbvio, isso contradiz Kant, que escreveu: "Nunca se pode afirmar a menor coisa da coisa em si subjacente a esses fenômenos" (*CR* A49/B66). Mas Schopenhauer ficou feliz em enfrentar essa questão (ver o Apêndice de *MVR* I).

70 *MVR* I, § 23.

71 *Ibid.*, §§ 19 e ss.

afinal, aplica-se apenas ao mundo como representação.[72] Assim, diferente do caso da volição como costumamos entendê-la, a Vontade se esforça sem ter nenhuma meta "em mente", por assim dizer.[73] Como resultado, a satisfação é em essência estranha à sede infundada da Vontade – portanto, insaciável.[74] Assim, a Vontade não só é espontânea, cega e sem meta, como sempre insatisfeita. A implicação é que, como todos somos, em nossa essência, nada além de Vontade, nossas vidas só podem ser infindáveis e sempre dolorosas.

É aqui que a metafísica de Schopenhauer se volta para a psicologia. A Vontade se esforça de forma contínua e inútil apenas pelo prazer de se esforçar. Outras coisas, todas se esforçando de forma inútil às suas próprias maneiras, interferem. O sofrimento, que corresponde ao desejo insatisfeito, a obstáculos enfrentados etc., permeia, assim, toda a existência senciente.[75] Ademais, quando um desejo acaba sendo satisfeito, a natureza metafísica do mundo – a falta de base da Vontade – certifica-se de fazer com que outro desejo ocupe seu lugar, causando, assim, mais sofrimento, *ad infinitum*. Se por acaso todos os desejos da pessoa são satisfeitos (o que só pode ser um estado de coisas temporário), então o tédio e a inquietude entram em cena. São apenas outras

---

72 Com efeito, como qualquer metafísico (no modelo de Nietzsche), Schopenhauer infere as propriedades de seu *wahre Welt* por meio de uma contradição das propriedades deste mundo. Se tudo neste mundo acontece por um motivo (sobre esse ponto crucial, ver *QRP*, de Schopenhauer), a Vontade, ao contrário, é desprovida de qualquer base (*MVR* I, § 29).

73 Em *MVR* I, § 23, Schopenhauer explica que a vontade do sujeito senciente é apenas uma espécie da Vontade metafísica como *genus*. Diferente da anterior, esta última não pressupõe consciência, intenção ou orientação para uma meta. Importante observar que, no relato de Schopenhauer, atividades inconscientes como digestão ou os batimentos cardíacos são exemplos de "vontade". Portanto, mesmo no que diz respeito ao sujeito e a seu corpo, o que Schopenhauer entende por vontade é bem diferente do que se costuma entender por essa expressão.

74 *MVR* I, § 57.

75 Esse argumento é encontrado em *MVR* I, § 56.

formas de sofrimento, ou de carência.[76] Além disso, a natureza sempre flutuante e mutável do mundo dos fenômenos faz com que aquilo que, em teoria, poderia nos deixar felizes por longos períodos acabe esmaecendo antes de parar de nos fazer felizes (a morte da pessoa amada, por exemplo). Experiências assim são também muito dolorosas.[77]

Essa é a base teórica, metafísica, do que Schopenhauer chama de pessimismo. Ao credo otimista de Gottfried F. Leibniz – "este é o melhor de todos os mundos possíveis"[78] –, Schopenhauer opõe seu próprio lema pessimista – este é o pior de todos os mundos possíveis. Mesmo que fosse um mundo apenas pouco pior do que este em que vivemos, seria caótico, violento e autodestrutivo de forma insuportável, afirma Schopenhauer.[79] Como tal, este mundo nada mais é do que uma infindável torrente de dor e de insatisfação, sem características redentoras. E se lhe falta uma característica redentora, é porque seu caráter doloroso não é acidental. Pelo contrário: decorre da mais profunda natureza metafísica do mundo. Em função disso, uma análise lúcida da condição humana leva à conclusão de que a não existência seria preferível à existência. Daí a negação da vida no coração do pessimismo de Schopenhauer.

Por conseguinte, a ética de Schopenhauer se dirige expressamente à aniquilação do eu e do mundo. De forma mais precisa, seu *summum bonum* envolve "enxergar através" da ilusão em virtude da qual a vida é afirmada e perpetuada. Com efeito, um conceito central da metaética de Schopenhauer é o *principium individuationis*, que, tal como o Śaṅkara, ele também chama de "véu de *māyā* [literalmente, 'ilusão']".[80] O *principium* é

---

[76] *MVR* I, § 57.

[77] *Ibid.*, § 56.

[78] A teodiceia de Leibniz é apresentada em seu *Essai de théodicée sur la bonté de dieu, la liberté de l'homme et l'origine du mal*, de 1710 (org. por J. Jalabert, Paris: Aubier, 1962).

[79] *MVR* II, XLVI, pp. 669-670.

[80] Schopenhauer via na ideia do *principium* uma nítida área de superposição entre o idealismo transcendental e a filosofia bramânica indiana (*MVR* I, § 1). Apesar de ele se cobrir de mérito por perceber isso, descobriu-se que ele não foi tão original assim.

o que existe por trás do ingênuo realismo sensato.[81] A pessoa comum pensa no mundo como um conjunto de objetos e em sua própria pessoa como uma entidade real, independente, distinta das outras coisas. É com base nesse ponto de vista pré-reflexivo que todas as criaturas do mundo exibem um egoísmo fundamental[82] e que a Vontade unitária parece se expressar mediante inúmeros desejos e metas.

Todavia, quando a ilusão do *principium individuationis* se dissipa, os indivíduos tornam-se cada vez menos autocentrados e cada vez mais preocupados com os outros. Quanto a isso, Schopenhauer argumenta que os dois pilares da moralidade – a justiça (não lesar) e a benevolência (ajudar de forma ativa) – baseiam-se em um fenômeno muito metafísico, a compaixão.[83] A compaixão envolve ver tudo através do véu ilusório da pluralidade, aceitando que somos todos apenas um. A justiça e a não lesão formam o primeiro estágio desse processo: evita-se cometer injustiça porque a diferença entre o eu e o outro começa a esmaecer. A benevolência ativa é o seguinte: deseja-se ajudar os outros, aliviando-os de sua tristeza, tão pronto se percebe que o eu e o outro são, na verdade, um. A "concepção que anula a diferença entre ego e não ego [...] descrita pelos hindus como *māyā*, ou seja, ilusão, engano, fan-

---

Um dos textos mais importantes lidos por Schopenhauer (e relidos até o fim de sua vida) foi *Oupnek'hat*, de Anquetil-Duperron, dado a ele por Friedrich Majer em 1813 (ano em que Schopenhauer começou a escrever *MVR*). Em um apêndice da sua (re) tradução latina de uma tradução sânscrito-persa de alguns textos dos *Upaniṣads*, Anquetil-Duperron sugere que os *Upaniṣads* dizem em essência o mesmo que Kant na seção "Estética Transcendental" de sua *CR* e estimula os filósofos e colegas jesuítas a explorar essa conexão. Ver "De Kantismo", em H. B. Anquetil-Duperron, *Oupnek'hat*, Paris: Argentorati, 1801-2, vol. II, pp. 711-724. Schopenhauer obedeceu, como se vê, a sugestão de Anquetil-Duperron.

81 *MVR* I, § 53.

82 Em *FM*, § 14, Schopenhauer afirma que o egoísmo é o "ponto de vista natural" e explica: "O incentivo principal e fundamental nos homens, bem como nos animais, é o egoísmo [...] Logo, como regra, todas as suas ações derivam do egoísmo". Ver também *MVR* I, § 61.

83 Ver *FM*, § 17.

tasma, miragem", escreve Schopenhauer, está diretamente relacionada com a "base metafísica da ética", que "consiste no ato de *um* indivíduo reconhecer mais uma vez o seu próprio eu no *outro*".[84] A compaixão, portanto, é o equivalente prático do monismo metafísico.

Entretanto, o comportamento virtuoso é apenas o primeiro estágio. Com efeito, a compaixão da pessoa que furou o véu de *māyā* dá lugar à completa autoabnegação.[85] Isso acontece quando a pessoa compassiva fica tão desiludida com a Vontade e sua crueldade sem fundamento que acaba decidindo puni-la em sua própria pessoa e por intermédio dela.[86] Se o comportamento ético já é contra a natureza – afinal, o egoísmo e o *principium* constituem o único "ponto de vista natural" –, ele é apenas uma débil sombra do que acontece com o sábio compassivo que aprecia de forma plena a natureza ilusória da individuação e se volta todo contra sua própria natureza. Então, a destruição completa do mundo torna-se sua meta.

A natureza mais radical da visão de Schopenhauer se destaca agora. A sexualidade, como a característica mais essencial da vontade dos seres sencientes,[87] é o primeiro alvo do ascetismo. Com efeito, o asceta enxerga além de sua própria existência limitada e percebe que a erradicação da Vontade e a destruição da natureza exigem que se ponha fim à regeneração da espécie.[88] A sugestão de Schopenhauer, em um trecho como *MVR* I, § 68, de que os animais parariam de se reproduzir se os seres humanos o fizessem está longe de ser convincente – assim como sua confiança no idealismo a fim de mostrar que nada sobreviveria à morte do último sujeito –, mas, pelo menos, tem a virtude de deixar bem

---

84 *Ibid.*, § 22.

85 *MVR* I, § 70.

86 Ibid., § 68.

87 Ver, a respeito, os comentários de Schopenhauer sobre o primado do impulso sexual em *MVR* II, XLIV.

88 *MVR* I, § 68.

clara sua visão. Pelo celibato, o santo asceta embarca na missão de destruir o mundo inteiro.

Mas essa é apenas a primeira etapa. A ausência de desejo e o celibato são seguidos depressa pela procura por vergonha e injúria, seguidas de perto pela autodestruição ativa.[89] Dessa forma, o asceta acaba por atingir um nível de total falta de vontade. Tudo que tinha de natural foi destruído. Sua vontade silenciou totalmente. Ele atinge "a completa santificação e salvação, cujos fenômenos são o estado de resignação descrito antes, a inabalável paz que o acompanha, e a maior alegria e deleite na morte".[90] Esse é o resultado da negação mais avançada da vontade.

Em suma, a ética de Schopenhauer baseia-se na atual capacidade mística de "enxergar através" da rede das aparências, com foco em um motivo místico, ou seja, a compaixão. Essa compaixão leva o homem virtuoso da justiça ao ascetismo. Em última análise, a salvação de Schopenhauer (*Erlösung*) consiste na inversão completa da "saúde natural". Se a natureza e o mundo são a Vontade da vida, então a salvação de Schopenhauer, de fato, é a negação completa do eu e do mundo. Em suma, o ideal ético de Schopenhauer é uma contrassaúde, uma doença santificada.

No fundo, a metafísica por trás da ética de Schopenhauer é relativamente indiferente para Nietzsche. Para ele, o verdadeiro problema é o salto de Schopenhauer, desde as alegações apenas descritivas de que os humanos são animais, o mundo está repleto de sofrimento, o conflito é uma característica essencial da existência etc., à alegação normativa de que a não existência é preferível à existência e, portanto, deve ser almejada mediante uma negação ativa do eu e da vida. É fazendo isso – passando diretamente de Deus para o *nihil* como meta da "vida boa" – que o pensamento de Schopenhauer consiste na repetição do que ocorreu na Índia com Buda.

---

89 *Ibid.*

90 *Ibid.*

De fato, Schopenhauer é a fonte primária de Nietzsche para essa ideia. A partir de 1840, Schopenhauer tornou-se ávido leitor de tudo relacionado à budologia, bem como um proponente fervoroso desse robusto "pessimismo" indiano.[91] Schopenhauer ficou bastante tocado pelo que entendeu como as várias semelhanças entre seu pensamento e o de Buda. No segundo volume de *MVR* (1844), ele escreve: "Se eu quisesse considerar os resultados de minha própria filosofia como o padrão da verdade, teria de dar preferência ao budismo sobre as outras [religiões]".[92]

O endosso das posições budistas por Schopenhauer fica mais óbvio pelo fato de ele usar as expressões *saṃsāra* e *nirvāṇa* em suas obras tardias. Ele iguala com clareza sua descrição do mundo como um oceano de sofrimento com a doutrina budista do *saṃsāra*: "Isto é *saṃsāra*, e tudo nele o denuncia, e, mais do que qualquer coisa, ao mundo humano, no qual a depravação moral, a baixeza, a incapacidade intelectual e a estupidez predominam a um ponto temível".[93] Mais importante ainda, Schopenhauer iguala sua visão de salvação ao *nirvāṇa* budista. Ao descrever o asceta que nega a si mesmo e à vida, diz: "Por vontade própria, abdica da existência que conhecemos; o que ele se torna não é nada aos nossos olhos, pois nossa existência, em referência a isso, não é nada. A fé budista chama a isso de *nirvāṇa*, ou seja, extinção".[94] Para o Schopenhauer

[91] Como escreve Droit, Schopenhauer "transfere para o budismo uma forma de encantamento fascinado com relação ao bramanismo, nascido com o século" (*L'oubli de l'Inde*, p. 182). Para uma lista completa das fontes indologistas e budologistas de Schopenhauer, ver o apêndice de M. Nicholls, "The Influence of Eastern Thought on Schopenhauer's Doctrine of the Thing-in-Itself", em C. Janaway (org.), *The Cambridge Companion to Schopenhauer*, Cambridge University Press, 1999.

[92] *MVR* II, XVII, p.186.

[93] *PP* II, § 114.

[94] *MVR* II, XLIV, p. 640. Schopenhauer também tenta esclarecer sua definição de Vontade com base na relação entre a negação da vontade e o *nirvāṇa*: "Só podemos descrevê-la [ou seja, a Vontade] como o que tem a liberdade de ser a Vontade de viver, ou de não a ser. Neste último caso, o budismo a descreve pela palavra *nirvāṇa*" (*ibid.*).

tardio, o *nirvāṇa* de Buda e seu próprio conceito de salvação consistem no mesmo ideal.

A descoberta do budismo por Schopenhauer também foi o que o levou a declarar ser o pessimismo o núcleo ético de toda religião verdadeira. Não só o seu monismo como a doutrina de "enxergar através do *principium individuationis*" têm antecedentes na religião primitiva da Índia (bramanismo), como sua avaliação do mundo como um oceano de tristeza também encontra corroboração no budismo. Ao rejeitar o judaísmo, o islamismo e a religião da Antiga Grécia como toscos credos otimistas, Schopenhauer reúne o cristianismo, o bramanismo e o budismo como religiões genuínas, ou seja, pessimistas.[95] Fiel à romântica "indomania" que o pôs a par de sua compreensão das religiões indianas,[96] ele acreditou que o cristianismo tinha raízes indianas. "Os ensinamentos do cristianismo", afirmou, "devem ser derivados, de algum modo, dessas primeiras religiões originais".[97] Isso porque "o espírito da moralidade cristã é idêntico ao do bramanismo e do budismo".[98] Ademais, a essência ética dessas autênticas religiões pessimistas é bem o que Nietzsche chamaria mais tarde de negação da vida: "A grande verdade fundamental contida no cristianismo, bem como no bramanismo e no

---

[95] *MVR* II, XLIV, p. 623: "Na verdade, não é o judaísmo com seu 'tudo é bom', mas o bramanismo e o budismo é que [...] se assemelham ao cristianismo [...] Em virtude de suas origens, o cristianismo pertence às fés antigas, verdadeiras e sublimes da humanidade. Isso contrasta com o *otimismo* falso, raso e pernicioso que se manifesta no paganismo grego, no judaísmo e no islamismo".

[96] A expressão "indomania" foi criada por R. Gérard em seu *L'Orient et la pensée romantique allemande*, Nancy: Thomas, 1963. Sobre o fascínio romântico alemão com a Índia, que oferece o pano de fundo para o envolvimento de Schopenhauer com as religiões indianas, ver também Halbfass, *India and Europe*; A. L. Willson, *A Mythical Image: The Ideal of India in German Romanticism*, Durham, NC: Duke University Press, 1964; e Schwab, *La Renaissance orientale*.

[97] *MVR* II, XLIV, p. 623.

[98] *Ibid.*, p. 633.

budismo", é a "necessidade de salvação de uma existência devotada ao sofrimento e à morte".[99]

Além disso, Schopenhauer considerava o budismo superior ao cristianismo e ao bramanismo porque ele não cobria sua meta ética com uma capa teológica supérflua. Ele contrasta, por exemplo, os brâmanes e seu desejo de "*mokṣa*, ou seja, a reunificação com *brahman*", com os budistas, que "com completa objetividade descrevem a matéria apenas de maneira negativa por meio da expressão *nirvāṇa*, que é a negação deste mundo, ou de *saṃsāra*".[100] Não obstante, na mente de Schopenhauer, todas essas visões espirituais tinham o mesmo sentido oculto. Seja a *unio mystica*, a reunificação com Brahman ou a subida ao Céu, o que os credos pessimistas na verdade almejam é a negação da Vontade de vida, ou *nirvāṇa*/extinção. O budismo é apenas a expressão mais honesta e objetiva do pessimismo dentre as religiões do mundo.

À luz disso, fica evidente e óbvio que Schopenhauer é a principal fonte para a filosofia da religião de Nietzsche e, por extensão, para suas posições sobre a mentalidade niilista, a construção do *wahre Welt*, do budismo etc. A ideia nietzschiana segundo a qual um espírito tácito de negação da vida se esconde por trás de qualquer busca ética ou religiosa pelo Ser é uma ideia schopenhaueriana. Quando ele afirma que o desejo da *unio mystica* sempre foi o "desejo do budista pelo nada, o *nirvāṇa*",[101] ou "que todas as religiões pessimistas chamam o nada de Deus",[102] Nietzsche está em essência apresentando uma versão requentada da filosofia da religião de Schopenhauer. Mais importante ainda, a ideia nietzschiana de que algo como o budismo (neste caso, o próprio pensamento de Schopenhauer) é que ocupa o lugar do cristianismo depois que suas vestes otimistas e teísticas foram despidas é exatamente a posição de Schopenhauer.

---

99 *Ibid.*, p. 628.

100 *MVR* II, L, p. 698.

101 *GM* I, § 6.

102 *Ibid.*, III, § 17.

É claro, Nietzsche vira a mesa sobre Schopenhauer. Se Schopenhauer se cobre de méritos por ficar cara a cara com Buda na negação da vontade,[103] Nietzsche acusa Schopenhauer de se manter envolvido com o pensamento moralista, o qual nega a vida, mesmo após ter enxergado através de tantas ficções do cristianismo. Para Nietzsche, ser para a Europa o que Buda fora para a Índia não é base de elogios – pelo contrário. E, claro, Nietzsche também inova. Ele atribui a negação da vida à *décadence* e ao *ressentiment* e registra seu impacto bem além do reino da religião, no domínio bem mais amplo da metafísica do Ser em geral. Não obstante, ainda é fato que a fonte da relação Schopenhauer-budismo, tão central para a avaliação nietzschiana do budismo, é a própria filosofia de Schopenhauer. É com base na própria autocompreensão de Schopenhauer que Nietzsche interpreta o cristianismo, o bramanismo, o budismo e a filosofia de Schopenhauer como expressões da mesma vontade do nada.[104] E é com base nisso que ele vê a ética de Buda e de Schopenhauer como dois casos do mesmo niilismo passivo.

De modo mais específico, Nietzsche vê a filosofia budista e o pensamento de Schopenhauer como a mesma forma de pessimismo, ou seja, o pessimismo do fraco.[105] Esse é o pessimismo que vai além da alegação apenas descritiva de que a vida implica sofrimento e obriga à implicação normativa de que é indesejável viver e desejável morrer. Por certo, Nietzsche acreditava que a forma budista de tal pessimismo é

[103] Halbfass reporta o orgulho que Schopenhauer sente ao expressar verdades atemporais, universais. Schopenhauer, ele escreve, "apresentou seus próprios ensinamentos como o padrão e a realização dos ensinamentos indianos" e por isso "via-se posicionado no cume do conhecimento" (*India and Europe*, p. 114). Isso só faz sentido no contexto da obsessão com a Índia, no início do romantismo, como fonte primária de toda cultura, filosofia e religião. Pelo menos nesse sentido, Schopenhauer se manteve como indomaníaco bem depois de a *intelligentsia* alemã ter superado a indomania romântica.

[104] Isso fica mais óbvio em *GM* III, § 17.

[105] *FP* 1888-1889 14(25).

bem mais madura do que a variedade europeia de Schopenhauer.[106] Não só o budismo se situa além da metafísica, como é mais digno e sóbrio no tocante à ética concreta. Ele não recomenda uma automortificação tão extrema quanto a ética de Schopenhauer.[107] Não cede ao auto-ódio explícito ou à culpa ativa. A anulação que prescreve é bem mais moderada e menos sentimental, irrestrita e plebeia. Em suma, o budismo é menos cristão do que a doutrina de Schopenhauer.[108] Não obstante, essas diferenças superficiais nada mudam na afinidade fundamental entre essas duas formas de ética de negação da vida. Ambas deixam de ver qualquer valor em um mundo de interminável conflito, desprovido de uma Pacífica contrapartida no Outro Mundo, e, por conseguinte, condenam este mundo. Ambas respondem à morte de Deus e tornam a não existência uma meta. Ambas desnudam a negação da vida no coração das religiões e da filosofia niilista. E ambas revelam o pessimismo subjacente do fraco, que sempre se posicionou por trás de sistemas otimistas em aparência, como o cristianismo ou o platonismo.[109]

---

[106] *FP* 1884, 25(16).

[107] A esse respeito, ver R.-P. Droit, "Schopenhauer et le Bouddhisme: une 'admirable concordance'?", em E. von der Luft (org.), *Schopenhauer*, Lewiston: Edwin Mellen Press, 1988, pp. 123-138.

[108] Em *ABM*, § 56, Nietzsche ridiculariza o pessimismo de Schopenhauer, chamando-o de "meio cristão".

[109] É por isso que apresentar a filosofia positiva de Nietzsche como resposta ao budismo é não superestimar o papel das religiões indianas no desenvolvimento intelectual de Nietzsche. De modo evidente, Nietzsche é um pensador muito eurocêntrico, interessado na Europa e em sua situação. Por conseguinte, poder-se-ia argumentar que sua preocupação com o budismo é secundária e um tanto superficial. Afinal, Nietzsche não se apresentou primeiro como Anticristo, e apenas de maneira secundária e superficial como Antibuda (em um fragmento inédito e obscuro)? A verdadeira *bête noire* do Nietzsche tardio não seria o cristianismo, e não o budismo? A afirmação da vida não é apresentada como um antídoto à *décadence* cristã, em vez de sê-lo ao budismo? Mas uma análise cuidadosa dos textos nietzschianos – em especial contra o pano de fundo do pensamento de Schopenhauer – revela que essas questões não são do tipo ou/ou. Nietzsche concorda com Schopenhauer que o cristianismo e o budismo possuem um núcleo comum. Diferente de Schopenhauer, porém, ele pensa que esse núcleo está podre. O pessimismo budista é a negação da vida no coração da

Portanto, Buda e Schopenhauer revelam-se como *décadents* cujos pensamentos e ensinamentos são movidos por um profundo *ressentiment* contra a realidade. Sua única virtude é a honestidade – o não ser é o destino explícito de seu programa ético, em vez de filosofias e religiões anteriores.

Foi com irritação que Nietzsche cogitou a possibilidade de a história poder se repetir, não só em relação às ideias, como a culturas inteiras. Sabendo muito bem que o budismo se espalhou depressa pela Índia e pela Ásia e se tornou a ideologia asiática dominante por mais de um milênio, Nietzsche achava que a crise niilista que a Europa estava enfrentando poderia levar à rápida expansão do pessimismo schopenhauerista por todo o continente europeu. Em vista da imensa popularidade de Schopenhauer na Europa do final do século XIX,[110] os temores de Nietzsche parecem justificáveis.

---

mentalidade niilista desnudada. Seu niilismo é o que sempre está lá, latente por trás do otimismo cristão, do platonismo, do idealismo e de qualquer sistema baseado na ficção do Ser. O budismo é apenas mais realista, mais claro e menos escondido no ódio da ralé pela elite. Em sua essência, porém, ele não difere do cristianismo. Com efeito, é aquilo no que o cristianismo poderia se converter após a morte de Deus, sob o disfarce do pessimismo schopenhauerista, como o próprio Schopenhauer proclamara. Sob essa luz, rebater a negação budista da vida com uma filosofia de afirmação da vida em total oposição faz parte do projeto mais amplo de Nietzsche a fim de enfrentar o cristianismo. Com efeito, o verdadeiro alvo de Nietzsche não é nem o cristianismo nem o budismo em si, mas a *décadence*, o *ressentiment* e a negação da vida que se encontram em suas raízes. E como é só no budismo que essa negação da vida fica totalmente transparente e consciente de si mesma, é contra o modelo desse desdobramento pós-metafísico da mentalidade niilista que Nietzsche formula sua visão antipódica de uma grande saúde que afirma a vida. Portanto, não há contradição entre Nietzsche como Anticristo e Nietzsche como Antibuda. Na verdade, seu papel como Antibuda é bem mais fundamental.

110 "La fin d'une éclipse?", de Droit, em R.-P. Droit (org.), *Présences de Schopenhauer*, Paris: Grasset et Fasquelle, 1989, pp. 7-23, oferece um excelente relato da ampla difusão das ideias de Schopenhauer entre as décadas de 1870 e 1930. É provável que Schopenhauer seja o filósofo moderno mais disseminado e com influência mais duradoura, tanto na cultura popular quanto na erudita.

A esse respeito, Nietzsche falou do surgimento silencioso de um novo budismo europeu "ganhando pouco a pouco terreno por toda a Europa".[111] Aos olhos de Nietzsche, a segunda encarnação do budismo, como o pessimismo de Schopenhauer, era "o maior perigo".[112] O credo pessimista – "O sono é bom, a morte é melhor – na verdade / Melhor seria nunca ter nascido"[113] – ameaçava envolver toda a Europa, agora que o otimismo cristão caía por terra. Em suma, Nietzsche temia que a crise niilista desse lugar a uma *décadenc* ainda mais profunda, à vontade de se declinar. Para Nietzsche, esse era o maior risco que a crise niilista poderia envolver – uma ideologia *décadent* almejando um estado de grande saúde que, na verdade, representaria a morte. O pessimismo do fraco dominou a Índia após sua crise niilista. O mesmo poderia acontecer outra vez na Europa. Para Nietzsche, essa era a ameaça mais fundamental representada pela crise niilista.

Porém, como toda crise, a crise niilista envolve uma grande oportunidade. Assim, Nietzsche não vê apenas perigo na crise niilista, mas também promessas. De fato, o niilismo passivo não é a única resposta possível para a crise niilista, e nem o pessimismo explícito do fraco seu único resultado possível. Nietzsche imagina um "ideal inverso" – um ideal que, diferente do de Schopenhauer ou de Buda, move-se de forma decidida "além do bem e do mal".[114] Com efeito, Nietzsche não é um Antibuda apenas por condenar a negação budista da vida. Mais do que tudo, é um Antibuda por esboçar um novo e invertido ideal de grande saúde – um ideal de afirmação da vida.

---

111 *FP* 1885-1887, 2(144). Ver ainda *ABM*, § 202, e *GM*, "Vorrede", § 5.

112 *FP* 1885-1887, 2(131).

113 Esse é um trecho de "Morfina", de H. Heine, em *Sämtliche Werke*, Hamburgo: Hoffman und Sampe, 1863, vol. XVIII, p. 169. Ver, a respeito, o elogio de Nietzsche a Heine em *EH*, "Warum ich solche gute Bücher schreibe", *NT*, § 4.

114 *ABM*, § 56.

O primeiro ponto a ser levantado a respeito é que Nietzsche não vê na morte (europeia) de Deus e na crise niilista que se segue algo inerente ao niilismo ou necessariamente niilista (no sentido da mentalidade niilista). É certo que há trechos nos quais Nietzsche afirma que o pessimismo (do fraco) precede e prepara o terreno para a crise niilista.[115] No entanto, fica claro que nesses trechos Nietzsche só pode estar contando metade da história. Sim, Nietzsche diz que Deus morre nas mãos da moralidade cristã – a veracidade cristã que se tornou científica.[116] E, sim, ele descreve mesmo a ciência moderna com seu ateísmo puritano, que denuncia mentiras, como a nova personificação do "ideal asceta" niilista.[117] Mas a morte de Deus não é obra exclusiva do pessimismo *décadent* do fraco. De modo mais específico, os envolvidos no processo de autossuperação do cristianismo não são apenas os *décadents* fracos, pois há também "espíritos livres" (*freie Geister*) fortes, saudáveis – como Nietzsche –, que também são herdeiros da veracidade cristã, mas que dão meia-volta e manejam o que herdaram do cristianismo para destruir, de maneira ativa e alegre, mitos niilistas *décadents*.[118] Foi por isso que Nietzsche comemorou abertamente a morte do teísmo.[119]

Com efeito, enquanto a morte de Deus cria um vácuo de valores, o qual corre o risco de ser preenchido pelo pessimismo fraco de um Novo Budismo, esse não é o único resultado possível. Isso fica óbvio em *GC*,

---

115 *FP* 1885-1887, 2(131).

116 *GC*, § 357, e *GM* III, § 25. Esse ponto também foi discutido no Capítulo 1.

117 Ver *GM* III, §§ 24-25.

118 Foi Nietzsche que criou a expressão "espírito livre", hoje comum. Sobre a figura do espírito livre como visionário anticristão, ver *HD* II, § 186, *AR*, § 201, *GC*, § 343, e *CI* IV. A grande honestidade (*Redlichkeit*) e a impiedosa veracidade do espírito livre são destacadas em particular em *ABM*, § 230.

119 A ideia de que o niilismo como crise pode representar uma oportunidade é expressada de forma bem clara em certos trechos – como *GC*, § 346, e *FP* 1885-1887, 2(45) –, nos quais ele é colocado como uma oportunidade para se buscar novos valores e para se compreender que este mundo e a existência humana de modo mais geral podem ser bem mais valiosos do que se pensava antes.

em que Nietzsche realça a natureza ambígua da morte de Deus. Embora "um tipo de sol parece ter tido seu ocaso, uma confiança antiga e profunda se transformou em dúvida", de modo que "nosso velho mundo deve parecer um pouco mais outonal, mais desconfiado, estranho, 'mais velho'", também é verdade que:

> ao ouvir a notícia "o velho deus está morto", nós, filósofos e espíritos livres, sentimo-nos iluminados por uma nova aurora; nosso coração transborda de gratidão, assombro, pressentimento, expectativa – afinal, o horizonte parece limpo de novo, mesmo não sendo brilhante; afinal, podemos tornar a zarpar em nossos navios; prontos para enfrentar qualquer perigo; toda ousadia dos amantes do conhecimento é permitida mais uma vez; o mar, nosso mar, abre-se mais uma vez; talvez nunca tenha havido antes tal "mar aberto".[120]

Outro texto a ser considerado em relação ao tema é o seguinte trecho de *CI*:

História de um erro

1. O mundo verdadeiro, acessível ao sábio, ao devoto, ao virtuoso – ele vive nele, *ele é ele*.
   (Forma mais antiga da ideia, relativamente inteligente, simples, convincente. Transcrição da frase "Eu, Platão, *sou* a verdade".)
2. O mundo verdadeiro, inatingível no momento, mas prometido ao sábio, ao devoto, ao virtuoso ("ao pecador que se arrepende").
   (Progresso da ideia: ela se torna mais sutil, mais sedutora, mais incompreensível – *torna-se uma dama*, torna-se cristã[...])
3. O mundo verdadeiro, inatingível, improvável, que não pode ser prometido, mas que é imaginado como um consolo, um dever, um imperativo.
   (No fundo, o mesmo velho sol, mas brilhando através da névoa e do ceticismo; a ideia tornou-se sublime, pálida, nórdica, königsberguiana.)

---

[120] *GC*, § 343.

4. O mundo verdadeiro – inatingível? Não atingido ainda. E, não tendo sido atingido, é também *desconhecido*. Logo, tampouco é consolador, redentor, obrigatório: como algo desconhecido pode nos impor um dever?
(Manhã cinzenta. Primeiros bocejos da razão. Amanhecer do positivismo.)
5. O "mundo verdadeiro" – uma ideia que não tem mais serventia, que sequer obriga – uma ideia que se tornou inútil, supérflua, *portanto* uma ideia refutada: destruamo-la!
(Dia claro; desjejum; retorno do *bon sens* e da alegria; Platão enrubesce, envergonhado; todos os espíritos livres se soltam, descontrolados.)
6. Abolimos o mundo verdadeiro: que mundo resta? Quem sabe, o mundo aparente? [...] Mas não! *com o mundo verdadeiro, destruímos também o mundo aparente!*
(Meio-dia; momento das sombras mais curtas; fim do mais longo dos erros; apogeu da humanidade [...])[121]

Aqui, Nietzsche nos conduz pelos diversos estágios da história do *wahre Welt* no Ocidente – desde o conceito platônico de Ser, ou do Bem, pela teologia cristã e a metafísica kantiana, até o niilismo da ausência de Deus. O mais notável nesse trecho é a alegria envolvida no "fim do mais longo dos erros". Aqui, o niilismo associado com o fim do erro do *wahre Welt* não é uma nuvem escura que lança a sombra da falta de sentido sobre o mundo, mas o sol brilhante que afasta a bruma das mentiras teístas e abre novos horizontes. O niilismo, como falta de qualquer valor absoluto após a morte de Deus, nem sequer é uma crise aqui. É um desjejum feliz, ensolarado, após uma longa noite de confusão.

Se se prestar atenção apenas nos trechos que sugerem que o pessimismo subjacente, arquidecadente do fraco, é responsável pela morte de Deus, deixa-se de distinguir entre o niilismo como mentalidade, o niilismo como evento e o niilismo como resposta à crise niilista.[122] Na

[121] *CI* IV.

[122] Isso parece ser um problema para Deleuze e Williams (ver Deleuze, *Nietzsche*, p. 170, e Williams, "Introduction", p. xiii). Heidegger erra por outro lado, por assim dizer. Ele lê os textos de Nietzsche sobre a crise niilista europeia (*VP*, §§ 2 e ss) – a crise da

verdade, a morte de Deus que provoca a crise niilista é não só obra de pessimistas fracos e reativos em um estado de declínio avançado demais para poderem continuar a manter valores superiores, como também de espíritos livres e saudáveis que brandem com veemência a veracidade cristã com fins criativos.

Quanto a isso, é importante destacar a conexão íntima entre a veracidade arquicristã que denuncia mentiras e mata Deus, e a *décadence*. Com efeito, a morte de Deus consiste na autossuperação da *décadence*. Isso abre dois importantes cenários possíveis:[123] a morte de Deus pode ser um exemplo da *décadence* subjugando uma de suas manifestações a fim de dar lugar a uma forma ainda mais perniciosa de *décadence* (ou seja, o budismo europeu), ou pode dar origem à superação total da *décadence*. O primeiro cenário foi o que aconteceu na Índia. O desejo de Nietzsche era que as coisas acontecessem de maneira diferente na Europa.

Aqui está a esperança, a promessa, a oportunidade na crise niilista. No horizonte de Nietzsche há um processo de cura que ataca a doença da *décadence* em sua raiz. Na claridade da luz do dia, ele começa a vislumbrar um estado de grande saúde, tão oposto ao de Buda, livre de qualquer apego residual às ficções do Bem e do mal. Escreve Nietzsche:

---

falta de significado que se segue à morte de Deus – como textos sobre niilismo em geral, e, assim, sobre toda a "história" do pensamento humano (Heidegger, *Nietzsche*, vol. II, pp. 63-71). Como resultado, ele se vê fazendo a incômoda afirmação de que a metafísica niilista do *wahre Welt* nasceu, de algum modo, da sensação de falta de metas, de valores e de significado, tal como a que a Europa teve após a morte de Deus. Assim sendo, Heidegger não percebe a visão fundamental de Nietzsche – que o *wahre Welt* é, acima e antes de tudo, fruto do *ressentiment* contra a existência. Não é só o fato de os niilistas *décadents* deixarem de encontrar sentido e propósito no mundo, mas também o de suas fraquezas os impedirem de fazê-lo, e, como resultado, de não poderem deixar de sentir raiva, mágoa e rancor contra a existência. Perto disso, deixar de perceber que a crise da ausência de valores só surge depois que Deus morre é uma falha relativamente pequena de Heidegger.

[123] Comparar com Capítulo 3, no qual discuto um terceiro cenário.

> Quem, como eu, ocupou-se por muito tempo com o desejo misterioso de penetrar a fundo o pessimismo e libertá-lo da estreiteza e da simplicidade meio cristã, meio germânica, com que se apresentou não faz muito, ou seja, com a filosofia de Schopenhauer; quem quer que tenha olhado de fato com olhos asiáticos e transasiáticos para a – e por trás da – filosofia que é a maior negação do mundo dentre todas as formas possíveis de pensar (além do bem e do mal, não mais indefeso sob o encanto e a ilusão da moralidade, como Buda e Schopenhauer) – pode, mesmo sem ter a intenção, ter aberto esses olhos para o ideal contrário: para o ideal do ser humano mais ousado, animado e afirmador do mundo.[124]

Esse trecho esboça o projeto antibudista, antidecadente, de Nietzsche. O que ele procura desenvolver é o "ideal contrário" ao de Buda. Contra o pano de fundo do perigo da negação da vida, Nietzsche vê a promessa antipódica da afirmação da vida.

No intuito de "resgatar o pessimismo", Nietzsche oporá seu pessimismo da força ao pessimismo moralista do fraco.[125] Em vez de chegar à conclusão de que a vida é um mal a ser eliminado porque está repleta de sofrimento e de conflito, esse pessimismo afirma que a vida é boa e desejável não apesar de ser sempre turbulenta e dolorosa, mas por causa disso.[126] De fato, Nietzsche articula um ideal ético que envolve dizer sim à vida e, portanto, sim ao sofrimento, em oposição direta ao ideal budista de negar o sofrimento ou acabar com ele. Aos olhos de Nietzsche, o budismo é a mais pura, transparente e madura expressão da negação da vida. É por isso que Nietzsche o vê como o contramodelo ideal para desenvolver sua ética de afirmação da vida. Tanto a negação budista da vida quanto a afirmação nietzschiana da vida fundamentam-se no pessi-

---

124 *ABM*, § 56.

125 *FP* 1888-1889, 14(25). Ver também *NT*, "Versuch einer Selbstkritik", § 1, e *FP* 1885-1887, 10(21).

126 O pessimismo da força, Nietzsche chega a nos dizer, "considera mais interessante o sofrimento insensato" (*FP* 1885-1887, 10(21)).

mismo – ambas começam com o reconhecimento pleno da natureza intrinsecamente dolorosa da existência –, mas aquela pertence ao fraco lamurioso e lamentável, enquanto esta pertence ao forte alegre.

Com efeito, Buda e Nietzsche são arautos do niilismo – destruidores dos mesmos mitos niilistas –, mas suas respostas à crise niilista são bem opostas. Nietzsche não responde à crise niilista abraçando um niilismo passivo, que aceita com docilidade a não existência como "segunda opção", já que o Ser não está mais disponível. Em vez disso, adota o oposto desse niilismo: endossa o "niilismo ativo", um niilismo que destrói valores antigos a fim de abrir caminho para valores de afirmação da vida, novos, positivos e saudáveis.[127] É por isso que ele é o "antípoda" (*Gegenstück*) de seu equivalente indiano.[128]

O uso que Nietzsche faz do budismo como contramodelo para sua ética de afirmação da vida fica ainda mais óbvio ao se analisar os detalhes de sua visão positiva. Lembremo-nos de que a ética budista envolve dois componentes centrais: uma postura específica diante do sofrimento próprio – que é o desejo de acabar com ele e atingir o estado de *nirvāṇa* – e uma postura específica diante do sofrimento alheio – a compaixão como virtude principal. Não sofrer e ser plenamente compassivo – é isso que o budismo entende por "grande saúde". Nesse sentido, Nietzsche é o perfeito Antibuda. As posturas diante do próprio sofrimento e do sofrimento alheio que constituem sua visão antipódica da grande saúde são imagens especulares das que formam o núcleo da ética budista.[129] Ao desejo de pôr fim ao sofrimento no *nirvāṇa*, ele opõe

---

127 *FP* 1887-1888, 9(35). A respeito, ver também Morrison, *Nietzsche and Buddhism*, p. 22 e ss.

128 *FP* 1882-1884, 4(2).

129 Portanto, não surpreende ver Russell lançar Nietzsche contra Buda no que diz respeito à ética (*History of Western Philosophy*, pp. 737-739). Com efeito, Russell toca mesmo nos dois tópicos que vou discutir aqui, ou seja, as atitudes antitéticas de Buda com relação ao sofrimento e à compaixão.

a vontade de sofrer no *amor fati*. Ao comando budista para se cultivar a compaixão, ele opõe a superação da compaixão. Esses são os dois eixos ao longo dos quais Nietzsche traça a oposição entre a negação da vida e a afirmação da vida. Essas duas características do ideal invertido de Nietzsche precisam ser examinadas com mais vagar.

Como um *décadent* doentio, Buda constitui o sofrimento como o maior problema da vida. Portanto, sua cessação é o *desideratum* supremo. Em oposição direta, Nietzsche afirma que a atitude saudável diante do sofrimento não envolve sequer sua constituição como um problema a ser resolvido.[130] De fato, a grande saúde de Nietzsche envolve o oposto do término do sofrimento; envolve sua acolhida e sua celebração. Essa celebração do sofrimento é o que Nietzsche chama, acompanhando os estoicos, de *amor fati* (literalmente, "amor ao destino").

O *amor fati* de Nietzsche é, de duas maneiras, um anti*nirvāṇa*. Para começar, substitui a quietude da "cessação do sofrimento" do budismo pela turbulenta afirmação da força pessoal plena na afirmação heroica e na celebração do sofrimento do mundo inteiro. O tipo saudável de Nietzsche não deseja o contentamento, mas o crescimento. Aqui, não existe um "hedonismo do fatigado".[131] Em vez disso, os tipos saudáveis de Nietzsche buscam conflitos. Os infindáveis sofrimentos da vida não os desencorajam, os impelem adiante. Como obstáculos que devem ser superados – resistências que devem ser vencidas –, os eventos dolorosos

---

[130] Ao contrário: do ponto de vista saudável, o sofrimento não é um problema, mas uma oportunidade (*CI* I, § 8). Esse é um ponto que vou explorar bem mais a fundo no capítulo seguinte. Em termos mais genéricos, tudo que se segue no tópico do *amor fati* é apenas um pano de fundo. O Capítulo 3 consiste em uma discussão detalhada da afirmação do sofrimento no *amor fati*. Do mesmo modo, a discussão superficial a seguir sobre a superação da compaixão é apenas um preâmbulo para a análise mais detalhada do Capítulo 5. A meta, por enquanto, é mostrar como a ética nietzschiana de afirmação da vida é a imagem especular da (suposta) negação budista da vida.

[131] *FP* 1887-1888, 10(190). Para comentários adicionais sobre a relação entre *décadence* e hedonismo, ver *A*, § 30.

são os degraus da escada do tipo forte que conduzem vitalidade, força e energia cada vez maiores.[132] O sofrimento não detém esses tipos saudáveis, e nem os leva a condenar a vida como alguém fraco e débil faria. Não: desejarão cada vez mais sofrimento, cada vez mais resistência, cada vez mais vida.

Enquanto a busca pelo *nirvāṇa* é motivada pelo desejo de pôr fim ao sofrimento, negando a vida, como decorrência natural da fraqueza da *décadence*, a busca pelo *amor fati* é motivada pela vontade afirmadora da vida de sofrer com naturalidade, uma expressão da força da ascendência.[133] Isso encontra sua expressão mais clara no teste da eterna recorrência:

> *O maior peso* – E se algum dia ou alguma noite um demônio se esgueirasse por sua maior solidão e lhe dissesse: "Esta vida, tal como você a vive agora e a tem vivido, você terá de viver uma vez mais, e inúmeras outras vezes; e não haverá nada de novo nela, mas cada dor e cada alegria e cada pensamento e suspiro e tudo indizivelmente pequeno ou grande em sua vida há de voltar a você, tudo na mesma sucessão e sequência, até esta aranha e este luar entre as árvores, e até este momento e eu mesmo. A eterna ampulheta da existência será virada e revirada – e você com ela, seu grão de pó!". Você não se lançaria ao chão, trincando os dentes e amaldiçoando o demônio que disse isso? Ou alguma vez você passou por um momento terrível, em que lhe teria respondido: "Você é um deus, e nunca ouvi nada tão divino". Se este pensamento se apoderasse de você, iria, como você é, transformá-lo e talvez esmagá-lo; a questão diante de tudo "Você quer isto novamente e inúmeras vezes mais?" pesaria sobre seu comportamento como o maior dos pesos! Ou que disposição você teria para ficar bem

---

132 Ver *FP* 1887-1888, 11(76) e (77).

133 Sobre o contraste entre as atitudes de Nietzsche e de Buda diante do sofrimento, ver também S. M. Amadea, "Nietzsche's Thirst for India: Schopenhauerian, Brahmanist, and Buddhist Accents in Reflections on Truth, the Ascetic Ideal, and the Eternal Return", *Idealistic Studies* 34(3), 2004: 239-262, nas p. 240 e 256-257.

consigo mesmo e com a vida, para não desejar nada com mais fervor do que esta suprema confirmação e selo eterno?[134]

Os tipos nietzschianos saudáveis são os que teriam forças suficientes para suportar o "maior dos pesos". Sua afirmação da vida é tal que eles desejariam a repetição infinita de toda sua existência, com todo o seu sofrimento. Logo, o *amor fati* consiste em aceitar a eterna recorrência do sofrimento ilimitado do mundo. É bem o oposto do estado budista do *nirvāṇa*, sem dor.[135]

O papel do *amor fati* como anti*nirvāṇa* fica mais óbvio ainda na perspectiva cosmológica. Enquanto o *nirvāṇa* implica a libertação final do ciclo de nascimento e morte (*saṃsāra*), o *amor fati* envolve a vontade de repetir todo o "círculo" de vida pontuado pela dor vezes sem conta.[136] Em suma, ao expressar sua visão da grande saúde com base no *amor fati* dos estoicos, Nietzsche escolhe uma doutrina antiga que se ajusta com perfeição ao seu propósito de sugerir um contrabudismo. Os tipos saudáveis de Nietzsche anseiam pelo interminável ciclo

---

[134] *GC*, § 341. A conexão entre o teste da eterna recorrência e o *amor fati* fica óbvia em trechos como *EH*, "Warum ich so klug bin", § 10: "Minha fórmula para a grandeza humana é o *amor fati*: não querer nada diferente, nem para diante, nem para trás, nem em toda eternidade; não apenas suportar o que é necessário, muito menos ocultá-lo [...] mas amá-lo".

[135] Com efeito, quando Nietzsche fala pela primeira vez de seu ideal antibudista "invertido" em *ABM*, § 56, fala do "ideal do ser humano mais ousado, animado e afirmador do mundo, alguém que aprendeu não apenas a aceitar e a suportar o que passou e o que é, mas que também deseja ter tudo de novo, tal como foi e como é, por toda a eternidade, gritando sem cessar *da capo* ['desde o começo']". Claro que Nietzsche alude ao *amor fati* e à sua aceitação da eterna recorrência.

[136] A questão sobre a natureza cosmológica da eterna recorrência no pensamento nietzschiano não é algo que eu precise responder no contexto atual. Na minha opinião, Nietzsche não tem visão cosmológica. Mas isso não tem relevância para meus propósitos imediatos. No contexto presente, o que importa de fato é (1) a eterna recorrência como teste de força e (2) a adoção da eterna recorrência no *amor fati* como um anti*nirvāṇa*.

do *saṃsāra*, e não por seu fim no *nirvāṇa*. De certa forma, o *amor fati* é a vontade do *saṃsāra*.[137]

Diante disso, ao retornar à psicologia do tipo saudável de Nietzsche, fica óbvio que esse tipo[138] está livre justamente da doença que atormenta o tipo budista, e portanto também dos sintomas e do comportamento que acompanha essa doença. Em suma, o tipo saudável de Nietzsche superou a *décadence*. Em oposição direta ao tipo *décadent* budista, ele não é nem tão fraco e exausto que não possa enfrentar com bravura os incontáveis conflitos da existência, nem tão irritadiço que não tenha alternativa senão considerar o ilimitado sofrimento da vida como um problema. Ele quer conflitos e adere ao sofrimento. É uma figura de *ascendência*, não de *décadence*. Por conseguinte, o tipo saudável de Nietzsche está livre por completo do principal sintoma da *décadence*, ou seja, o *ressentiment*. Ele está livre não apenas do *ressentiment*$_1$ como também, diferentemente do tipo budista, do veneno do *ressentiment*$_2$ – o *ressentiment* contra a realidade – que desapareceu nele. Vingar-se da vida nem passa por sua cabeça, pois, curado da *décadence*, ele não se sente prejudicado pela vida. Isso descarta a base para a negação da vida. Em vez disso, ele afirma a vida. E com a afirmação da vida vem o oposto da anulação que a ética budista comporta, ou seja, a autoafirmação – um saudável amor-próprio, a celebração das paixões, dos instintos e dos desejos. Se o *nirvāṇa* é concomitante com a anulação envolvida na "destruição do desejo", o *amor fati* trata de acolher e alimentar os desejos e as paixões que tornam alguém vivo e saudável.

Isso se relaciona de perto com o segundo eixo da oposição diametral entre as éticas de Buda e de Nietzsche. Nietzsche inverte o papel da

---

137 Como escreve Halbfass: "A doutrina da 'eterna recorrência' [de Nietzsche] afirma aquilo que Buda nega" (*India and Europe*, p. 128).

138 Como Nietzsche parece comprometido com a visão profundamente problemática de que só os homens podem chegar a ter grande saúde – uma opinião que ele não compartilha com Buda –, vou usar apenas formas masculinas ao discutir sua ética.

compaixão em sua terapia antibudista. Enquanto Buda prescreve o cultivo da compaixão como característica essencial do caminho que conduz à grande saúde, Nietzsche prescreve a superação completa da compaixão como condição necessária para se atingir o paroxismo da afirmação da vida.[139] O cultivo da compaixão, para Nietzsche, exige a anulação individual. A preocupação contínua com o bem-estar e a angústia alheia, a sensação consistente de responsabilidade pelos outros etc., todas essas coisas implicam a diminuição do cuidado consigo mesmo, a depreciação pessoal e a autossupressão. A afirmação da vida e do eu, pelo contrário, exige a superação fria de todo sentimento compassivo.

Além disso, Nietzsche vê a compaixão como uma emoção vulgar e intrinsecamente depressiva, que só o *décadent* irritadiço, sem autocontrole emocional, poderia descrever como virtude. Porém o verdadeiro problema é que a compaixão enfraquece e leva à sede de nada. Do ponto de vista saudável da autoafirmação, a compaixão é, portanto, "mais perigosa do que qualquer vício".[140] Como a ética terapêutica de Nietzsche visa a grande saúde da ascendência, e não a grande saúde budista da *décadence* total, é natural que, diverso de Buda, ele deva prescrever a superação da compaixão, e não o seu cultivo.

Nietzsche como Antibuda. Esta frase é a chave para se compreender a filosofia positiva de Nietzsche. É a chave para compreender sua ética de afirmação da vida.[141] Nietzsche é um Antibuda porque se posiciona de

---

[139] *EH*, "Warum ich so weise bin", § 4.

[140] *FP* 1888-1889, 15(13).

[141] Pode ser argumentado que eu devo estar representando o pensamento nietzschiano de modo equivocado porque, no fundo, Nietzsche não estava nem um pouco interessado em sustentar um ideal ético. Com efeito, não será o caso de haver algo de *décadent* no gesto mesmo de se idealizar um estado de grande saúde? Não haveria um "diga não" ao mundo implícito nele, tal como quando se diz que uma coisa "precisa" ser diferente? Um niilismo ativo coerente não deveria ser apenas negativo e crítico? Não deveria apenas destruir mitos e valores fictícios, abstendo-se de criar outros novos? Não deveria envolver a superação da própria necessidade de superar alguma

forma decidida além do bem e do mal; diferentemente do caso de Buda (ou de Schopenhauer), não resta nenhum *ressentiment* subjacente contra a realidade em seu pensamento. Ele é um Antibuda porque sua ética de afirmação da vida se situa no ponto oposto à ética budista de negação da vida; porque sua visão de grande saúde é a imagem especular da de Buda. Ao *nirvāṇa* de Buda, Nietzsche opõe seu *amor fati* – o anti*nirvāṇa* perfeito. Ao cultivo budista da compaixão, Nietzsche opõe a superação da compaixão. Em síntese, como Antibuda Nietzsche combate tudo o que Buda representa – a luta contra o desejo, o instinto e a paixão, a anulação, a autossupressão e a autonegação etc. – e apresenta

---

coisa? Em suma, a preocupação é que existe ainda um *ressentiment* latente contra a realidade ao se lançar um "deve haver" (grande saúde) contra um "é" (a *décadence* quase universal). Não haverá algo de moralista e *décadent* em se diagnosticar a doença da própria *décadence*? Parece inevitável, afinal, que em qualquer "sim" – "sim" à eterna recorrência, ao *amor fati*, a este mundo de turbulência e contradição – há implícito um "não" – "não" à negação da vida, à *décadence*, ao *ressentiment*. É importante, contudo, ver que o não de Nietzsche não é pronunciado do ponto de vista do Transcendente, do Ser, do Bem puro ou de coisas assim. É um não pronunciado de dentro deste mundo; um não que em si e *de per si* não postula nenhuma transcendência ao mundo, nenhuma superação do mundo, nenhuma negação do mundo. E, mais importante ainda, é um não que decorre de um sim – um sim à vida e à saúde, não à *décadence* e à morte –, em vez de um sim que decorre de um não – não à vida, sim a Deus. É por isso que o niilismo ativista precisa ir além do domínio negativo e ainda reativo da destruição de mitos, ídolos e falsos valores "superiores". Ele também precisa embarcar no projeto ativo, criativo, de forjar novos valores e novos ideais imanentes por completo. É por esse motivo que até o niilismo ativo que Nietzsche opõe ao niilismo passivo do budismo é apenas um "estado patológico intermediário" (*FP* 1885-1887, 9(35)). Nietzsche pode rejeitar toda moral anterior, mas seu pensamento não é desprovido de uma ética distinta. Embora possa acreditar que muito poucas pessoas consigam de fato se curar sozinhas, ele é absolutamente sério ao afirmar que o "tratamento dos doentes" é uma das coisas que "de fato merecem ser levadas a sério na vida" (*EH*, "Warum ich ein Schicksal bin", § 8). Com efeito, além do niilismo há uma nova ética de afirmação da vida, voltada para um estado no qual o indivíduo se recupera da moléstia da *décadence*. Tal ética vai investir este mundo de devir, conflito e imanência pura com valor, mérito e propósito. Ao contrário de morais anteriores, essa não é uma ética de valores absolutos e imperativos categóricos, mas um caminho para a grande saúde.

uma ética oposta, de afirmação incondicional da vida e do eu. Seu niilismo (ativo), seu pessimismo (forte) e seu ideal são o "contrário" do niilismo, do pessimismo e do ideal de Buda. Nietzsche e Buda começam na mesma base niilista, mas tomam sentidos opostos a partir dali. Desse modo, Nietzsche é tanto o Buda da Europa quanto o "antípoda" de seu equivalente indiano.

Parte II

Sofrimento

Capítulo 3

O *amor fati* (amor ao destino) e a afirmação do sofrimento

Como a mais elevada expressão de grande saúde, o *amor fati* é o cerne da ética nietzschiana de afirmação da vida. E embora haja muito a se ganhar com sua compreensão como anti*nirvāṇa* proposital, essa não é, de forma alguma, uma descrição exaustiva do ideal ético de Nietzsche. É claro que o *amor fati* é a visão que Nietzsche, na qualidade de Antibuda, propõe como "ideal inverso" ao de Buda, mas há mais coisas nesse ideal do que o mero fato de ser inverso. Portanto, faz-se necessário um exame do *amor fati* em seus próprios méritos, um exame que o posicione no contexto mais amplo da filosofia nietzschiana.

Essa é a tarefa que se apresenta neste capítulo. No seguinte, a psicologia moral budista também será examinada em seus próprios méritos, o que, então, possibilitará avaliar a oposição feita por Nietzsche entre *amor fati* e *nirvāṇa* segundo um ponto de vista externo, informado de maneira exegética. Desse modo, vamos ultrapassar a dimensão histórica da relação entre Nietzsche e a filosofia budista – em relação à influência, ao relacionamento e às respostas ao budismo no pensamento nietzschiano – e passarmos para o domínio comparativo, filosófico, das relações entre o pensamento positivo, ético, de Nietzsche e a psicologia moral budista.[1] Porém, para começar precisamos estudar a ética nietzschiana de afirmação da vida em si e *de per si*.

O *amor fati* é o apogeu da afirmação da vida. Tendo em vista as posições de Nietzsche sobre o caráter da vida, a implicação é que o *amor fati* envolve uma afirmação incondicional do sofrimento. Acolher e celebrar a vida é acolher e celebrar o sofrimento.[2] *Desejar* a vida é *desejar* o sofrimento. Isso porque a vida implica conflito, esforço, imprevisibilidade, destruição, impermanência e declínio, e todas essas coisas são dolorosas. Por conseguinte, para se chegar ao fundo da afirmação da vida – para não falar em sua expressão suprema no *amor fati* –, é necessário compreender exatamente o que Nietzsche entende por "sofrimento" (além de "o que caracteriza a vida" e "o que deve ser afirmado"). Levando-nos ao cerne de sua filosofia, o exame dos pensamentos nietzschianos sobre o sofrimento é a forma mais segura de compreender o *amor fati* em todas as suas dimensões.

É pena, mas o sofrimento é uma das coisas mais difíceis de se compreender na filosofia de Nietzsche. No tocante à evasividade, só perde para o niilismo. A tentativa de reconstruir a "teoria do sofrimento" com base nos textos nietzschianos proporciona um modelo contraditório, frustrante. De fato, quando o sofrimento é tratado como um efeito – como se poderia presumir que deva ser –, aquilo a que se chega não é uma história com algumas inconsistências, mas dois relatos, internamente consistentes, mas tão opostos. O mais inquietante é que esses

---

[1] Vou proceder da mesma maneira na Parte III. Por conseguinte, o Capítulo 5 será dedicado às ideias de Nietzsche sobre compaixão e sua superação, enquanto o Capítulo 6 vai examinar as posições budistas sobre compaixão antes de mergulharmos no domínio comparativo.

[2] Janaway acompanha essa linha ao escrever que, no contexto da filosofia nietzschiana, dar significado ao sofrimento é dar significado à vida. C. Janaway, *Beyond Selflessness: Reading Nietzsche's Genealogy*, Oxford University Press, 2007, p. 239.

dois modelos são opostos em relação ao conceito mais central da ética de Nietzsche, ou seja, a da saúde. Apresento um rápido esboço de cada um desses dois modelos.

No primeiro dos dois relatos de Nietzsche, o efeito do sofrimento promove a saúde. Um bom ponto de entrada nesse modelo é o aforismo (hoje proverbial) que Nietzsche cria em *CI*: "Da escola de guerra da vida – O que não me mata me torna mais forte".[3] Temos aqui a ideia geral de que a força, ou a saúde, cresce quando a adversidade é enfrentada. Na biologia, por exemplo, esse é o princípio por trás da vacinação. Porém, para começar devemos deixar de lado a grande ideia por um momento e nos determos no uso que Nietzsche faz do pronome da primeira pessoa. Não se trata de simples truque estilístico. É um uso bastante esclarecedor.

Nietzsche, é importante lembrar, atribui à moléstia bastante dolorosa que o afligiu ao longo de sua carreira literária o mérito de torná-lo bem mais forte e mais saudável.[4] De modo mais específico, foi o que o "trouxe de volta à razão", permitindo-lhe enxergar por meio das loucuras do pessimismo de Schopenhauer[5] e, mais importante ainda, proporcionando-lhe o ímpeto para "voltar [sua] vontade para a saúde, para a vida, para a filosofia".[6] Em termos mais gerais, Nietzsche explica que a sua doença torturante e o profundo sofrimento causado por ela lhe pro-

---

[3] *CI* I, § 8.

[4] *NW*, "Epilog", § 1: "Devo minha saúde superior a ela [minha doença], uma saúde que se torna mais forte graças a tudo que não a elimina!". Quando se lê trechos como esse, é importante lembrar a distinção que fiz no Capítulo 1 entre a saúde, tal como entendida por convenção na ciência médica, e o conceito ético de saúde, no qual a filosofia positiva de Nietzsche se baseia.

[5] *EH*, "Warum ich so klug bin", § 2. Ver também *HD* II, "Vorrede", § 5: "É uma cura fundamental contra todo pessimismo [...] ficar doente à maneira desses espíritos livres, permanecer doente durante algum tempo, e depois, lentamente, lentamente, tornar-se saudável, com o que quero dizer, 'mais saudável', uma vez mais". Nem é preciso dizer que o pessimismo a que ele se refere é o pessimismo da fraqueza (ou seja, o de Schopenhauer, ou o pessimismo de Buda).

[6] *EH*, "Warum ich so weise bin", § 2.

porcionaram algumas das importantes percepções psicológicas constituintes do pano de fundo de sua obra.[7] Graças à vivência pessoal de estados de declínio (*décadence*) e à observação do efeito da doença em sua mente e em seu comportamento, Nietzsche percebeu os efeitos psicológicos da *décadence* e do *ressentiment* que decorrem dela – em suma, o que o fraco sente e pensa.[8] Foi isso que lhe permitiu perceber o que existe no cerne da negação da vida, abandonar essa atitude insalubre diante da vida e conquistar a saúde superior da afirmação da vida. Portanto, na autobiografia de Nietzsche,[9] o sofrimento foi uma condição necessária para que ele se tornasse verdadeiramente saudável – em vez de matá-lo, sua doença o tornou mais forte.

Por evidente, a ideia de que o sofrimento é um agente da saúde não se limita, de modo algum, aos comentários autobiográficos de Nietzsche. Com efeito, a primeira metade do aforismo de *CI*, em geral ignorada

---

[7] Isso fica óbvio em vários trechos de *EH*, embora a ideia não seja, de modo algum, expressada apenas na "autobiografia" de Nietzsche. Há, por exemplo, um ar muito autorreferencial em trechos como *GC*, "Vorrede", § 3, *AR*, § 114, e *ABM*, § 270, nos quais Nietzsche exalta a elevada percepção e sensibilidade do sofredor.

[8] Nietzsche poderia ser criticado por usar o método pouco confiável da introspecção no intuito de formular generalizações amplas sobre a psicologia humana. É um ponto válido, embora eu pense que Nietzsche deveria ser julgado com base em seus resultados, por assim dizer, e não em seu método. Na minha opinião, há muito a se ganhar ao postular-se a *décadence* como condição humana tão disseminada e o *ressentiment* como mecanismo psicológico fundamental, embora a teoria, como qualquer outra, também tenha suas limitações.

[9] Nietzsche denuncia filosofias anteriores como autobiografias inconscientes, que devem mais às predisposições, fisiologias e tendências (primariamente morais) do autor do que a qualquer percepção de fato "impessoal" (*ABM*, § 6). O que se crê que distingue sua própria filosofia daquela de seus antecessores não é o fato de não ser autobiográfica, mas sim por ser uma "autobiografia consciente" (Berman, "Schopenhauer and Nietzsche", p. 180). Até a preocupação de Nietzsche com os encantos do budismo para uma Europa *décadent* em face da crise niilista se fundamenta na atração que o budismo exerceu sobre ele nos primeiros anos de sua doença, como atesta sua carta de 1875 para Carl von Gersdorff (*CN* 1875-1879, 495) – a respeito, ver também Morrison, *Nietzsche and Buddhism*, p. 15, e Amadea, "Nietzsche's Thirst for India", pp. 239-241.

– "Da escola de guerra da vida" –, oferece uma boa pista sobre a origem dessa teoria do sofrimento. A frase "escola de guerra da vida" é uma referência inequívoca a Heráclito. Um dos poucos filósofos com quem Nietzsche sentia verdadeira afinidade,[10] Heráclito foi o primeiro a ensinar que todas as coisas emergem do conflito, crescem ao enfrentar a adversidade e acabam esmaecendo na grande torrente ígnea do devir – em suma, que a "guerra é o pai de todas as coisas".[11] Heráclito descreve o cosmos como um "fogo perene, alimentado em medidas e em medidas consumido".[12] A ideia, como Nietzsche a entendeu, é que tudo surge e se vai; que o universo é um processo dinâmico, análogo à combustão, e não um Todo estático, inamovível. A Permanência, a Resistência e o Ser, admitiu Heráclito, são pouco mais do que "ficções vazias".[13] Essa é a visão de mundo que sustenta o aforismo em *CI*. O mundo visto por Heráclito é uma torrente de conflitos governada, por assim dizer, pela lei "o que não o mata o torna mais forte".

Todavia, o mais significativo sobre o papel de Heráclito no desenvolvimento de Nietzsche não é seu pensamento, mas seu exemplo. Heráclito serviu de modelo para Nietzsche. E serve de modelo para ele justamente porque seu caso confirma a "lei" nietzschiana. Heráclito sofreu muito, mas o ordálio só o fortaleceu. Para ser mais exato, Heráclito teve a honestidade e a coragem de aceitar este mundo de brutalidade,

---

[10] *EH*, "Warum ich so gute Bücher schreibe", *NT*, § 3; ver também *CI* III, § 2. Heráclito impressionou Nietzsche pela primeira vez quando este era um jovem filólogo em Basel. Isso fica claro a partir das palestras do final da década de 1860 e início da seguinte (reunidas em *FPp*), bem como em *FET*. Em suas palestras sobre filósofos "pré-platônicos", muitos ramos importantes do pensamento tardio de Nietzsche são antevistos em seu tratamento de Heráclito, em especial na rejeição da metafísica da substância.

[11] Fragmento LXXXIII.a, em C. H. Khan (org.), *The Art and Thought of Heraclitus*, Cambridge University Press, 1981. Para a presente discussão, não tem relevância o fato de os classicistas questionarem se algum dos aforismos de Heráclito poderia ser atribuído ao próprio Heráclito, e não aos estoicos em cujos textos esses fragmentos foram preservados. O que importa é que Nietzsche atribuiu esses aforismos a Heráclito.

[12] Fragmento XXXVII.c-d, em Khan, *The Art and Thought of Heraclitus*.

[13] *CI* III, § 2.

tristeza e contradição tal como é, mas ao mesmo tempo teve a força para não o condenar como injusto.[14] Como Anaximandro, seu antecessor, Heráclito chegou à chocante conclusão de que este mundo se resume a um turbulento devir, mas, ao contrário de Anaximandro, recusou-se a condenar o mundo como "culpado" e proclamou, em vez disso, sua "inocência".[15] Indo além, Heráclito enfrentou a questão ao traduzir seu terror antes de mudá-lo para "corajosa alegria".[16] Anaximandro condenou o desaparecimento de todas as coisas como injusto e este mundo de conflitos e sofrimentos como maligno. Portanto, condenou o mundo do devir como um todo. Heráclito, em contrapartida, aceitou-o não só como ele é, mas o celebrou como uma "bela e inocente brincadeira da era".[17] Em vez de sucumbir à negação da vida diante dos horrores de um insensato mundo de devir, Heráclito emergiu mais forte desse ordálio – adotou a atitude saudável, em essência, da afirmação da vida.

Em suma, a resposta de Heráclito à vertigem existencial causada pela percepção de que a dor, a contradição e o conflito são da natureza da vida proporcionou a Nietzsche o paradigma por meio do qual ele compreendeu a grande saúde. Heráclito não poderia ter atingido a grande saúde de rejeitar a condenação da vida feita por seu antecessor em prol da celebração da vida sem se submeter ao tremendo sofrimento causado pela observação do mundo tal como ele é.[18] O que não matou Heráclito o tornou mais forte. De modo similar, o que não matou

---

14 A respeito, ver D. N. Lambrellis, "Beyond the Moral Interpretation of the World: The World as Play: Nietzsche and Heraclitus", *Philosophical Inquiry* 27(2), 2005: 211-21.

15 *FET*, § 7.

16 *Ibid.*, § 5.

17 *Ibid.* Ver também *FPp*, § 10.

18 A esse respeito, veja a descrição feita por Nietzsche sobre a visão de mundo de Heráclito em *FET*, § 5: "O eterno e exclusivo devir, a completa impermanência de tudo que é real, que age sempre e se torna e não é, como ensina Heráclito, é uma ideia aterrorizante e pavorosa, e em seu efeito aproxima-se muito da sensação obtida durante um terremoto, quando se perde a confiança na terra sólida".

Nietzsche também o tornou mais forte.[19] Ou seja, o caso de Heráclito é o modelo para a concepção nietzschiana de uma atitude saudável diante do sofrimento, bem como diante da vida.

É justamente esse feito heraclitiano de não aceitar, e sim afirmar e celebrar um mundo horrível, injusto e doloroso, que a tragédia ática exemplifica. Segundo a análise da tragédia feita por Nietzsche em *NT*, Dioniso, como a torrente tumultuosa e sofrida de destruição e devir – a visão de Heráclito, em suma[20] –, recebe uma forma individuada, apolínea, para que possa ser venerado.[21] Assim, todo este mundo de sofrimento sem fim pode ser deificado e afirmado. O sentido do trágico que é a marca registrada da cultura grega clássica é, pois, uma característica heraclitiana. Leva em conta o mundo e todos os seus horrores sem sentido tal como se apresentam, mas foge de uma avaliação moral insalubre e anaximandriana dele, celebrando-o como um fenômeno estético. Ademais, foi justamente ao sofrerem com o fato de que o mundo é uma torrente de devir e de sofrimento – ao serem corajosos e abertos para as profundas tristezas e para a agitação da existência – que os gregos receberam a oportunidade de transformar a dor e o terror profundos na grande saúde

---

[19] De fato, tem-se a nítida impressão, ao se ler textos como *FET* ou *FPp*, que Nietzsche identifica Anaximandro com Schopenhauer e Heráclito consigo mesmo, antecipando assim o desenvolvimento do pessimismo alemão a partir de uma filosofia de negação da vida para uma filosofia de afirmação da vida. Enquanto Anaximandro/Schopenhauer é o pessimista que nega a vida e interpreta o mundo como fenômeno moral, Heráclito/Nietzsche interpreta o mundo como um fenômeno estético e enfrenta esta torrente de devir repleta de dor sem se esquivar.

[20] Recuando aos dias de *NT* em *FH*, Nietzsche deixa bem claro que a visão de Heráclito é "algo essencial para uma filosofia dionisíaca" ("Warum ich so gute Bücher schreibe", *NT*, § 3).

[21] Daí o conceito nietzschiano de tragédia como uma "teodiceia apolínea (ver *NT*, § 4 em especial). Não é este o lugar para se entrar em detalhes acerca da oposição Dioniso-Apolo em *NT*. Basta dizer que enquanto Dioniso é o deus da totalidade indiferenciada e terrível da existência – de modo que, por ser inexprimível e insondável como é, foge a qualquer representação –, Apolo é o deus-sonho da individuação e representação. A tragédia ática é a síntese dos dois – a representação, em forma apolínea, de Dioniso.

da veneração a Dioniso. A história é a mesma que a de Heráclito ou de Nietzsche – o que não matou os gregos os tornou mais fortes.

Em suma, foi a partir dos primeiros estudos clássicos de Nietzsche que sua regra heraclitiana "*da escola de guerra da vida*" emergiu. E mais: toda sua visão de afirmação da vida tem raízes nesse solo. A filosofia de afirmação da vida é uma "sabedoria trágica" heraclitiana.[22] O apogeu da grande saúde no *amor fati* é uma postura trágica perante a vida e o sofrimento. Se o *nirvāṇa* budista representa o contramodelo negativo desse ideal, então a celebração da vida mediante a veneração de Dioniso na tragédia grega representa o modelo positivo para o *amor fati*. E sendo esse o caso, uma característica central da doutrina ética de Nietzsche é que não é possível atingir a grande saúde do *amor fati* sem um grande sofrimento.

Com efeito, os casos de Heráclito, dos gregos trágicos e de Nietzsche sugerem que o aforismo de *CI* conta apenas metade da história. Por um lado, o que não o mata o torna mais forte; mas ainda mais importante é que, para ficar forte, você precisa estar sob alguma ameaça. Para Nietzsche, a saúde, na visão de mundo heraclitiana, não é um estado, mas um processo dinâmico de superação;[23] como proclama Nietzsche, "para ficar forte, você deve precisar disso".[24] Se os gregos trágicos

---

[22] De se ver as palavras de Nietzsche em *EH*, "Warum ich so gute Bücher schreibe", *NT*, § 3:

> "Ninguém tinha transformado o dionisíaco em um *pathos* filosófico antes: faltava a sabedoria trágica [...] Eu tinha algumas dúvidas no caso de Heráclito; de modo geral, sentia-me mais acolhido e com mais disposição em sua companhia do que em qualquer outro lugar. A afirmação da morte *e da destruição* que é crucial para uma filosofia dionisíaca, dizendo sim à oposição e à guerra, um *devir* simultâneo com a destruição radical do próprio conceito de 'ser' – tudo isso está relacionado mais de perto comigo do que qualquer outra coisa que as pessoas tenham pensado até agora. A doutrina do 'eterno retorno' [...] não é nada que Heráclito também não pudesse ter dito".

[23] Como escreve Kaufmann, "Nietzsche – embora não use exatamente estas expressões – define saúde não como a falta acidental de infecção, mas como a capacidade de superar a doença". Kaufmann, *Nietzsche*, p. 131.

[24] *CI* IX, § 38.

fossem otimistas autoiludidos ou teístas fracos e depositassem suas esperanças em um reino Transcendente de Paz, com um Ser Estável, nunca teriam atingido o apogeu da saúde cultural representado pela tragédia ática.[25] De modo análogo, se Nietzsche tivesse sido um burguês relativamente confortável, saudável (em termos médicos), satisfeito consigo mesmo, amado, não teria desmascarado a negação *décadent* da vida, movida pelo *ressentiment*, oculta por trás do cristianismo, do budismo e do pessimismo alemão. Mais importante ainda, não teria imaginado a grande e trágica saúde da afirmação da vida.

Portanto, o sofrimento não é apenas *um* agente da saúde – é *o* agente da saúde. Nietzsche o descreve, nesse sentido, como um "estímulo para a vida" (*Reiz des Lebens*),[26] com a vida representando qualquer crescimento, seja intelectual, estético ou físico. Esse modelo se aplica tanto ao campo macroscópico de culturas, povos e épocas, quanto ao campo microscópico de indivíduos específicos. "A disciplina do sofrimento, do grande sofrimento", conta Nietzsche, "deu origem a todo aprimoramento da humanidade até agora",[27] e exemplifica: "Todo crescimento importante é acompanhado de um terrível desmoronar e desaparecimento: O sofrimento [...] faz parte das épocas de tremendos progressos".[28] A ideia é a mesma em relação aos indivíduos. Perigo, risco e sofrimento são essenciais para a felicidade e o crescimento – "o caminho para o céu de cada um percorre a voluptuosidade do inferno pessoal de cada um".[29] Nietzsche apresenta uma expressão poética do

---

[25] Brogan observa: "O sofrimento, aqui, é a mesma força que apoia e possibilita o ato criativo". W. A. Brogan, "The Central Significance of Suffering in Nietzsche's Thought", *International Studies in Philosophy* 20(1), 1988: 53-62, na p. 57.

[26] *FP* 1887-1888, 11(77).

[27] *ABM*, § 225. Ver também *ibid.*, § 44.

[28] *FP* 1887-1888, 10(22). Nesse fragmento, essa regra é aplicada à crise niilista, que Nietzsche interpreta como uma oportunidade para grandes progressos.

[29] *GC*, § 338. Nesse mesmo trecho, Nietzsche explica que "felicidade e infortúnio crescem e [...] permanecem pequenos juntos" (*ibid.*, § 338; ver, com relação a isso, os primeiros pensamentos nietzschianos sobre o "homem racional" em *VM*, § 2). De se

princípio geral segundo o qual o sofrimento, como resistência, é condição necessária para qualquer melhora na vida e na saúde em *Z*: "De onde vêm as mais altas montanhas? Perguntei certa vez", confidencia Zarathustra, "e então aprendi que elas nascem do mar".[30]

Em última análise, a convicção de Nietzsche – de que a saúde e a vida prosperam com o sofrimento, ou são estimuladas por ele – baseia-se em um princípio ainda mais abstrato. A ideia é que a resistência é um ingrediente essencial para qualquer ação. Para Nietzsche, qualquer atividade autêntica (distinta da mera reatividade) exige alguma forma de resistência ou algum obstáculo a ser superado.[31] Ele ilustra a ideia com alguns exemplos: "A insatisfação normal de nossos impulsos, como da fome, do sexo, da vontade de se mover [...] atua como uma agitação do sentimento da vida [...] Essa insatisfação [...] é o maior estimulante da vida".[32] Em relação a isso, Nietzsche toma cuidado para não mostrar a mera dor e o prazer como opostos e afirma que são "falsos opostos".[33] Enquanto o prazer indica que um obstáculo foi superado com sucesso, a dor não assinala apenas a presença de um obstáculo, mas corresponde ao estímulo proporcionado pela presença de um obstáculo, de uma resistência a ser superada.[34] Visto sob essa óp-

---

ver, ainda, *HD* II, § 591, no qual Nietzsche diz que a felicidade só pode crescer no solo vulcânico dos sofrimentos do mundo. Quanto mais perigoso o vulcão do sofrimento, maior a fertilidade de seu solo.

30 *Z* III, "Der Wanderer".

31 Ver *FP* 1887-1888, 11(77): "Embora qualquer força somente possa atuar quanto ao que resiste a ela, há necessariamente, em qualquer ação, um ingrediente de desprazer".

32 *FP* 1887-1888, 11(76).

33 *Ibid.* 1888-1889, 14(173).

34 Ver, em especial, *FP* 1888-1889, 14(173). Isso distingue o relato de Nietzsche do relato de Espinoza, que no restante é muito similar, segundo o qual "alegria" e "tristeza" são também meros sintomas supervenientes de algo mais essencial. Para Espinoza, "alegria" corresponde, "num homem, à passagem de uma perfeição menor para outra maior" (*E* III, Def. II), e "tristeza" como "a passagem de uma perfeição maior para uma menor" (*E* III, Def. III). Para Nietzsche, porém, prazer e dor são falsos opostos, uma vez que o sofrimento é, na verdade, uma condição necessária para o que

tica, o sofrimento é sedutor. Atrai a pessoa e atua como uma condição necessária para a alegria advinda da superação de um obstáculo. A grande saúde do *amor fati* é, em si, uma superação – uma superação do infindável sofrimento envolvido na própria percepção de que este mundo está repleto de sofrimento. E, assim, a alegria que ele envolve também não encontra paralelo.

É justamente com o fato trágico da afirmação total da vida em mente que Nietzsche descreve o sofrimento não só como valioso, mas desejável.[35] É no confronto com a ameaça suprema do desespero absoluto diante da temível natureza da existência, tomado assim pelas maiores dores, os tumultos e as angústias, que se pode superar o maior dos obstáculos. O resultado é a grande saúde do *amor fati* – a mais elevada demonstração de força que pode existir. Visto sob essa luz, o sofrimento é necessário e desejável.

Um corolário surpreendente dessa teoria do sofrimento é que os mais saudáveis e mais fortes são os mais propensos ao sofrimento. Os gregos trágicos, conta Nietzsche, eram artistas e dramaturgos tão extraordinários porque eram "capazes, de forma singular, do mais extravagante e pesado sofrimento".[36] Mais tarde, Nietzsche exporia a ideia de forma mais geral com sua alegação de que "a posição social é quase sempre determinada pelo grau de sofrimento que a pessoa pode suportar".[37]

Espinoza chamou de "passagem para a perfeição maior" – e, com isso, para a experiência do prazer.

35 Ver *Z* IV, "Vom höheren Menschen", § 6, *GC*, § 338, *FP* 1887-1888, 10(118) e (103). A esse respeito, ver também Janaway, *Beyond Selflessness*, p. 68 e 243.

36 *NT*, § 7. Ver também *VD*, § 2, em que Nietzsche explica, em relação aos gregos, que o "talento para o sofrimento, a sabedoria do sofrimento" é o "equivalente ao talento artístico". Sobre isso, ver A. Danto, *Nietzsche as Philosopher*, Nova York: Macmillan, 2005, pp. 34-35.

37 *ABM*, § 270. Ver também *FP* 1887-1888, 10(118). É interessante observar que em um texto anterior Nietzsche apresentou Schopenhauer sob uma luz similar, afirmando que foram a grande capacidade de sofrimento e a capacidade de aceitar com coragem a verdade dos horrores do mundo que fizeram desse filósofo o grande pensador que ele foi (*ME* III, § 3).

Portanto, o tipo saudável de Nietzsche é, por definição, muito sensível ao sofrimento. Essa sensibilidade pode levá-lo até a beira do desespero e, como tal, tem potencial perigoso – Nietzsche poderia ter permanecido pessimista, Heráclito poderia ter seguido o caminho de Anaximandro, os gregos poderiam ter adotado a sabedoria negadora da vida de Sileno etc.[38] Mas sem esse grande perigo, sem esse tremendo obstáculo, a saúde superior não pode ser atingida.

Portanto, os mais saudáveis não são apenas os que sofrem de modo mais profundo, mas aqueles cuja vontade de sofrer é maior. O que não os mata os torna mais fortes e mais saudáveis, e por isso eles querem se expor ao que poderia muito bem "matá-los". É nesse sentido que a grande saúde do *amor fati* envolve não só a aceitação e a adoção do sofrimento, como a vontade de tê-lo. Pois sem o grande sofrimento não há a grande saúde.

Portanto, o que devemos fazer com a segunda das duas teorias de Nietzsche sobre o sofrimento, a qual afirma que o sofrimento é um agente da doença, ou *décadence*, e que é o tipo fraco, precisamente, que se mostra mais propenso ao sofrimento? Com efeito, há diversos fragmentos na obra nietzschiana que descrevem de modo inequívoco a negação da vida em geral e a variedade cristã em particular como um produto das massas que sofrem, e o cristão como a quintessência do tipo sofredor.[39] De modo mais específico, é a extrema fraqueza e a "irritabilidade" (*Reizbarkeit*)[40] dos *décadents* que fazem com que desprezem o mundo e inventem a ficção de um mundo de Paz, Sublimidade

[38] Segundo Ésquilo, Sileno era um demônio sábio, companheiro de Dioniso. Ao ser forçado a compartilhar sua sabedoria com o rei Midas, revelou-se um verdadeiro profeta da negação da vida: "Raça efêmera, miserável, filhos do acaso e da provação", rosna, "porque me força a lhe dizer o que lhe seria mais proveitoso não ouvir? O melhor de tudo é inatingível de todo: não ter nascido, não existir, ser nada. Contudo, a segunda melhor coisa para você é – morrer logo" (*NT*, § 3; ver também *VD*, § 2).

[39] Ver, por exemplo, *GM* III, § 15, bem como *FP* 1887-1888, 9(18) e (159), 11(112), 14(125) e (142), 15(110) e 16(476).

[40] *ABM*, § 293.

e Estabilidade como vingança. Em suma, o sofrimento do *décadent* niilista é o responsável pelo surgimento da metafísica do Ser. O grande sofrimento das massas explica alguns dos desdobramentos ideológicos menos saudáveis da história da humanidade.

O sofrimento, nesse modelo, é que gera a doença do niilismo como anseio por um grande *nada*. Por conseguinte, Nietzsche acusa o *décadent* de prestar demasiada atenção nas dores e nos desconfortos triviais[41] e de enfatizar em demasia a dicotomia prazer-desprazer.[42] O que o *décadent* deseja é um reino de "aconchego".[43] Mas essa visão de prazer é, na verdade, negativa; o *wahre Welt* celestial é apenas a ausência de adversidade, a ausência de sofrimento – em síntese, uma completa "irrealidade".[44] Esse mecanismo reativo se revela na meta cristã de ir

---

[41] Ver *FP* 1887-1888, 11(228) e 17(6).

[42] *ABM*, § 225. Nesse trecho, Nietzsche ironiza a obsessão dos filósofos modernos com o prazer e o sofrimento, afirmando que "qualquer filosofia que se confine a eles é ingênua", uma vez que "há problemas mais importantes do que o prazer e o sofrimento". Mas não seria o caso de a filosofia nietzschiana atribuir, do mesmo modo, tremenda importância ao sofrimento? Nietzsche estaria sendo hipócrita, portanto, ao criticar os outros por algo que ele mesmo faz? A solução para esse problema consiste em ler *ABM*, § 225, em relação ao quadro mais amplo da discussão nietzschiana do sofrimento. O que Nietzsche critica, com efeito, são filosofias que postulam o prazer e o sofrimento como meros opostos e almejam um prazer que, em essência, nada mais é do que a ausência do sofrimento. Como visto antes, sofrimento e prazer são, na verdade, "falsos opostos" para Nietzsche, pois a resistência – que implica certo grau de dor – é necessária para qualquer vivência autêntica de felicidade (*FP* 1888-1889, 14(173)). É bem na suposição de que são opostos que a maioria das filosofias se revela "ingênua". Ademais, como veremos em breve, o conceito negativo de prazer que filosofias desse tipo almejam (implícita ou explicitamente) – por exemplo o prazer como ausência de dor – só pode ser uma meta para *décadents* cansados que desejam pôr fim ao sofrimento. Por ora, basta dizer que uma mudança de perspectiva em relação ao sofrimento, e, portanto, uma mudança de abordagem sobre o sofrimento, é uma das "questões mais importantes" com que a filosofia deveria lidar, segundo Nietzsche. Em suma, o pensamento nietzschiano sobre o problema do sofrimento nada tem em comum com as filosofias negadoras da vida, reativas em essência, que ele condena em *ABM*, § 225.

[43] *GC*, § 338.

[44] Ver *FP* 1885-1887, 37(8), e *ibid.* 1887-1888, 9(107) e 10(57).

para o Céu, na procura budista do *nirvāṇa* etc. Na raiz disso, está a extrema irritabilidade e a hipersensibilidade à dor.

Em *GM*, Nietzsche explica que o que o sacerdote asceta faz quando preside a criação reativa, motivada pelo *ressentiment*, do *wahre Welt*, é dar sentido ao sofrimento das massas. Na visão nietzschiana, o maior problema da humanidade não é tanto o sofrimento em si, mas a insensatez.[45] É exatamente isso que as religiões e filosofias niilistas procuram remediar. Desenvolvem uma estrutura na qual podem interpretar o sofrimento, tornando-o assim mais suportável: "O *wahre Welt* é Bom, Puro e Imóvel. Nós que habitamos este mundo falso e maligno de conflito e devir somos impuros. Isso se deve ao pecado/à ignorância/falta de fé etc. (dependendo da ideologia niilista em questão)". Com essas ficções, a insensatez do sofrimento pode ganhar um significado, ou, no mínimo, uma explicação e uma justificativa.

Mas a explicação dos sacerdotes ascetas já expressa uma profunda antipatia pela vida. Esse efeito do *ressentiment* se manifesta como uma condenação a tudo que este mundo envolve. Daí o julgamento moral da existência por parte do religioso ou do filósofo. Nós, neste mundo, sofremos porque a própria natureza é má. Somos culpados apenas em virtude de existirmos neste mundo sujo, corrupto. O resultado, de modo evidente, é que devemos nos sentir culpados por tudo em nós que venha deste mundo – o corpo, as emoções, os desejos, as vontades etc. A explicação ascética do sofrimento é uma explicação que dissemina a culpa.[46] Se sofremos, é por conta do que é deveras mais natural em nós – nosso comportamento "pecaminoso", nossa "ignorância" do Real e Bom, ou nossa "hesitação". Odiar a vida significa odiar-se por fazer

---

[45] *GM* II, § 7, e III, § 28. Essa é uma característica das posições de Nietzsche acerca do sofrimento que receberam grande atenção dos comentaristas, inclusive o notável e excelente ensaio de Williams, *The Sense of the Past*, pp. 331-337. Ver, também, Nehamas, *Nietzsche*, pp. 121-122, Danto, *Nietzsche as Philosopher*, p. 159 e ss, e Janaway, *Beyond Selflessness*, p. 106 e ss.

[46] *GM* III, § 16.

parte da natureza. Tal culpa é o combustível para a batalha contra os instintos, que também é a batalha contra a vida.

Nietzsche explica a institucionalização da culpa com base na sua teoria sobre a moral do escravo *versus* a do senhor.[47] Interpretações niilistas e moralistas do sofrimento, segundo Nietzsche, levam a uma moral que desdenha de tudo que afirma o eu ou a vida. Essa é a moral do escravo. Pelo relato nietzschiano (não histórico, do ponto de vista consciente), o *ressentiment*$_1$ das massas que sofrem volta-se primeiro contra as classes dominantes, fortes por natureza. Daí, leva a uma inversão fundamentalmente reativa do código moral das classes dominantes.[48] O "bem" dos senhores torna-se o "mal" (*böse*) dos escravos, e o "mal" dos senhores (*schlecht*) torna-se o "bem" negativo dos escravos (por exemplo, não orgulhoso, não forte, não rico, não poderoso, e assim por diante).[49] Mas essa é apenas a primeira etapa. O sacerdote asceta, depois, dirige essa moral contra o próprio tema do *ressentiment*. Voltado para o interior, o *ressentiment* milita contra tudo que é animado, natural e saudável que resta no tipo fraco. São caracterizados como "pecaminosos". Isso gera culpa e consciência pesada. O nojo de si mesmo gerado pela culpa torna-se o *leitmotiv*[*] da moralidade.[50] É nesse tipo de contexto ideológico que o sofrimento, o enfraquecimento e a doença como diminuição da vida são considerados valiosos por si mesmos. Daí o ascetismo em todas as suas formas.

Em última análise, o *ressentiment* e a culpa pioram muito o sofrimento.[51] Enfraquecendo ainda mais a pequena força vital do fraco, e

---

47 Essa teoria aparece pela primeira vez em *ABM* (§§ 195 e 260-261) e é mais desenvolvida em *GM*.

48 *GM* I, § 10.

49 O primeiro ensaio de *GM*, "Gut und Böse, Gut und schlecht", é todo dedicado a esse tema.

* Tema central.

50 *GM* III, § 15.

51 Digo "em última análise" porque a moral dos sacerdotes ascetas também alivia, no curto prazo, parte do sofrimento dos *décadents*, dando-lhes um canal de vazão para

sufocando-a, a ética de negação do eu e da vida do ideal asceta torna-o mais vulnerável e propenso ao sofrimento. Em resumo, a resposta *décadent* niilista ao sofrimento aumenta a *décadence*, que aumenta o sofrimento "infeccionando o ferimento",[52] por assim dizer. As ideologias niilistas deveriam ser reconfortantes, mas, na verdade, criam condições nas quais se sente mais dor.

Por conseguinte, Nietzsche sugere que, na verdade, foi por causa da moral cristã que os europeus se tornaram criaturas dadas ao sofrimento.[53] A ideia de Nietzsche é que, se não fosse pela moral da culpa e do *ressentiment* gerados pela mentalidade niilista, os ocidentais não seriam tão esgotados, sensíveis e propensos ao sofrimento como são hoje.

Portanto, em nenhum ponto o contraste entre essa teoria do sofrimento e o modelo heraclitiano de Nietzsche se mostra tão grande quanto no tocante a quem sofre. Enquanto este nos diz que a grandeza é uma função do tamanho do sofrimento, aquela diz exatamente o contrário – aqueles que sofrem com a existência são os fracos, os doentes, os débeis. Essa segunda teoria destaca a irritabilidade do *décadent* e seus desastrosos efeitos culturais e "fisiológicos". Nietzsche, em certos fragmentos, chega a atacar os *décadents* por sua extrema sensibilidade à dor e os contrapõe aos fortes senhores que demonstram "ceticismo diante do sofrimento".[54] Aqui, os fortes são apenas descritos como "felizes".[55] A contradição com a teoria do sofrimento que apresentei antes não poderia ser maior.

O efeito do sofrimento é um agente de saúde e crescimento ou um agente de doença e *décadence*? O tipo saudável é o tipo sofredor

sua frustração (o ódio à vida, aos senhores, à existência neste mundo etc.) e distraindo-os mediante uma profusão de efeitos (rancor, culpa, condenação moral etc.). A esse respeito, ver *GM* III, § 15.

52 *GM* III, § 15. Essa ideia é mais desenvolvida em *ibid.*, §§ 16-17.

53 *AR*, §§ 52 e 476.

54 *ABM*, § 46. Ver também *GM* III, § 16.

55 *GM* III, § 14.

principal, ou o tipo doentio e supersensível é o que sofre mais, em contraste com o tipo forte, feliz e despreocupado? Buscar uma teoria unificada do sofrimento em Nietzsche leva a respostas contraditórias, em fundamento, a essas duas perguntas cruciais. Analisando-se o modelo heraclitiano no qual a saúde depende do sofrimento, tem-se a impressão de que houve progresso em prol da melhor compreensão do *amor fati*, não apenas como afirmação do sofrimento, mas como condição para o maior sofrimento possível. À luz do segundo modelo, no entanto, as posições de Nietzsche sobre o sofrimento parecem tão contraditórias que a própria força moral desse ideal parece comprometida. A menos, é claro, que se possa reconciliar, de algum modo, os dois modelos contraditórios de Nietzsche.

O que falta para unificar as duas teorias contraditórias do sofrimento de Nietzsche é uma mudança de foco: afastar-se do sofrimento em si e visar a maneira como o sofrimento é vivido. Isso, por sua vez, significa que é preciso uma tipologia dos sofredores para podermos compreender o que Nietzsche diz sobre a relação entre sofrimento e saúde/doença. Nietzsche aponta para uma tipologia neste trecho:

> Confundimos sofrimento com um tipo de sofrimento, a exaustão; esta, de fato, representa [...] uma perda de força mensurável. Quer dizer: existe desprazer como meio de estímulo para o aumento do poder, e desprazer após o esgotamento do poder; no primeiro caso, há um estímulo, e no segundo, ele é o resultado de estímulo excessivo [...] A incapacidade de resistir pertence a este último: o desafio daquilo que resiste pertence ao primeiro [...] O único prazer que alguém ainda vai sentir estando exausto é adormecer; a vitória é o prazer no outro caso [...] O exausto quer descanso, relaxamento, paz, calma – essa é a felicidade das religiões e filosofias niilistas. Os ricos e animados querem vitória, adversários dominados, um transbordar da sensação de poder em regiões mais remotas do que antes.[56]

[56] *FP* 1888-1889, 14(174).

Aqui, Nietzsche começa com dois tipos distintos de sofrimento – o sofrimento como decréscimo de força *versus* o sofrimento como resistência a ser superada – e dois tipos correlacionados de prazer – um prazer apenas negativo como ausência de sofrimento e um prazer positivo como superação da resistência. Contudo, no final desse trecho fica muito claro que a verdadeira tipologia não envolve tipos de sofrimento, mas dois tipos "ideais" de sofredores que vivenciam o sofrimento de formas muito diferentes.

Tipos saudáveis, fortes, têm no sofrimento um desafio provocante. Como são mais robustos e mais flexíveis, o sofrimento não os diminui; pelo contrário, chama-os para alturas ainda maiores. Os tipos doentios, fracos, vivenciam o sofrimento como algo debilitante. Como já estão muito cansados, não conseguem responder ao sofrimento e reagem apenas de forma passiva a ele – sofrendo seu impacto, por assim dizer. À luz dessa tipologia, não há nada contraditório na ideia de que o sofrimento é um agente de saúde/ascendência e um agente de doença/*décadence*. De fato, tudo depende de quem está sofrendo.

Isso aponta para a diferença crucial entre sofrimento extensional e intensional.[57] Sofrimento extensional é o dano efetivo, físico ou psicológico, recebido pela pessoa. O sofrimento intensional envolve a interpretação do sofrimento extensional. A verdadeira diferença entre a experiência do sofrimento de tipos saudáveis e doentios se desenvolve no campo do sofrimento intensional. Em síntese, tudo depende da forma como se interpreta o sofrimento.

Seja, por exemplo, a mais gritante contradição entre os dois modelos de Nietzsche, isto é, a contradição a respeito de quem sofre mais, o forte ou o fraco. O que Nietzsche focaliza nos textos em que ataca os *décadents* por serem hipersensíveis ao sofrimento está ligado de perto à interpretação que fazem do sofrimento. A ideia é que a interpretação

---

[57] Ver Danto, *Nietzsche as Philosopher*, pp. 259-260.

dos *décadents* abre todo um domínio de sofrimento extensional ao qual os fortes não são suscetíveis. Trata-se do domínio moral da culpa.[58] Claro, não significa apenas que sofremos mais com a culpa, mas também que a interpretação sistemática do sofrimento em termos morais – por exemplo, "aconteceu um acidente, que atrocidade, que injustiça, temos de culpar alguma coisa/alguém" – nos torna, de modo geral, mais sensíveis ao sofrimento e menos capazes de suportá-lo e de aceitá-lo. Nesse sentido, a moral do escravo tornou uma grande porção da humanidade mais propensa ao sofrimento moral e ampliou bastante o escopo do sofrimento extensional por meio de um modo específico de foco intensional. Foi o que Nietzsche quis dizer ao afirmar que os *décadents* "sofrem mais" e que nós, na era moderna, somos mais suscetíveis ao sofrimento, mais irritadiços, do que nossos ancestrais.

Mas essa é apenas parte da história. Ao inventar ficções teológicas e metafísicas para tornar a vida suportável e distrair-se com os efeitos do ultraje moral – dirigido tanto para dentro quanto para fora –, os tipos doentios também se abrigam do profundo sofrimento existencial que só o tipo saudável ousa suportar. Ademais, ao darem sentido ao sofrimento, amenizam boa parte de seu golpe. Enfim, por meio da moral anuladora do eu e da autodepreciação, os *décadents* evitam gastar energia entrando em conflitos ou armando resistências. Dessa forma, enfrentam a menor quantidade possível de obstáculos e, com isso, sofrem menos. Logo, os *décadents* fecham todo um domínio de sofrimento extensional para o qual os tipos saudáveis permanecem sempre abertos. Mantendo-se abertos a todo sofrimento e desejando-o – até o maior de todos os sofrimentos, ou seja, a compreensão de que este mundo está insensata e perpetuamente repleto de sofrimento –, os tipos saudáveis são, na verdade, capazes de tolerar o maior dos sofrimentos. Ao tratarem o sofrimento não como fenômeno moral, mas estético,

58 *GM* III, § 8.

aceitando com isso sua insensatez, estão, na verdade, bem mais abertos a ele do que os que o envolvem em um manto de relevância moral.

Essa tipologia dos sofredores aponta, por sua vez, para uma tipologia fundamental de pessimismos. Aqui, deixamos o domínio de indivíduos que vivenciam e interpretam o sofrimento de diversas maneiras e entramos no domínio de abordagens mais amplas, não expressadas, de modo geral, diante do maior problema da vida. No pessimismo, há um elemento descritivo que é comum tanto a desenvolvimentos ideológicos insalubres – como o pessimismo budista e schopenhaueriano, o cristianismo e qualquer forma de metafísica do Ser, o otimismo ilusório, o milenarismo etc. – quanto saudáveis – como a cultura grega trágica e a filosofia nietzschiana de afirmação da vida. Seja Anaximandro ou Heráclito, Buda/Schopenhauer ou Nietzsche, o sacerdote asceta ou o espírito livre, o cristão ou o dionisíaco, todos, pelo menos, concordam de modo implícito que viver é sofrer. Acreditem ou não na existência de um reino do Ser no qual o sofrimento está ausente – os cristãos, por exemplo, acreditam, os budistas não –, há um acordo claro em relação ao fato de que este mundo de devir é um mundo de conflito perpétuo e sofrimento ilimitado. A discrepância surge na resposta a esse fato.

Isso aponta para uma distinção central entre pessimismos. Por um lado, há o "pessimismo da força"[59] do tipo saudável, ao qual Nietzsche também se refere como "pessimismo do artista"[60] ou "pessimismo clássico".[61] Esse é o pessimismo trágico por trás da celebração da vida heraclitiana, da tragédia ática e da sabedoria de Dioniso, segundo Nietzsche. Por outro lado, há o "pessimismo do fraco",[62] do tipo doentio, também denominado "pessimismo moral-religioso [como oposição ao

59 *NT*, "Versuch einer Selbstkritik", § 1. Ver também *FP* 1885-1887 10(21), e *ibid.*, 1888-1889, 14(25).

60 *FP* 1887-1888, 10(168).

61 *Ibid.*, 1888-1889, 14(25).

62 *Ibid.*, 1887-1888, 11(294).

do artista]",[63] ou "pessimismo Romântico [como oposição ao Clássico]".[64] Esse é o pessimismo "de todas as grandes religiões niilistas (do bramanismo, do budismo, do cristianismo)" –, religiões, explica Nietzsche, que "podem ser chamadas de niilistas porque as três elevaram o oposto da vida, o nada, a uma meta, ao bem maior, ou a 'Deus'".[65] Esses dois pessimismos correspondem aos dois tipos fundamentais de resposta que uma pessoa pode ter diante da realidade do sofrimento ilimitado. O pessimismo da força corresponde ao que o tipo saudável sente diante do sofrimento, ou seja, algo sedutor, um chamariz para a vida. O pessimismo da fraqueza, por sua vez, é bem o que se poderia esperar do tipo *décadent*, para quem o sofrimento implica debilitação.

Por conseguinte, esses dois pessimismos são diametralmente opostos em todos os sentidos. O pessimismo da fraqueza representa um julgamento moral negativo sobre a existência: este mundo é maligno. O pessimismo da força recusa-se a julgar a vida em termos morais e faz, em vez disso, um julgamento estético positivo: este mundo é belo.[66] O pessimismo da fraqueza é reativo em seus fundamentos: ele recua diante do grande obstáculo representado pelo sofrimento. O pessimismo da força é ativo em seus fundamentos: ele avança e procura lidar com o sofrimento. O pessimismo da fraqueza vê a insensatez do sofrimento como um problema e precisa explicá-la. O pessimismo da força não conhece nada mais interessante do que um sofrimento insensato e não precisa de explicação, muito menos de justificativa, para o sofrimento.[67] O pessimismo da fraqueza olha para a própria vida como se fosse culpada, baseando-se na injustiça e na arbitrariedade do sofrimento, o que produz o senso de culpa pessoal e de automenosprezo dos

---

63 *Ibid.*, 10(168).

64 *Ibid.*, 1888-1889, 14(25).

65 *Ibid.* Ver também *GM* III, § 27.

66 *FP* 1887-1888, 10(168).

67 *Ibid.*, 1885-1887, 10(21). Ver também *ibid.*, 1887-1888, 10(168).

tipos fracos ao exibirem sinais de vitalidade. O pessimismo da força não tem espaço para a culpa: nem a vida nem o pessimismo do forte são "culpados" de alguma coisa. O pessimismo da fraqueza leva o indivíduo a tomar medidas no intuito de limitar o sofrimento, a fim de se entorpecer etc. O pessimismo da força rejeita tudo que possa ter um efeito entorpecente, pois deseja o sofrimento como condição para a alegria da superação dos obstáculos. Por fim, o pessimismo da fraqueza conduz à negação da vida. O pessimismo da força, em oposição, abre caminho para a afirmação da vida.[68]

A oposição entre o pessimismo do fraco e o do forte é o paradigma no qual Nietzsche pensa a saúde e a doença. O tipo doentio da ética nietzschiana - o *décadent* - é um pessimista fraco. O tipo saudável da ética de Nietzsche é um pessimista forte. A realidade inarredável do sofrimento é a mesma para ambos; o que os difere é o modo como esses dois "tipos ideais" interpretam o sofrimento. A esse respeito, considere as anotações de Nietzsche sobre o martírio de Dioniso e de Jesus Cristo:

> Dioniso contra o "Crucificado": eis a oposição. Não é uma diferença quanto ao martírio; é que este tem um sentido diferente. A própria vida, sua eterna fecundidade e recorrência, cria o tormento, a destruição, a vontade de aniquilamento [...] No outro caso, o sofrimento, o "Crucificado como inocente", é uma objeção contra esta vida, uma fórmula para sua condenação.

---

[68] Há, por óbvio, diversas interconexões entre todas as oposições relacionadas. Por exemplo, o conceito de culpa está no centro da explicação do sofrimento aparentemente insensato, dada pelos pessimistas fracos, e em sua postura moral diante do mundo. A reatividade do pessimismo da fraqueza também está relacionada muito de perto com a procura de um sentido para o sofrimento e com a fuga do sofrimento encetada pelos pessimistas fracos, que se valem de medidas anestésicas. De modo similar, o julgamento estético do pessimista forte é um sinal de sua natureza ativa, em oposição à reativa, e muito ligado à sua vontade de sofrer etc. Essas são apenas algumas conexões. A ideia é que cada um desses dois pessimismos apresenta uma atitude interna coerente diante do sofrimento.

> Pode-se supor que o problema está no significado do sofrimento: ou um significado cristão, ou um significado trágico.[69]

Aqui, Dioniso e Cristo são apresentados, respectivamente, como os símbolos supremos da afirmação da vida e da negação da vida: do pessimismo do forte e o do fraco. Ambos sofrem mortes horríveis e voltam a viver, e nesse sentido são semelhantes, mas é no sentido deste grande sofrimento que divergem tanto. O sofrimento e a ressurreição de Dioniso representam a torrente destrutiva-criativa do devir. Incitam-nos a celebrar a vida com alegria. Em contrapartida, o martírio de Cristo denuncia a vida como injusta e brutal, e sua ressurreição aponta para o reino sem morte do Ser. A celebração estética do pessimismo da força opõe-se com isso ao desprezo rancoroso do pessimismo da fraqueza. Portanto, o oposto do pessimismo da fraqueza não é o otimismo – na verdade, todo otimismo falaz fundamenta-se em um pessimismo da fraqueza subjacente –, mas o pessimismo da força. Este consiste de interpretações opostas do sofrimento – uma interpretação saudável em sua essência, ou seja, que afirma a vida, contra uma interpretação insalubre em sua essência, ou seja, que nega a vida.

Agora fica claro que a distinção entre negação da vida e afirmação da vida depende do modo como o sofrimento – e em especial a falta de limite e de sensatez do sofrimento – é interpretado. Se o sofrimento pode produzir tanto a saúde quanto a doença, é porque seus efeitos são função da maneira como cada sofredor constrói o sofrimento. Portanto, a afirmação do sofrimento que constitui a afirmação da vida é questão de como se interpreta o sofrimento. O que precisamos para concluir nossa reconstrução da filosofia positiva de Nietzsche é examinar a teoria da interpretação de Nietzsche.

---

69 *FP* 1888-1889, 14(89).

Compreender o papel e a natureza da interpretação na filosofia nietzschiana envolve um exame detido de sua infame teoria da vontade de poder.[70] Com efeito, é com base na doutrina da vontade de poder que a teoria da interpretação de Nietzsche é formulada. Por outro lado, a teoria da vontade de poder de Nietzsche é, em essência, uma teoria de interpretação.[71] Apesar disso, a relação entre interpretação e vontade de poder não fica óbvia de imediato. A única maneira de revelá-la é por meio de uma minuciosa exploração da doutrina da vontade de poder. Ao fazê-lo, também poderemos compreender melhor todos os fenômenos discutidos neste capítulo, pois, em última análise, todos são uma questão de interpretação e, como tal, são todos expressões da vontade de poder.[72]

A doutrina da vontade de poder pode se bifurcar em duas alegações fundamentais: (1) uma alegação sobre o impulso fundamental que anima todas as criaturas vivas e (2) uma alegação mais ampla sobre como

---

[70] Não coloquei em maiúsculas a expressão "vontade de poder" porque, como explico adiante, a vontade de poder não é, num senso estrito, uma doutrina metafísica. A teoria nietzschiana de vontade de poder recebeu considerável atenção na literatura comentarista, e muitos dos debates que cercam essa doutrina são técnicos e bastante confusos. *Nietzsche on Truth and Philosophy*, Cambridge University Press, 1990, de M. Clark, proporciona uma excelente enquete sobre as principais interpretações da doutrina da vontade de poder até o final da década de 1980. Obras notáveis mais recentes que discutem a vontade de poder incluem G. Abel, *Nietzsche: Die Dynamik der Willen zur Macht und die ewige Wiederkehr*, Berlim: W. de Gruyter, 1998; V. Gerhardt, *Vom Willen zur Macht: Anthropology und Metaphysik der Macht am exemplerischen Fall Friedrich Nietzsches*, Berlim: W. de Gruyter, 1996; Reginster, *The Affirmation of Life*, e Janaway, *Beyond Selflessness*.

[71] Ver, a respeito, Nehamas, *Nietzsche*, pp. 74-105.

[72] Embora Richardson interprete, em erro, a doutrina como uma verdadeira metafísica, é preciso dizer algo com relação à sua observação sobre a "*ontologia do poder*" de Nietzsche, no tocante a que "Nietzsche pensa seus outros pensamentos em seus termos" (*Nietzsche's System*, p. 16). Ver, a respeito, a exaustiva visão de Janaway sobre os diversos argumentos em *GM* que se baseiam, explícita ou implicitamente, na visão de que a "vida é a vontade de poder", em *Beyond Selflessness*, pp. 143-147. Entretanto, faço uma exceção para o uso feito por Richardson da palavra "ontologia". A doutrina da vontade de poder admite apenas processos, e não uma "coisa" apenas (*ontōs*).

caracterizar melhor a natureza de tudo que existe no universo.[73] Como "psicologia" do organismo vivo, a doutrina da vontade de poder concorre com três características importantes da teoria biológica da época de Nietzsche. A primeira é a visão de que a autopreservação é o principal motivo por trás do comportamento de todas as criaturas vivas.[74] A segunda é a suposição de que os humanos, bem como outros animais superiores, fundamentalmente buscam o prazer e são avessos à dor.[75] A terceira é um compromisso teórico amplo com um modelo exploratório baseado no conceito de adaptação.[76] Esposar esses princípios, para Nietzsche, representa em essência uma má interpretação do que significa estar vivo.

Mais do que qualquer outra coisa, afirma Nietzsche, estar vivo implica a maior expansão possível da esfera de controle do indivíduo. Por conseguinte, postular a autopreservação como o "impulso cardeal de um ser orgânico" é confundir efeito e causa; o impulso de autopreservação "é apenas uma das *consequências* indiretas e mais frequentes" do impulso tão fundamental que governa o comportamento animal e humano: a vontade de poder.[77] É a vontade de descarregar a própria força, de "crescer, aumentar, agarrar, adquirir predomínio" e assim por diante.[78] Manter-se vivo é um mero instrumento desse propósito mais fundamental. É por isso que há numerosos exemplos de organismos que abrem mão da autopreservação ao buscarem o poder.[79]

---

[73] Horstmann, a esse respeito, distingue a doutrina da vontade "psicológica de poder" da "cosmológica". Ver "Introdução" em R.-P. Horstmann e J. Norman (orgs.), *Beyond Good and Evil*, trad. ingl. J. Norman, Cambridge University Press, p. ii–xxviii.

[74] *ABM*, § 13.

[75] *FP* 1888-1889, 14(121); *ibid.*, 1887-1888, 11(75).

[76] *GM* II, § 12.

[77] *ABM*, § 13.

[78] *Ibid.*, § 259.

[79] A esse respeito, ver *GC*, § 349, e *ABM*, § 13.

O mesmo pode ser dito do prazer. É que o prazer não é o que os organismos procuram. O que os organismos desejam é o poder, e o prazer pouco mais é do que o "sintoma proporcionado pela sensação do poder adquirido".[80] Como diz Kaufmann sobre o relato de Nietzsche, "a sensação de prazer é um epifenômeno da posse do poder" e "a busca do prazer é um epifenômeno da vontade de poder".[81] A ideia nietzschiana é que o prazer é tão só superveniente ao exercício bem-sucedido do poder; portanto, postulá-lo como motivo para agir revela uma noção superficial de psicologia. Um corolário dessa posição é que os organismos não são mais adversos à dor do que buscadores de prazer. Como mencionei antes, Nietzsche considera a dor e o prazer como falsos opostos, posto que a dor apenas registra a resistência necessária para qualquer ação ou exercício de poder.[82] Se esse exercício de poder tem êxito e resulta, assim, em prazer, a sensação de dor é uma condição necessária para a sensação de prazer, e não seu oposto.[83] Poder é o que os organismos buscam de fato, não prazer (e, menos ainda, evitar a dor).

Por fim, o foco sobre a adaptação da teoria da evolução parece bem problemático quando se vê que a "vida é apenas a vontade de poder", ou que a vontade de poder é "apenas a vontade de vida".[84] Para Nietzsche, o problema é que os relatos convencionais sobre a evolução focalizam um fenômeno reativo em essência.[85] Com efeito, a visão adaptativa da evolução é toda mecanicista; descreve organismos que reagem de modo contínuo a seu ambiente, da mesma forma com que bolas de gude iner-

---

[80] *FP* 1888-1889, 14(121).

[81] Kaufmann, *Nietzsche*, p. 262. Ver, a respeito, *FP* 1888-1889, 14(174).

[82] *FP* 1887-1888, 11(77).

[83] *Ibid.*, 1888-1889, 14(173). Considere, a respeito, Brogan, "The Central Role of Suffering", p. 55: "O poder não evita o sofrimento. Brota do sofrimento. O sofrimento não deve ser evitado; é normal e necessário como aspecto do crescimento. Intrínseco ao sentimento do prazer, que é uma resposta a um aumento de poder, é o desprazer ou a experiência de um obstáculo a esse poder".

[84] *ABM*, § 13.

[85] *GM* II, § 12.

tes movem-se em um frasco apenas como resultado de reações. Contudo, forças reativas são apenas um dos dois tipos de força que governam um organismo no modelo da vontade de poder.

Agora, vamos além da vontade de poder como psicologia para entrar no domínio da vontade de poder como uma teoria das forças fundamentais que constituem os organismos vivos. Corpos - que, no caso de organismos superiores, incluem cérebros e, portanto, a assim chamada mente - são sempre a vontade de poder. Vale dizer, são formados por forças, cada uma das quais orientada de forma sistemática para a liberação e a expansão plena de sua força. (Claro está que não há volição nesse processo - a "vontade" de poder, aqui, é mera força de expressão.) E, entre as forças que formam o corpo, há, de um lado, forças reativas, que são dominadas e exercem seu poder por intermédio de meios mecânicos destinados a assegurar o resultado final (como a digestão, realizada mediante um conjunto de forças reativas), e, de outro, forças ativas, as quais dominam e exercem seu poder mediante a dominação, a orientação e a coordenação de forças reativas.[86] As forças reativas apenas se adaptam ou reagem, sempre. As forças ativas dão forma ou criam de modo espontâneo. E mais: as forças ativas são responsáveis pela atribuição de funções às forças reativas. Logo, justificar a evolução apenas com base na adaptação significa deixar de lado o que é, de fato, mais fundamental na vida. Nas teorias dos primeiros darwinianos da época de Nietzsche, "a essência da vida, *sua vontade de poder*, é ignorada; deixa-se de lado a prioridade essencial das forças espontâneas, agressivas, expansivas, produtoras de forma, que dão novas interpretações e direções, embora a 'adaptação' só surja depois disso".[87]

A ideia geral de Nietzsche é que, com seu foco sobre o reativo, o pensamento biológico engana-se de modo fundamental sobre o caráter

---

[86] A esse respeito, ver Deleuze, *Nietzsche*, pp. 46-48.

[87] *GM* II, § 12. Para um estudo sistemático do antidarwinismo de Nietzsche, ver D. R. Johnson, *Nietzsche's Anti-Darwinism*, Cambridge University Press, 2010.

da vida. Se os comportamentos humanos, animais e vegetais devem ser explicados com base em um impulso primário, não é a autopreservação que deveria ser postulada, mas a vontade de expandir ao máximo a esfera de controle individual. Com efeito, a vontade reativa de autopreservação (mediante a adaptação, entre outras coisas) encontra-se apenas "a serviço" do impulso ativo pelo poder. De modo similar, no mais das vezes o sofrimento não é tão evitado reativamente quanto é buscado ativamente; trata-se, por assim dizer, de uma ocasião para que os seres "testem sua força". O sucesso na superação dessa resistência equivale à alegria positiva. Quando a dor é evitada e a alegria negativa da "ausência de dor" é procurada, é porque o ser em questão não é forte o suficiente para suportar a afronta da resistência e, portanto, vai sofrer um revés – uma redução de sua esfera de controle – ao encontrá-la. Portanto, com a teoria da vontade de poder Nietzsche afirma oferecer um relato mais preciso e abrangente da vida – um relato que não focaliza apenas funções mecanicistas e reativas como a adaptação, mas também forças espontâneas e ativas como criação, direção e orientação.

Existem três comentários a serem feitos sobre a teoria nietzschiana apresentada até agora. O primeiro é que, embora a vontade de poder seja o impulso fundamental de todo o reino orgânico, nem todos os organismos vão se mostrar como se estivessem se esforçando de modo cego a fim de ampliar seu domínio a todo custo e sob todas as circunstâncias. A vontade de poder é um impulso, não necessariamente um desejo consciente. Assim como, segundo os biólogos sociais contemporâneos, a transferência de genes não é de modo necessário a meta consciente de todas as nossas ações, embora seja o impulso primário que as orientam,[88] a vontade de poder nos impele sem que o percebamos de forma obrigatória. Não é mais uma "causa mental" do que o impulso de transmitir os próprios genes na teoria de Darwin: a vontade de poder

[88] Essa teoria foi exposta pela primeira vez em R. Dawkins, *The Selfish Gene*, Oxford University Press, 1976.

caracteriza o corpo tanto quanto a mente. Ademais, como efeito primário da psicologia dos seres sencientes,[89] a vontade de poder é melhor compreendida como o gênero global do qual os vários efeitos são as espécies. Não existe um efeito "puro" da vontade de poder. A vontade de poder, em suma, não se apresenta à força como um desejo de poder (muito menos como volição consciente), nem leva por necessidade a um comportamento que realça de modo manifesto o poder. Há casos importantes nos quais a vontade de poder vai dar origem à vontade de falta de poder e a um comportamento que parece reduzir a força, o poder e a animação. Será o caso dos tipos reativos em essência.

Segundo, se a "vontade" na "vontade de poder" for muito diferente da volição normal, o "poder" em jogo nessa doutrina também será distinto. No tocante às forças subindividuais que constituem os organismos, fica claro que ao "quererem poder" essas forças estão, na verdade, apenas exibindo sua propensão sistêmica para consumir a si mesmas. Isso se aplica tanto a forças reativas quanto ativas, que não são diferentes em espécie, apenas em grau – e como consequência do papel que desempenham no organismo.[90] Além disso, no tocante ao comportamento humano, Deleuze lembra de forma apropriada que, mesmo que Nietzsche use vez por outra (e de modo polêmico) tal linguagem, na expressão "vontade de poder" o "poder" não deve ser compreendido com base nas representações comuns do poder – superioridade física, controle político, riqueza, honrarias, reputação etc.[91] É isso que distingue a teoria nietzschiana da de Thomas Hobbes, por exemplo. A ideia é que tal concepção de poder corresponde às maneiras pelas quais povos

---

[89] *FP* 1888-1889, 14(121).

[90] Como Deleuze explica de forma bastante clara (*Nietzsche*, p. 48-50), não existe diferença qualitativa entre forças reativas e ativas, vez que a aparente diferença qualitativa entre "reativa" e "ativa" pode ser reduzida a uma diferença quantitativa no poder relativo das forças. A dicotomia reativo/ativo pertence às relações entre forças de diferentes intensidades.

[91] Deleuze, *Nietzsche*, pp. 90-94.

fracos, dominados – os escravos de *GM* I –, o representam de modo reativo.[92] Além disso, é um tipo de desejo conformista de "poder" o que os escravos alimentam; eles querem os "bens" que a sociedade já concordou em destinar a eles.[93] No entanto, do ponto de vista do exercício espontâneo do poder – do ponto de vista da atividade –, o poder é criação, visão, invenção. Em muitos casos, o poder tem muito pouca relação com a efetiva dominação política.[94] Ademais, em um campo mais exaltado, ele é, com efeito, o oposto do conformismo – é a criação, a visualização e a invenção de novos valores, de novos "bens". Será o caso dos tipos primariamente ativos.

A terceira coisa a ser notada é que, segundo Nietzsche, os organismos não são, de modo algum, entidades unitárias que "desejam poder". A psique de todo ser senciente é composta por uma pluralidade de grupos de forças ativas e reativas – subindivíduos impessoais, por assim dizer – que puxam em diversas direções.[95] De forma geral, isso ocorre em níveis subconscientes, embora os conflitos internos costumem aflorar na superfície da consciência. Óbvio que todos esses subindivíduos são movidos pela vontade de poder, e por isso podem estar "em guerra" uns com os outros. Todavia, em última análise, alguns vão sair mais fortes do que outros e com isso vão se estabelecer como dominantes e ativos, em oposição a seus equivalentes dominados, reativos. Portanto, a vontade de poder não dá origem apenas a conflitos entre pessoas, mas

---

92 *Ibid.*, p. 91.

93 *Ibid.*, p. 92.

94 Considere, a esse respeito, o seguinte trecho de um dos primeiros cadernos de anotações de Nietzsche:

> "Encontrei força onde ela não é procurada: em pessoas simples, meigas e agradáveis, sem o menor desejo de governar – e, ao invés, o desejo de governar volta e meia me parece um sinal de fraqueza interior: eles temem sua própria alma de escravos e a envolvem em um manto real [...] As naturezas poderosas dominam, é uma necessidade, não precisam erguer nem um dedo. Mesmo que, durante sua existência, enterrem-se em uma estufa!" (*FP* 1880-1881, 6(209)).

95 Ver, a respeito, *ABM*, § 19.

também, e talvez de modo ainda mais importante, a conflitos *dentro* das pessoas. Dito isso, no caso da maioria dos organismos, diversos "tratados de paz" são celebrados a fim de que o organismo atue de maneira relativamente coerente e com uma unidade aparente de propósito.[96] Porém o "querer" nunca é algo simples e unitário.[97] A consciência, que em última análise oferece apenas uma visão muito superficial do que acontece no íntimo, representa a vontade como uma coisa unitária, mas, na verdade, não existe uma "vontade" unitária com volição, apenas diversos casos de "querer" produzidos por uma formidável efervescência de "vontades", cujas batalhas são travadas além da supervisão da consciência.

Logo, a vontade de poder não trata tanto "do que todos querem de fato", mas sim de "como explicar melhor toda a gama de comportamentos humanos, animais e vegetais". Para Nietzsche, isso envolve a postulação de um impulso fundamental que não pertence apenas a psiques individuais, mas à pluralidade de forças que constituem essas psiques e, ainda, os corpos dos quais são inseparáveis, em última análise.

E é aqui que a mudança para a alegação ampla de Nietzsche sobre como a natureza de tudo que há no universo pode ser caracterizada da melhor forma torna-se inevitável. Como não existe diferença qualitativa entre a composição dos reinos orgânico e inorgânico, decorre disso que ambos têm de ser redutíveis aos mesmos tipos de força. À vista disso, o mundo inteiro consiste em *quanta* de força que exibem a vontade de poder.[98]

---

96 *Ibid.*

97 *Ibid.*: "Em cada ato da vontade, há uma pluralidade de sentimentos". Ver também *GC*, § 127. Nietzsche, a respeito, repreende Schopenhauer por construir sua metafísica sobre o "preconceito popular" que diz que a vontade é uma coisa unitária (*ABM*, § 19).

98 *FP* 1888-1889, 14(81-2). Em *Nietzsche on Truth and Philosophy*, Clark procura distinguir as visões psicológicas de Nietzsche e suas supostas pretensões cosmológicas. Porém, tendo em vista o não dualismo mente-corpo de Nietzsche parece muito difícil ver por que e como o que ele fala das forças subpessoais e impessoais que constituem o corpo do sujeito (e por isso também a psique) poderia deixar de se aplicar também ao que constitui o reino inorgânico.

Fica óbvio, a partir do meu esboço sobre a psicologia da vontade de poder, que a doutrina vai além de declarar apenas o que move os organismos e faz uma afirmação sobre o que impele todas as forças que constituem a mente e o corpo de um organismo. Esse reducionismo não dualista de mente *e* corpo às unidades de vontade de poder das quais são constituídos também se estende ao reino não orgânico. O argumento de Nietzsche a favor dessa posição está exposto em *ABM*, § 36. Aqui, Nietzsche evoca o problema perene da causalidade entre matéria – objetos que são dados à percepção, nervos que recebem estímulos e assim por diante – e uma "mente" que se presume imaterial. Um relato coerente da própria possibilidade de percepção exige que a mente, por um lado, e objetos com os nervos afetados por eles, por outro, não devam ser imaginados como diferentes em termos qualitativos. Em suma, exige-se por método o não dualismo mente-corpo. Por fim, Nietzsche argumenta que, como o corpo (que inclui a mente) é reconhecidamente formado por unidades de vontade de poder, somos compelidos a supor que a postulação de tais forças também é "suficiente para se compreender o assim chamado mundo mecanicista (ou 'material')".[99] A ideia central aqui é o não dualismo. O aparato mente-corpo e os objetos que constituem o mundo são, de fato, formados pela mesma "coisa", o "mundo material" pertence "ao mesmo plano da realidade que nossos próprios efeitos" e vice-versa.[100] Dos estados psicológicos mais complexos à mais básica reação química, o que está em jogo no universo inteiro são diversas forças, todas do mesmo tipo essencial. Em virtude disso, a percepção é possível.[101] Por outro lado, também é isso que dá a Nietzsche

[99] *ABM*, § 36.

[100] *Ibid.*

[101] Em *FP* 1888-1889, 14(81-2), Nietzsche diz que sua teoria resolve o problema da causalidade. Na verdade, qualquer doutrina não dualista que defenda a "consubstancialidade" da matéria e da mente afasta o problema perene de objetos físicos que afetam uma mente/alma que se presume imaterial.

o direito de dizer que a natureza de tudo que existe no mundo, como a da mente-corpo que percebe e pensa, é a vontade de poder.

Segundo Nietzsche, descrever, compreender e explicar os diversos fenômenos físicos, químicos e biológicos que formam o mundo com base na vontade de poder constitui uma melhoria acentuada no atomismo mecanicista, ou, de modo mais genérico, no materialismo. Como o foco da biologia sobre a adaptação, o pensamento mecanicista materialista-atomista concentra-se apenas na reação e ignora toda a ação e a criação. As explicações mecanicistas apontam apenas para processos reativos. É por isso que, para Nietzsche, a teoria mecanicista só pode descrever eventos, sem jamais os explicar de fato.[102] Nesse sentido, a teoria da vontade de poder é mais abrangente, pois leva em consideração tanto as forças reativas quanto as ativas. Por isso, pode ir além da mera descrição de eventos no que diz respeito à reação, explicando-as com base nos conflitos entre diversas forças que testam continuamente a potência das demais.

Ainda em relação a isso, há uma segunda razão para privilegiar a vontade de poder como filosofia da natureza.[103] Nietzsche descreve o átomo e a matéria, em termos gerais, como as sombras de Deus.[104] Pensar com base na matéria é pensar com base em uma Substância inerte, estática e duradoura. Logo, pensar com base em átomos é pensar com base no que ainda "permanece imóvel".[105] Como filosofia da natureza, a vontade de poder não reconhece nenhuma "coisa" substancial, nenhuma "entidade", nenhum "ser". Reconhece apenas processos e eventos, compreendidos em relação a forças. Suas questões não têm a forma "o que é isto?", mas "o que está acontecendo aqui?" e, de modo

---

[102] *FP* 1885-1887, 2(76).

[103] Sobre as fontes científicas de Nietzsche para a doutrina da vontade de poder como alternativa ao atomismo e ao materialismo, ver Janaway, *Beyond Selflessness*, pp. 159-160, e G. Moore, *Nietzsche, Biology and Metaphor*, Cambridge University Press, 2002.

[104] *GC*, § 109.

[105] *ABM*, § 12. Ver também *GC*, §§ 109-110.

mais específico, "como isto está acontecendo?". Ademais, a doutrina da vontade de poder em si não responde à pergunta "o que é o mundo?" (para Nietzsche, tudo "se torna", nada "é"), mas à pergunta "como ocorrem o surgimento e o desaparecimento – ou seja, o vir a ser?". Nesse sentido, está por trás de qualquer metafísica do Ser. É uma *filosofia do devir* que, distinta do naturalismo convencional,[106] ultrapassou de fato o mito da Substância.

Um problema sério da doutrina da vontade de poder é que ela não parece coerente com o principal conjunto de visões negativas de Nietzsche. Como diz R.-P. Horstmann, parece difícil "evitar a perturbadora conclusão de que a doutrina de uma "Vontade de poder" compartilha todos os vícios atribuídos por Nietzsche ao pensamento metafísico em geral".[107] Ao que parece, o dilema é o seguinte: ou Nietzsche apresenta de modo involuntário mais uma metafísica do Ser, ou a teoria da vontade de poder não é uma filosofia sincera da natureza, mas uma simples demonstração de ginástica intelectual de afirmação da vida. Como minha análise vai revelar, trata-se de um falso dilema.

O principal problema da vontade de poder é que ela parece uma forma de reducionismo. Com relação ao comportamento humano, ela alega que todas as formas de comportamento e os motivos com que nós os justificamos podem, na verdade, ser redescritos de certa maneira. Tudo que fazemos é uma expressão da vontade de poder; tudo que fazemos é "motivado", por assim dizer, por um anseio subjacente de poder, mesmo quando isso está longe de ser óbvio e por certo não é vivenciado dessa forma. Em si e *de per si*, isso não é um problema. Afinal, os relatos

[106] Janaway, *Beyond Selflessness*, pp. 34-39, está certo em apontar algumas dificuldades na discussão de Leiter sobre o naturalismo de Nietzsche. Ver B. Leiter, *Nietzsche on Morality*, Londres: Routledge, 2002. Com efeito, é difícil aceitar a ideia de que há muita continuidade entre a filosofia de Nietzsche e os resultados das ciências empíricas (*ibid.*, p. 3) se, com a vontade de poder, Nietzsche afasta-se de modo radical da visão de mundo da ciência convencional.

[107] Horstmann, "Introduction", p. xxvi.

científicos convencionais também afirmam que todas as ações e todos os motivos podem se reduzir a um impulso primário, seja a busca de vantagens evolutivas, a maximização de oportunidades reprodutivas ou a transferência de genes. Mas, para um pensador como Nietzsche, o reducionismo não é uma opção. Dizer que o amor, ou a caridade, é "na verdade" a vontade de poder implica uma distinção entre "real" e "aparente". Como Nietzsche rejeita essa distinção, parece que ele não pode reduzir todas as ações e todos os motivos a um impulso primário.

Portanto, o escopo dessa objeção pode ser estendido à teoria da vontade de poder como filosofia da natureza. Ao nos dizer que a "matéria do mundo" é a vontade de poder – que todas as coisas são redutíveis à vontade de poder – Nietzsche parece apresentar uma espécie de *wahre Welt*. As coisas parecem ser o que são (cadeiras, mesas, organismos, pedras etc.), mas de fato são, em sua essência, a Vontade de Poder. A ideia, em síntese, é que o reducionismo implica realismo metafísico; implica que existe um "modo como as coisas são de fato" em si e *de per si* e uma descrição neutra do mundo, "independente da mente", que proporciona um retrato preciso dessa "Realidade". Como um pensador que rejeita a divisão entre mundo real e mundo aparente pode ser reducionista e, com isso, realista? De que forma Nietzsche pode nos falar de "como as coisas são de fato embora pareçam diferentes"? Parece haver uma inconsistência fundamental entre a doutrina da vontade de poder e a crítica à Verdade de Nietzsche. Ele próprio não argumenta que tal crítica implica o abandono da busca pelo conhecimento da Verdade e a adoção do perspectivismo?[108] Por que, então, a vontade de poder parece ser mais do que uma mera perspectiva?

Uma resposta a esse desafio seria apresentar a vontade de poder apenas como mais uma perspectiva dentre muitas.[109] Nietzsche, nessa

[108] *FP* 1885-1887, 7(60).

[109] A melhor versão dessa interpretação pode ser encontrada em *Nietzsche on Philosophy and Truth*, de Clark.

leitura, não pensou de fato que todas as coisas são redutíveis a *quanta* de força. Apenas achou que tal perspectiva sobre a natureza do mundo expressava melhor uma atitude salutar diante da vida – que descrever o mundo como vontade de poder é um gesto de autoafirmação.[110] De acordo com essa visão, descrever o mundo e a psicologia humana dessa forma não é nem mais nem menos real do que descrevê-los em termos mecanicistas; é apenas mais saudável. Portanto, a vontade de poder é apenas uma ficção que afirma a vida.

Essa interpretação de Nietzsche tem três pontos fracos. Primeiro, faz com que toda a filosofia nietzschiana pareça por completo idiossincrática e "particular". A vontade de poder fez sentido para Nietzsche, fez com que se sentisse bem, mas é o máximo que podemos dizer. Assim, podemos estudar Nietzsche como um caso psicológico, mas não como um filósofo.

Segundo, os conceitos de saúde e de afirmação da vida em Nietzsche estão ligados de perto com a doutrina da vontade de poder. Como argumentarei em breve, ela proporciona a estrutura conceitual na qual Nietzsche pensa na saúde/doença e na afirmação/negação da vida. Portanto, há algo de circular em se dizer que essa doutrina não é menos iludida do que qualquer outra, apenas mais saudável e afirmativa da vida. Logo, se a filosofia nietzschiana fosse um sistema fechado de definições idiossincráticas, circulares, não haveria problema *per si* em se dizer que o "mundo como vontade de poder" é uma perspectiva mais saudável e afirmativa da vida ao se definir saúde e afirmação da vida com base na vontade de poder. Todavia, o princípio da interpretação generosa exige que se faça ao menos uma tentativa de leitura dos pensamentos de Nietzsche como algo além de um sistema fechado de significado circular, que, na verdade, não diz nada sobre o mundo ou sobre a situação humana.

---

[110] Ibid., p. 32.

Terceiro, aquilo com que se iniciou essa interpretação, ou seja, a doutrina do perspectivismo, está, em si, intimamente ligada à vontade de poder. Se todo o conhecimento é interpretação – se há apenas perspectivas e nenhuma declaração objetiva de fato –, é justamente porque a questão do conhecimento como nexo de forças aduz sempre os interesses, sentimentos e vontades pessoais como exemplos de "conhecimento".[111] É bem por isso que não existe conhecimento – no sentido de correspondência com a verdade[112] –, só interpretação.[113] Em suma, o próprio perspectivismo é um corolário do reducionismo da vontade de poder, que reduz tanto o sujeito quanto o objeto do conhecimento a quanta de forças. Se não existe a "vista de lugar algum", é porque não existe um sujeito de consciência isolado "fora do mundo"; é porque tudo é vontade de poder e toda perspectiva, ou interpretação, é fruto de conflitos entre forças.

Isso parece nos levar na direção de uma interpretação heideggeriana de Nietzsche. Segundo Heidegger, Nietzsche deve ter enfrentado a questão metafísica. A Vontade de Poder é uma metafísica do Ser. É a resposta nietzschiana à perene questão da filosofia, ou seja, "o que é o ser?"[114] Sobre essa leitura, as visões de Nietzsche sobre o que os seres são na realidade – vontade de poder – é que o levam a seu perspectivismo.[115] Essa é uma teoria pragmática e instrumentalista do conhecimento, baseada na concepção de um sujeito de conhecimento que, como vontade de poder, interpreta de modo contínuo o mundo com base em seus interesses e sua vontade.[116]

---

111 *FP* 1888-1889, 14(186).

112 Clark argumenta de modo correto que a crítica de Nietzsche à Verdade é, de fato, uma crítica à teoria da correspondência da verdade (*Nietzsche on Truth and Philosophy*, pp. 29-61). O que ela não percebe é que a razão para não haver correspondência neutra, apenas interpretação envolvida, é bem porque tudo é vontade de poder.

113 *FP* 1885-1887, 7(60).

114 Heidegger, *Nietzsche*, vol. I, p. 12.

115 Ver, em especial, *ibid.*, vol. II, pp. 473-516.

116 A esse respeito, ver a monografia detalhada escrita por R. H. Grimm, *Nietzsche's Theory of Knowledge*, Berlim: W. de Gruyter, 1977.

Todavia, essa leitura tem um preço elevado. Implica, na verdade, que Nietzsche se enganou ao criticar a distinção entre o "mundo verdadeiro" e o "mundo aparente" – que ele era um metafísico do Ser sem perceber. Malgrado o fato de isso levar a crer que Nietzsche não tinha muita noção do que estava fazendo, essa interpretação também torna difícil levar Nietzsche a sério quando ele descreve a necessidade metafísica como expressão da fraqueza dos *décadents*.

Felizmente, essa não é a única maneira de interpretar a doutrina da vontade de poder de um modo coerente com a crítica de Nietzsche à Verdade. Portanto, é da máxima importância distinguir com cuidado a dicotomia metafísica entre o "mundo Verdadeiro/transcendente" e o "mundo aparente/imanente", por um lado, e a distinção epistêmica mais prática entre "verdade" (com v minúsculo) e "inverdade", por outro. Por certo, Nietzsche descarta o primeiro, mas não há motivo para pensar que faz o mesmo com o segundo.[117] Dizer que não existe reino transcendente do Ser – "o que é, mas não se torna" – e que, portanto, não existe Verdade (com V maiúsculo) não implica que todas as afirmações concernentes ao mundo que nos resta também são inverídicas. Fazer essa inferência seria um sinal de afastamento niilista. Certamente, todas as afirmações sobre este mundo mundano costumavam ser consideradas afirmações sobre um mundo "ilusório" e, por isso, consideradas "inverídicas" com relação à Verdade do Mundo Verdadeiro/Real. Porém, após o colapso da distinção entre mundo Verdadeiro *versus* ilusório, afirmações que descrevem o mundo (que agora não é nem

[117] Isso fica muito claro e evidente nos comentários de Nietzsche sobre religião e moral, nos quais exibe um compromisso claro com uma distinção entre a verdade e frutos da imaginação. Ver, por exemplo, *CI* VII, § 1:

> "O juízo moral possui em comum com o juízo religioso a crença em realidades que não são realidades. A moral é apenas uma interpretação de certos fenômenos – uma interpretação equivocada. Como o juízo religioso, o juízo moral pertence a um estágio de ignorância no qual ainda falta o conceito de real e a distinção entre real e imaginário: de modo que, a 'verdade', nesse estágio, designa diversas coisas que hoje chamamos de 'frutos da imaginação'".

"verdadeiro" nem "apenas aparente") podem ser consideradas bem mais verídicas do que antes se presumia serem. Sair de "não existe Verdade" (sobre o Ser, sobre o Real etc.) para chegar a "não existe verdade relativa, precisão relativa etc. acerca deste mundo de devir" é o equivalente epistêmico do salto ético do niilista passivo, que vai de "não existe o Bem" a "o mundo não tem valor nenhum". Nenhum deles é garantido.

Logo, a crítica da metafísica do *wahre Welt* não implica que seja impossível apresentar interpretações melhores ou piores sobre a maneira de compreender este mundo de devir. Tais descrições não terão o caráter robusto, determinado, das alegações sobre o Ser. Não haverá "fato da matéria" absoluto, final. Mas podemos ter perspectivas mais ou menos precisas.[118] O conhecimento de Verdades definidas será substituído por modelos interpretativos, os quais tentam explicar diversos processos com graus variados de sucesso. O mundo como vontade de poder é o modelo proposto por Nietzsche. Apresentar tal descrição do mundo do devir é uma opção para ele.

Com efeito, a vontade de poder não é uma metafísica do Ser, mas um relato do devir, ou uma "metafísica de processo" como se diz hoje em dia. Ela não alega que, por trás das aparências, as coisas de fato sentem vontade de poder. Apenas afirma que os processos que formam o mundo todo são constituídos por forças – é o que explica melhor os fenômenos que experimentamos. Esse reino "nem verdadeiro, nem aparente" do devir é um oceano de forças conflitantes em perpétuo embate e é o responsável pelo perpétuo surgimento e desaparecimento de todas as coisas. Não existe diferença qualitativa entre o que constitui entidades não orgânicas e seres orgânicos, e isso é o que explica a percepção dos objetos da assim chamada mente, os efeitos sobre o corpo da assim chamada mente etc. O impulso fundamental que governa o comportamento de um organismo não é a autopreservação ou o desejo

[118] Como escreve Nehamas, "o perspectivismo não resulta no relativismo que afirma que um ponto de vista é tão bom quanto qualquer outro" (*Nietzsche*, p. 72).

de bem-estar, mas a vontade de poder, a qual explica, entre outras coisas, por que as pessoas se mostram inquietas e insatisfeitas, mesmo quando todas as suas necessidades estão satisfeitas, e continuam a se atormentar e às demais. O assunto do conhecimento é um nexo de forças que se interpretam de modo ativo, em contato com outros desses nexos, o que explica por que todo conhecimento é interpretação e todas as "verdades" provisórias são, de fato, perspectivas. Em suma, a doutrina nietzschiana da vontade de poder é um processo metafísico não dualista que sobrevive sem as ficções gêmeas da metafísica do Ser, ou seja, o próprio Ser – o domínio da Verdade e do Bem –, e a alma – o "sopro divino", que tem acesso exclusivo à Verdade e ao Bem. Pode não ser a Verdade definitiva sobre o mundo, mas há motivos de sobra para supor que o pensamento de Nietzsche era uma interpretação bem superior à da maioria. E mais, ele tinha todo o direito de sustentar essa crença.

A doutrina da vontade de poder é a estrutura conceitual na qual Nietzsche elabora suas posições sobre o sofrimento e, mais importante ainda, sobre o modo como o sofrimento é interpretado. Como tal, constitui o pano de fundo para sua compreensão do pessimismo e por isso também da saúde e da doença.

Para começar, é importante notar que a doutrina nietzschiana é, em sua essência, uma visão de mundo heraclitiana (pessimista forte). O mundo como vontade de poder é em essência uma visão do mundo como Dioniso – um conflito interminável, mutável, no qual a guerra é, de modo bem literal, o pai de todas as coisas.[119] Em si, isso implica diretamente um pessimismo descritivo. Um mundo de conflito perpétuo é um mundo de sofrimento ilimitado. Ademais, no campo psicológico, a

[119] Que a vontade de poder como filosofia da natureza deve muito a Heráclito é sugerido em uma das palestras de Nietzsche de 1869. Nela, Nietzsche discute a visão "científica" do mundo de Heráclito. Tudo está em movimento e conflito perpétuo, nada é permanente, e toda a "realidade" consiste de trocas mutáveis de forças, as quais, cada uma à sua maneira, buscam o poder: "Em nenhum lugar se encontra uma resistência firme, pois, no final, sempre chegamos às forças, cujos efeitos comportam, ao mesmo tempo, um desejo de poder (*FPp*, § 10).

insaciabilidade do impulso fundamental na essência de nosso ser garante que a satisfação nunca irá durar. A vontade de poder não deseja nada em particular, exceto seu exercício de poder; adquirir um objeto, estabelecer o próprio controle ou dar origem a um estado particular de coisas nunca a saciarão. Portanto, insatisfação, inquietude e descontentamento são a norma.[120] Daí o pessimismo descritivo.

Porém, como a vontade de poder implica diretamente uma teoria de interpretação, sua principal importância não está no sofrimento em si, mas na maneira como o sofrimento é construído. Interpretar consiste em dar sentido a uma coisa. É o resultado de um nexo específico de forças que constituem determinado fato, objeto ou estado de coisas[121]

---

[120] Comparar com a observação de Schopenhauer sobre a falta de fundamentos de sua Vontade em *MVR* I, § 57. Nietzsche pode concordar com Schopenhauer em relação a esse ponto, embora discorde dele no que diz respeito à Vontade como coisa em si e à ideia da vontade como algo unitário.

[121] Nietzsche alega que não existe "coisa" alguma *antes* dessa constituição e que o objeto, "coisa" ou "fato" é construído inteiramente pelo processo de interpretação (*GM* II, § 12). Mas essa posição não deve ser construída como subjetivismo radical, muito menos como idealismo. Há aqui duas ideias importantes. Primeiro, a implicação das posições de Nietzsche é que a definição, o significado e a função de uma "coisa" em particular nunca refletem suas supostas propriedades "independentes da mente", mas surgem da relação dinâmica entre a "coisa" em questão e o intérprete. Como explica Nehemas, o perspectivismo não é bem uma "teoria tradicional do conhecimento como a visão de que todos os esforços para conhecer também são os esforços de pessoas específicas para viver modos de vida específicos por motivos específicos" (*Nietzsche*, p. 73). Segundo, a ideia de Nietzsche é que o mundo não é bem formado por coisas, mas por processos e eventos. Lidar com o mundo, porém, exige que organizemos e categorizemos uma realidade flutuante de devir sempre dinâmica, segundo linhas de categorias estáticas, mais ou menos restritas. Diversos grupos de processos e eventos, os quais costumam aparecer em sequências específicas, recebem assim nomes e definições particulares, construídos como "coisas" estáticas em relações causais específicas, por exemplo a semente, a muda, a árvore. A ideia é que, como existem apenas processos e eventos, os limites entre as assim chamadas coisas são sempre um tanto arbitrários ou convencionais. De modo mais específico, a forma com que um conjunto de eventos é constituído como uma "coisa" reflete as necessidades e o caráter do sujeito que o constitui. O que está em jogo aqui é a "vontade de inverdade" no coração de toda interpretação. Discuto mais a fundo essa característica essencial da vontade de poder a seguir.

com base em uma perspectiva que reflete seu caráter fundamental como nexo de força.[122] O pessimismo da fraqueza, portanto, expressa a maneira pela qual tipos fracos, reativos em essência, interpretam a realidade do sofrimento ilimitado e sem sentido. Reflete o significado atribuído por tipos reativos à natureza ilimitada do sofrimento.

Com efeito, a tipologia de forças em um corpo – ativas *versus* reativas – estende-se a uma tipologia de tipos fundamentais de pessoas. Os *décadents* são pessoas constituídas por feixes de forças em conflito permanente – é por isso que estão em declínio.[123] Como resultado de intermináveis conflitos interiores, eles não têm a força necessária para lidar de maneira ativa e criativa com o mundo exterior. Na economia geral de forças do mundo, são, portanto, partes reativas. Sua resposta ao sofrimento interminável encontrado no mundo consiste em reagir a ele dizendo-lhe não, declarando-o maligno e denunciando-o, inventando um Mundo Verdadeiro/Real antitético todo desprovido de conflito e de sofrimento. O elemento moral no pessimismo do fraco é o gesto de reação *par excellence*.

Como tal, é uma expressão distinta da vontade de poder. Ao comentar sobre o *décadent* niilista que anseia pelo grande Nada, Nietzsche explica que "a vontade humana [...] *exige uma meta*; prefere *o vazio* a *não* ter vontade alguma".[124] Como os *décadents* são fracos demais para produzir para si mesmos qualquer propósito neste mundo – uma vez que consideram exaustivo, difícil e doloroso demais lidar verdadeiramente com o mundo tal como ele é –, o único objeto possível de seu desejo é um não mundo, ou seja, Deus, o Ser ou o Real. É claro que o próprio objeto de seu desejo exibe ao mundo sua atitude toda reativa. O desejo de pôr fim ao sofrimento (e com isso à própria vida), de atingir um estado sem dor (sua versão de prazer), sua veneração ao Nada como o *summum bonum* – em

122 *FP* 1885-1887, 7(60), *ibid.*, 1888-1889, 14(186), e *GM* II, § 12.

123 *CI* II, § 11. Ver também *A*, § 17.

124 *GM* II, § 1.

suma, seu pessimismo da fraqueza –, tudo isso deve ser explicado com base em sua vontade de poder e sua reatividade radical.

Mas a análise de Nietzsche vai além disso. Seria um erro pensar que tudo que provém do pessimismo da fraqueza dos *décadents* declara guerra à vida.[125] Na verdade, a ascensão do niilismo *décadent* e de suas ideologias, os quais negam a vida, constitui uma gigantesca tentativa, por parte das forças reativas, de manterem o controle das forças ativas. Isso se aplica às forças reativas tanto nos indivíduos quanto entre eles. Lembre-se de que o *ressentiment* é a força poderosa e prenhe pela qual os *décadents* se tornam criativos, à sua maneira. De forma mais específica, é ela que lhes permite criar valores e impô-los ao mundo e às suas partes rebeldes que ainda desejam a vida. É assim que as forças reativas, antes dominadas, tornam-se dominadoras. Trata-se de um tipo de vida tentando dominar outros tipos de vida.

No que diz respeito aos grupos, a disseminação de ideologias niilistas permite a tipos fracos criarem condições espirituais, sociais, políticas e culturais nas quais podem não só sobreviver e proliferar, como dominar.[126] Essa função dupla é prestada por todos os desdobramentos da mentalidade niilista – a idealização do *wahre Welt* do Ser e o dizer não ao mundo que se supõe "imanente" do devir, o cultivo e a institucionalização da culpa e do autodesprezo, a difusão da moral do escravo para todas as camadas da sociedade etc. Isso empobrece a vida e cria, assim, condições para que um tipo específico de vida – a vida do *décadent* – fique mais suportável e disseminada.[127] Alimentadas pelo *ressentiment* e seu rancor, permitem que o *décadent* se torne um tipo dominante, não só em números, mas também em qualidade, mediante a tirania moral sobre tipos fortes, afirmativos e criativos. Sendo assim, esses desenvolvimentos ideológicos manifestam a vontade de

---

[125] *Ibid.*, § 13.

[126] *Ibid.*, § 14.

[127] Esse é o drama permanente que Nietzsche descreve em *GM* III.

poder dos tipos fracos e reativos. São pró-vida (pró-vida *décadent*) ao ser antivida.

Talvez ainda mais importante: no que diz respeito à "vida interior" da pessoa, a moral niilista *décadent* da anulação permite que as forças insalubres e reativas dentro da pessoa combatam e dominem as forças ativas, pró-vida, que também funcionam no interior. É nesse sentido que Nietzsche descreve a *décadence* como a necessidade de "lutar contra os instintos" (com o que se refere a instintos ativos, promotores da vida).[128] É assim que as forças reativas passam de dominadas a dominantes em um indivíduo. Por meio da culpa, da vergonha e do remorso, com as receitas de autodepreciação e de autoenfraquecimento da moral da anulação, as forças ativas e criativas que restam no íntimo do *décadent*, dispostas a lidar deveras com a vida, são destruídas. Mais uma vez, isso é obra da vontade de poder de forças reativas que buscam expandir seu controle sobre forças muito ativas que deveriam coordená-las e dirigi-las.

No pensamento nietzschiano, a *décadence*, o *ressentiment*, a invenção do *wahre Welt* e a moral da anulação são explicados com base na vontade de poder. E na base de tudo isso encontra-se o pessimismo do fraco, essa interpretação ou resposta fundamentalmente reativa à realidade do sofrimento ilimitado. É isso que, como resultado da fraqueza fundamental dos *décadents*, constrói o sofrimento como um problema, como um argumento contra a vida e como algo a ser removido.

O pessimismo da força, claro, também é uma expressão da vontade de poder. Mas é a interpretação do sofrimento que indica o predomínio de forças ativas em um indivíduo. O tipo saudável de Nietzsche é uma pessoa na qual forças criativas, ativas, doadoras de forma controlam as forças reativas. É nesse sentido que ele é um tipo saudável em essência, bem apresentado. Ao se defrontar com o sofrimento, o pessimista forte

---

[128] *CI* II, § 11.

e saudável não se poupa dos problemas mais profundos. Mantém-se aberto ao maior dos temores e rejeita qualquer apelo a um mundo do Ser além do devir e, com isso, a todos os falsos otimismos. Ele acolhe o sofrimento de bom grado. Logo, cria condições para se tornar mais forte e mais saudável, pois, ao contrário do que ocorre com o *décadent*, "o que não o mata o torna mais forte". Com efeito, expondo-se ao maior dos sofrimentos pelo reconhecimento aberto e incondicional do sofrimento insensato do mundo, o pessimista forte, como tipo saudável/ativo, posta-se diante do maior estimulante, do mais desafiador "chamado para a vida". É disso que ele precisa para atingir o cume da grande saúde, para ficar o mais forte possível. Por fim, a declaração afirmativa da vida do pessimista forte – "a vida é bela", diante de todos os seus horrores e tumultos – é sua vontade ativa de poder superando a resistência envolvida na abertura rude do pessimismo ao sofrimento e obtendo a vitória sobre o que, de outro modo, levaria à derrota, à negação da vida, tal como ocorre no caso do tipo fraco/reativo.

É de crucial importância ver que a ascensão do pessimismo, tanto da fraqueza quanto da força, são processos do mesmo tipo fundamental. Com efeito, na teoria nietzschiana da vontade de poder, a própria dinâmica que atua no comportamento do *décadent* reativo e do tipo saudável e ativo é governada por uma lei fundamental que regula todo o devir na qualidade de vontade de poder. É a lei da autossuperação.

A expressão "vir a ser", explica Nietzsche, deve ser compreendida como "superar a si mesmo".[129] A autossuperação é que explica a natureza fundamentalmente dinâmica de todas as coisas (ou de todos os processos, em termos mais estritos). Ou as coisas crescem e se desenvolvem, ou desaparecem, dependendo do contexto, mediante a superação e a destruição de sua própria forma anterior. A fim de compreender essa

[129] *FP* 1885-1887, 7(54).

ideia, basta pensar na destruição envolvida na transição entre semente e muda, entre estrela e supernova ou entre criança e adolescente – esta última é uma destruição e uma perda muito dolorosa para os pais, que às vezes enlutam pela criança "morta". Em suma, é o princípio segundo o qual tudo passa a existir e acaba se desintegrando. Nesse sentido, a autossuperação é o caráter fundamental da vontade de poder. É a operação por meio da qual as forças ampliam seu escopo de controle e adquirem, com isso, o "poder" pelo qual, por natureza, sentem "vontade".

Embora ilustrativos, os exemplos simples que apresentei acima são um pouco enganosos. É que Nietzsche está, acima de tudo, interessado na autossuperação no domínio da ideologia e da psicologia, e não no mundo físico. Como mencionei no Capítulo 1, no campo macro da ideologia, a autossuperação é ilustrada pela derrocada do dogma cristão nas mãos da moral cristã.[130] A morte de Deus é fruto da veracidade cristã que se tornou probidade científica.

Segundo Nietzsche, há três resultados possíveis para a autossuperação do cristianismo. O primeiro é a sobrevivência do cristianismo na forma de uma fé anticristã e ateia na aparência, mas na verdade ultracristã, na ciência e em diversas ideologias seculares. A ciência continua a exibir suas raízes cristãs reativas mediante a obsessão pela Verdade, a perpetuação do mito da Substância – o átomo, ou partícula, matéria etc., todos como sombras de Deus – e a fé na Razão. Ideologias seculares (direita e esquerda) exibem as raízes cristãs mediante seu racionalismo e seu otimismo ou milenarismo (o fim da história). Nesse cenário, o otimismo ilusório e *décadent* do cristianismo sobrevive à autossuperação do cristianismo. Ademais, o niilismo cristão não será superado, e muito menos percebido. Em última análise, o que está no coração do cristianismo se fortalece com sua autossuperação.

---

[130] *GM* III, § 27. Ver também *GC*, § 357.

O segundo resultado possível é o desnudamento da negação da vida no coração do cristianismo (bem como de sua prole otimista, ateísta) na forma de um Novo Budismo. Nele, uma metafísica delusória e o otimismo perecem de vez, e o *décadent* se defronta com o fato nu do sofrimento do mundo, insensato e ilimitado a ponto de desesperar, e com sua falta de valor, sentido e propósito intrínsecos etc. O resultado será uma ética voltada para a grande saúde da não existência, ou seja, o *nirvāṇa*. A moral da anulação se mantém, mas em uma forma mais sóbria, moderada e menos ofensiva. A *décadence* vai continuar a consumir a saúde da Europa. Aqui, a negação da vida no coração do cristianismo vai, mais uma vez, sobreviver à sua autossuperação. E mais: vai adotar uma forma ainda mais forte e convincente.

O terceiro resultado é a total superação da negação da vida e do *ressentiment* no cerne do cristianismo e de outras religiões e movimentos niilistas. Aqui, a autossuperação do cristianismo por meio de sua veracidade será uma oportunidade para que tipos saudáveis e espíritos livres arranquem o manto da condenação mundana em que o mundo ficou envolvido e com o qual foi sufocado. Daí a ética nietzschiana de afirmação da vida como inversão do que todas as morais até então têm pregado,[131] ou seja, o julgamento "a vida é maligna". Trata-se da própria "autossuperação do niilismo", que Nietzsche define como "dizer sim a tudo que antes era negado".[132] A mesma sensação temível de falta de valor e de mérito que lança os *décadents* ao desespero frio de um Novo Budismo é interpretada aqui pelo espírito livre e saudável como uma oportunidade de reabilitar o mundo e de criar novos valores baseados na afirmação da vida. Aqui, o cristianismo se destrói todo no processo de autossuperação.

---

[131] Nesse sentido, Nietzsche fala da "autossuperação do moralista em seu oposto – em *mim*" (*EH*, "Warum ich ein Schicksal Bin", § 3).

[132] *FP* 1885-1887, 9(164).

No domínio micro da psicologia individual, a autossuperação se mostra com grande clareza na batalha travada pelas forças reativas contra o que resta de forças ativas no *décadent* por meio da moral da anulação.[133] Levando-as a se superar dessa forma, os valores e o comportamento dos *décadents* são fundamentais para aumentar o poder das forças reativas em seu íntimo. A autossuperação também se dá na batalha que os tipos reativos travam contra todas as forças ativas por intermédio da ética da negação da vida e da difamação de tudo no mundo que é saudável, criativo, ativo e que promove a vida. Com efeito, o que testemunhamos aqui, segundo Nietzsche, é a vida superando a si mesma por meio da proliferação e do controle de tudo que é contra a vida.[134]

De forma mais fundamental, porém, o pessimismo da fraqueza que se encontra na raiz de todos esses desenvolvimentos niilistas é, em si, obra de autossuperação. O tipo reativo, fraco, vivencia o sofrimento em geral como um revés, como uma diminuição de força. Diante de um fato temível - o sofrimento é insensato e ilimitado, o tipo mais atormentador de todos –, seu desespero revela-se imensurável. Mas nem tudo está perdido. Com efeito, a vontade de poder dos tipos reativos manifesta-se como esse efeito potente, criativo, quase doentio, ou seja, o *ressentiment*. Animados pelo *ressentiment*, superam seu temor paralisante. Deduzem, do fato de que o mundo está repleto de sofrimento, a implicação moral ressentida de que o mundo não deveria existir. Atacam e condenam a vida, inventam ficções de *wahre Welt*, institucionalizam a culpa e a moral da anulação, veneram o grande Nada da Não Dor como

---

[133] Daí o uso frequente feito por Nietzsche da palavra "autossuperação" com referência a morais que negam a vida ou o eu, em especial em *AR*, § 183, *GM* III, § 16, e *FP* 1885-1887, 1(129).

[134] Ver, a esse respeito, *GM* III, § 13. Em *CI* V, § 5, Nietzsche explica, de modo similar, que "mesmo essa moral antinatural que concebe Deus como o contraconceito da vida é apenas um juízo de valor da vida", embora seja uma "vida decadente, enfraquecida, cansada, condenada".

Deus etc., a ponto de acolherem abertamente uma ética de negação da vida voltada de modo claro para a extinção quando suas fantasias metafísicas desmoronarem sob seu próprio peso (budismo). Em suma, o caráter moral do pessimismo da fraqueza, movido pelo *ressentiment*, é uma manifestação da tentativa dos *décadents* de superar seu temor diante do sofrimento ilimitado do mundo. Isso é obra da vontade de poder na qualidade de vontade de autossuperação.

Todavia, a autossuperação não se limita apenas a forças reativas. No intuito de se manter saudável, o tipo saudável deve superar sempre as forças reativas – os tipos doentios subpessoais, por assim dizer – que não são menos parte de seu ser do que as forças ativas predominantes.[135] Isso também é uma forma de autossuperação.

Nesse sentido, o pessimismo da força do tipo ativo e saudável é bastante revelador. Enfrentar o sofrimento em toda sua insensatez e vastidão constitui a oportunidade suprema de que dispõe o tipo saudável para se superar da maneira mais cabal. Submeter-se a esse sofrimento imenso – pânico e horror diante da realidade do próprio sofrimento ilimitado – é o maior dos testes de força. É que há forças *décadents* até no tipo mais saudável. A possibilidade de desenvolver o *ressentiment* contra a existência é real para qualquer pessoa. Há forças reativas em ação, sempre prontas para se rebelar em qualquer organismo, mesmo nos de melhor constituição. Confrontando-se com o devir e seus horrores insensatos de frente, com um olhar firme, o tipo saudável cria as condições ideais para que as forças reativas em seu íntimo se tornem dominantes. De certo modo, ele flerta com o risco de desenvolver o *ressentiment* contra a realidade – o ódio da realidade. Ele se expõe ao perigo de descer ao pessimismo do fraco, à *décadence*, à condenação do mundo etc. Mas se as forças ativas em seu íntimo tiverem sucesso na superação dessa reatividade, na celebração da vida não apenas apesar,

---

[135] Ver, a esse respeito, Kaufmann, *Nietzsche*, p. 131.

mas por causa da vastidão e da insensatez do sofrimento, terá superado com êxito o maior de todos os obstáculos. Essa é a maior demonstração de força, a saúde mais vigorosa, a maior das vitórias. É a flor que desabrocha e coroa o pessimismo do forte. Essa afirmação completa do sofrimento, essa afirmação completa da vida, é isso que Nietzsche chama de *amor fati*. Corresponde à completa superação do *ressentiment*, da culpa e da negação no tipo saudável. Como tal, é a mais profunda autossuperação – obra da mais ativa e dominante vontade de poder, que deseja a vida e deseja o sofrimento.

Por fim, deve ser dito que, em ambos os casos – o da crise niilista e o da resposta ao pessimismo descritivo –, o *décadent* e o tipo saudável defrontam-se bem com a mesma situação. Em um dos casos, é a crise da falta de valores; no outro, o pânico e o horror diante de um mundo de incessante conflito e sofrimento. É por isso que essas situações representam o desafio supremo para o tipo saudável – são exatamente o tipo de situação na qual os *décadents* se desesperam e acolhem com vigor a negação da vida. O tipo saudável quer se aproximar ao máximo da *décadence*, talvez até para saborear a *décadence* e o *ressentiment*.[136] Dessa maneira, ele pode se superar de modo mais pleno.

Resta ainda algo importante a ser comentado sobre os casos paralelos macro/micro da crise niilista e do temor diante do pessimismo descritivo. As formas mais diferentes de autossuperação que ocorrem entre tipos saudáveis e tipos doentios são, mais uma vez, uma questão de interpretação da falta de valores e do sofrimento. A "situação" é a mesma. O que leva a resultados distintos é a maneira como essa situação é construída. Portanto, há um vínculo íntimo entre tipos de interpretação e modos de autossuperação.

---

[136] Ver, a esse respeito, os comentários de Nietzsche sobre ser tanto um *décadent* quanto o oposto de um *décadent* e sobre como flertar com a doença é essencial para obter uma grande saúde (*EH*, "Warum ich so weise bin", § 2).

Qualquer interpretação, qualquer atribuição de significado, para Nietzsche, envolve uma falsificação. Assim, como teoria de interpretação, a vontade de poder deve ser caracterizada como a "vontade de inverdade"[137] ou a "vontade de ilusão".[138] Como tal, há, tanto no pessimismo do fraco quanto no pessimismo da força, uma grande mentira sobre o mundo. Essas mentiras é que dão, tanto à negação da vida quanto à afirmação da vida, sua força ética e seu caráter como modos de autossuperação.

A falsificação por meio da simplificação é parte do que torna possível a vida em um mundo de devir. "A inverdade", explica Nietzsche, é uma "condição da vida".[139] É que o conhecimento não é possível em relação ao devir; o conhecimento é o conhecimento de coisas estáticas.[140] Portanto, as diversas interpretações que constituem o conhecimento de um mundo de objetos fixos constituem uma diversidade de falsificações. Mas a falsificação a que Nietzsche se refere não é a produção de uma "aparência" falsa em contraste com uma realidade "verdadeira" em "si mesma". A ideia é que o dinamismo inerente ao mundo do devir e a instabilidade dele são adulcorados e simplificados na produção do conhecimento.[141] Mediante a reificação e a hipóstase, formamos à nossa

---

[137] *ABM*, § 59. Ver também *FP* 1885-1887, 38(20), *ibid.*, 1882-1884, 20(63) e (295).

[138] *FP* 1885-1887, 7(54).

[139] *ABM*, § 4. Ver também *FP* 1882-1884, 27(48), e *ibid.*, 1885-1887, 34(352).

[140] *FP* 1885-1887, 7(54).

[141] Nietzsche se manifesta pela primeira vez sobre a "falsificação" relacionada com o conhecimento em *VM*, § 1. A crítica de Williams sobre esse texto atribui a Nietzsche a visão de "que 'em si' o mundo não contém [...] nada [...] digno de menção". Ver B. Williams, *Truth and Truthfulness*, Princeton University Press, 2002, p. 17. Tendo em vista a crítica nietzschiana sobre a divisão entre aparência e realidade em suas obras posteriores, por certo não é isso que ele tem em mente em *ABM* e em apontamentos tardios. Aqui, a falsificação que opera na produção de "coisas" palpáveis não falsifica a "Verdade" determinada e não fabricada das coisas como são em si e *de per si*. Com efeito, a falsificação envolve a reificação, que, na verdade, é um fluxo de devir sobre uma "coisa" ou um "ser" dotado de propriedades. A forma do conceito (um substrato ou uma substância estática, portadora de propriedades, em oposição a outra dinâmica etc.) é que é falsa, em vez de seu conteúdo.

volta um mundo de identidades, equivalências e objetos duradouros.[142] É isso que torna o mundo palpável, compreensível; é o que nos possibilita lidar com o mundo e nos dá poder sobre ele. Diante do devir dinâmico, visamos seres estáticos. Assim, podemos falar de um impulso apolíneo no cerne dos seres sencientes - o impulso de diferenciar e individuar, de reificar e de hipostatizar. Essa é a obra da vontade de poder como vontade de interpretação; é uma obra ativa e criativa. Com efeito, Nietzsche fala da falsificação bastante prática pressuposta pelos conceitos de "conhecimento" e "experiência" como atividade artística[143] - uma atividade apolínea.

A esse respeito, os tipos reativos mostram-se iludidos no que diz respeito ao elemento de fabricação em todo o conhecimento. Assim como se esquecem da hipóstase que produz o "eu", ignoram a reificação falsificadora que produz um mundo de objetos aparentemente estáveis, fixos, que "corresponde" ao conhecimento que esses tipos têm deles. Eles compreendem "eu" e "coisas" porque tais ficções são consoladoras: fazem com que o mundo pareça um universo mais ou menos previsível do Ser e de seres. É por meio desse mesmo processo de falsificação, em uma escala grandiosa, que os tipos reativos inventam um *wahre Welt* de puro Ser, todo desprovido de devir.

No tocante à negação da vida em todas as suas formas, inclusive a que ultrapassou a metafísica do eu e do Ser, a interpretação que constitui o ponto crucial do pessimismo da fraqueza é que o devir como um todo - ou seja, o mundo inteiro - deve ser compreendido e tratado "como aquilo que é maligno, enganoso e corrupto". O sentido atribuído a este mundo provém da invenção do contraconceito do Bem, ou, para

---

[142] Ver, a esse respeito, *ABM*, §§ 4 e 17, *GM* II, § 12, e *FP* 1885-1887 40(13).

[143] *FP* 1885-1887 38(2). Considere, sobre isso, os comentários de Lévi-Strauss sobre a continuidade entre pensamento mítico ou mágico e conhecimento científico e as atividades estéticas da categorização e modelização taxonômica que ambos envolvem. C. Lévi-Strauss, *La pensée sauvage*, Paris: Plon, 1962, p. 37 e ss.

teístas, de Deus. Trata-se, é claro, do resultado da vontade de inverdade dos *décadents* que alimentam o *ressentiment* e de sua invenção do Ser. Assim sendo, é criativo e artístico à sua própria maneira e nega a vida. É, como toda arte, a vontade de inverdade, a vontade de poder. O *homines religiosi*, pondera Nietzsche, deve ser incluído "entre os artistas, como sua classe mais elevada".[144] Se eles constituem a classe mais elevada de artistas, é porque encantaram o maior número de pessoas, e da maneira mais profunda, com sua arte. Isso apesar do fato de serem artistas iludidos que acreditam que suas próprias ficções são a Verdade.

O *summum bonum* no cerne da ética de afirmação da vida de Nietzsche também envolve uma grande falsificação, embora deliberada e consciente. Lembre-se de que o modelo positivo de Nietzsche para o ideal de grande saúde e afirmação da vida é o grego trágico,[145] o artista pessimista supremo. O tipo saudável e antibudista de Nietzsche é o esteta trágico, heraclitiano. O *amor fati* – seu grande anti*nirvāṇa* – é a veneração e a celebração do terrível Deus Dioniso, em pessoa. De fato, o julgamento estético positivo que constitui o coração do pessimismo do forte e leva à veneração de Dioniso exemplificada na tragédia ática é o mesmo que, em última análise, envolve a adoção da eterna recorrência no *amor fati*. Por isso Nietzsche afirma que a arte é "a única contraforça superior à toda vontade de negação da vida, a anticristã, antibudista, antiniilista *par excellence*".[146]

A arte genuína, espontânea e autoconsciente (como oposição à mera ilusão) é fruto do pessimismo da força. A estética é a essência da verdadeira saúde e da força. Como explica Nietzsche, o julgamento "isto é belo" é a forma da afirmação da vida *par excellence*.[147] Por conseguinte, o tipo saudável da filosofia positiva de Nietzsche é o artista supremo que

---

[144] *ABM*, § 59.

[145] Nietzsche opõe o "budista" ao "helênico" no que diz respeito ao sentido do sofrimento já em 1872, em *NT*, §§ 7 e 18.

[146] *FP* 1888-1889, 17(3).

[147] *FP* 1887-1888, 10(168).

representa a tragédia no *amor fati*. Para isso, ele deve considerar a totalidade do devir como o Deus Dioniso; deve estampar a falsificação apolínea, "Dioniso", no mundo.[148]

Em verdade, o que é de fato artístico na afirmação da vida e do sofrimento no *amor fati* não é apenas o julgamento estético "isto é belo", mas, mais importante ainda, é a criação e a adoção de uma nova e grandiosa ficção. Essa ficção é a tragédia da eterna recorrência. O tipo saudável de Nietzsche não é apenas um esteta, é também um artista trágico que inventa e adota a ficção suprema de que sua vida vai recorrer de forma eterna.[149] Para "amar o destino", para venerar Dioniso, antes ele deve dar um sentido, uma interpretação afirmativa da vida específica, ao objeto de sua veneração. E é aqui que sua vontade de poder como vontade de inverdade entra em jogo. Como explica Nietzsche:

> *Estampar* o devir com o caráter do Ser – essa é a *vontade de poder* suprema [...]
>
> Que *tudo recorra* é a maior *aproximação possível de um mundo de devir para um do Ser*.[150]

Com a ficção da eterna recorrência, o tipo saudável de Nietzsche proporciona ao mundo do devir o caráter do Ser, que, afinal, é o que a vontade de poder como vontade de interpretação/significado sempre

---

[148] Do ponto de vista da dicotomia apolínea-dionisíaca, é verdade que o Dioniso de *NT* e o Dioniso de obras tardias não é bem o mesmo personagem. A esse respeito, Kaufmann argumenta que o dionisíaco, no início "concebido como um fluxo de paixão ao qual o princípio apolíneo de individuação pode dar forma", mais tarde cedeu lugar a uma pós-zarathustrista "união entre Dioniso e Apolo: um anseio criativo que dá forma a si mesmo" (Nietzsche, pp. 281-282). De fato, com a vontade de inverdade, o apolíneo nas obras tardias de Nietzsche torna-se uma característica essencial do dionisíaco.

[149] Para uma discussão detalhada sobre não haver motivo conclusivo para acreditar que Nietzsche acolheu com efeito a teoria da eterna recorrência como doutrina cosmológica, ver Nehamas, *Nietzsche*, pp. 143-150.

[150] *FP* 1885-1887, 7(54).

faz em uma escala menor. Ao adotar Dioniso dessa forma, o tipo saudável pronuncia um poderoso sim não só à vida, mas também a si mesmo. Com efeito, o tipo saudável se torna um "ser" mediante o mito trágico da eterna recorrência – ele se torna duradouro e "fixo" por meio da eterna recorrência.[151] Desse modo, o grande artista reafirma as ficções apolíneas gêmeas do eu e do Ser, mas segundo uma perspectiva que afirma a vida de modo particular. A vida é afirmada como o Ser "Dioniso", e ele também se afirma como um Eu de eterna recorrência.[152]

Afinal, é isso que o tipo saudável precisa fazer. Primeiro, levar em conta a possibilidade da eterna recorrência, e com ela a repetição perpétua de todas as tristezas e os problemas pessoais, é o maior desafio que pode haver. É o obstáculo mais difícil – o que apresenta o maior risco de se cair no desespero, de se dizer não. Logo, é isso que o tipo saudável precisa enfrentar no intuito de conseguir a autossuperação. Segundo, no campo psicológico, a vontade perpétua de reviver a vida exatamente como ela se desenrolou e como irá se desenrolar permite ao tipo saudável subverter por completo toda e qualquer forma de culpa, de vergonha ou remorso. Nesse sentido, querer que tudo se repita é essencial para superar a aceitação e a resignação e chegar à celebração e à afirmação sem culpas.[153] Ao remodelar o devir como uma forma de

---

[151] É isso que leva Nehamas a descrever a eterna recorrência como, mais do que qualquer outra coisa, "uma visão do eu" (*Nietzsche*, p. 150). A discussão de Nehamas sobre a eterna recorrência em relação à construção da própria identidade e da "vida eterna" do indivíduo é bem reveladora nesse sentido (*ibid.*, pp. 150-169).

[152] O ideal de Nietzsche no que diz respeito ao eu encontra expressão precoce no seguinte fragmento: "Vamos imprimir o emblema da eternidade em nossa vida! Esse pensamento contém mais do que todas as religiões, que condenaram esta vida como efêmera e que nos ensinaram a depositar nossas esperanças em uma outra vida indeterminada" (*FP* 1881-1882, 11(159)).

[153] É nesse sentido que o *amor fati* nietzschiano não é o ideal do estoico. O sábio estoico não é um artista. Ele aceita o sofrimento e sua necessidade com dignidade, mas não lida dinâmica e esteticamente com o mundo. Em seu desejo de "viver de acordo" com a Natureza, em contraste, ele almeja a estaticidade e a firmeza (*ABM*, § 12). Há um niilismo latente aqui, ausente no ideal de Nietzsche. Ver, a respeito, a discussão de

Ser e de seu próprio eu, contingente e desnecessário, como um Eu de eterna recorrência, o tipo saudável, artístico, inventa o objeto de seu amor e veneração, de seu *amor fati*, o qual afirma a vida e o eu.

Entretanto, há uma diferença fundamental entre a falsificação artística do tipo saudável de Nietzsche e a do teísta niilista. As ficções gêmeas do *amor fati* – a falsificação da transformação em Dioniso como Ser e a ficção do Eu sempre recorrente – são encenadas por um artista bastante ciente da falsificação na qual está envolvido. Portanto, a ironia tem um papel vital no *summum bonum* do tipo saudável.[154] No *amor fati*, tanto Dioniso – o "que recorre de forma eterna" – quanto o Eu fixo, obrigatório, são aceitos e celebrados, mas o tipo saudável nunca se esquece de que se trata de ficções. Ele os acolhe com ironia, sabendo muito bem que são suas criações, suas invenções. É assim que ele se torna, de forma literal, o artista de seu destino (*fatum*). Essa é a mentira consciente com a qual "se chega a ser o que se é".[155]

Em suma, o ideal do *amor fati* de Nietzsche é moldado no exemplo do grego trágico, heraclitiano, que se dirige ao sofrimento e deseja o sofrimento como condição para crescer. Essa é a expressão suprema da

---

Deleuze sobre a diferença em relação à afirmação do asno, apenas uma afirmação dionisíaca "montada" e "pura" que envolve um elemento de criação (*Nietzsche*, pp. 174-75). Na minha leitura, o estoico é uma besta.

154 Heidegger não capta a ironia do tipo saudável que adota a eterna recorrência no *amor fati* (*Nietzsche*, vol. I, p. 465 e ss). Como artista, o tipo saudável, que dá o significado "Dioniso" à massa de devir que forma o mundo, sabe que falsifica o devir ao estampá-lo com o caráter do Ser. Portanto, não há razão para acreditar que Nietzsche deseje de forma sincera reinstituir o Ser com a ideia da eterna recorrência, ainda mais porque sua assim chamada "posição metafísica fundamental" está "no fundo do próprio oposto [do 'ateísmo']" (*ibid.*, vol. I, p. 471). Embora o *amor fati* seja mesmo a veneração de Dioniso, de forma alguma Nietzsche propõe um novo teísmo. Contra Heidegger, acolher a eterna recorrência no *amor fati* é um gesto irônico. Como qualquer artista não iludido, o tipo saudável sabe que sua criação não é real.

155 Esse é o subtítulo da pseudoautobiografia de Nietzsche, *EH*. Enfatizo o "é" porque o tipo saudável sabe que nunca "é", apenas "torna-se". Por óbvio, isso faz parte do ingrediente essencial da ironia no *amor fati*.

grande saúde, definida com base no predomínio das forças ativas, criativas, formativas presentes no homem. Por meio do pessimismo robusto do forte, o tipo saudável de Nietzsche deseja o maior de todos os sofrimentos – o que fez de Heráclito um herói e dos gregos trágicos, gênios artísticos –, ou seja, o temor e o horror diante da vastidão e insensatez do sofrimento e do conflito em um mundo de perpétuo e insondável devir. Trata-se do teste supremo da força, pois esse temor sugere que forças reativas, as quais negam a vida, venham à tona e criem as condições ideais para a proliferação do veneno do *ressentiment*. Ao superar o grande desafio de olhar para este mundo monstruoso com olhar firme e, ainda assim, declará-lo "belo" e não "maligno", o tipo saudável assegura a maior das vitórias sobre tudo que há de reativo e *décadent* em seu íntimo. Essa é a maior das autossuperações, a mais exaltada manifestação da vontade de poder.

A afirmação do sofrimento do tipo saudável assume a forma do acolhimento à eterna recorrência no *amor fati*. Diante da perspectiva de repetição perpétua de toda a própria existência, com todas as suas mazelas e seus erros, a eterna recorrência é a visão mais brutal do pessimismo da força. Ao acolhê-la, o tipo saudável supera o maior dos horrores e afasta todo e qualquer traço de culpa. Diz sim para a vida e para tudo que foi, é e será. Na forma da eterna recorrência, o devir assume o caráter do Ser, ou o Deus Dioniso, e o tipo saudável trágico "torna-se o que ele é", como um Eu duradouro, fixo. É por meio da adoção irônica dessas ficções deliberadas e conscientes que o tipo saudável, como artista, atinge a mais alta saúde do *amor fati*. É desse modo que ele ultrapassa a resistência e a resignação com o sofrimento, acolhendo-o, afirmando-o, celebrando-o e desejando-o.

A ética nietzschiana de afirmação da vida forma um todo coerente. Sua visão do *amor fati* como a afirmação absoluta do sofrimento mediante a adoção da eterna recorrência parece apresentar uma verdadeira alternativa afirmativa da vida à fuga do sofrimento do pessimismo fraco do budismo. Entretanto, há dois trechos enigmáticos no tardio *EH* de Nietzsche que parecem contradizer sua visão. Ao discutir *NT*, Nietzsche declara que a tragédia vai renascer quando a humanidade aprender a se submeter às maiores provações "*sem sofrer com elas*".[156] Ao fazer eco com essa alegação algumas páginas adiante, Nietzsche alude ao *amor fati* e o descreve como não sofrer com "o que é necessário".[157] Essa segunda passagem é bem surpreendente. O *amor fati* consiste de modo preciso em acolher todas as coisas como se elas estivessem interconectadas e fossem necessárias.

Afinal, tudo está incluído na eterna recorrência do mesmo.[158] Assim, se o *amor fati* do tipo saudável, que consiste em adotar tudo como necessário, também envolve não sofrer com o que é necessário, decorre daí que não se trata de sofrimento. Mas o tipo saudável não é animado pela vontade de sofrer? O sofrimento não é uma condição para sua grande saúde e sua força? O budista não é aquele que deveria ansiar pela cessação do sofrimento? Como o *amor fati* pode envolver a cessação do sofrimento se, conforme se supõe, o *amor fati* e o *nirvāṇa* são diametralmente opostos? Ou será que o *amor fati* e o *nirvāṇa* não são tão opostos quanto Nietzsche imaginava? A fim de responder a todas essas perguntas, será necessário recorrer à visão de grande saúde do Buda indiano.

---

[156] *EH*, "Warum ich so gute Bücher schreibe"; *NT*, § 4.

[157] *Ibid. GC*, § 4.

[158] *GC*, § 341. Ver também *NW*, "Epilog", § 1: "O que minha natureza mais íntima me diz é que tudo que é necessário, visto de cima e no sentido de uma *grande* economia, também é útil em si – não deveria ser apenas tolerado, deveria ser amado [...] *amor fati*".

Capítulo 4

O nirvāṇa e a cessação do sofrimento

É em oposição ao contramodelo do ideal do *nirvāṇa* de Buda que Nietzsche expressa seu ideal do *amor fati*, afirmando a vida. À meta de atingir grande saúde, caracterizada pela negação do sofrimento, negando a vida, ele opõe a meta da grande saúde que afirma a vida, caracterizada pela afirmação do sofrimento. No Capítulo 3, o ideal do *amor fati* foi examinado de forma independente, por mérito próprio. Agora, o mesmo deve ser feito com o *nirvāṇa.*

Coberto esse território, será possível começar a avaliar com clareza a dicotomia negação *versus* afirmação da vida em Nietzsche e, nesse processo, refinar nossa compreensão do papel do sofrimento na ética pós-teísta de grande saúde do Buda indiano e do (Anti)Buda europeu. Mas antes de podermos fazer um trabalho comparativo adequado, é necessário examinar ambos os termos da comparação de forma isolada e em seus próprios méritos. Portanto, este capítulo começa com uma exploração profunda da psicologia moral de Buda com base exclusiva nos textos budistas, e não pela lente da interpretação de Nietzsche, como feito no Capítulo 2.

De acordo com a filosofia budista, o *nirvāṇa* representa um estado de saúde suprema, no qual o sofrimento cessa por completo. *Nirvāṇa* significa literalmente "apagamento" ou "extinção", como se pode dizer sobre uma chama ou o fogo. Portanto, é razoável perguntar o que a extinção de uma chama poderia ter a ver com a saúde. As duas primeiras definições dadas pela Pāli Text Society em 1925 para *nirvāṇa* como termo coloquial, não técnico, proporcionam o elo perdido. Eis o que dizem as definições: "1. o apagamento de uma lâmpada ou fogo (significado popular). – 2. saúde, a sensação de bem-estar corporal (talvez, no início, a *cessação do estado febril* [...])".[1] As conotações combustiva e médica do termo *nirvāṇa* podem, portanto, sobrepor-se de modo elegante se considerarmos a febre como uma espécie de "fogo", e o estado febril como uma forma de queima.[2] Nessa interpretação, o *nirvāṇa* é um estado de saúde por corresponder à "extinção" de uma febre ardente.[3]

Qual seria, podemos perguntar de início, a natureza dessa febre? Os discursos de Buda proporcionam uma resposta clara a essa pergunta. No sentido mais estrito possível, o *nirvāṇa* corresponde apenas à "destruição da sede que se tem (*tṛṣṇā*)".[4] Assim, o *summum bonum* budista

---

1 T. W. Rhys Davids e W. Stede (orgs.), *Pāli Text Society's Pāli-English Dictionary*, Chipstead: Pāli Text Society, 1925, p. 198 (grifo nosso).

2 Comparar com o grego *pyrum* (fogo), de que deriva a palavra "pirético" ("relativo à febre").

3 De forma alguma isso implica que outras metáforas, mais comuns, na psicologia moral budista devam ser descartadas; a saber, o ideal canônico de que o *nirvāṇa* corresponde à "extinção" dos três fogos, ou "aflições", da atração, da aversão e da delusão (*SN* IV.28 e ss.). Dito isso, como este capítulo vai mostrar, há muito mais a se ganhar, em termos filosóficos, com a elaboração da analogia fogo-febre do que os usos coloquiais da palavra *nirvāṇa* na Índia Antiga parecem pressupor.

4 *SN* III.190. Ver também *AN* I.133, *SN* I.136 e diversos outros trechos. No Capítulo 2, falo de "desejo" em vez de "sentir sede" porque estava apresentando o ponto de vista de Nietzsche. De agora em diante, vou usar a expressão "sentir sede" para me valer do termo técnico budista *tṛṣṇā*, o qual, na verdade, tem um sentido bem mais específico do que a palavra genérica "desejo". Embora *tṛṣṇā* possa ser entendida apenas como "sede" (na verdade, as duas formas são cognatas), a expressão "sentir sede" transmite melhor sua natureza dinâmica.

é a sensação de bem-estar a qual se chega quando a febre ardente da sede que se tem "é extinguida".

Então qual seria a relação entre essa concepção de grande saúde e a completa cessação do sofrimento? A segunda nobre verdade do ensinamento fundamental de Buda é que o sofrimento se origina com a sede, o desejo persistente. Por conseguinte, a terceira afirma que a cessação completa do desejo provoca a cessação da sede.[5] Decorre daí que, como o *nirvāṇa* representa a cessação da sede, implica também a cessação do sofrimento. A recuperação após uma doença sempre acarreta uma forma de bem-estar caracterizada pela cessação dos sintomas dessa doença. O *nirvāṇa* não é diferente. Como recuperação da moléstia da sede, ele envolve a cessação do sofrimento.

A relação entre a saúde do *nirvāṇa* como "extinção" da febre da sede e a cessação do sofrimento como consequência da "extinção" dessa febre sugere que há alguma coisa um pouco errada na maioria das apresentações do ensinamento da nobre verdade como discurso médico. A sede, e não o sofrimento, é a doença que Buda diagnostica de fato no ensinamento da nobre verdade.[6] Com efeito, a febre ardente da sede é a condição patológica superada pelo *nirvāṇa*: o sofrimento é apenas o sintoma. Logo, o diagnóstico da condição debilitante combatida pelo budismo não está contido na primeira verdade – que apenas declara a universalidade do sintoma. Está contido na segunda verdade – a qual nos fala da origem do sintoma, ou seja, da doença em si.

Essa mudança de perspectiva com relação à psicologia moral budista torna possível apresentar uma resposta convincente a uma objeção que se costuma fazer ao ensinamento fundamental de Buda. A objeção é a seguinte:

---

5 *V* I.10-11.

6 Admito que essa afirmação vai contra não apenas a grande maioria dos comentários contemporâneos sobre a doutrina budista, mas também os relatos tradicionais nos quais se baseiam. O rigor filosófico, porém, exige que não se siga a tradição nesse ponto.

Buda afirma que o sofrimento é causado pelo desejo, de modo que a ausência de desejo leva à ausência de sofrimento. Mas isso é contrariado pela experiência, é claro. A dor que sinto quando queimo a minha mão nada tem a ver com o desejo. Do mesmo modo, mesmo que eu não tivesse desejo algum – nem mesmo o desejo de viver escapando do fogo – as chamas me feririam. O relato do sofrimento de Buda, portanto, é insatisfatório.

A resposta tradicional, padrão, a essa objeção é que é o desejo, ou a sede, que nos mantém presos ao mundo da transmigração cíclica. Como resultado, a sede é responsável até pelo sofrimento ao qual não está relacionada diretamente, e a cessação da sede de fato põe fim ao sofrimento, uma vez que encerra o renascimento.[7] Todavia, essa resposta não tem muito alcance, pois pressupõe a metempsicose. E mais, sugere que a meta budista é atingir a não existência, como inferiu Nietzsche.

Não obstante, se a sede é vista como a doença e o sofrimento como o sintoma, torna-se possível apresentar uma resposta alternativa promissora. A segunda nobre verdade não deve ser lida como uma afirmação obtusa e causal sobre a origem do sofrimento. Em vez disso, fica evidente que o sofrimento o qual o budista quer fazer cessar é um pouco mais específico do que o que se enquadra no conceito genérico da dor ou do sofrimento. Se a sede é a doença e *duḥkha*, o sintoma, temos o direito de incluir, sob o título "*duḥkha*", toda insatisfação, frustração, exasperação e dor que podem decorrer da sede, mas não temos o direito de chegar à conclusão de que toda e qualquer forma de sofrimento deve resultar, no fundo, da sede. Sobre essa interpretação, o escopo semântico de "*duḥkha*" não é tão amplo quanto o da expressão genérica

[7] Admite-se que essa resposta é coerente com a palavra da segunda nobre verdade, a qual afirma que a sede está "relacionada com o renascimento" (*punarbhāvika*) (V I.10). Mais adiante, neste capítulo, vou explicar por que seria um erro avançar demais no emprego budista de expressões pan-indianas relacionadas ao ciclo de renascimento e sua cessação no *nirvāṇa*.

"sofrimento".[8] Com efeito, representa de maneira específica a ampla família de tormentos – grandes e pequenos – os quais afligem as pessoas quando sofrem da febre da sede. Nesse caso, a segunda nobre verdade não se destina a explicar por que a chama fere meu dedo ou a lasca machuca meu pé.[9]

Não obstante, a segunda nobre verdade alega ser possível explicar uma característica muito clara da existência, ou seja, seu caráter em geral insatisfatório, se não doloroso. Portanto, um relato preliminar da etiologia budista de *duḥkha* seria algo como se segue. A febre da sede designa um modo específico de tratamento afetivo com o mundo. No discurso das nobres verdades, Buda identifica suas três formas básicas: (1) a sede por objetos do desejo, (2) a sede de que coisas surjam ou apareçam e (3) a sede de que coisas não existam, ou desapareçam.[10] Outra ideia evocada com frequência é que a febre ardente da sede se manifesta como os "três fogos" da atração, da aversão e da apatia/sonolência. Isso destaca a estrutura egocentrada (o "eu" como centro) e egoísta (o "eu" como medida de todas as coisas) do modo afetivo de engajamento caracterizado pela sede. Sob a influência dos três fogos, eu (1) desenvolvo o desejo e o apego pelo que atende a meus interesses (atração), (2) desenvolvo a raiva e o ódio por coisas que se opõem a

---

8 Por isso, de agora em diante usarei a forma sânscrita *duḥkha* em vez da expressão bem menos específica "sofrimento" para discutir ideias budistas.

9 Uso o exemplo da lasca porque meu relato de como *duḥkha* deve ser entendido permite aos budistas minimizar a aparente contradição presente em uma famosa anedota sobre o Buda histórico. A história conta como Devadatta, o primo ciumento de Buda, atirou uma pedra enorme nele. Devadatta conseguiu apenas ferir o pé de Buda, o qual foi perfurado por uma lasca da pedra. Em *SN* I.27, lemos que, embora isso tenha lhe causado dor lancinante, Buda suportou o sofrimento sem se abalar. Como Buda atingira o *nirvāṇa*, recuperou-se totalmente da sede, o que, em teoria, o impossibilitou de vivenciar *duḥkha*. E, no entanto, Buda sofreu com seu ferimento. Como isso é possível? É claro que a história é coerente com a psicologia moral budista se nos lembrarmos de que o *duḥkha* que cessa no *nirvāṇa* é bem o sofrimento causado pela sede, e não todas as formas de sofrimento e de dano físico.

10 *V* I.10.

meus interesses (aversão) e (3) mantenho-me alheio, ou indiferente, ao que não se relaciona com meus interesses (apatia/sonolência).[11]

Em resumo, a sede designa um modo de vivenciar o mundo e de lidar com ele com base em necessidades centradas no eu. A ideia geral é que sempre sinto "sede" de certos objetos, pessoas, posições, estados mentais, situações, sentimentos, resultados etc. Esse modo de relação afetiva com o mundo, alegam os budistas, é que dá origem a uma grande família de sentimentos – como descontentamento, insatisfação, desilusão, desapontamento, frustração, medo, ansiedade etc. –, os quais costumam ser designados como "dolorosos" (*duḥkha*). Portanto, *duḥkhatā* ("caráter doloroso") caracteriza a vida de quem se acha aflito pela sede. É por isso que Buda, como terapeuta da humanidade, propõe a destruição da sede e, com isso, a grande saúde do *nirvāṇa*.

Embora também haja evidências disso nos discursos de Buda, desenvolvimentos posteriores na filosofia budista durante o período clássico deixam claro que a etiologia de *duḥkha* é bem mais profunda do que a febre da sede. Afinal, a febre ainda é um sintoma. Então qual é a doença subjacente da qual a febre da sede é apenas uma consequência?

Buda oferece uma boa pista no *Paṭipadāsutta* ("Discurso do Caminho"). Ele começa com um ensaio sobre as vinte maneiras diferentes de conceitualizar a relação entre o eu e as partes que constituem a pessoa. Para cada um dos cinco componentes, pode-se pensar que é o eu, que é um atributo do eu, que é contido pelo eu ou que contém o eu.[12] Então, Buda explica que a responsabilidade por nossa condição deplorável está em se postular um eu de qualquer uma dessas maneiras.

---

[11] Sobre esse ponto, ver MacKenzie, "Enacting the Self", p. 269.

[12] *SN* III.44. Por certo, isso não esgota todas as maneiras possíveis de se idealizar o eu, mas isso não muda o ponto que procuro enfatizar. Parece que, na revisão desse discurso, foi usada uma versão taquigrafada das posições sobre o eu. Outros discursos deixam claro que havia outras teorias sobre o eu na época (ver, por exemplo, *DN* I.12 e ss.).

"O eu", conclui, é o "conceito que leva à origem de *duḥkha*".[13] Ele explica que, ao invés, a eliminação do constructo do eu em todas as suas formas é o caminho que conduz à cessação de toda nossa condição miserável. Por conseguinte, o "não eu" é "o conceito que leva à cessação de *duḥkha*".[14] Com a substituição objetiva de dois sinônimos, chegamos ao seguinte resultado: "O eu" é o conceito que leva à sede (ou seja, à "origem de *duḥkha*", como define a segunda nobre verdade) e o "não eu" é o conceito que leva à cessação da sede (ou seja, à "cessação de *duḥkha*", como define a terceira nobre verdade). Portanto, Buda parece dizer que existe algum tipo de relação entre a ficção do "eu" e a febre da sede. Em termos mais específicos, como se diz que o conceito de "eu" leva à sede, parece que ele é a base psicológica subjacente da sede, ou sua causa.[15]

Essa posição encontra eco claro nas obras dos filósofos budistas clássicos.[16] A ideia é que o nosso comprometimento pré-reflexivo com a existência do eu, em última análise, é responsável pelo surgimento de *duḥkha*. Como consequência, o *nirvāṇa* envolve o desentranhamento do hábito bastante arraigado de olhar para si mesmo como um "eu" robusto, unitário. De modo aparente, esse relato da psicologia moral contraria de forma aberta a segunda nobre verdade, a qual declara que é a sede, e não a ideia de "eu", a responsável pelo sofrimento. Mas se a sede é uma consequência da delusão do "eu", como sugere o *Paṭipadāsutta*, então a contradição se resolve depressa. A sede, como se vê, é a causa próxima de *duḥkha*, enquanto o princípio do ego é sua causa raiz.[17]

---

13 *SN* III.44.

14 *Ibid.*

15 Comparar com Alhabari, *Analytical Buddhism*, pp. 61-63. Alhabari interpreta esse texto sob uma luz muito similar, mas tira apenas a conclusão mais modesta, que se supõe "empírica", de que a sede e a noção de eu surgem de maneira "codependente". Contra Alhabari, é óbvio que o que o *Paṭipadāsutta* alega é que a sede é uma condição para um tipo de delusão de "eu".

16 Entre eles, Vasubandhu (*AKBh*, p. 478), Candrakīrti (*MV*, p. 349, e *MA* VI.120), Śāntideva (*BA* IX.78) e Prajñākaramati (*BAP*, p. 492), além de muitos outros.

17 Sobre esse ponto, ver A. Panaïoti, "Anātmatā, Moral Psychology and Soteriology in Indian Buddhism", em N. Mirning (org.), *Puṣpikā: Tracing Ancient India through Text*

Traduzindo isso para o discurso médico, podemos dizer que o princípio do ego é a infecção subjacente da qual a febre da sede é um sintoma.

A fim de contar toda a história do surgimento da sede como febre com base no princípio do ego como infecção, é necessário trazer ao cenário outro personagem patogênico. Os discursos de Buda indicam que há, de fato, um elo intermediário entre o conceito e o sentido do "eu", por um lado, e da sede, por outro. Ao explicar o que acontece com um budista consumado, Buda diz que a pessoa que renunciou a todos os modos de conceituação do eu "não se apega a mais nada no mundo e, por não se apegar, não sente mais sede e, por não sentir mais sede, atinge o completo *nirvāṇa*".[18] Isso sugere que entre a visão do "eu" e a sede há uma forma de "apego" (*upādāna*).[19] Esse último conceito precisa ser examinado mais de perto.

A forma sânscrita "*upādāna*" é confusa. Não se refere só a "apego" ou "apreensão", mas também significa "combustível", como um substantivo concreto, e algo como "combustão" como substantivo de ação. Nesse último sentido, representa o que a chama "faz" com o combustível que consome. A chama, nas línguas indianas antiga e clássica, "apega-se" ao combustível que consome. Nos textos budistas, tira-se proveito proposital da ambiguidade que envolve a palavra *upādāna*. Por exemplo, como atividade psicológica de "apego", alude-se de

---

and Traditions. Contributions to Current Research in Indology, vol. I, Oxford: Oxbow Books Press, a ser lançado. A ideia de que o princípio do ego (*ahaṃkāra*) é a causa raiz de *duḥkha* foi emprestada de Śāntideva (*BA* IX.78.a). Comparar com Candrakīrti quando trata a "visão do verdadeiro eu" como a raiz de todas as aflições e do próprio *saṃsāra* (*MV*, p. 349; ver também *MA* VI.120 (em *MV*, p. 340)) ou Vasubandhu ao falar sobre "tentar compreender o eu" como a fonte de todas as aflições (*AKBh*, p. 461).

18 *DN* II.68.

19 No ensinamento canônico central do surgimento codependente, Buda afirma que o surgimento do apego depende de sentimentos (*vedanā*), os quais, por sua vez, exigem um aparato sensorial e assim por diante (ver *V* I.1). Mas essa doutrina só nos fala da condição necessária para o surgimento do apego, e não de sua base psicológica. Mas o que nos preocupa aqui é a base subjacente do apego – a saber, o princípio do ego –, e não as condições requeridas para seu surgimento.

forma clara à *upādāna* quando os cinco componentes psicofísicos são descritos como o "combustível" ao qual se apega.[20] O *nirvāṇa*, de forma similar, é mencionado como o fogo que se apaga em função do esgotamento do combustível.[21]

Deve ser destacado que o aparecimento do "apego" na história psicológica budista dá origem a uma espécie de conflito na estrutura explicativa. Em diversas passagens do cânone, o *nirvāṇa* é descrito não como o "apagar" da febre ardente da sede – ou, de modo mais preciso, como a destruição da sede –, e sim, de modo mais literal, como a "extinção" do fogo que se nutre do combustível que é o aparato mente-corpo. Isso suscita várias questões. Qual a relação entre essas duas imagens? O que é o apego e como ele se relaciona com a sede? O que significa dizer que os elementos psicofísicos são "combustível"? Se são combustível, que tipo de "fogo" eles alimentam? E o que, no final, isso tem a ver com a infecção do princípio do ego?

Todas essas perguntas podem ser respondidas recorrendo-se aos textos de Nāgārjuna e de seus seguidores Mādhyamika. Neles, afirma-se que a relação entre o eu como construção mental e os componentes psicofísicos que formam a assim chamada pessoa é análoga à relação entre uma chama e o combustível que a alimenta.[22] A ideia encontra sua primeira articulação em *MMK*, de Nāgārjuna. Ele começa mostrando que "fogo" e "combustível" estão tão interligados, tanto em termos lógicos (como conceitos) quanto empíricos (como eventos), que surge uma série de paradoxos insolúveis caso ambos sejam imaginados como

---

[20] *V* I.11. A expressão usada é *upādānaskandha*, a qual pode ser entendida como "componente-combustível", ou seja, "componente que é combustível". Ver Ganeri, *The Concealed Art of the Soul*, p. 200.

[21] Daí a seguinte analogia para o budista consumado: "[Ele 'se apaga'] assim como um fogo sem combustível se apaga, porque não é mais alimentado com combustível" (SN II.85). Considere, a esse respeito, a alegação propositalmente ambígua de Buda: *nibbuto 'ham asmi anupādāno 'ham asmi* (*MN* II.237), a qual pode ser traduzida como "Eu 'me apago', estou sem combustível", ou "Eu 'me apago", estou sem apego".

[22] Ver, de Nāgārjuna, *MMK* X.15 e *Pp*, p. 212.

"coisas" que mantêm algum tipo de relação fixa.[23] O resultado é que "fogo" e "combustível" não são entidades substanciais, mas simples abstrações desenvolvidas para se descrever um único processo – ou seja, a combustão –, o qual depois se bifurca entre agente (fogo) e paciente (combustível). Nāgārjuna conclui com a importante afirmação de que a relação entre fogo e combustível é análoga à relação entre o eu e os componentes psicofísicos que formam a pessoa.[24] Nem o eu (como agente de combustão) nem os componentes (como combustível ou paciente de combustão) têm existência independente – há, na verdade, apenas um processo impessoal de apego, ou, em termos mais exatos, de apropriação. Como explica Candrakīrti: "O que é apropriado é o combustível, ou seja, os cinco [tipos de] elementos que são apropriados. O que é construído em sua apropriação é chamado de o apropriador, o pensador, o eu que faz".[25]

Portanto, a ideia de Mādhyamika é que o "eu" – mais ainda, o sentido de eu – se nutre dos elementos psicofísicos, como a chama se nutre do combustível. A relação é de apropriação (ou seja, a apreensão voltada para o interior); o "eu", como a chama, é o apropriador (*upādātṛ*), e os componentes psicofísicos são o combustível apropriado.[26] Então, sobre o relato budista, meu conceito de eu como entidade unitária duradoura é gerado e mantido mediante uma perpétua atividade pré-reflexiva de apropriação, por meio da qual o aparato psicofísico é reclamado e constituído como "meu". De modo acertado, Ganeri descreve isso como uma "visão performativa" do eu.[27] A autoidentificação,

23 *MMK* X.1-14.

24 *Ibid.*, 15.a-b.

25 *Pp*, p. 212.

26 A respeito, ver também Ganeri, *The Concealed Art of the Soul*, p. 200 e ss, e D. S. Ruegg, *The Literature of the Madhyamaka School of Philosophy in India*, Wiesbaden: O. Harrassowitz, 1981, p. 40. De agora em diante, vou tratar da apreensão voltada para o interior, ou *upādāna*, como "apropriação".

27 Ganeri, *The Concealed Art of the Soul*, p. 203. Ver também J. Ganeri, "Subjectivity, Selfhood and the Use of the Word 'I'", em Siderits, Thompson e Zahavi, *Self, No Self?*,

nesse relato, é gerada mediante a atividade espontânea da apropriação. É desempenhando a apropriação que o "eu" que o realiza se constitui como "dono" e "controlador" de eventos físicos e mentais. O princípio do ego (*ahaṃkāra* – em termos literais, "fazedor do eu") "faz" o "eu" por meio dessa atividade de apropriação.

Agora é possível ver como a infecção do princípio do ego, a apropriação dos componentes pelo eu fazedor e a febre da sede se relacionam. O processo de criação do "eu" no seio do princípio do ego é análogo a um processo de combustão. A sensação de ser um eu unitário e duradouro é gerada e mantida como uma chama: alimentando-se do "combustível" psicofísico de que ele se "apropria" no processo de combustão/identificação. Ao traduzir a analogia do fogo para o discurso médico, é possível descrever "apropriação" como uma vasta inflamação de todo o aparato psicofísico. Em virtude dessa inflamação, eventos mentais e físicos são o "combustível" para o fogo da identificação via apropriação. A noção de "eu", por sua vez, surge uma vez que a mente e o corpo se inflamam. Quanto à febre ardente da sede, ela é consequência da inflamação da apropriação. A mente e o corpo se "inflamam" como resultado da infecção do princípio do ego e, em virtude dessa inflamação, surge a febre ardente da sede.

Porém a relação entre apreensão e sede é bem mais complexa do que aquela entre "inflamação" e "febre". No intuito de ver como ela ocorre, é necessário deixar de lado a analogia pirética e entrar de cabeça no domínio da psicologia moral budista. A sede, vista sob essa luz, está condicionada não apenas à construção do eu por meio da apreensão voltada para o interior (apropriação), mas também à construção do horizonte autorreferencial do ego mediante o componente de apreensão voltado para o exterior.

---

pp. 176-192, na p. 190; MacKenzie, "Enacting the Self", pp. 264-265; e M. Siderits, "Buddhas as Zombies: A Buddhist Reduction of Subjectivity", em Siderits, Thompson e Zahavi, *Self, No Self?*, pp. 308-331, na p. 311.

Com efeito, se o modo egocêntrico de trato com o mundo que caracteriza a sede pressupõe (e depende dele) o senso robusto de "eu" que o princípio do ego gera pela apropriação, ele também surge de maneira codependente com formas específicas de comportamento cognitivo relacionadas de perto com a apreensão voltada para o exterior. Em termos mais específicos, a apreensão voltada para o exterior surge de forma codependente com a proliferação conceitual (*prapañca*) de constructos hipostatizados (*vikalpa*) e posições reificadoras (*dṛṣṭi*).[28] A ideia é que constituir alguma coisa como objeto de atração ou de aversão é, *de facto*, constituí-lo como "entidade" estável dotada de propriedades específicas. Logo, a sede é condicionada às operações mentais de hipóstase e de reificação que constituem este mundo de evanescente devir – ou seja, de processos instáveis – como um mundo de substâncias fixas e de atributos fugazes. Em resumo, nossa postura afetiva insalubre diante do mundo caminha de mãos dadas com uma postura cognitiva insalubre diante do mundo.

A alegação budista é que a atração ou a aversão por *x* com base na sede implica pensar em *x* como uma coisa estática com qualidades específicas, em vez de um processo dinâmico, sempre em mutação. Com efeito, a atração e a aversão só podem pertencer a "coisas" reificadas. Nada, por exemplo, testa tanto o amor ou a inimizade quanto mudanças em "quem" a pessoa amada/odiada "é". Tais respostas afetivas implicam a capacidade de "apreender" determinado *x* no sentido de "compreender" *x* de determinado modo, ou seja, como uma entidade que ou é desejável/útil/boa ou indesejável/nociva/má para mim. Mediante a

---

[28] Embora essa ideia tenha raízes firmes nos textos canônicos – de modo particular em *DN* II.276 e ss, *MN* I.108 e ss, *Sn* 780-7, 796-803, 824-834 e 862-877, para mencionar apenas algumas fontes –, é nos textos da Madhyamaka que ela é desenvolvida de forma plena, em especial nos comentários a *MMK* XVIII.5. O verso raiz de Nāgārjuna descreve a conexão íntima entre a proliferação conceitual de constructos hipostatizados e formas de comportamento condicionadas pelas três "aflições". O relato que se segue é uma reconstrução filosófica da posição da Madhyamaka.

proliferação discursiva de constructos conceituais e visões reificadoras, podemos criar um esquema abrangente e justificativo para nossos desejos e nossas aversões.[29] Se não fosse inconsciente e pré-reflexiva, essa atividade de construção de horizonte autorreferencial poderia ser descrita como uma racionalização em grande escala. Como é inconsciente e pré-reflexiva, precisamos entendê-la como a expansão espontânea de crenças que corroboram nossas aversões ou nossos desejos, com os quais surge de modo codependente. Mais importante ainda: a ideia é que a ocorrência da sede implica que o ego se situou no centro de um mundo habitado por entidades estáveis, com as quais mantém determinadas relações. Como o mundo de minha experiência já está estruturado em referência a mim mesmo, todos os desejos, esperanças, expectativas, aversões etc. que constituem a sede parecem perfeitamente legítimos. Por conseguinte, minhas respostas afetivas baseadas na sede parecem ser uma questão de bom senso.

A relação entre a apreensão que produz um mundo de entidades estáveis e o princípio do ego é de natureza tríplice. Para começar, há uma *relação genética* entre o "eu" e seu "horizonte". A apreensão envolve a atuação do eu, não apenas quando este reclama os eventos físicos e mentais que "pertencem a mim" – por exemplo, meu corpo, meus sentimentos, meus desejos, meus pensamentos, minhas convicções etc. –, mas também pela construção de um horizonte que abrange entidades cuja constituição, "apreendida por mim", ou que faz "parte de meu horizonte", reflete meus interesses, preocupações, medos, desejos etc. Logo, construir o eu envolve também construir o mundo tal como ele é para o eu. Envolve, em outras palavras, a construção de um horizonte todo autorreferencial com o eu em seu centro e como "medida" de todas as coisas em seu horizonte. Essa é a obra da proliferação conceitual que

[29] A esse respeito, ver os comentários de Gethin sobre o ímpeto ético por trás da crítica de Nāgārjuna em relação à metafísica da substância em *The Foundations of Buddhism*, pp. 240-242.

produz milhares de constructos hipostatizados e posições reificadoras que o sujeito "apreende" como parte de sua identidade. Assim, o que atribuo a mim mesmo é apenas parte de minha identidade. Na verdade, minha identidade relaciona-se com o mundo à minha volta, o qual apreendo de determinada maneira.

A segunda relação é uma *relação estrutural*. Apesar de o conteúdo desse horizonte e de o valor atribuído às coisas que ele abrange variarem de pessoa para pessoa (embora haja muita superposição nos horizontes de muitos humanos, tendo em vista um grande número de necessidades, medos, interesses etc. compartilhados), a forma desse horizonte construído é comum a todos os seres humanos de mente saudável. Organizo o mundo à minha volta como um mundo de "entidades" estáveis. Estou comprometido pré-reflexivamente com a metafísica da substância. E é nessa atividade de reificação e de hipóstase que a segunda relação entre o princípio do ego e a apreensão voltada para o exterior – ou seja, a apreensão de visões e de "entidades" que constituem o objeto dessas visões – se manifesta. Como faz parte integral de minha identidade fixa, meu horizonte deve ser estável ao máximo e bastante inteligível. É essa exigência dupla de estabilidade e de inteligibilidade que nos lança na direção do pensamento substancialista e, portanto, antropomórfico. De fato, como a "coisa estável" primária, ou substância, é bem o "eu", é em uma analogia com o eu e em sua relação com "seus" componentes (ou seja, a relação agente-paciente, substância-atributo, substrato-qualidade) que construímos o mundo de "objetos" que "possuem" qualidades. Ademais, como inteligibilidade e familiaridade andam juntos, é natural que tomemos aquilo com que estamos mais familiarizados – o "eu" – como modelo para coisas que existem por si mesmas.

Em palavras mais simples, o princípio do ego não resulta apenas em um compromisso pré-reflexivo com a metafísica da substância. O eu como substância é construído por meio da apropriação do "que me pertence". Por sua vez, entidades como substâncias são construídas por meio da apreensão voltada para o exterior de constructos hipostatizados e de posições reificadoras que produzem "meu horizonte". Desse modo, a delusão do eu dá origem a uma delusão de substância que excede em muito a delusão de que o eu é uma substância. A metafísica da substância revela-se como um antropomorfismo primitivo. O que está em funcionamento é um mecanismo sistêmico de personificação, pelo qual este mundo de processos dinâmicos é interpretado como um mundo de coisas estáticas – "eus" – portando certas propriedades – seus "componentes".

A terceira relação entre apreensão e o eu é uma *relação emocional*. Se o mundo precisa "fazer sentido", sendo por isso constituído por "coisas/eus" fixos que se relacionam mutuamente com base em regras rígidas e de forma regular e previsível, é porque isso é exigido para que a integridade do eu seja mantida. Afinal, a identidade está bastante relacionada com o horizonte constituído pelo eu. Mas a integridade do eu é ameaçada de modo perpétuo pela mudança, tanto externa quanto interna. Diante da realidade persistente da mudança e da impermanência, as quais ameaçam de maneira perpétua o eu e seu horizonte, o sujeito precisa, no intuito de preservar sua própria uniformidade e estabilidade, gerar diversas estruturas explicativas que podem, no mínimo, justificar a mudança e preservar, de forma consoladora, a ordem e a estabilidade subjacente das "coisas". Desse modo, o eu e o mundo podem se manter insensíveis às mudanças "apenas contingentes" que, presume-se, não alteram sua essência.

Com essa ideia fechamos o círculo e voltamos à sede. Minha identidade está muito ligada a minhas preocupações, meus desejos, interesses, crenças etc. Em suma, está ligada a todo o domínio de respostas e comportamentos afetivos baseados na sede. A apreensão pela qual a construção mental de meu horizonte é realizada me apresenta um mundo mapeado com base em minhas necessidades, meus gostos, medos e preocupações. Como tal, o modo de lidar com o mundo, autocentrado e baseado em necessidades, decorrente do princípio do ego e que se manifesta como sede, implica a organização conceitual de meu mundo com base em entidades estáticas as quais me dizem respeito, por assim dizer.[30] Isso, por sua vez, justifica não só meu comportamento baseado na sede, como preserva, protege e reforça minha identidade, bastante ligada a meus gostos, interesses, preocupações etc. Nesse sentido, Nāgārjuna apresenta uma analogia reveladora: "Assim como o tolo se apaixona por seu reflexo em um espelho porque está convencido de que ele é real, as pessoas aqui no mundo, em virtude da delusão, encontram-se presas em uma gaiola de objetos".[31] Aqui, Nāgārjuna sublinha o forte narcisismo envolvido no desenvolvimento da estrutura conceitual que produz um mundo de coisas estáticas. Com efeito, o hábito cognitivo de constituir o mundo como um mundo autorreferencial de coisas estáveis serve apenas para reforçar o modo autocentrado de se lidar com o mundo. Ao produzir um mundo de "coisas" robustas as quais podem ser apreendidas, física ou intelectualmente, ele produz um mundo que reflete (e justifica) nossas preocupações e, com isso, perpetua nossa atitude egocentrada perante o eu e o mundo.[32]

Há, por fim, mais uma relação vital entre a sede, o "eu" e a proliferação conceitual, alimentada pela apreensão de constructos hipostatizados e de visões reificadoras. Ela diz respeito a um tipo específico de visão reificadora, destinada a saciar uma forma específica de sede. Todas as "coisas" – incluindo muitas "dentro de mim", como meu corpo, meus estados emocionais, até meus desejos – fogem sempre de meu

---

[30] Essa ideia encontra sua primeira manifestação em um antigo verso budista, o qual diz que "o pensamento 'eu sou' está na raiz de [todos os] rótulos (*sāṃkhyā*) e na proliferação conceitual (*prapañca*)" (*Sn* 916.a-b).

[31] *YṢK* 53.

[32] Portanto, Ganeri não tem lá muita razão em afirmar que *prapañca*, que ele traduz como "pensamento como tese", é "a fonte primária do apego" (*The Concealed Art of the Soul*, p. 104). Melhor seria dizer que o apego e a proliferação discursiva são dois lados da mesma moeda – o lado afetivo e o lado cognitivo. Quando se pensa sobre as coisas de certa maneira reificadora, vivencia-se o apego (ou à "coisa" ou às crenças pessoais relativas à coisa).

alcance, em um sentido tanto de controle quanto de compreensão. O fato é que, na verdade, não existem "coisas" de estabilidade duradoura ou mesmo momentânea, apenas processos interligados em fluxo contínuo. Isso é tão válido para o meu "eu" quanto para seus atributos, para as "entidades" à minha volta e para seus atributos. Entre outras coisas, a frustração e a insegurança que decorrem da disjunção entre o mundo "tal como de fato é" (*yathābhūtaṃ*) - ou seja, impermanente, em fluxo constante e radicalmente indeterminado - e a forma como nos iludimos e acreditamos que é (ou deveria ser) dá origem à sede de um Além Duradouro e/ou "sistemas". No tocante à elaboração dessas ficções produzidas de modo consciente, o "eu" é, mais uma vez, o único modelo que uso. Disso decorre *brahman* como o Eu Supremo, digamos, ou as substâncias como eus discretos. A sede de regularidade e de previsibilidade está na fonte de todo "realismo" na ontologia entre tipos mais eruditos. Por sua vez, a sede mais popular pelo Ser Inabalável dá origem a todas as formas de teísmo e à metafísica especulativa. Em suma, a sede está na raiz da necessidade metafísica, para usar a frase de Schopenhauer e de Nietzsche. Portanto, a autodelusão, em sua fonte, não oferece o modelo para a delusão da substância/do Ser: é ainda a fonte psicológica da própria necessidade dessas ficções.

Agora que os rudimentos da psicologia budista foram examinados, será possível apresentar um quadro mais claro daquilo que envolve o ideal posto no leme da ética budista. Como esse ideal é, acima de tudo, o da recuperação da doença, é importante começar reunindo tudo aquilo de que tratamos até agora a fim de examinar a natureza das doenças visadas pelo budismo.

A primeira coisa a destacar é que, segundo a filosofia budista, o eu não é apenas uma ilusão, mas, antes de qualquer coisa, uma delusão. A ideia de que tenho um núcleo imutável no cerne de meu ser é bem mais do que um "desajuste entre realidade e aparência".[33] É, na verdade, o resultado de uma fraude ativa e autoimposta (embora pré-reflexiva). A diferença entre ilusão e delusão é a chave para a compreensão adequada da psicologia moral budista.

A primeira coisa que distingue ilusões de delusões é que estas envolvem uma distorção ativa. No relato budista, a ilusão de um eu duradouro, unitário, não "acontece" sem mais nem menos; não surge apenas como resultado de erros perceptivos ou cognitivos. Não há dúvida de que mecanismos autônomos, inconscientes – como a "cegueira à mudança"[34] e a "ilusão da estabilidade"[35] –, têm seu papel no surgimento da autoficção. Mas esses mecanismos, de modo isolado, não explicam de forma exaustiva o surgimento e a manutenção da noção de eu. O eu é construído mediante uma atividade de apropriação. Ter a ilusão do "eu" não é um simples estado ou uma condição a que me submeto de forma passiva. É, na verdade, algo sustentado com vigor. Isso está de acordo com a visão de mundo da filosofia budista, a qual o considera um jogo de processos e eventos dinâmicos. A ilusão do eu não "está lá", pura e simplesmente. É resultado de uma atividade específica de "elaboração do eu", realizada quando se reclama eventos mentais e físicos e a construção de um horizonte autorreferencial. Isso implica que a delusão do "eu", como pode ser "feita", também pode ser desfeita.

A segunda coisa que distingue as ilusões das delusões é que as delusões, ao contrário das ilusões, são patológicas. O eu não é uma ilusão inofensiva, como a falsa impressão transmitida pelo graveto reto parcialmente submerso que parece torto. É, na verdade, uma delusão enfraquecedora, por meio da qual as pessoas se tornam disfuncionais e

---

33 Alhabari, "Nirvana and Ownerless Consciousness", p. 88. Como quase todos os estudiosos do budismo, Alhabari pensa que o eu é uma mera ilusão segundo a filosofia budista. Pelo que sei, sou o primeiro a defender o ponto de que ele é mais do que uma ilusão, é uma delusão patológica.

34 Dreyfus, "Self and Subjectivity", p. 131.

35 *Ibid.*, p. 124.

desajustadas. As ilusões podem ser perigosas uma vez que representam de maneira errada as situações. Mas as delusões são bem piores. Podem distorcer a maneira pela qual o sujeito constitui um grande número de situações, distorcendo uma grande quantidade de comportamentos do sujeito. Como acabamos de ver, a filosofia budista faz uma ousada afirmação: a autodelusão afeta todo o escopo de comportamentos afetivos e cognitivos do sujeito.

Sob o feitiço da autodelusão, convenço-me de que sou um eu fixo e duradouro no centro de um mundo de coisas fixas e duradouras e que eu vejo e avalio o mundo todo por intermédio do filtro de um autointeresse sem fundamento. Como tal, sou vítima de uma grande família de estados mentais debilitantes, os quais incluem medo, frustração, apreensão, desapontamento, desespero, ansiedade, crises de identidade etc. Estamos no domínio de *duḥkha*. A filosofia budista acrescenta que a autodelusão e a sede a que ela dá origem também fazem com que eu aja de maneira manipuladora, ardilosa, maliciosa e oportunista, em geral sem perceber. Em suma, o modo operacional do comportamento baseado na sede pode ser caracterizado como um egocentrismo sistêmico (na maior parte das vezes, contraproducente), egoísmo e inimizade por tudo o que é adverso e "outro". Essa atitude só amplia o escopo de *duḥkha*.

A ideia de que a autodelusão é patológica e debilitante pode ser explicada por meio de duas analogias. Veja-se o caso de uma pessoa que sofre de transtorno de personalidade paranoide.[36] Essa condição caracteriza-se por um profundo narcisismo. Quando o sujeito paranoide ouve alguém rir do outro lado da rua, presume que estão rindo dele. Ao ouvir algo um pouco relacionado com sua vida no rádio, presume que alguém, de algum modo, está tentando "lhe dizer alguma coisa". Se uma criança pisa de forma acidental em seu pé em uma loja movimentada, acredita que se trata de um ataque proposital. Em casos extremos,

[36] Sobre esse distúrbio devastador, ver R. J. Waldinger, *Psychiatry for Medical Students*, Washington, DC: American Psychiatric Press, 1997, pp. 147-151.

quem sofre de paranoia interpreta quase todos os eventos como evidências de que "o sistema", ou a "sociedade", está tramando algo contra ele, que ele está sendo vigiado, que todos à sua volta estão representando papéis etc. Em termos mais gerais, ao se defrontar com a ameaça de dano ou desapontamento, as pessoas paranoicas não veem que quase tudo que acontece "com elas" não tem nada a ver com elas, tratando-se, ao contrário, de coisas tão só acidentais, contingentes e arbitrárias. Como resultado desse egocentrismo delusório, essas pessoas consideram que o dano foi proposital, e a implicação narcisista-paranoide é que elas são um pouco mais importantes do que na verdade são. Bem, a *estrutura* da autorreferência narcisista tão característica da paranoia é, em essência, o que a filosofia budista atribui ao comportamento humano comum. Essa autoimportância delusória, diz-se, caminha ao lado da autodelusão e dá origem a uma atitude de inimizade sistêmica.

Outra dimensão da ideia budista é produzida pelo exemplo (que já é um certo clichê) do corretor que visita uma fazenda com seus filhos, os quais adoram bichos. Antes relutante em levar os filhos ao campo por falta de tempo, por fim nosso corretor encontrou um modo de conciliar os interesses profissionais e os deveres paternos, levando os filhos para visitar uma escola-fazenda que os donos querem vender. Enquanto os filhos se ocupam com atividades do campo, cuidando dos animais e os alimentando, o corretor caminha pela fazenda e começa a avaliar a propriedade. Ele observa tudo que aumenta o valor da propriedade com entusiasmo (atração) e tudo que diminui seu valor com desapontamento ou frustração (aversão). Claro que sua análise de custo-benefício o deixa cego para tudo que não afeta o valor da propriedade (apatia). A avaliação toda, sem dúvida, é feita com relação ao capital de que seu cliente dispõe e o lucro ou a perda que pretende ter. Na visão budista, a autodelusão implica que o mundo emocional da pessoa opera de um modo que lembra muito a atitude do corretor diante da fazenda.

A alegação da avaliação é que tal experiência diante do mundo é muito empobrecedora e, em última análise, incapacitante.

De modo geral, a filosofia budista considera os efeitos da autodelusão sobre a psique humana nos campos emocional, conativo e cognitivo bastante debilitantes. A ideia, em sua forma mais básica, é que nos predispomos ao desapontamento. É que este mundo de fluxos, desordens e impermanência não pode satisfazer a pessoa que procura estabilidade, ordem e permanência. Nossos corpos e mentes mudam de maneira contrária ao nosso desejo – em especial, embora não de modo exclusivo, pelo envelhecimento e pela morte. As pessoas que amamos acabam se comportando de forma a nos desapontar ou frustrar e, em última análise, morrem durante nossa existência caso não as precedamos na saída deste mundo. Ademais, temos um controle muito limitado sobre o destino de nossos bens materiais ou sobre o comportamento de todos os agentes potencialmente daninhos à nossa volta. Além disso, no campo conceitual, a realidade parece escapar de forma contínua de nossa capacidade de conceituá-la e de torná-la previsível. Em relação ao reino Supranatural do Ser – seja o Céu, Deus, Formas Puras, *Brahman* e assim por diante – que possamos querer atingir após a morte, essa deve ser a mais fútil e delusória esperança que temos. Ela está presente em todas essas maneiras constituídas pela sede para condicionar nossa experiência de mundo como dolorosa e insatisfatória. No fundo, é isso que significa estar "no *saṃsāra*".

Então, como é possível libertar-se do *saṃsāra* e atingir o *nirvāṇa*? É preciso um antibiótico que possa remover a infecção do princípio do ego e fazer cessar a inflamação da apreensão e a febre da sede. Em resumo, é preciso um antídoto que corte os efeitos cognitivos e afetivos da autodelusão. Esse antídoto é o ensinamento da "ausência do eu" (no sentido metafísico, não no sentido ético), que nos círculos Madhyamaka se estende a todas as coisas sob o disfarce do ensinamento do "vazio do próprio ser/da substância". Em termos positivos, é o ensinamento de que todas as coisas surgem de modo codependente – que o mundo é formado por processos dinâmicos e todo desprovido de estabilidade e permanência.

A estratégia budista consiste em focalizar as expressões cognitivas da autodelusão. De modo presumível, isso se deve ao fato de as pessoas medianas terem mais controle sobre suas crenças do que sobre seus sentimentos. E a doutrina do vazio, ensina Nāgārjuna, "faz com que cesse a proliferação conceitual".[37] Buda, afirma ainda, transmitiu seu ensinamento "para que todas as visões reificadoras possam ser abandonadas".[38] Na visão de Nāgārjuna, supõe-se que aprender a ver que os próprios conceitos de "eu" e "coisa" são delusórios leva o budista a pôr fim nos mecanismos de reificação e de hipóstase que produzem visões rígidas.

A esse respeito, é importante ver a passagem na qual Buda insiste que, em vez do conhecimento metafísico sobre assuntos especulativos e ocultos, a única coisa que conhece são os cinco componentes, seu surgimento e seu desaparecimento. Ele conclui dizendo que esse conhecimento fenomenalista dos processos, em oposição ao conhecimento metafísico de entidades reificadas, hipostatizadas, é que o leva a um estado no qual os princípios do ego e do "meu" são desmontados e a apreensão cessa.[39] A ideia subjacente é que fazer cessar a apreensão e a sede exige, de modo específico, que se solapem as formas com que penso implicitamente no eu e no mundo quando a apreensão e a sede estão no comando.

Eu me amo. Estou quase sempre preocupado comigo mesmo. Filtro toda a realidade, organizo o mundo todo, com base em mim mesmo. Sou

---

[37] *MMK* XVIII.5.c-d. Ver ainda os versos propiciatórios no início de *MMK*, os quais afirmam que a doutrina do surgimento codependente – a formulação positiva do vazio – faz com que cesse a proliferação conceitual.

[38] *Ibid.*, XXVII.30.c-d.

[39] *MN* I.486.

a medida de todas as coisas. Tenho fortes desejos e aversões que são debilitantes uma vez que me tornam sempre inquieto, tenso, ansioso, insatisfeito, se não de todo consternado, desapontado, frustrado, zangado ou deprimido. Tudo isso é fruto da autodelusão. A terapia budista consiste em aprender a ver e, em casos eventuais, a sentir que não existe um "eu" permanente, duradouro: que a noção de "eu" é algo a que se chega pela apropriação ativa de eventos físicos e mentais. Com o conhecimento da falta do eu, aprendo a aceitar que meu corpo e minha mente são formados por eventos transitórios e que não há nada a que me apegar ou cuja perda temer. Do mesmo modo, aprendo que ver o mundo como um mundo de entidades estáticas é uma forma de antropomorfismo ou personificação em larga escala e, mais ainda, é um corolário de minha postura diante do mundo, autocentrada e baseada em necessidades. Aprendo a ver que as visões reificadoras e os constructos conceituais hipostatizados gerados pela proliferação conceitual são apenas uma vasta e delusória estrutura justificativa que proporciona as atrações e aversões que formam o núcleo de minha visão de mundo com falsa legitimidade.

Quando aprendo a ver, segundo o princípio do vazio, que há apenas processos e eventos surgidos de modo codependente, e não coisas, essas atrações e aversões debilitantes são cortadas pela raiz. Não existem mais "coisas" a desejar e odiar; há apenas processos interligados, todos sujeitos a surgir e a desaparecer. A ausência do eu, a ausência de substância e o surgimento codependente implicam a impermanência universal. Quando essa impermanência é verdadeira e bem aceita - com relação tanto ao "eu" quanto a "coisas" -, a apreensão, dirigida tanto para o interior quanto para o exterior, cessa. Na verdade não faz sentido "apreender" o que não pode ser apreendido - por exemplo um jorro de água saindo de uma torneira. Alguém só busca apreender algo dessa forma caso tenha delusões em relação à natureza transitória do que é apreendido. Com a inflamação da apreensão, a febre da sede cessa. Não encontro mais *duḥkha*. Estou "livre de *samṣāra*" e atinjo a grande saúde do *nirvāṇa*.

Há três pontos importantes a destacar na terapia budista. O primeiro é que o ensinamento que ela apresenta no intuito de desfazer a autodelusão não é, em si, uma visão reificadora. Em *VV*, vemos a tentativa dos adversários brâmanes de Nāgārjuna de solapar seu projeto filosófico ao afirmar que, uma vez que a alegação "todas as coisas carecem de substância" é, em si mesma, vazia de substância, ela não pode negar com efeito o eu e a substância.[40] De modo alternativo, se a alegação é substantiva, então ela se contradiz, pois não será o caso de todas as coisas serem vazias de substância e apenas contingentes, ou surgidas de maneira codependente.[41]

Em resposta, Nāgārjuna começa esclarecendo sua posição. "Vazio de substância" não quer dizer não existente, nulo ou causalmente ineficiente. Escreve:

> E, assim como coisas como carros, panos e vasos, mesmo vazios de substância em virtude de terem surgido de modo codependente, funcionam em suas respectivas tarefas – ou seja, transportando madeira, feno ou terra, contendo mel, água ou leite, protegendo do frio, do vento ou do calor etc. –, do mesmo modo a minha declaração, apesar de não ter substância por ter surgido de modo codependente, funciona no estabelecimento da inexistência da substância.[42]

Ao mesmo tempo, Nāgārjuna admite que, em termos estritos, ele não está apresentando uma tese em si. O vazio é diferente de qualquer outra posição filosófica porque não postula entidades reificadas, hipostatizadas. Ele explica: "Não tenho tese alguma [...] Como poderia haver uma tese quando todas as coisas são vazias, todas aplacadas e

---

40 *VV* I.

41 *Ibid.*, II.

42 *Ibid.*, XXII, Comentário.

desprovidas de natureza [inerente]?"[43] É óbvio que essa resposta exibe um entendimento muito específico de "tese", ou seja, que as "teses" e, de forma mais genérica, as "posições" fazem afirmações sobre entidades reais, autônomas. Na medida em que o vazio nega a existência de tais coisas, a doutrina do vazio não é nem uma tese nem uma posição.

Com efeito, a doutrina da ausência de eu e de substância nada mais é do que uma doutrina terapêutica. E é um antídoto, pois "cessa todas as visões reificadoras construídas".[44] Abordá-la com uma visão positiva – "todas as coisas são vazias de substância" – indica uma das maiores tolices que podem existir. O vazio, explica Nāgārjuna, é ensinado como "um remédio para nos livrarmos de todas as visões reificadoras. Aqueles que o enxergam como uma visão são declarados incuráveis".[45] Nāgārjuna justifica essa afirmação com grande clareza: "Se alguma coisa [no mundo] fosse não vazia [de substância], então também poderia haver alguma coisa vazia [de substância]. Contudo, não existe nada não vazio [de substância] [no mundo], então, como pode haver algo vazio [de substância]?"[46] De modo análogo, afirma Candrakīrti, o ensinamento de Buda de que não existe um eu é apenas um ensinamento provisório, uma verdade convencional. Uma vez que a própria noção de um "eu" duradouro e unitário é incoerente – considerando que é uma ficção pura, que não corresponde a nada do que existe no mundo –, a verdadeira questão, a verdade suprema, é que "não é nem o caso de haver um eu nem de que não há um eu".[47]

Dessa forma, o verdadeiro cerne do ensinamento budista não é tanto a negação de uma tese (a existência do eu e da substância) para substituí-la por outra tese (a ausência do eu e da substância), e sim solapar a própria delusão que dá origem a essa dicotomia.[48] Ganeri descreve

---

43 *Ibid.*, XXIX, Comentário.

44 *Pp*, pp. 248-249.

45 *MMK* XIII.8.

46 *Ibid.*, 10. Daí a infame doutrina Madhyamaka do "vazio do vazio".

47 *Pp*, p. 358. Ver também *MMK* XVIII.6.

48 A respeito, ver Ganeri, *The Concealed Art of the Soul*, pp. 103-104.

esse movimento como uma estratégia do tipo "Cavalo de Troia".[49] A doutrina da ausência do eu se parece com uma posição substantiva, a qual faz uma afirmação clara. Desse modo, pode ser admitida pela mente, por assim dizer habituada apenas a levar em conta visões substantivas sobre "como as coisas são". Já no interior, porém, ela descarrega seus antibióticos e trabalha com as propensões bastante conceituais que nos obrigam a pensar com base em visões e teses reificadoras.

Uma análise do caso da existência de Deus pode ajudar a destacar o ponto budista. A alegação ateísta convencional é que Deus não existe. Pressionados a defender essa posição, os ateístas podem explicar que não há evidências da existência de Deus. A "estratégia budista", por assim dizer, consistiria em explicar que até os conceitos de uma causa não causada, de uma consciência imaterial ou de um agente onipotente são incoerentes. De modo alternativo, a estratégia pode consistir em dizer que, como o "eu" ou a "substância", "Deus", em virtude de seus atributos, ou é não existente ou redundante em termos explicativos. Sob essa luz, até a afirmação "Deus não existe" nada mais é do que uma posição argumentativa, destinada a contrariar a afirmação teísta. A posição realmente iluminada é "Deus nem existe nem não existe", uma vez que o conceito "Deus" não faz sentido.[50] É isso que acontece com os conceitos

---

[49] *Ibid.*, p. 105.

[50] Comparar com os comentários de Rorty sobre o pragmatismo: "Quando [os pragmáticos] sugerem que não devemos perguntar sobre a natureza da Verdade e do Bem, não invocam uma teoria sobre a natureza da realidade ou do conhecimento ou do homem que diga 'não existe isso' de Verdade ou do Bem. Tampouco têm uma teoria 'relativista' ou 'subjetivista' da Verdade ou do Bem. Pode ser que apenas queiram mudar de assunto. Estão em uma posição análoga à dos secularistas que dizem que pesquisas sobre a Natureza, ou a Vontade, de Deus não nos levam a lugar algum. Tais secularistas não estão dizendo que Deus não existe; não sabem ao certo o que significaria afirmar Sua existência, bem como negá-la. Tampouco têm uma visão especial, engraçada, herege sobre Deus. Só duvidam que o vocabulário da teologia seja desses que devem ser usados" (The Consequences of Pragmatism, p. xiv).

de "eu" e de "substância" na filosofia budista. A afirmação de que tudo carece de eu e de substância é uma manobra terapêutica, e nada mais.

Nos discursos, há uma analogia útil que pode ajudar a ilustrar esse ponto. A ideia é que o ensinamento budista é como uma canoa. A canoa é útil para se chegar à "margem distante" (ou seja, o *nirvāṇa*) e deixar a margem próxima (ou seja, *ātman*) para trás, mas ao chegar ao *nirvāṇa* o sábio deve soltar a canoa.[51] Isso tem implicações problemáticas, uma vez que faz parecer com que o budismo não está interessado na verdade, mas em idealizar instrumentos cujo único valor é assegurar o atingimento dos fins os quais se propõe a atingir.[52] Por um lado, não resta dúvida de que o surgimento codependente destina-se a "descrever o mundo" de modo adequado (embora também torne impossível qualquer descrição específica do mundo com base em entidades). Ao mesmo tempo, ao que parece, até o princípio da ausência do eu é uma verdade convencional, que o sábio acaba descartando. A relação entre a filosofia budista e a verdade parece nebulosa. Mas essa confusão pode ser desfeita se a analogia com a canoa for substituída pela analogia com a natação. Para aprender a nadar, é preciso seguir uma série de instruções sobre o posicionamento e a movimentação de diversas partes do corpo a fim de que ele se mantenha flutuando, siga em frente em uma linha relativamente reta, respire de forma adequada etc. Dominada a arte da natação, porém, não é mais preciso lembrar todas essas instruções – mantê-las em mente pode até impedir o exercício da natação, agora já espontâneo. Nesse estágio, uma pessoa só dará as instruções a fim de ensinar os outros a nadar, mas, para suas próprias finalidades, ela precisará deixá-las de lado, como a canoa. Com efeito, a arte de desmontar a autodelusão e de viver sem ela é uma habilidade e tanto. Superada, a plataforma necessária para desfazer a autodelusão pode ser descartada.

---

51 *SN* IV.174-175.

52 Sobre isso, ver Ganeri, *The Concealed Art of the Soul*, p. 46 e ss.

Sem dúvida, para chegar ao estágio no qual se pode ultrapassar o "eu" e o "não eu", a pessoa precisa estar bem avançada no caminho budista. Isso me leva a meu segundo ponto sobre a terapia budista. Quando Nāgārjuna explica que o *nirvāṇa* é "apenas a compreensão adequada do devir"[53] – ou seja, do surgimento codependente –, não devemos nos enganar acreditando que a compreensão apenas intelectual da ausência de eu, do vazio e do surgimento codependente é suficiente para nos recuperar da autodelusão. A mera adoção da doutrina do vazio ou o reconhecimento de que não existe "eu" portador de propriedades físicas e mentais não vai bastar. Em termos intelectuais, não é muito difícil aderir à visão de que o eu e o mundo são formados por processos dinâmicos. Mas compreender isso por experiência é algo bem diferente.[54] Voltando à analogia da natação, a ideia é que podemos saber de cor as instruções apropriadas para nadar de forma impecável, mas sem sermos capazes de boiar depois que caímos na água. Isso também se aplica à autodelusão. A visão substancial do eu e do mundo é tão profunda e tão fundamental para o modo como pensamos sobre o mundo e lidamos com ele[55] que, para superá-la, é preciso esforço prolongado e notável disciplina. Para pôr fim à apreensão que produz a sensação robusta de um "eu" e de "coisas" estáticas, e com ela todos os seus efeitos perniciosos, faz-se necessária uma revisão radical de toda a psicologia do indivíduo. É por isso que uma vida inteira de prática pode ser necessária antes que se possa passar do lema terapêutico budista "não existe eu" para o do sábio consumado "não existe nem eu nem não eu".[56]

---

53 *YṢK* 6.c-d.

54 Ver, a esse respeito, Westerhoff, *Nāgārjuna's Madhyamaka*, p. 13.

55 Os discursos falam de disposições latentes, inconscientes (*anuśaya*), que exigem um trabalho imenso para serem removidas. Sobre os efeitos dessas disposições, ver *MN* III.285 e ss. Em *SN* III.126-132, revela-se que a mais perniciosa delas, o que não surpreende, é bem o pensamento "eu sou".

56 Do mesmo modo, sociedades seculares se mantêm distantes do palco no qual o discurso sobre Deus – "existe um Deus" *versus* "não existe Deus" – também pode ser abandonado.

A terceira coisa a enfatizar, nesse sentido, é que o programa terapêutico budista não é só cognitivista.[57] É certo que o vazio e a ausência de eu focam os desdobramentos cognitivos da autodelusão, mas seria um engano presumir que a filosofia budista entende que *duḥkha* seria o resultado de crenças errôneas e dos desejos que decorrem delas. A terapia budista é cognitivista apenas em parte. Não trata apenas da retificação de uma crença falsa. Mais uma vez, isso se deve ao fato de o eu não ser apenas uma ilusão, mas uma delusão. A crença no "eu" – reconhecidamente a crença em uma "ilusão" – é um mero fenômeno superficial para a filosofia budista. Bem mais importante é a construção pré-reflexiva do eu e de seu horizonte por meio da apreensão e de seus efeitos sobre nosso comportamento afetivo e cognitivo. Portanto, o problema é bem mais sério do que um mero desalinhamento entre a maneira como penso que as coisas são e a maneira como elas na verdade são. O que está em jogo é uma postura mental muito delusória. "Saber" que não existe eu e que todas as supostas "coisas" são, na verdade, agrupamentos fugazes e impermanentes de processos interligados não é suficiente. Para solapar a apreensão (tanto voltada para o interior quanto para o exterior) e com ela a sede em todas as suas formas, não basta apenas compreender que todas as coisas mudam, são instáveis e impermanentes e alinhar desejos e expectativas de acordo com isso. É preciso algo bem mais radical. É preciso uma transformação completa da maneira como pensamos não só o eu e o mundo, mas também como os sentimos e vivenciamos.

Além da mera cessação de *duḥkha*, qual o resultado da grande transformação que leva ao *nirvāṇa*? Como o tipo saudável budista vive o mundo e tem suas experiências nele? Uma preocupação é que a cessação da atividade da apreensão – pela qual corpo e mente são constituídos

---

[57] Mas sim segundo o relato cognitivista (e, portanto, bastante insatisfatório) de Burton sobre a psicologia moral budista, em "Curing Diseases of Belief and Desire", p. 190 e ss.

como "meus" e meu horizonte de mundo se organiza à "minha" volta – levaria a um estado que os psiquiatras contemporâneos chamam de "despersonalização". Tal estado está associado a patologias específicas, as quais deixam as pessoas disfuncionais como um todo, como automatismo epiléptico, mutismo acinético e Alzheimer avançado.[58] Será isso que envolve a visão budista de grande saúde?[59]

Podem surgir outras preocupações correlatas. Livre da noção de eu e de aversões e desejos nascidos da sede, como o tipo budista saudável pode se motivar a agir no intuito de provocar ou evitar certo estado de coisas? Livres de todas as visões reificadoras e constructos conceituais hipostatizados, será que os tipos saudáveis não têm crença alguma? São céticos globais ou relativistas tristonhos que só admitem o insondável devir universal ou o surgimento codependente indeterminado? Ainda podem usar a linguagem, quando a linguagem parece pressupor de maneira tão clara a existência de sujeitos e predicados, ou de substâncias e atributos?[60]

Observando a figura de Buda e de outros budistas avançados que teriam atingido (ou chegado perto de atingir) a grande saúde do *nirvāṇa*, é questionável se essas preocupações se justificam. Buda foi bem funcional, física e psicologicamente. Agiu, deliberou, expressou uma grande variedade de ideias e realizou projetos com um senso de propósito bem claro. Para o cético isso prova apenas que ele não teria atingido a "meta" a que se propôs ou que teria ficado todo disfuncional, não engajado e muito descompromissado com relação às suas posições e doutrinas.

---

58 A. Damasio, *The Feeling of What Happens: Body and Emotion in the Makings of Consciousness*, Londres: William Heinemann, 1999, p. 98.

59 Outras tentativas de responder a essa pergunta podem ser encontradas em Alhabari, "Nirvana and Ownerless Consciousness", pp. 111-112, e Dreyfus, "Self and Subjectivity", pp. 139-140.

60 A esse respeito, ver a pesquisa neurocientífica de Dennett, que o levou à conclusão de que a construção conceitual do eu está ligada de perto à nossa capacidade linguística e vice-versa. D. Dennett, *Consciousness Explained*, Londres: Little, Brown and Co., 1991.

Todavia, há um modo de explicar a aparente normalidade dos tipos saudáveis budistas sem negar que eles superaram a autodelusão de modo efetivo. Sugiro que os tipos saudáveis budistas são mestres da ironia.[61] Isso é verdade no tocante à sua identidade, a seu envolvimento com o mundo mediante diversos projetos e às visões que propõem.

Para começar, é importante analisar o problema da identidade pós-nirvāṇa. O verdadeiro problema da atividade de apreensão voltada para o interior, ou apropriação, é que a identidade que ela entrega não é identificada como uma fabricação. Se a autodelusão tem todos os efeitos perniciosos sobre a psicologia humana que a filosofia budista afirma ter, é por causa da delusão de que o eu fabricado, encenado, é real. A delusão não está na construção do eu, mas em considerá-lo real, não construído. Portanto, a diferença entre a pessoa comum e os tipos saudáveis budistas não é que estes não têm nenhum senso de identidade pessoal, mas que não estão mais deludidos com relação ao *status* fabricado dessa identidade. O tipo saudável budista que se recuperou da autodelusão poderia, portanto, continuar a encenar um "eu" em nome da integração funcional entre corpo e mente, mas com pleno conhecimento de que esse "eu" é uma construção.

Nesse ponto, talvez seja útil uma incursão nas discussões contemporâneas sobre identidade pessoal. O foco metafísico das discussões filosóficas sobre identidade pessoal tem sido criticado recentemente com base no fato de que o que importa mesmo é a maneira como nos caracterizamos, e não se pensamos em nós mesmos como "eus" com identidade numérica robusta ao longo do tempo.[62] Siderits, Thompson

---

61 Tenho uma dívida com Siderits por ter sugerido antes que o envolvimento irônico tem um papel importante no funcionamento do budista consumado no mundo – ver Siderits, *Buddhist Philosophy*, pp. 106-109, 184-185 e 202-203.

62 Ver, em especial, M. Schechtman, *The Constitution of Selves*, Ithaca, NY: Cornell University Press, 1996.

e Zahavi descrevem de forma hábil o principal ímpeto da suposta abordagem da narratividade:

> A ideia básica é que, como agentes no mundo no decorrer do tempo, precisamos de algum esquema a fim de ajustar as permissões individuais em uma hierarquia global que permita a priorização de nossas respostas. Isso acontece quando vemos nossas vidas como narrativas que vivenciamos e, ao mesmo tempo, criamos. Vendo-nos como autores e como personagens centrais na história de nossas vidas, desenvolvemos a capacidade de formular planos e projetos em longo prazo, de buscar metas subordinadas e de evitar a paralisia todas as vezes em que somos apresentados com uma nova oportunidade para agir.[63]

Proponentes dessa abordagem tendem a criticar visões que rejeitam a existência de um eu duradouro, uma vez que as considerações metafísicas por trás dele não estão em discussão, e só.

No entanto, as coisas não são simples assim. O teórico do não eu pode responder de forma alegre que a grande maioria das construções narrativas já pressupõe (em geral, de forma pré-reflexiva) a visão metafísica segundo a qual há "uma entidade que é tanto autora quanto personagem central de sua história de vida".[64] Nessa discussão, a posição budista seria que o eu é um constructo narrativo – daí a construção horizontal, um componente essencial da construção de uma identidade fixa –, mas que a maioria de nós confunde o personagem fictício que construímos com um eu real, robusto. Na visão budista, essa forma de desempenho do eu da narrativa é insalubre. É como o caso do ator de-

[63] Siderits, Thompson e Zahavi, "Introduction", p. 6. Os proponentes dessa abordagem encontram apoio nas posições neurocientíficas de Dennett sobre a construção de uma identidade narrativa que é essencial para a sobrevivência no mundo. A respeito da visão da identidade narrativa de Dennett, ver, em especial, *Consciousness*, p. 418.

[64] Siderits, Thompson e Zahavi, "Introduction", p. 7. Siderits, Thompson e Zahavi dizem isso sobre as abordagens narrativas, mas a afirmação se aplica, *mutatis mutandis*, a construções narrativas.

ludido que se convence de que é seu personagem: caso, por exemplo, de Val Kilmer, que passou meses convencido de que era Jim Morrison após atuar em *The Doors.*

Já os tipos saudáveis budistas vão continuar com a apresentação – vão continuar a gerar um eu narrativo por meio de uma apropriação deliberada, habilidosa –, mas o farão de maneira saudável, não delusória.[65] Em suma, vão assumir e construir uma identidade, reclamar os componentes psicofísicos que "os constroem" e montar um horizonte de mundo ao seu redor, mas o farão com ironia e por isso também com desapego. A distância irônica permitirá que sejam preservadas todas as vantagens de se estar integrado em termos funcionais como alguém unitário, sem se deixar afetar pelos perniciosos efeitos de confundir a ficção do "eu" com algo real. Na verdade, a alegação budista é que tal desempenho irônico do eu é, em essência, capacitante e fortalecedor.[66]

A razão para isso é que o modo de agir dos tipos saudáveis budistas no mundo é, do mesmo modo, de engajamento irônico.[67] Tendo em vista que constroem e mantêm sua identidade fabricada com ironia de maneira consciente, os projetos, planos e desejos dos tipos saudáveis também são caracterizados por certo distanciamento. Tendo atingido o bem-estar supremo do *nirvāṇa* e desfeito a autodelusão, os tipos saudáveis budistas não ficam carentes, insatisfeitos ou inquietos. Isso lhes permite transitar pelo mundo com intenções e projetos específicos, livres e leves. Ademais, é bem com base em seus projetos específicos que

---

65 Em resposta à acusação de que isso contraria o ideal da autenticidade, o budista vai lembrar que o próprio conceito de "autenticidade" pressupõe uma visão delusória do eu.

66 Para um ponto similar da iluminação budista, ver Dreyfus, "Self and Subjectivity", p. 139.

67 Comparar com Siderits, *Buddhist Philosophy*, pp. 106-109 e 202-203. Note que Siderits situa a ênfase na ironia envolvida em se tratar as pessoas como "pessoas" quando se sabe que são apenas feixes de eventos psicofísicos. Aqui, em vez disso, a ênfase recai na ironia envolvida na fabricação, por parte do tipo saudável, de uma identidade fictícia autoconsciente e nas formas de envolvimento com o mundo que decorrem disso.

os tipos saudáveis irão construir e manter sua identidade narrativa funcional. Buda é descrito como alguém que muda e se adapta com incrível habilidade às situações com as quais se depara. São necessários diferentes papéis e personagens, diferentes máscaras ou *personae*, dependendo da situação. Tudo isso, é claro, é feito com ironia - com plena consciência da peça representada.

Por conseguinte, a atitude irônica, em essência, dos tipos budistas saudáveis chega às posições que propõem. Como terapeuta, sabe-se que Buda apresentava curas diferentes para condições diferentes. A alguns, disse que existe um eu; a outros, que não existe um eu; por fim, para outros, disse que não existe nem um eu nem um não eu.[68] Esse é apenas um exemplo. A ideia básica é que, para o tipo saudável, apenas pragmático, preocupações contextualistas ditam o que deveria ser ensinado e, mais importante, como a rede interligada de processos que constitui este mundo de surgimento codependente se fragmentaria em "coisas" específicas.[69] Essa é a arte de descrever o mundo com base em convenções que se encaixam de maneira apropriada no contexto. Não pode haver ontologia realista absoluta em um mundo formado apenas por processos surgidos de modo codependente. Qualquer entidade que se queira descrever revelar-se-á, sob análise, vazia de essência própria, ou substância. Assim sendo, a verdade suprema nunca consistirá de verdades, muito menos da Verdade, sobre a Realidade por trás das aparências; na melhor das hipóteses, envolverá declarações negativas sobre o estado construído da verdade convencional.

Desse modo, até a análise da "pessoa" nos cinco componentes psicofísicos é um tanto arbitrária. Faz sentido ensinar a doutrina da ausência do eu dessa forma porque todos podem compreender a que se referem eventos físicos, sentimentos, conceitualizações, volições e

---

68 Ver, a respeito, Ganeri, *The Concealed Art of the Soul*, p. 108 e ss.

69 Ver Siderits, *Buddhist Philosophy*, pp. 184-185.

cognições.[70] Mas serão esses os principais elementos constitutivos de uma pessoa? Buda chegou a ser reducionista? A resposta é não.[71] Não se reconhece nenhuma base absoluta, real de redução. Seria um compromisso envolvente com a metafísica da substância.[72] Os ensinamentos do budismo são sempre apenas ensinamentos hábeis – hábeis uma vez que permitem o progresso das metas terapêuticas de Buda. São convenções, as quais servem ao propósito de expor a verdade suprema do surgimento codependente e, com ele, a indeterminação ontológica radical.[73] As convenções (*saṃvṛti*) costumam ocultar (*saṃ√vṛ*) o *status* vazio de todas as coisas, mas, no caso dos ensinamentos budistas avançados, também revelam esse *status* vazio. Desse modo, os tipos saudáveis budistas mantêm sua postura irônica mesmo em seus ensinamentos e em suas manifestações.[74] Assim como representam seu "eu" e a construção de seu horizonte com ironia, todas as descrições do mundo e as doutrinas que produzem são desenvolvidas com distanciamento irônico. É por isso que, após atingir a margem distante do *nirvāṇa*, o budista consumado abandona até a canoa do ensinamento de Buda.

Essa interpretação da relação do tipo saudável budista com o eu e com o mundo como forma de relação irônica está intimamente ligada à distinção central entre ilusão e delusão. Como observa Jonardon Ganeri, "muitas ilusões exibem um tipo de independência da crença, e a ilusão

70 Ver Dreyfus, "Self and Subjectitivity", pp. 118-119.

71 É por isso que Nāgārjuna teve de interferir e observar as tendências ontologizantes de alguns de seus contemporâneos da escola Ābhidharmika.

72 Sobre isso, ver também MacKenzie, "Enacting the Self", pp. 250-251, embora MacKenzie atribua, em erro, o reducionismo realista a todo Abhidharma, como muitos estudiosos do budismo: a saber, Siderits em *Buddhist Philosophy* e Burton em *Emptiness Appraised*.

73 Como destaca Nāgārjuna, "a verdade suprema não pode ser ensinada sem nos basearmos nas convenções" (*MMK* XXIV.10).

74 Como explica Candrakīrti, "o sábio não se ilude com o mundo convencional, pois o reconhece pelo que ele é" (*Pp*, p. 495).

persiste mesmo quando se sabe que é uma ilusão".[75] Portanto, se o eu e a substância fossem ilusões, decorreria disso que o melhor que os budistas poderiam fazer seria adquirir consciência de que o sentido do eu que neles habita e o mundo de entidades substanciais que os cercam são ilusórios, e pouco mais do que isso. Esse "*exílio interno da mente*", como Ganeri o chama, envolveria uma atitude de perpétua "circunspecção e distância cognitiva".[76]

Mas eu e substância não são meras ilusões, são delusões. Não são apenas submetidos de maneira passiva, são construídos de forma ativa. Entretanto, depois que seu *status* fictício e construído é compreendido de modo pleno e prático, a própria delusão termina. E, a partir desse momento, os tipos saudáveis budistas podem brincar com habilidade com as ficções do eu e das "coisas". Não serão mais vítimas dessas ilusões: saberão que são ilusões. A ética budista é mais ambiciosa do que isso. Bem além da circunspecção sistêmica, ataráxica, almeja uma meta de supremo fortalecimento em um estado de grande e perfeita saúde. Os tipos saudáveis budistas podem forjar o "eu" que desejam e usar o jogo de ideias e de crenças sobre como as "coisas" são e que "coisas" estão lá para atingirem seus propósitos. O eu e os seres, é claro, não serão mais delusões, e muito menos ilusões. Serão apenas ficções úteis produzidas em um espírito de distante ironia.

O primeiro passo para avaliar a suposta oposição entre o *amor fati* de Nietzsche e o *nirvāṇa* de Buda é examinar a relação entre o *nirvāṇa* e a salvação de Schopenhauer (*Erlösung*). É que, para Nietzsche, compreender a ética budista como negadora da vida relaciona-se de perto com os paralelos que ele vê entre a teoria schopenhaueriana da salvação e a doutrina budista do *nirvāṇa*. Como visto no Capítulo 2, esses paralelos encontram sua fonte nas obras de Schopenhauer, nas

---

75 Ganeri, *The Concealed Art of the Soul*, p. 120.

76 *Ibid.*, p. 123.

quais ele afirma repetidas vezes que ele e Buda olham no olho. Mas Schopenhauer estava equivocado quanto a isso. Semelhanças superficiais entre seu pensamento e a filosofia budista só ocultam uma lacuna enorme entre suas visões éticas. Isso, por sua vez, traz implicações importantes para a dicotomia nietzschiana de afirmação/negação da vida.

Primeiro, o suposto "pessimismo" budista merece certa qualificação. O budismo não ensina, tal como Schopenhauer, que vivemos "no pior mundo possível". De modo mais específico, não é correto afirmar que a filosofia budista retrata tudo na vida como sendo necessariamente desagradável e doloroso a cada momento, como Schopenhauer faz. Ao contrário, os textos budistas falam de diversas formas de existência que são agradáveis quase que por completo, nas quais quase não há contato com o sofrimento.[77] É fato que Buda comentou que nenhum desses prazeres dura. Assim sendo, frustração, nostalgia e tristeza nunca estão muito distantes.[78] Porém, isso está longe de ser tão radical quanto à afirmação schopenhaueriana de que o prazer nada é senão a ausência de sofrimento.

E como devemos entender a primeira nobre verdade? Ela não diz que o *saṃsāra* está repleto de *duḥkha*? Essa não é uma declaração evidente de pessimismo *à la* Schopenhauer? Um modo promissor para compreender melhor a atitude budista diante do sofrimento consiste em analisar o composto *āryasatya* ("nobre verdade").[79] Usando as ferramentas da análise sintática sânscrita, esse composto pode ser analisado em qualquer uma de duas maneiras. Pode ser analisado como o que os gramáticos sânscritos chamam de composto *karmadhāraya*, no qual *ārya* tem o papel de um adjetivo que qualifica *satya*. *Āryasatya*, nessa análise, é uma verdade que é nobre. De modo alternativo, pode

[77] Ver, sobre esse ponto, Morrison, *Nietzsche and Buddhism*, p. 34.

[78] Daí *vipariṇāmaduḥkhatā*, ou "sofrimento devido à mudança" (*SN* IV.259).

[79] Tomei de empréstimo essa abordagem gramatical para um problema filosófico da literatura filosófica indiana, na qual essa estratégia é muito usada.

ser analisado como o assim chamado composto *ṣaṣṭhitatpuruṣa*, que implica uma relação genitiva entre *satya* e *ārya* como substantivo ("pessoa nobre"). *Āryasatya*, segundo essa análise, é uma verdade do(s) nobre(s). Contudo, o sexto caso (*ṣaṣṭhī*) nas línguas indianas não só indica posse, como também uma relação um pouco menos rígida, que se superpõe ao caso dativo. Como um composto *ṣaṣṭhitatpuruṣa*, *āryasatya* pode, portanto, significar uma verdade para o(s) nobre(s), ou seja, para um ser iluminado, como Buda.[80] É assim, sugiro, que a primeira nobre verdade deve ser entendida.

O resultado dessa análise é que a visão segundo a qual *duḥkha* permeia o mundo é uma questão de perspectiva.[81] Muitos podem estar mais ou menos satisfeitos com suas vidas. Porém, segundo a perspectiva de uma pessoa iluminada que atingiu a saúde suprema do *nirvāṇa* todos parecem estar sofrendo. Tais considerações amenizam de modo significativo o pessimismo budista. Deixam claro por que Buda não teria compartilhado a posição schopenhaueriana, segundo a qual o mundo está objetivamente saturado de dor e de tristeza. Do ponto de vista da grande saúde, Buda vê que todos os estados envolvem *duḥkha* até certo ponto, mas isso não o torna tão pessimista quanto Schopenhauer. A questão toda é que as coisas poderiam ser bastante melhores para mim, e não que tudo é terrível na minha vida. Sob a visão budista de que a vida é repleta de sofrimento há uma mensagem de esperança, não de desespero existencial. Portanto, a busca budista pelo *nirvāṇa* e a sede schopenhaueriana de salvação baseiam-se em avaliações bem diferentes da condição humana. A avaliação de Buda é perspectivista, relativa

---

80 Em termos gramaticais, isso não está muito distante de uma das análises de Buddhaghosa: "Como nobres como Buda as penetram, são chamadas de nobres verdades [...] O nobre as penetra; portanto, são chamadas 'nobres verdades'" (*Vsm*, p. 395). Meu ponto, porém, é um pouco diferente. A ideia é que a primeira verdade é uma verdade *para* a pessoa nobre. A visão de que a vida é permeada por *duḥkha* é como as coisas se parecem segundo a perspectiva do tipo saudável.

81 A respeito, ver também Morrison, *Nietzsche and Buddhism*, pp. 34-35.

e voltada para uma situação de bem-estar. A avaliação de Schopenhauer, em contraste, é absoluta, dogmática e negativa de forma irremediável. Está claro que Nietzsche não se deu conta dessa nuance.

Outro ponto de aparente superposição entre a ética schopenhaueriana e a psicologia moral budista diz respeito ao papel do princípio de individuação. Tanto no pensamento de Schopenhauer quanto na filosofia budista, a fonte dos problemas dos seres humanos comuns é que eles levam o "eu pessoal" por demais a sério. Por conseguinte, tanto a filosofia budista quanto o pensamento schopenhaueriano alegam que o progresso na direção do *summum bonum* é função da emancipação da delusão primordial do "eu".

Contudo, a superposição cessa aqui. Há uma enorme diferença entre dizer, como fez Buda, que não existe eu, alma ou ego perpétuos e dizer, como fez Schopenhauer, que somos todos o mesmo e grande "um". Pode haver uma delusão do eu para Buda, mas não existe uma ilusão "sou diferente de você".[82]

O *nirvāṇa* não envolve o entendimento de que todas as diferenças neste mundo, inclusive aquela entre o eu e o outro, são ilusórias e, como resultado, que todos participamos de uma unidade mística, não espaço-temporal.[83] Em termos estritos, atinjo o *nirvāṇa* quando me recupero da autodelusão que condiciona toda minha postura afetiva e cognitiva diante do mundo. Havia, na Índia Antiga e na Clássica, várias escolas que ensinavam, como Schopenhauer, que a chave para pôr fim a *duḥkha* consiste em rejeitar o eu pessoal e ilusório em prol do Eu Real, ou seja,

---

[82] Sobre isso, ver também Panaïoti, "Wrong View, Wrong Action", pp. 15-16.

[83] Com certeza, a desconstrução feita por Nāgārjuna de qualquer ontologia realista possível, ou taxonomia de entidades reais, irredutíveis, nega a possibilidade de se estabelecer qualquer diferença substancial entre as coisas. Mas isso é assim porque o mundo que vivenciamos é um mundo de processos e de relações dinâmicas, e não de coisas discretas, concretas, sujeitas a análises com base em substância e atributos. Não é porque somos na verdade esse Um unificado.

o Um eterno por trás de todas as coisas ilusórias, transientes.[84] Todavia, na visão budista isso não representa uma recuperação real da autodelusão. Rejeitar o "eu pessoal" é um passo na direção certa, mas buscar refúgio em um "eu" cósmico indica que a pessoa ainda se encontra sob o feitiço da autodelusão. Tal ética ainda é condicionada pela sede e pelo apego ao Ser. Quem segue tal caminho permanece suscetível a *duḥkha*. Em suma, o tipo de metafísica por trás da salvação de Schopenhauer não tem apelo para um proponente da filosofia budista. Na verdade, revela apenas um Ego-ísmo em grande escala.

Por trás da superfície de semelhança superficial entre a psicologia moral budista e a metaética schopenhaueriana encontram-se atitudes opostas ao problema do eu. A ética de Schopenhauer baseia-se em um monismo metafísico, que faz inchar o eu, transformando-o no Um universal. A psicologia moral budista, em contrapartida, consiste em uma crítica global ao ego que, em última análise, denuncia o próprio pensamento metafísico tradicional como um desenvolvimento da autodelusão e, portanto, como algo que dificulta o caminho até o *nirvāṇa*.

Nietzsche, sem dúvida, conhecia bem a diferença fundamental entre a filosofia schopenhaueriana e o budismo com relação à metafísica. Mesmo assim, parece ter ficado cego para a importante implicação dessa diferença no campo da ética. A esse respeito, pense na enganosa semelhança entre a Vontade de Schopenhauer e a febre da sede. A Vontade e a sede são semelhantes por estarem intimamente relacionadas com os mecanismos de individuação e, como tal, por representarem a fonte

84 Essa é a posição da Advaita Vedānta e de várias escolas Śaivite, entre outras. Deve ser observado, é verdade, que a Advaita Vedāntin também emprega a estratégia nāgārjuniana de mostrar "que nosso conhecimento dircursivo do mundo fenomênico está repleto de contradições, antinomias e sublação". D. Chattopadhyaya, "Skepticism Revisited: Nāgārjuna and Nyāya via Matilal", em P. Bilimoria e J. Mohanty (orgs.), *Relativism, Suffering and Beyond: Essays in Memory of Bimal K. Matilal*, Dephi: Oxford University Press, pp. 50-68, na p. 58. O Advaita Vedāntin o faz, porém, com uma finalidade muito diferente, qual seja, mostrar que por trás do "véu de maya" há um Absoluto Unitário.

do sofrimento. Portanto, o *summum bonum* de Schopenhauer e de Buda corresponde à sua cessação e destruição. Mas Nietzsche parece ter encontrado coisas demais nesse paralelo.

A Vontade e a sede têm, por outro lado, papéis muito diferentes no pensamento schopenhaueriano e na filosofia budista. Para Schopenhauer, a Vontade é o próprio elemento fundamental do mundo – é o equivalente metafísico da matéria empírica, ou da essência da vida. Não existe paralelo para tal extravagante alegação metafísica no budismo. A sede não se parece nem um pouco com a essência da vida. Não é uma substância, muito menos algo metafísico; tampouco é uma "coisa". Representa formas específicas de comportamento afetivo que, como tudo o mais na visão de mundo budista, resulta de um processo: no caso, a identificação mediante a apropriação. A sede pode ser característica da vida psíquica de muitas pessoas, mas nunca se sugere que a sede é a vida, ou que existir consiste em sentir sede.[85]

Como resultado, a autonegação de Schopenhauer como negação da Vontade não encontra paralelo no pensamento budista. A salvação schopenhaueriana consiste em destruir o que se é. Consiste em negar e matar o que "eu" sou de verdade. Já segundo a filosofia budista, "eu" não sou de fato nada em particular. Como tudo o mais, "eu" sou uma série de processos em constante mutação. A sede se baseia na delusão de que "eu" sou alguma coisa acima e além desses processos, de que existe um corpo e uma mente que são "meus", que isto e aquilo pertencem a "mim" etc. Conscientizar-se de que isso é delusório e, mais cedo ou mais tarde, perceber na prática a ausência do eu é que vai extinguir a febre da sede e levar à cessação do sofrimento. Portanto, o *summum bonum* budista com certeza não é uma questão de negar e destruir o que "eu" sou na

[85] Isso em comparação com a inadvertida tentativa de Morrison de mostrar que a sede tem um papel cosmológico no budismo como "a mais 'primitiva forma de afeto'", papel que ele (em erro) considera idêntico ao da vontade de poder na filosofia de Nietzsche. Morrison, *Nietzsche and Buddhism*, pp. 132-154, em especial pp. 137-138.

realidade, mas de abandonar quaisquer delusões sobre o que, de fato, "eu" não sou. Não existe autonegação ou autodestruição no budismo como existe na ética schopenhaueriana. Existe apenas a libertação da delusão patológica do eu. Por conseguinte, não existe nada de "antivida" em si na ética ideal de Buda. Existe apenas a consciência de equívocos. A sede não é a vida. É um impedimento à vida saudável. Contra Schopenhauer e Nietzsche, portanto, destruir a sede não é destruir a vida, mas fazer cessar a vida insalubre.

É claro que não surpreende o fato de Schopenhauer e Nietzsche terem a impressão de que o budismo nega a vida e que sua meta é apenas pôr fim à vida. É verdade que os textos budistas costumam descrever o *nirvāṇa* como a cessação do renascimento cíclico.[86] Dizem que os iluminados conseguem se libertar da existência cíclica ao atingirem o *nirvāṇa*[87] e citam muito Buda, que teria dito que, após sua iluminação, sabia que "não haveria mais isto [vida]" para ele.[88] Em suma, às vezes parece mesmo que o médico Sidarta Gautama tentou curar as pessoas da vida. Nietzsche estaria certo, portanto, em descrever o budismo como negador da vida apesar das diferenças entre os pensamentos de Schopenhauer e de Buda?

Há boas razões para duvidar disso. Primeiro, é de se observar que muitas das expressões e frases sobre a libertação do *saṃsāra* e a cessação do renascimento são comuns em quase todas as discussões sobre ética na literatura religiosa e filosófica da Índia. Sendo assim, não são fontes lá muito confiáveis de ideias bastante budistas.

Ademais, consideradas contra o pano de fundo da psicologia moral budista, não está claro se essas formulações têm conteúdo negativo, apesar de terem forma com certeza negativa. Vamos presumir por

---

86 *MMK* XVIII.4.

87 Em termos mais específicos, às vezes o *nirvāṇa* é descrito como a cessação do devir (em *SN* II.117, por exemplo) e, portanto, da morte e do renascimento no *samsāra*.

88 *SN* III.12.

um instante que podemos entender os termos "vida", "*saṃsāra*" ou "renascimento" nessas expressões idiomáticas como "existência permeada de *duḥkha*". Assim, será possível ver como "obter a libertação da vida/do *saṃsāra*/renascimento" não implica necessariamente o autoextermínio, e sim a entrada em um modo de vida no qual *duḥkha* foi removido. Sob essa óptica, o *nirvāṇa* não implica a morte final ou o sono permanente. Pelo contrário: é um estado de plenitude, bem-estar e força. Portanto, quando se diz que as pessoas iluminadas "não vão mais conhecer esta vida", isso não significa que atingirão no final a morte duradoura, mas que terão se livrado do que é típico da existência normal, doentia, ou *saṃsāra*. Em outras palavras, terão se recuperado da infecção do princípio do ego, que, mediante a inflamação da apreensão e a febre da sede, leva-nos a vivenciar o mundo como *duḥkha* e, com isso, a estar "em *saṃsāra*"

Além disso, em termos estritos, o paradigma pan-indiano da reencarnação que tais expressões pressupõem não é relevante para o conceito budista do *nirvāṇa* como grande saúde. O relato do *nirvāṇa* que esbocei independe, segundo os princípios da lógica, de qualquer relato de reencarnação, mas não porque alguma coisa essencial foi deixada de lado. A questão é que, como filosofia, o budismo apresenta um modelo de psicologia moral que, de forma alguma, depende da doutrina da reencarnação. Se fôssemos compreender o *nirvāṇa* apenas como o "fim do renascimento", então um fator sem muita importância, devido sobretudo a contingências culturais e históricas nada essenciais, estaria nos impedindo de enxergar algo com significado filosófico e psicológico bem maior.

A esse respeito, vale a pena ver a surpreendente declaração de Nāgārjuna: "nada distingue o *saṃsāra* do *nirvāṇa*".[89] O que Nāgārjuna quis dizer é que não existe diferença ontológica ou metafísica entre o "reino" do *nirvāṇa* e o do *saṃsāra*[90] – o *nirvāṇa* não é um tipo de Céu.

---

89 *MMK* XXV.19.

90 Isso porque o que distingue o *saṃsāra* do *nirvāṇa* é a perspectiva do sujeito (ou, de forma mais precisa, sua atitude diante do mundo), e não porque existe uma

Tampouco a diferença entre ambos é uma questão de renascer ou não tornar a nascer. A verdadeira diferença está na experiência individual no mundo. Aqueles que estão infectados com o princípio do ego, e que por isso têm sede febril, vivenciam este mundo como um mundo de *duḥkha*. Estão "no *saṃsāra*". Os que se recuperaram da infecção do princípio do ego e aqueles para quem a febre da sede passou não conhecem *duḥkha*. Estão "no *nirvāṇa*". A metempsicose não é relevante. Relevante é a autodelusão.

Assim sendo, a meta da ética budista não é nem fazer cessar a vida nem sufocar o que é mais natural em nós. A meta é a recuperação de uma doença debilitante no intuito de se adquirir grande saúde. Ademais, esse bem-estar deveria ser em essência capacitante, não incapacitante. Portanto, levando-se tudo isso em conta, não existe nenhuma afinidade real entre a grande doença da salvação de Schopenhauer e a grande saúde do *nirvāṇa* budista.

Ao contrário do que acreditava Nietzsche, o ideal ético do *nirvāṇa* não é uma expressão de negação da vida. Como resultado, não pode ser o oposto do ideal de afirmação da vida do *amor fati*, como Nietzsche o entendia. Se o *amor fati* não é um anti*nirvāṇa*, então qual a sua relação com o *nirvāṇa*? Acontece que essa relação é bem mais interessante e complexa do que a de mero antagonismo. Examinando bem, essas duas visões de grande saúde parecem compartilhar diversas características interessantes e chegam mesmo a se complementar em certos aspectos.

Para começar, pense no que diz Nietzsche sobre a relação entre os budistas e o *ressentiment*. Ele afirma que os budistas se isolam de modo

---

identidade ontológica real entre ambos, como se costuma presumir – ver a alegação simplista de Rupp, ao dizer que a "afirmação [de Mahāyāna] de que *nirvāṇa* e *saṃsāra* são, em última análise, um só, representa uma valoração com potencial positivo, no mínimo, da totalidade do ser". D. Rupp, "The Relationship between Nirvāṇa and Saṃsāra: An Essay on the Evolution of Buddhist Ethics", *Philosophy East and West* 21(1), 1971: 55-67, na p. 65.

eficaz do sofrimento e atingem um estado de profunda serenidade e contentamento em virtude do combate ao *ressentiment*.[91] A ideia é que o *ressentiment* é o impulso mais natural dos *décadents*, mas que, por cederem a ele, gastam boa parte da pouca energia que têm à disposição. Desse modo, os efeitos do *ressentiment* enfraquecem ainda mais os *décadents*, o que, por sua vez, torna-os ainda mais irritadiços e suscetíveis ao sofrimento.[92] Por isso, Buda, como convém a um "profundo fisiologista", aconselha seus seguidores a resistirem ao *ressentiment*. Logo, os budistas vão congelar seus instintos, em especial aqueles que os levam a cometer vingança; com isso, terão muito poucos conflitos com o mundo. E atingirão a felicidade negativa da ausência de dor, cujo epítome é o sono profundo do *nirvāṇa*. Porém, do mesmo modo como afastam os efeitos conscientes do *ressentiment* – o *ressentiment*$_1$ –, os budistas alimentam o *ressentiment*$_2$ – o "*ressentiment* contra a realidade"[93] –, subjacente, pré-reflexivo, característico da *décadence* e de sua interpretação negadora do sofrimento da vida como objeção à vida.

A primeira coisa a observar é que, do ponto de vista da psicologia moral budista, a explicação de Nietzsche para a forma como os budistas põem fim ao sofrimento parece um tanto superficial. Não há dúvida de que Buda impele seus seguidores a apagar o "fogo" da aversão.[94] Todas as formas de animosidade, mágoa e desejo de vingança são manifestações da sede e resultam de atitudes autocentradas às quais a autodelusão deu origem. Portanto, o que os budistas consideram uma conduta apropriada inclui a renúncia não apenas a atos lesivos e acusações caluniadoras, mas também a quaisquer pensamentos de ira. Do modo isolado, porém, não é isso que leva à cessação do sofrimento. Tais ações físicas, verbais e mentais são condenadas porque reforçam as propensões e as tendências

[91] *A*, § 20; *EH*, "Warum ich so weise bin", § 6; *FP* 1887-1888, 11(240) e 10(57).

[92] *EH*, "Warum ich so weise bin", § 6.

[93] *A*, § 15. Ver também *FP* 1885-1887, 8(2).

[94] Ver, por exemplo, *SN* IV.28.

autocentradas mais profundas que nos "prendem" ao *saṃsāra*. O verdadeiro alvo da terapia budista é a autodelusão; os "efeitos da sede" – entre os quais podemos incluir o *ressentiment*$_1$ de Nietzsche – são combatidos justo porque reforçam o egocentrismo no qual encontram sua fonte. Em termos simples, a terapia de Buda focaliza o que está na raiz da mágoa, da raiva e da aversão; lidar apenas com esses fenômenos superficiais não é suficiente para atingir o *nirvāṇa*. Assim, a descrição feita por Nietzsche sobre a terapia budista não é de todo errada, mas um pouco fora do centro do alvo.

Todavia, o que Nietzsche não percebe de forma alguma é que, ao solapar a autodelusão, o budista destrói não só a raiz do *ressentiment*$_1$ como a do *ressentiment*$_2$. Na análise de Nietzsche, o *ressentiment*$_2$ é fruto da grande irritabilidade e da fraqueza dos *décadents*. Para os *décadents* esgotados, a vida está repleta de dores e tristezas perenes. Assim, sentem-se "alvejados" pela vida e decidem que a vida é má. É isso que os leva a se vingarem da vida mediante diversas formas de ideologia que negam a vida. Escreve Nietzsche:

> O instinto de vingança conquistou o domínio sobre a humanidade ao longo de milênios, e toda a metafísica, a psicologia, a ideia de história e, acima de tudo, a moralidade, leva sua marca. E, como o homem pensou, pura e simplesmente, introduziu o bacilo da vingança nas coisas.[95]

Mas a ideia da grande saúde budista é a recuperação da febre debilitante e enfraquecedora que faz com que vivenciemos a vida como *duḥkha*, ou dolorosa. A sede, de acordo com a análise budista, é o que faz com que as experiências desagradáveis me firam, machuquem, desestimulem, é o que faz com que me desespere com a vida etc. Livre da sede, não me sinto mais um alvo da vida. Não me sinto mais temeroso, inquieto e defensivo, muito menos agressivo. Não porque eu tenha

[95] *FP* 1888-1889, 15(30).

"congelado meus instintos" ou "adormecido", mas porque superei o modo delusório de pensar e de sentir que me tornou tão irritadiço. Portanto, estou mais "desperto" (*buddha*) e forte do que antes – sou um "vitorioso".[96] Em termos nietzschianos, poderíamos dizer que o tipo saudável budista superou a doença em virtude da qual a vida é "interpretada" como dolorosa. Assim sendo, os tipos saudáveis budistas removeram a condição para vivência do *ressentiment*$_2$. Não podem desejar vingança de modo subliminar contra a realidade, pois nem sequer vivenciaram a realidade como algo nocivo.

A esse respeito, lembre-se das duas passagens enigmáticas sobre o *amor fati* discutidas no final do Capítulo 3. Nessas passagens, Nietzsche faz a afirmação surpreendente de que o *amor fati*, o qual, supõe-se, envolveria a vontade incondicional de sofrer, também envolve o não sofrimento.[97] Recorde-se ainda de que Nietzsche não tem uma teoria unitária do sofrimento, mas abriga diversas posições sobre o sofrimento como experiência dos tipos fracos, reativos, e o sofrimento como experiência dos tipos fortes, ativos. A experiência do sofrimento do tipo reativo e doentio como revés enfraquecedor é que está por trás da negação da vida, da invenção do Ser, da moral da anulação e assim por diante. Em suma, o *ressentiment*$_2$ – a mãe da negação da vida – tem sua fonte no sofrimento do tipo *décadent*, reativo e doentio. Por conseguinte, por envolver a superação completa de todas as forças reativas, o ideal afirmativo da vida do *amor fati* também implicará não sofrer da maneira como sofrem os tipos reativos, ou seja, de modo a levar ao *ressentiment*$_2$ e a seu instinto de negação da vida. É a isso que Nietzsche se refere ao dizer que o *amor fati* envolve o "não sofrer".

Mas "não sofrer" dessa maneira é o que acontece com o tipo saudável budista para quem a febre da sede cessou. A "cessação do sofrimento"

---

96 *MMK* XIII.8. Esse é apenas um dentre vários epítetos que sugerem que o tipo saudável budista é forte e poderoso. Para outros desses epítetos, ver *Sn* 29, 213 e 646.

97 Ver *EH*, "Warum ich so gute Bücher schreibe", *NT*, § 4, e *ibid.*, *GC*, § 4.

budista significa que a vida não é mais "interpretada" como insatisfatória de maneira desestimulante. Portanto, o *amor fati* e o *nirvāṇa* envolvem "não sofrer" na mesma medida. Ambos envolvem a superação da doença enfraquecedora a qual faz com que a vida seja vista como depressiva e desesperadoramente dolorosa. Sob essa luz, algo como a "destruição da sede" dos budistas levaria à grande saúde vislumbrada por Nietzsche. Desse modo, atingir o estado psicológico característico do *nirvāṇa* budista, longe de ser uma meta que nega a vida, pode ser necessário caso se queira superar forças reativas internas para se atingir o cume da afirmação da vida.

Isso pode explicar por que a chegada ao *nirvāṇa* parece envolver tudo, menos a anulação atacada por Nietzsche. O *amor fati* é um ideal contrário à anulação. É um ideal de autoestima e de autoafirmação. Por paradoxal que possa parecer, a superação budista da autodelusão parece levar a um resultado similar.[98] Tanto nos autoelogios quanto nas descrições pessoais em terceira pessoa, os tipos saudáveis budistas parecem irradiar uma autoestima salutar, uma confiança exuberante e uma afirmação incondicional de sua superioridade.[99] Pareceria, portanto, que no relato budista a autoafirmação e a autoestima que Nietzsche exalta são condições para a vitória sobre a doença debilitante da autodelusão. Portanto, além da ausência de qualquer forma de *ressentiment* e da cessação do sofrimento depressivo, o *nirvāṇa*, como o *amor fati*, também envolve autênticas autoafirmação e autoestima.

Voltar à autodelusão abre o terreno para uma nova aproximação entre a psicologia do tipo saudável budista e o tipo saudável de Nietzsche. Recorde-se de como Nietzsche situa a origem de conceitos

---

98 O paradoxo se dissolve depressa ao se observar que o "auto", em expressões como autoestima, autoafirmação etc., designa apenas uma relação gramatical reflexiva, desprovida de quaisquer implicações ontológicas referentes a um "auto" [*self* como "meu" – N. do T.] robusto que atuaria como "objeto" da estima ou da afirmação.

99 Algumas passagens canônicas nas quais isso fica evidente incluem *V* I.7, *MN* I.68, *SN* I.278 e *Sn* 213 e 646.

como realidade, existência, Substância, Ser etc. no primitivo sentimento do "sujeito".[100] Na análise *nietzschiana*, toda a história da metafísica e da religião se reduz à história da "superstição da alma".[101] Essa afirmação encontra eco na filosofia budista, a qual, do mesmo modo, considera conceitos como Ser, existência, substância e até "entidade" modelados no primitivo conceito do eu, na primeira pessoa, como núcleo duradouro e unitário da pessoa. O mesmo se aplica à afirmação de Nietzsche de que a metafísica e a religião – as quais se baseiam na ficção do Ser – têm origem no sofrimento profundo que produz tanto a necessidade de Paz e Quietude do Ser quanto o desejo rancoroso de depreciar o reino do devir ao contrastá-lo com o reino do Ser. A filosofia budista não discute o desejo do tipo doentio de vingança contra o mundo, mas afirma, como Nietzsche, que os incontáveis desapontamentos e frustrações por que passa o humano comum dão origem à necessidade do Ser e da Permanência. Ela pode se manifestar como o anseio por um Absoluto sem atributos (*brahman*) ou um Senhor/Deus (Īśvara, Śiva, Viṣṇu etc.), ou como a necessidade de ordem e de regularidade reconfortantes proporcionadas por uma estrutura taxonômica realista que identifica os detalhes irredutíveis, substanciais, de que o mundo é feito. Em suma, a filosofia budista e Nietzsche concordam não apenas em que o "modelo" do Ser é o "eu", mas também em que a fonte psicológica da ficção do Ser modelada no "eu" é alguma forma de profunda insatisfação com a vida.

Nietzsche não esclarece a relação entre o sentimento de sujeito e o desespero existencial que alimenta a invenção do Ser (no modelo do "eu"). No entanto, é possível mesclar o relato *nietzschiano* com a história budista. Uma versão budista da teoria de Nietzsche situaria a origem da irritabilidade exacerbada característica da *décadence* na autodelusão. Segundo essa visão, se o tipo doentio, reativo, de Nietzsche é tão propenso ao sofrimento, à tristeza e ao desespero, é bem por causa da

[100] *CI* III, §§ 2 e 5, *FP* 1885-1887, 7(63), *ibid.*, 1887-1888, 9(98), e *ibid.*, 10(19).
[101] *FP* 1885-1887, 7(63).

delusão fundamental por trás do "sentimento de sujeito". Portanto, a autodelusão estaria na base do anseio dos *décadents* por um reino de Sublimidade e Quietude. Estaria também na base de seu *ressentiment*$_2$, que, em termos budistas, pode ser descrito como uma forma de raiva baseada na sede, diante de um mundo de devir que frustra de modo contínuo as necessidades dos tipos doentios. A explicação *nietzschiana* – que é por conta do medo e do desejo de conforto e alívio que explicamos para nós mesmos o mundo enfiando um "fazedor ('sujeito') [...] por trás de tudo que acontece" e postulamos "coisas" estáveis e discretas como causas em analogia com o ego etc.[102] – poderia ser levada adiante em termos explicativos. Na raiz do sofrimento e do medo que alimentam essa personificação em larga escala está a própria delusão de que existe um "núcleo" unitário, duradouro, no coração de cada ser. Nesse relato híbrido, budo-nietzschiano, a autodelusão enfraquecedora está por trás da reatividade doentia de se interpretar o mundo com base em coisas estáveis e substâncias duradouras – e ainda da invenção de ficções como *wahre Welt*, Céu ou Deus. O predomínio das forças reativas nesse relato é fruto da autodelusão.

Em última análise, a questão sobre se Nietzsche teria ou não concordado com uma explicação budista da reatividade ou da *décadence* é controversa.[103] O que merece destaque é que o relato psicológico budista pode, pelo menos em teoria, complementar o *nietzschiano*. E mais: se o que Nietzsche chama de comportamento reativo com relação ao eu e à individuação se alinha tão bem com o que é considerado

---

102 *CI* VI, §§ 3 e 5.

103 Entretanto, é importante comentar que uma passagem específica em *GM* sugere que Nietzsche poderia ter reconhecido uma relação genética entre a autodelusão e a reatividade. A passagem fala do *ressentiment* reativo do escravo contra seus senhores nos seguintes termos: "Desde o início, a moral do escravo diz não para o que é 'externo', o que é 'outro', o que é 'não eu'; e isso não é o ato criativo" (*GM* I, § 10). Isso está coerente com a análise budista, a qual afirma que a constituição do "outro inimigo" depende de uma noção robusta do eu.

um comportamento insalubre na filosofia budista – tão bem que a explicação budista para esse comportamento também se encaixa com o modelo *nietzschiano* –, então não deve ser surpresa a descoberta de que também existe um paralelo naquilo que, no pensamento de Nietzsche e no budismo, é tido como um comportamento ativo/ saudável com relação ao eu e ao mundo.

Primeiro, não há dúvidas de que o tipo saudável heraclitiano da filosofia de Nietzsche superou tanto a delusão de que ele tem um "eu" robusto quanto a delusão da "coisicidade". Ele sabe que o Ser é uma ficção. Isso significa que ele sabe que existe apenas uma torrente dinâmica de devir na qual nada perdura e na qual todas as "coisas" – inclusive ele – são, de fato, o produto da interação de forças plurais, sempre em mutação. Sabe ainda que qualquer representação em seu horizonte cognitivo de uma "coisa" estável, com atributos específicos, é fruto de uma interpretação reificadora a qual, por meio da hipóstase, imputa a "coisas", significados e valores que refletem suas preferências, projetos e metas. Em termos mais gerais, ele sabe que existe um elemento de arte e, portanto, também de artifício em qualquer representação que abstraia, simplifique, descuide de detalhes etc. para forjar "coisas" a partir de processos evanescentes, para agrupar essas coisas em categorias e, assim, tornar o mundo inteligível. Esse conhecimento é algo que o tipo saudável da filosofia *nietzschiana* tem em comum com o tipo saudável budista.

Mas o que é bem mais importante tem menos a ver com o que esses dois tipos saudáveis sabem e mais a ver com o espírito com que lidam com o mundo. Ao contrário do santo schopenhaueriano que renuncia ao *principium individuationis* que produz o "eu" e a "coisa" a fim de se deleitar na Unidade mística do Universo, os tipos saudáveis do pensamento budista e do pensamento nietzschiano continuam a produzir eu e coisa com pleno conhecimento da falsificação envolvida. Tanto o tipo ativo de Nietzsche quanto o tipo saudável do budismo são mestres da ironia.

Como atores que sabem que estão interpretando um papel, ambos encenam suas *personae*, ou eus-máscara, e no processo também interpretam a artística individuação das coisas e dos seres no mundo. Nesse sentido, a única diferença entre sua interpretação e a das pessoas comuns é que eles sabem que estão criando a si mesmos e a seu horizonte. Em sua relação com o eu e o Ser, ambos são figuras irônicas. Em suma, o contraste entre o relacionamento do tipo reativo, doentio, e o tipo ativo, saudável, com as ficções do eu e do Ser no pensamento *nietzschiano* corre, na essência, em paralelo com o contraste encontrado na filosofia budista na relação entre os tipos doentio e saudável e essas mesmas ficções. Nos dois casos, o que está em jogo é o contraste entre o realismo deludido e ingênuo e a ironia.

Sem dúvida, há uma diferença importante no que diz respeito às expressões usadas em ambas as filosofias. A filosofia budista não expressa seu ideal ético com relação à figura do artista. Mais importante, nada na filosofia budista se aproxima do ideal de adoção da grande ficção da eterna recorrência no *amor fati*. A autoestima e certa forma de autoafirmação, é claro, fazem parte da grande saúde budista, mas não há paralelo no budismo para as ficções irônicas de um Eu eterno e de um Ser Cósmico (Dioniso) que têm papel central no ideal de afirmação da vida de Nietzsche.

E isso, por sua vez, aponta para o papel distinto representado pela ironia nos ideais éticos de Nietzsche e de Buda. A ironia do tipo saudável budista tem papel apenas funcional. É algo pragmático que permite que os tipos saudáveis levem a cabo seus projetos no mundo. Por sua vez, as ficções irônicas do Eu e do Ser na grande saúde de Nietzsche fazem parte do *amor fati*. O tipo saudável *nietzschiano* diz sim para uma Vida trágica em um Mundo trágico, e é para fazê-lo que adota de modo irônico as ficções do Eu e do Ser. Já as ficções do eu e do ser para o tipo saudável budista são apenas constructos úteis com os quais o tipo saudável pode brincar à vontade, mas não têm papel direto na obtenção da grande saúde do *nirvāṇa.* Mesmo que haja muita superposição na relação de nossos dois tipos saudáveis com o eu e o ser e na ironia com que perpetuam essas ficções, há também uma diferença importante no papel representado por essa ironia em nossas duas visões éticas.

A diferença no papel da ironia na filosofia budista e no ideal de grande saúde de Nietzsche aponta para uma discrepância bem mais significativa entre o *nirvāṇa* e o *amor fati*. É claro que ambos podem envolver o mesmo tipo de "cessação do sofrimento". Quer dizer, ambos não envolvem mais o sofrimento enfrentado pelo tipo reativo, doentio, do pensamento *nietzschiano*, mas o que dizer da interpretação do tipo ativo, para quem o sofrimento é uma resistência ou um obstáculo a ser vencido? É assim, afinal, que o tipo saudável de Nietzsche enxerga o medo e o horror vivenciado diante da eterna recorrência. E é por olhar assim para a existência que ele inventa as ficções irônicas de um Eu e um Mundo eternamente recorrentes. Manter essa postura saudável diante de grande sofrimento é a meta final do *amor fati*. A cessação do sofrimento do tipo fraco no *amor fati* visa apenas preparar o terreno para a vontade heroica de sofrer. Já o *nirvāṇa* pode implicar não interpretar mais experiências e estados como "dolorosos" da maneira como o tipo reativo de Nietzsche interpreta as coisas como dolorosas, mas não parece deixar lugar para o sofrimento como estímulo.

Tendo em vista que o conceito budista de *duḥkha* representa algo que pressupõe a sede, à primeira vista não pode haver discussão sobre tal sofrimento na filosofia budista e, menos ainda, de uma vontade de *duḥkha*. Sem sede, não existe *duḥkha*. Sejam quais forem os obstáculos que a pessoa iluminada possa enfrentar, eles não serão sentidos como *duḥkha*. Portanto, diante disso, tem-se a impressão de que nada no budismo poderia desempenhar o papel do sofrimento como resistência estimulante a ser vencida.

Dito isso, há uma situação na qual o tipo saudável budista é estimulado pelo sofrimento e procura desafios, aventuras e obstáculos para superar. Segundo os textos budistas, essa situação resulta da infindável compaixão do tipo saudável, que, ao que parece, é um efeito positivamente doloroso.[104] Nesse ponto, porém, qualquer aproximação entre a ética budista e a filosofia positiva de Nietzsche parece fracassar. Nietzsche, ao que parece, é um inimigo destemido da compaixão. Para o tipo saudável, o sofrimento nascido da compaixão não pode ser um atrativo para a vida e a ação. Nietzsche diz que a própria compaixão deve ser vencida caso se deseje obter grande saúde.

Porém, pode ser que a compaixão dos tipos saudáveis budistas e a compaixão que Nietzsche tem em mente sejam efeitos significativamente diferentes. Logo, é à compaixão que precisamos recorrer a fim de focalizar melhor a relação entre as visões de grande saúde de Nietzsche e de Buda. Essa será nossa tarefa nos dois próximos capítulos.

---

[104] Ver, por exemplo, *TV*, de Vasubandhu, p. 28, e *AKBh*, p. 182.

Parte III

Compaixão

Capítulo 5

Superando a compaixão

A cruzada nietzschiana de afirmação da vida contra a negação da vida trata não apenas da atitude fundamental saudável/insalubre contra o próprio sofrimento, mas também do sofrimento do outro. Portanto, o (Anti)Buda da Europa lança a "nobre virtude" de "superar a compaixão"[1] contra o "cultivo da compaixão" do budista. Assim, combate um dos elementos centrais da moral niilista de negação da vida e do eu. Um

[1] *EH*, "Warum ich so weise bin", § 4. Traduzo *Mitleid/Mitleiden* como "compaixão" em vez de "piedade" por dois motivos. Primeiro, "com-paixão" (em termos literais, "sofrer com" ou "sofrimento compartilhado"; compare com "comiseração") é morfológica e semanticamente mais próximo do alemão (*Mit-leid*) e, como tal, evoca uma das ideias centrais por trás da crítica que Nietzsche faz à compaixão, ou seja, que o sentimento de compaixão envolve o sofrimento (*leiden*). Segundo, parece claro, diante de recentes discussões terminológicas, que a compaixão, e não a piedade, é que foi alvo do interesse de Nietzsche. Contra tentativas anteriores de distinguir piedade de compaixão com base no potencial de desprezo quiçá envolvido na piedade, coisa a que a compaixão estaria imune, Tappolet argumenta que a verdadeira diferença é que a pessoa que não está ciente de um infortúnio (por exemplo, ter perdido um ente querido pouco tempo atrás) ou que não sofre (como um alcoólatra apático) pode ser alvo de piedade, enquanto alguém precisa estar sofrendo, ativa e conscientemente, para ser objeto de compaixão. C. Tappolet, "Compassion et altruism", *Studia Philosophica* 59, 2000: 175-193, nas pp. 177-178. Por motivos que logo ficarão óbvios, a emoção de que Nietzsche se ocupa tem origem clara no sofrimento alheio, e não na avaliação feita do estado ou da condição alheia. É compaixão, não piedade.

componente central do caminho para a grande saúde nietzschiana, afirmadora da vida, é a inibição da compaixão. Nietzsche, porém, não nos diz de maneira direta o que envolve a "superação da compaixão". Felizmente, ele tem muito a dizer sobre compaixão. O conteúdo e o sentido do ideal ético da "superação da compaixão" no pensamento positivo nietzschiano só pode ser revelado mediante um exame cuidadoso de toda a gama de posições de Nietzsche sobre a compaixão.

A crítica de Nietzsche à compaixão constitui uma corrente consistente em suas obras publicadas a partir de 1878.[2] Suas posições críticas em relação à compaixão podem ser resumidas sob dois títulos abrangentes. Primeiro, temos o que chamo de *crítica psicológica* de Nietzsche à compaixão. Segundo, o que chamo de *crítica cultural* de Nietzsche à compaixão. Embora ambas essas críticas se impliquem mutuamente e formem um todo, cada uma precisa ser examinada de forma independente em nome da clareza e da precisão. Juntas, servem de pano de fundo para quase tudo que Nietzsche tem a dizer sobre a compaixão.

O fenômeno psicológico da compaixão, como Nietzsche a entende, tem quatro características fundamentais. A primeira é que a compaixão é pouco mais do que um sentimentalismo imaturo. Trata-se de uma das primeiras posições críticas de Nietzsche sobre ela. As primeiras formulações dessa posição, em *HD* I, fundamentam-se na oposição entre razão e emoção, cabeça e coração, mente e estômago. Aqui, Nietzsche ecoa a alegação de La Rochefoucauld, que dizia que a compaixão é uma mera paixão, útil apenas aos desprovidos de razão e que, por isso, precisam de alguma emoção a fim de serem compelidos a ajudar os demais.[3] Nietzsche também

2 Essa corrente tem sido pouco examinada. À parte algumas exceções, as posições de Nietzsche sobre a compaixão receberam muito pouca atenção na literatura comentarista, embora isso tenha começado a mudar nas duas últimas décadas. Mesmo assim, este é o primeiro estudo no qual uma tentativa de apresentar uma exposição sistemática da(s) crítica(s) de Nietzsche à compaixão é feita.

3 *HD* I, § 50. Nietzsche conclui: "Com certeza, devemos *manifestar* compaixão [para

invoca os Antigos a apoiar seu caso contra a compaixão. Em contraste com a obsessão dos moralistas modernos pela compaixão e pelo altruísmo, supõe-se que os gregos antigos viam a propensão ao sentimento da compaixão como um defeito de caráter comum entre almas fracas.[4] Isso porque eles tinham a maturidade e o bom senso para ver a compaixão como uma reação vulgar e sentimental que deve tudo ao coração e nada à cabeça. Nietzsche concorda. Por outro lado, fala das pessoas que não sentem compaixão como indivíduos racionais, equilibrados e autocontrolados, os quais se envergonham com a "covardia" presente na raiz da compaixão.[5]

Em relação à compaixão, é de razoável importância o fato de Nietzsche continuar a considerá-la sentimental e imatura, mesmo depois de se distanciar do elogio de *I* e *M* em *HD* diante da lógica fria e rigorosa em contraste com afetos e instintos caprichosos.[6] Em *HD II* (1886), ele descreve a moral dominante da compaixão sentimental e da

---

agradar pessoas fracas e doentes], mas esquivarmo-nos de *recebê-la*". Isso parece ter saído de forma direta do autorretrato feito por La Rochefoucauld em 1659: P. Kuetz (org.), "Autoportrait", em *Maximes et réflexions diverses*, Paris: Bordas, 1966, p. 20. As posições cínicas de La Rochefoucauld sobre a psicologia humana estão expostas lá (1678, 3ª ed.). Esse texto exerceu enorme influência sobre Nietzsche, em especial no final da década de 1870 e no início da seguinte. Para um estudo sistemático do envolvimento de Nietzsche com La Rochefoucauld, ver R. Abbey, "Descent and Dissent: Nietzsche's Reading of Two French Moralists", McGill University, 1994, em especial pp. 142-166 – dissertação doutoral inédita. Ver também R. Abbey, *Nietzsche's Middle Period*, Oxford University Press, 2000, pp. 58-63.

4 *HD* I, § 50. Ver também *AR*, § 134 e, em especial, o § 131, no qual Nietzsche explica que a ética dos Antigos prescrevia o egoísmo duradouro, autocontrolado, e combatia bem o "sentimento com os outros". Nietzsche, é claro, ignora um número importante de autores gregos os quais não viam a compaixão sob essa luz; o principal deles foi Aristóteles (*Eudemian Ethics* III.7). Na verdade, Nietzsche parece pensar em especial nos estoicos ao falar "dos Antigos" e de sua atitude perante a compaixão. A esse respeito, ver M. Nussbaum, "Pity and Mercy: Nietzsche's Stoicism", em R. Schacht (org.), *Nietzsche, Genealogy, Morality: Essays on Nietzsche's On the Genealogy of Morals*, University of California Press, 1994, pp. 139-147.

5 *AR*, § 133.

6 A reabilitação dos "instintos" em contraste com o tom mais racional de *HD* I, *AR* e algumas seções de *GC* (primeira edição) costuma ser considerada característica do "período tardio" de Nietzsche (em oposição a seu "período intermediário").

benevolência de pessoas de coração mole como "uma moral instintiva que não tem cabeça e parece consistir apenas de coração e mãos que ajudam".[7] Em um fragmento do mesmo ano, reclama que "a compaixão não depende de máximas, mas de afetos".[8] Nesse estágio de seu pensamento, Nietzsche não tem nada contra instintos e afetos; então, por que continua a culpar a compaixão de ser uma reação emocional e não racional diante do sofrimento alheio?

Acontece que o problema de Nietzsche com a compaixão não decorre de ela ser um afeto em si, mas de ser um afeto nascido da fraqueza. Em *EH*, Nietzsche explica que a compaixão é um "caso particular de não se conseguir suportar estímulos – a compaixão só é chamada de virtude entre os *décadents*".[9] A principal ideia entre *HD* I e *EH*, portanto, é que a compaixão resulta de uma falta de autocontrole. É uma reação sentimental à qual estão propensas pessoas fracas e irritadiças, desprovidas de flexibilidade emocional e física – ou seja, os que Nietzsche chamou de *décadents*. Nesse sentido, a compaixão é uma resposta reativa ao sofrimento alheio.[10] Submete-se a ela por falta de controle e flexibilidade.

A segunda característica fundamental da compaixão na crítica psicológica de Nietzsche é que se trata de um afeto doloroso. Nietzsche usa a palavra *Mitleid* (compaixão) de forma bem literal, etimológica. Compaixão é sofrimento; envolve sofrimento (*leiden*) com (*mit*) o outro, ou, de modo mais preciso, por causa do outro. A ideia é que a

---

7 *HD* II, "Der Wanderer und sein Schatten", § 45.

8 *FP* 1885-1887, 7(4). A respeito, veja a afirmação de Nietzsche: "nenhum homem de conhecimento" poderia levar a sério a compaixão (*ABM*, § 172). Aqui, "homem de conhecimento" não é uma expressão pejorativa (como no restante dos textos nietzschianos). Pelo contrário, parece designar homens superiores. O sentimentalismo da compaixão, Nietzsche relata em *ABM*, fica evidente pelo fato de que ela exibe "a incapacidade quase feminina de servir de testemunha, de deixar o sofrimento acontecer" (§ 202).

9 *EH*, "Warum ich so weise bin", § 4.

10 Sobre a reatividade (como oposição à atividade) e o *décadent* como tipo reativo fundamental, ver o Capítulo 3.

compaixão é um afeto enfraquecedor: "A compaixão, na medida em que cria sofrimento [...] é uma fraqueza, como toda perda pessoal mediante um afeto nocivo".[11] Assim, Nietzsche culpa a compaixão por "aumentar o sofrimento do mundo".[12] Trata-se de um afeto depressivo, "nocivo" – quem tentar contemplar todo o sofrimento do mundo, afirma Nietzsche, vai "ficar inevitavelmente doente e melancólico".[13] E, sem dúvida, Nietzsche não hesita em empregar analogias médicas no intuito de descrever essa característica da compaixão. "A compaixão é um desperdício de sentimentos", escreve, "um parasita daninho à saúde moral [...] É patológica; o sofrimento alheio nos infecciona, a compaixão é uma infecção".[14] A respeito, considere a seguinte passagem de *A*:

> A compaixão se opõe às emoções tônicas que reforçam a energia do sentimento da vida: ela tem um efeito depressivo. Perde-se força ao se sentir piedade. Pela compaixão, a perda de força que o sofrimento já acarretou para a vida aumenta e se multiplica. O sofrimento em si torna-se contagioso através da compaixão.[15]

Quanto mais pessoas se mostram compassivas e carecem de autocontrole para não sentir dor ao se defrontar com o sofrimento alheio, mais contagioso torna-se o sofrimento. Nesse sentido, a compaixão é, em suma, um afeto debilitante, infeccioso.[16]

---

11 *AR*, § 134.

12 *Ibid*. Ver também *ABM*, § 30.

13 *AR*, § 134.

14 *FP* 1885-1888, 7(4).

15 *A*, § 7.

16 Assim, Nietzsche se vê em perfeito acordo com Espinoza. Em *E*, Espinoza descreve a piedade como a "tristeza que surge ao se magoar outra pessoa" (III, P22, Schol.; ver também *ibid.*, Def. XVIII). "Tristeza", sem dúvida, nada mais é do que a "passagem da perfeição maior para a menor" (E III, Def. III), ou seja, a perda de poder (ver, a esse respeito, *E* III, P11). É bem provável que Espinoza tenha sido uma das fontes de Nietzsche no tocante a essa questão. Ver, sobre isso, *GM*, "Vorrede", § 5.

Essa característica da compaixão está por trás da posição de Nietzsche segundo a qual a compaixão é pouco mais do que um sentimentalismo imaturo. O *décadent* irritadiço e muito sentimental não consegue evitar um prejuízo ao sentir compaixão. Afinal, o *décadent* é um tipo reativo para quem todas as formas de sofrimento envolvem um revés e a perda de força. E se a compaixão é tão comum entre *décadents*, é bem porque se trata do sintoma da propensão a se magoar com facilidade e da incapacidade de resistir a danos psicológicos. Para Nietzsche, sentir dor diante do sofrimento dos outros é algo muito banal. É o modo de relacionamento padrão entre os *décadents*, vez que se trata de um afeto reativo em sua essência. Portanto, longe de ser uma virtude, a compaixão é uma manifestação de sentimentalismo e de excesso de suscetibilidade psicológica.

A terceira característica da psicologia da compaixão esboçada por Nietzsche é que as ações às quais ela conduz são indiretamente voltadas para o próprio eu. Uma vez que *mitleiden* ("ter compaixão por") se reduz a *leiden* ("sofrimento"), diz Nietzsche, chamar as ações nascidas da compaixão de altruístas revela uma compreensão superficial da psicologia. A esse respeito, Nietzsche argumenta que *Mitleid* é uma forma enganadora, porque o sofrimento vivido em face da tristeza alheia é, na verdade, nosso próprio sofrimento.[17] O que chamamos de ação compassiva, ele alega, é algo muito autocentrado.[18] No fundo, a ação motivada

---

[17] *AR*, § 133. Compare com La Rochefoucauld, *Maximes*, 264.

[18] Além da dor sentida pela pessoa compassiva, outros motivos relativamente egoístas e/ou autorreferenciais podem entrar em cena. É possível, por exemplo, sentir-se envergonhado na frente de observadores por não ser capaz de, ou não estar disposto a, impedir o infortúnio alheio, ou esse infortúnio pode talvez ser ameaçador por servir de lembrete da própria fragilidade e vulnerabilidade (*AR*, § 130).

pela compaixão é uma ação em benefício próprio.[19] É do meu próprio sofrimento que me livro ao realizar atos motivados pela compaixão.[20]

A quarta e última característica da psicologia da compaixão é que ela motiva o agente apenas a ações superficiais. Nietzsche explica:

> A compaixão tem por companhia uma forma singular de descaramento: como deseja muito ajudar, não envolve preocupação com o meio de cura ou com a forma ou origem da doença; em vez disso, começa com alegria a tratar da saúde e da reputação de seu paciente como um charlatão.[21]

A compaixão não vai até o cerne do sofrimento alheio. Ela "priva o sofrimento alheio daquilo que é de fato pessoal".[22] O resultado é uma ação superficial, até insultuosa.[23] À pessoa compassiva não interessa por que ou como o outro sofre. Tampouco, e ainda mais importante, a pessoa compassiva se preocupa se esse sofrimento pode até ser bom para o outro – ou seja, torna-o mais forte em lugar de atá-lo. O problema

---

19 Ver ainda *HD* I, § 103, e *FP* 1885-1888, 7(4): "Se a pessoa faz o bem apenas por compaixão, na verdade está fazendo o bem para si mesma, e não para o outro". Sem dúvida, ao dizer que a ação compassiva é voltada para a própria pessoa, Nietzsche não nega que as pessoas sintam compaixão. É por isso que o tipo de argumento usado no intuito de rejeitar o egoísmo psicológico não seria tão eficiente quanto as objeções à crítica da compaixão feita por Nietzsche. Argumentar que a compaixão é real e autêntica apenas em virtude de se poder sofrer diante do sofrimento alheio não teria muito peso aqui. Nietzsche não questiona o fato de o sofrimento alheio poder me fazer mesmo sofrer. Seu argumento é que não existe motivo para chamar a compaixão de virtude. Para Nietzsche, ela é pouco mais do que sentimentalismo e não leva a nenhum ato sincero para com o próximo, uma vez que o que motiva os agentes compassivos é apenas seu próprio sofrimento. Logo, Nietzsche não nega a existência da com-paixão; apenas nega que esse sentimento possa ser louvável.

20 Mais uma vez, Nietzsche e Espinoza concordam nesse ponto. Na visão de Espinoza, "benevolência" é a vontade de aliviar o que "ofende" aqueles de quem se sente piedade e tem como fonte a perda de poder (ou seja, a "tristeza") sentida diante da dor alheia (*E* III, P27; ver também *ibid.*, Def. XXXV).

21 *HD II*, § 68.

22 *GC*, § 338.

23 *AR*, § 135.

para mim é o fato impessoal de que uma pessoa sofre, pois é isso que me faz sofrer, levando-me a agir.

Sem dúvida, a raiz mais profunda desse fenômeno é a própria dor da compaixão. Como estou preocupado com minha própria dor e não com o que a provocou – ou seja, o sofrimento alheio –, nem sequer tento compreender a natureza do pesar do outro e corro de modo irrefletido para "ajudar". Portanto, as pessoas compassivas têm uma perspectiva tosca e, em última análise, autorreferencial sobre o sofrimento alheio, que não vai além do simples fato de que o outro está sofrendo. Por conseguinte, seu apoio e sua "ajuda" não prestam um serviço. Com efeito, podem ser inúteis ou ofender o outro e até o prejudicar.

O severo julgamento da compaixão feito por Nietzsche está aberto a diversas críticas. Questiona-se, principalmente, se o fenômeno psicológico que ele descreve é mesmo compaixão. Será o que sinto ao assistir a uma reportagem na televisão sobre crianças africanas famintas ou ao ver um mendigo morrendo de frio em uma esquina? Em seu *Wesen und Formen der Sympathie* (1923), Scheler acusa Nietzsche de confundir a compaixão com outras formas de reação emocional, o que ficou famoso. No final de sua obra, Scheler alega que Nietzsche confundiu compaixão com "infecção emocional" (*Gefühlsansteckung*).[24] Como explica Scheler, a infecção emocional é um fenômeno comum no qual um estado emocional é transferido de um indivíduo ou grupo para outro. Vou me sentir triste ao ficar em pé no meio de uma multidão em um enterro, por exemplo, ou vou me sentir alegre ao entrar em um *pub* animado. Portanto, ao contrário da simpatia autêntica (*Mitgefühl*), a infecção emocional não se dirige de modo intencional ao outro. É sofrida de maneira passiva, com uma leve noção da origem do sentimento; Scheler a descreve como não intencional (*unwillkürlich*) e inconsciente (*unbewußt*).[25] Já a compaixão se dirige com vontade ao sofredor, com o que o sofrimento alheio cons-

[24] M. Scheler, *Gesammelte Werke*, Berna: Francke, vol. VII, pp. 28-29.
[25] *Ibid.*, p. 27.

titui-se no do outro. Desse modo, afirma Scheler contra Nietzsche, a compaixão chega a impedir a infecção emocional.[26]

Todavia, parece claro que a compaixão criticada por Nietzsche não é a mera infecção emocional, independentemente do que ele diz sobre a compaixão tornar o sofrimento contagioso. A compaixão pode ser sentida e as pessoas compassivas podem ter pouco controle sobre a dor que sentem, mas isso não significa que a emoção descrita por Nietzsche não seja dirigida ao sofredor de modo intencional. O *décadent* compassivo de Nietzsche focaliza o outro e está bastante consciente de que o sofrimento alheio é do outro e só dele. Nesse sentido, a compaixão da crítica psicológica de Nietzsche nada tem a ver com a infecção emocional de Scheler ou suas encarnações mais recentes, como o "contágio emocional" de Darwall.[27] A alegação de Scheler, ao dizer que sentir compaixão previne a infecção emocional uma vez que envolve o reconhecimento do sofrimento do outro como sendo do outro, parece pouco convincente e suscita perguntas. Retraio-me e sofro quando dirijo minha atenção para uma tela de televisão que mostra crianças famintas chorando, embora eu constitua o sofrimento das crianças como delas mesmas. Posso estar de estômago cheio e não estar com fome, mas, mesmo assim, vou sofrer por conta da fome pela qual só eles estão passando. Essa é uma coisa que o relato da compaixão de Nietzsche como afeto reativo capta de maneira astuta. Em contraste, a alegação de Scheler de que a "compaixão seria apenas uma 'multiplicadora de sofrimento' se fosse idêntica à infecção emocional"[28] parece ingênua ao extremo.

Scheler parece apresentar uma crítica mais promissora ao acusar Nietzsche, várias páginas depois, de confundir simpatia com "simpatia

[26] *Ibid.*, p. 28.

[27] Sobre o relato de Darwall, o "contágio emocional é apenas uma forma primitiva de empatia, que não envolve projeção sobre o ponto de vista do outro nem, por necessidade, qualquer percepção do outro como um eu distinto". S. Darwall, "Empathy, Sympathy, Care", *Philosophical Studies* 89(3), 1998: 261-282, na p. 266.

[28] Scheler, *Gesammlte Werke*, vol. VII, p. 29.

aparente" (*Scheinmitgefühl*).[29] Comentando essa diferença ao discutir a compaixão, Christine Tappolet distingue com esmero "objeto de atenção" de "objeto intencional".[30] A compaixão verdadeira e a aparente/falsa, ela sugere, são semelhantes porque têm como objeto intencional o sofrimento alheio. Mas enquanto a verdadeira compaixão também tem no sofrimento alheio seu objeto de atenção, a compaixão apenas aparente tem como objeto de atenção o sofrimento próprio.[31] À luz dessa distinção, parece razoável suspeitar que Nietzsche, como alega Scheler, confundiu a compaixão real com a aparente.

Porém, o foco central da crítica psicológica de Nietzsche é que existe apenas "compaixão aparente". Decorre daí que tal compaixão não é nem "apenas aparente" nem, de modo algum, "falsa". De acordo com Nietzsche, o que costumamos chamar de compaixão é uma forma de sofrimento a que me submeto diante da tristeza alheia e que leva a atos voltados para mim mesmo, os quais parecem ser em benefício alheio apenas de modo superficial.[32] Ademais, como Nietzsche também reconhece que temos uma compreensão muito limitada do funcionamento de nossa mente, ele pode admitir com alegria que a maioria de nós acredita que o "objeto da atenção" de nossa compaixão é, na verdade, o sofrimento alheio, e não o nosso próprio. Contudo, o que de fato nos motiva quando agimos por compaixão é o desejo de afastar nosso próprio sofrimento.

Há três implicações principais na crítica psicológica de Nietzsche à compaixão. A primeira é que a compaixão é pouco mais do que "mau

---

[29] *Ibid.*, p. 52.

[30] Tappolet, "Compassion et altruism", p. 188.

[31] *Ibid.*

[32] Observe que, na conclusão de sua discussão, a própria Tappolet se pergunta se a "verdadeira compaixão" já foi sentida, e expressa dúvidas sobre se será possível determinar se ela ocorrerá, pelo menos segundo o ponto de vista de uma terceira pessoa. "Compassion et altruism", p. 191.

gosto"[33] e "maus modos".[34] A compaixão é de "mau gosto" uma vez que exibe a fraqueza, a inconstância emocional e a falta de autocontrole do simplório *décadent*. É, em suma, típica de indivíduos hipersensíveis e chorosos os quais não conseguem deixar de sentir dor e tristeza ao se defrontar com o sofrimento alheio. Ademais, o lamento dos *décadents*, nascido da compaixão, diz respeito apenas a seu próprio sofrimento. Em vista disso, exibir compaixão é vergonhoso. Por conseguinte, ações motivadas pela compaixão revelam "maus modos" porque são dirigidas à própria pessoa e são, por isso, superficiais e mal orientadas, para não dizer hipócritas. Imagine uma pessoa que está com fome, mas fica sem comer por várias horas para não prejudicar a eficiência do remédio que lhe foi prescrito para curar uma doença. Um agente compassivo idiota, aflito pelos sinais de sofrimento causados pela fome, vai compelir essa pessoa a comer. Sob essa óptica, "maus modos" é o mínimo que se pode dizer disso.

A segunda implicação diz respeito às posições de Nietzsche sobre a enigmática figura do médico da humanidade. Quem "quiser servir como médico da humanidade, em qualquer sentido", escreve Nietzsche, "terá de tomar muito cuidado e se proteger dessa sensação [compaixão]".[35] Tendo em vista a caracterização que Nietzsche faz da compaixão, não devemos nos surpreender ao vê-lo dizer que a compaixão não é adequada ao verdadeiro médico. O médico de Nietzsche não estará preocupado com seu próprio sofrimento, mas com o de seu paciente – de fato não está claro que ele vá sofrer diante do sofrimento de seu paciente. Aqui, Nietzsche acena com a ideia de que só quando não sentimos compaixão podemos ser úteis para os outros. Além disso, a referência nietzschiana à figura do médico nesse contexto não é coincidência. Afinal, com sua visão de grande saúde, o próprio Nietzsche é, de certo

---

[33] *ABM*, § 293.

[34] *EH*, "Warum ich so weise bin", § 4.

[35] *AR*, § 133.

modo, um médico da humanidade. Como tal, ele busca superar a compaixão. Esse é um ponto ao qual voltarei em breve.

A terceira implicação da crítica psicológica de Nietzsche à compaixão é que a compaixão é "o maior perigo"[36] para os tipos saudáveis que rumam em direção à grande saúde. O que isso quer dizer? As afirmações mais amplas de Nietzsche sobre a moral niilista e seu impacto nos tipos superiores fornecem uma resposta. Toda moral de altruísmo e compaixão, adverte Nietzsche, é "uma sedução e uma injúria para os homens superiores".[37] A ideia do "maior perigo" é dupla, pois (1) ser o objeto da compaixão pode "injuriar" o tipo saudável, e (2) ser o sujeito da compaixão pode "seduzi-lo", afastando-o de seu destino.

Com relação ao risco de injúria por meio da compaixão, Nietzsche afirma que os supostos "benfeitores" podem ferir mais o tipo saudável do que seus inimigos.[38] Ele explica: "Em algumas circunstâncias, mãos compassivas podem interferir de forma destrutiva em um grande destino, no isolamento sob ferimentos, no privilégio de um fardo pesado".[39] Tal alegação pressupõe que um grande sofrimento é condição necessária para se adquirir uma saúde superior. A ideia é que ser o objeto da compaixão – ser ajudado, assistido e apoiado sempre por corações feridos – impede o tipo saudável de ficar mais forte com o que não o mata.

No que diz respeito à sedução da compaixão, a ideia de Nietzsche é que até tipos superiores podem regredir à inconstância sentimental e, por conta da compaixão, desperdiçar energias em uma causa indigna.[40] A compaixão, afirma Nietzsche, é a forma mais fácil de se "perder o

---

36 *GC*, § 271. Ver também *FP* 1888-1889, 15(13).

37 *ABM*, § 221.

38 *GC*, § 338.

39 *EH*, "Warum ich so weise bin", § 4.

40 A esse respeito, ver P. Berkowitz, *Nietzsche: The Ethics of an Immoralist*, Cambridge, MA: Harvard University Press, 1995, p. 105 e 204, bem como os comentários de Taylor sobre os perigos da benevolência para tipos superiores segundo Nietzsche. C. Taylor, *Sources of the Self*, Cambridge, MA: Harvard University Press, 1989, pp. 343, 423, 455, 499, 516 e 518.

rumo".[41] É nesse contexto que ele fala da "sedução" inerente a tudo que "provoca compaixão" (*Mitleid-erweckend*).[42] Para ele, a compaixão é uma reação tão natural e intuitiva à miséria alheia que há sempre o risco de que até o tipo mais elevado se torne vítima desse sentimentalismo enfraquecedor, distrativo. É por esse motivo que a superação da compaixão é uma "virtude nobre".[43] Afinal, a superação da compaixão é a verdadeira "vitória sobre nós mesmos".[44] É a vitória sobre um afeto reativo em essência que representa uma ameaça a tudo que é afirmativo e criativo no homem.

Agora, podemos nos voltar para a crítica cultural que Nietzsche faz à compaixão. O alvo dessa crítica é a glorificação coletiva da compaixão que Nietzsche testemunhou na Europa do final do século XIX. Embora se origine do solo do cristianismo, essa "religião de compaixão"[45] é o credo por trás até dos sistemas éticos mais seculares da Europa moderna. No fundo, todas essas morais e ideologias exibem uma obsessão por desapego, altruísmo, desprendimento etc.[46] Assim, a religião da compaixão representa a vitória ideológica suprema da moral da anulação, o mais poderoso instrumento dos *décadents* para negação da vida e do eu.[47] A crítica cultural da compaixão de Nietzsche, por conseguinte, é uma crítica à joia da coroa do grande programa de anulação do eu da *décadence* europeia.

---

41 *GC*, § 338.

42 *Ibid.*

43 *EH*, "Warum ich so weise bin", § 4.

44 *AR*, § 146.

45 *GC*, § 338.

46 Ver *AR*, § 132, *GC*, § 345, *FP* 1884, 25(178), e *ibid.*, 1885-1888, 2(188). Staten resume de modo elegante a visão de Nietzsche: "*Mitleid*, derivada do cristianismo, é a base ou manancial do liberalismo humanitário". H. Staten, *Nietzsche's Voice*, Ithaca, NY: Cornell University Press, 1990, p. 81. A ideia de que o cristianismo é responsável por tornar a "moral" um sinônimo de "desinteressado", "altruísta" etc. é um ponto que Taylor defende convincentemente em *Sources of the Self*, embora com uma intenção bem diferente da de Nietzsche, ou seja, a reabilitação do cristianismo.

47 Ver, a respeito, *CI* VIII, § 37. Sobre a moral da anulação do eu e sua relação com a *décadence*, ver o Capítulo 2.

A religião da compaixão é bem mais do que um "desfile" da fraqueza dos *décadents* como virtude – o "baile de máscaras [...] de um enfraquecimento profundo, do cansaço, da velhice, da força em declínio".[48] Não é apenas uma questão de *décadents* fracos e propensos à compaixão que transformam a necessidade em virtude. Como fruto mais maduro da ideologia da anulação do eu, ela serve também ao propósito duplo de permitir que os *décadents* (1) se tornem dominantes e (2) se vinguem da vida. Cada um desses pontos exige elucidação.

A moral da anulação do eu em geral e a glorificação da compaixão em particular são essenciais para a dominação crescente dos *décadents*. Nesse sentido, são expressões do que Nietzsche chama de instinto de manada. A ideia nietzschiana é que as massas aflitas, fracas e reativas – os "escravos" de *ABM* e *GM* – pensam como grupo ou manada. Fazem-no pela simples razão de que é a única maneira que têm para sobreviver. Assim, a manada glorifica a mentalidade de grupo. Isso vai além do conformismo de massa e da aversão ao individualismo. Envolve a celebração moralista de qualidades análogas às da manada, como bondade, benevolência, cooperação, placidez, altruísmo etc.[49] Nietzsche explica que as virtudes cardinais da moral moderna – compaixão, boa vontade, consideração, diligência, moderação e outras similares – são precisamente as virtudes úteis para a manada. Como tal, são pouco mais do que a

---

[48] *GC*, § 377. Ver também *FP* 1888-1889, 17(6).

[49] Em *FP* 1885-1887, 9(85), Nietzsche lembra que o comportamento não egoísta é "o resultado do verdadeiro instinto de manada no indivíduo". A esse respeito, ver R. Havas, *Nietzsche's Genealogy: Nihilism and the Will to Knowlegde*, Ithaca, NY: Cornell University Press, 1995, p. 211 e ss. Importante observar que o relato nietzschiano é compatível com recentes desenvolvimentos na psicologia evolutiva, embora psicólogos evolutivos, diferentemente de Nietzsche, tendam a considerar o predomínio do "instinto de manada" como um desenvolvimento positivo. Ver E. Sober e D. S. Wilson, *Unto Others: The Evolution and Psychology of Unselfish Behaviour*, Cambridge, MA: Harvard University Press, 1998. Isso apenas confirma a suspeita de Nietzsche sobre o cientista como encarnação moderna do sacerdote asceta (*GM* III, §§ 24 e ss).

expressão do instinto de manada.[50] A ideia de Nietzsche, portanto, é que a manada *décadent* como um todo transforma a necessidade em virtude. É sob essa luz que Nietzsche avalia a situação cultural da Europa no final do século XIX e seu absolutismo moral baseado na compaixão.[51] O que os europeus alegam ser bom de modo objetivo, diz ele, é apenas uma expressão do instinto do homem como "animal de manada".[52]

Portanto, de acordo com Nietzsche, a moral da manada de compaixão e altruísmo desapegados, anulatória do eu, está longe de ter base no verdadeiro altruísmo. Ao contrário, é apenas o que se mostra conveniente para a manada. Na verdade, a manada tirânica e igualitária ferve de ódio e de aversão por aqueles que, por natureza, são tudo menos dóceis animais de manada – por aqueles que "se destacam".[53] Quaisquer que sejam suas arengas morais contra impulsos egoístas, para seus inimigos a manada é "*hostil, egocêntrica, impiedosa*, sequiosa pelo controle, pouco confiável etc".[54] Os impulsos altruístas, conclui Nietzsche, estão "a serviço de um instinto *fundamentalmente estranho* a essas *condições de virtude*".[55] Em suma, o "culto do altruísmo"[56] baseia-se em algo que é em essência inconsistente com os ditames explícitos de tal moralidade. É uma expressão do egoísmo em massa da manada.

Isso enfatiza o profundo *ressentiment* e o instinto de vingança que anima a manada e a leva a adotar o culto da anulação do eu, a religião da compaixão. A esse respeito, ao comentar o ódio cristão a qualquer egoísmo na essência dessa religião secular, Nietzsche explica que ele é:

---

50 *ABM*, § 199.

51 Ver, em particular, *CI* VIII, § 37.

52 *ABM*, § 202.

53 *FP* 1885-1887, 9(85). A figura do "espírito livre" é o dissidente prototípico, desprezado pela manada. Ver, a respeito, a figura do "investigador, buscador, conquistador" que vive na natureza, em contraste com os "sábios famosos" que entregam às massas a sabedoria com que estas querem ser alimentadas (*Z* II, "Von den berühmten Weisen").

54 *FP* 1885-1887, 9(85).

55 *Ibid.*

56 *Ibid.*, 1888-1889, 14(29).

> um julgamento de valor sob a influência da vingança [...] Essa descarga de *ressentiment* ao julgar, rejeitar e punir o egoísmo ainda é [...] um instinto de autopreservação entre os menos privilegiados. *In summa*: o culto do altruísmo é uma forma específica de egoísmo que aparece com regularidade sob condições fisiológicas específicas.[57]

Portanto, a moralidade da compaixão e do altruísmo não só é fundamental para o predomínio da vida *décadent*, reativa, mas também é o resultado da reação vingativa dos escravos diante do egoísmo espontâneo de seus senhores. Aqui, o "instinto de autopreservação" não se manifesta na seleção de um sistema de valoração ideal para animais de manada, mas em um instinto violento, reativo de vingança contra o senhor. Dessa forma, a religião da compaixão é mais uma expressão de *ressentiment*.

É aqui que a vontade dos *décadents* de negar a vida mediante a prevalência cultural e ética da anulação do eu pela compaixão vem à tona. De fato, a loucura de transformar um impulso autoenfraquecedor e debilitante como a compaixão em uma virtude cardeal não só revela o autointeresse calculista da manada *décadent*[58] como exibe uma disposição que em suma nega a vida e despreza o mundo. É justamente com base no "valor do 'não egoísta', nos instintos de compaixão, de autonegação e de autossacrifício", lembra Nietzsche, que "[Schopenhauer] *disse não* à vida e também a ele mesmo".[59] Por isso, o primado ético da compaixão é uma questão de a humanidade "dirigir sua vontade *contra* a vida".[60] Essa ideia é expressada com vigor em *A*:

> Transformamos a compaixão *na* virtude, na base e na origem de todas as virtudes – com certeza [...] mas do ponto de vista de uma filosofia que era

---

57 *Ibid.*

58 Devo mencionar que, embora use a expressão "autointeresse calculista", não há um "cálculo" deliberado e consciente aqui. Os instintos fazem todo o trabalho.

59 *GM*, "Vorrede", § 5.

60 *Ibid.*

niilista, que inscreveu a *negação da vida* em seu escudo. Schopenhauer estava certo a respeito: a vida é negada pela compaixão, torna-se *digna de negação* – a compaixão é a *prática* do niilismo.[61]

Portanto, embora culpe Schopenhauer por interpretar mal a psicologia da compaixão,[62] Nietzsche também concorda com o pai do pessimismo alemão que compaixão e negação radical ao eu e à vida estão em um *continuum*. A ideia é que o cultivo da compaixão faz parte do processo de anulação do eu – um processo que já expressa a autonegação e, como tal, leva à autoabnegação ativa.[63] E mais, a partir do momento em que a compaixão é um afeto doloroso – tendo em vista que a compaixão "dobra a quantidade de sofrimento do mundo"[64] –, ela torna a vida ainda mais intolerável e desprezível. Isso só adiciona grãos ao moinho *décadent*, negador da vida.

A posição de Nietzsche sobre a compaixão ser a prática do niilismo comporta uma característica ainda mais preocupante. Com um tom particularmente cáustico, Nietzsche descreve o cristianismo e seu herdeiro secular, a religião da compaixão, como o "contraprincípio da seleção".[65] "O que é 'virtude', o que é 'amor pelo homem' no cristianismo", pergunta Nietzsche, "se não apenas a mutualidade da preservação, a solidariedade com o fraco, o entrave da seleção?"[66] Nietzsche alega que as tendências do *décadent*, negadoras da vida, traduzem-se em uma ética que protege

61 *A*, § 7.

62 *AR*, § 133. Sobre esse ponto, ver Kiowski, "Nietzsches Kritik an Schopenhauers Mitleidsbegriff", *Prima Philosophia* 12(1), 1999: 47-61.

63 Em um fragmento importante, Nietzsche reúne de modo explícito "mortificação do eu, compaixão" e "negação da vida" (*FP* 1888-1889, 15(13)). Ver também *ABM*, § 225: "Há momentos, quando olhamos para *sua* compaixão com medo indescritível, quando lutamos contra essa compaixão [...] O bem-estar, como você o entende – em que com certeza não há meta –, parece-nos como o *fim*! Uma condição que torna o declínio até *desejável*".

64 *ABM*, § 30.

65 *FP* 1888-1889, 15(110).

66 *Ibid*. Ver também *A*, § 7.

e abriga os mais doentes e fracos e cuida deles. Essa é uma das maneiras pelas quais os *décadents* prejudicam a vida de maneira ativa.

Essa alegação radical e polêmica deve ser situada em um contexto apropriado a fim de que Nietzsche não seja mal interpretado. Aqui, Nietzsche expressa uma voz bastante estridente. Sua meta é chocar, provocar e perturbar os leitores. Por isso seria um equívoco ler um programa político em sua afirmação de que a compaixão atua contra a evolução. Há bons motivos para pensar que Nietzsche nunca iria apoiar o assassinato em massa ou a quarentena de pessoas debilitadas ou doentias em termos físicos. Sabe-se que os conceitos nietzschianos de saúde e de doença não correspondem aos da medicina biológica ou da genética contemporânea. Veja-se o caso de Nietzsche. Ele passou a maior parte de sua vida adulta doente, mas acreditou que a doença foi o que lhe permitiu ter uma "saúde superior". Por conseguinte, muitas pessoas saudáveis em termos médicos poderiam ser consideradas "doentes e fracas" do ponto de vista de Nietzsche. Do mesmo modo, muitas pessoas doentes em termos médicos poderiam ser tidas como "saudáveis e fortes".[67] Em si, isso nos dá boas razões para considerar as passagens sobre compaixão como contraprincípio da seleção com alguma desconfiança.

Então, o que Nietzsche quer dizer? O comentário de Nietzsche em *HD* II, § 45, pode ser útil para isso. Essa passagem ridiculariza a moral

---

[67] Essa simples observação é suficiente para derrubar boa parte da reconstrução ingênua da ética e da "política" nietzschianas feita por Richardson em *Nietzsche's System*, pp. 142-219; ver também a reconstrução mais recente da ética de Nietzsche feita por Richardson como forma de darwinismo social radical em *Nietzsche's New Darwinism*, Oxford University Press, 2004. Em termos mais gerais, parece-me que muitos dos comentaristas que leem Nietzsche como filósofo político comprometido com um aristocracismo tosco (e cruel) – a saber, Berkowitz, *Nietzsche*; B. Detwiler, *Nietzsche and the Politics of Aristocratic Radicalism*, Chicago University Press, 1990; F. Appel, *Nietzsche contra Democracy*, Ithaca, NY: Cornell University Press, 1999; e D. Losurdo, *Nietzsche, il ribelle aristocratico: biografia intellettuale e bilancio critico*, Turim: Bollati Boringhieri, 2002 – enfatizam em demasia as alegações polêmicas e em geral irônicas de Nietzsche, deixando de posicioná-las em seu contexto apropriado.

da compaixão ao pressupor que outras pessoas precisam ser feridas para que alguém possa "tornar-se bom". Ao ver o "sofrimento como necessário para a compaixão", o que resulta é a "defesa de todas as injúrias da Terra".[68] Diante disso, esse argumento parece muito sofista. O que envolve o louvor à compaixão, argumentará o crítico, é que é bom sentir compaixão e, por isso, não há nada na moralidade da compaixão que implique que os outros precisem se ferir. Mas essa objeção não cuida da observação de Nietzsche. Ele trata de uma ideologia na qual a "compaixão pelos humildes e aflitos" é "a medida da elevação da alma".[69] Não se trata apenas de ser bom sentir compaixão; a "bondade" consiste em ser compassivo. Nesse contexto, é correto lembrar que o talento ético exige que as pessoas estejam sofrendo, sentindo-se mal, oprimidas etc. Diante disso, a religião da compaixão vai militar de fato contra a "evolução", ou o desenvolvimento, de tipos superiores, mais fortes, os quais não são muito suscetíveis à tristeza, à pena e à depressão.

Assim, a religião da compaixão exige a perpetuação e a disseminação da *décadence*. Ademais, pode até tiranizar aqueles que, por ficarem mais fortes e saudáveis – no sentido nietzschiano –, tornam-se inadequados para a compaixão porque sofrem menos – ou, no mínimo, de forma diferente (um modo de dizer que os *décadents* não percebem que esses tipos estão sofrendo).

Adotar essa perspectiva possibilita uma melhor compreensão da função dupla da compaixão como "prática do niilismo". Veja esta passagem de *A*:

> Esse instinto deprimente e contagioso distorce os instintos que militam pela preservação e melhoria da vida: como *multiplicador* da miséria e

[68] *HD* II, "Der Wanderer und sein Schatten", § 45.
[69] *FP* 1887-1888, 9(44).

> como *conservador* do miserável, é o principal agente na ascensão da *décadence* – a compaixão persuade ao *nada*![70]

A compaixão é um "multiplicador" do sofrimento, pois ela própria é um sentimento doloroso. Além disso, é um "conservador" dos que sofrem, justamente em virtude de o "sofrimento ser necessário para a compaixão".[71] A ideia é que a moralidade da compaixão tem todo interesse em manter o maior número possível de pessoas em um estado de fraqueza e de doença – ou seja, de *décadence* – e em espalhar essa doença para que a compaixão em si possa sempre ter mais objetos.

Em resumo, o cerne da crítica cultural de Nietzsche à compaixão é que a ascensão e a vitória da moral anulatória na, e mediante a, prevalência ética da compaixão nas ideologias religiosas e seculares é um sintoma inequívoco de *décadence*. Além disso, a difícil situação niilista da Europa torna-se mais grave à medida que a religião da compaixão exerce seu efeito sobre a saúde da Europa. O que Nietzsche descreve, então, é um elo positivo de retroalimentação. A religião da compaixão, conta ele, é tanto consequência da difusão da mentalidade de manada dos niilistas *décadents* quanto causa de mais niilismo negador da vida, e ainda mais profundo. O primado ético da compaixão é tanto um "sintoma da vida em declínio" quanto uma grande "calamidade", a qual leva à vontade explícita do nada.[72] Em uma analogia médica, o predomínio cultural da compaixão é algo como uma tosse violenta que, apesar de ser apenas sintoma de um vírus, consolida a conexão entre o vírus e o corpo ao danificar a garganta, tornando-a mais vulnerável a novas e mais profundas infecções por esse mesmo vírus. A religião da compaixão é, em síntese, o que permite que a moléstia do niilismo *décadent* se mantenha e consolide seu aperto sobre a Europa após a morte de Deus.

---

70 *A*, § 7.

71 *HD* II, "Der Wanderer und sein Schatten", § 45.

72 *GM* III, § 14.

Por conseguinte, a crítica cultural de Nietzsche à compaixão culmina com a visão de uma Europa niilista envolvida em uma nova forma de budismo. Nesse sentido, Nietzsche fala de uma "ascensão involuntária das sombras e da sensibilidade, sob cujo domínio a Europa parece estar ameaçada por um Novo Budismo".[73] No prefácio de *GM*, ele se mostra mais explícito ainda:

> Entendi a moralidade da compaixão que atrai sempre mais para si mesma, que chega a envolver os filósofos e deixa-os doentes, como o sintoma mais incomum de nossa cultura europeia, ela que também se tornou incomum, talvez por desviar-se na direção de um Novo Budismo? De um novo budismo europeu? De um [...] niilismo?[74]

Portanto, a crítica cultural da compaixão encontra seu epítome na advertência de Nietzsche contra o risco de um niilismo puro, autoconsciente, nascido da doença da compaixão – um "Novo Budismo" que nega a vida, atrelado à anulação do eu na compaixão e orientado para a anulação final no *nirvāṇa*.

Seria um erro desafortunado presumir, com base em suas posições tão críticas, que Nietzsche assume uma postura puramente negativa diante da compaixão. Uma leitura mais cuidadosa de sua obra revela que existe espaço na filosofia de Nietzsche para uma forma saudável de compaixão.[75] Examinar esse contrapeso da crítica nietzschiana à compaixão é

---

73 *ABM*, § 202.

74 *GM*, "Vorrede", § 5.

75 A esse respeito, ver também L. P. Thiele, "The Agony of Politics: The Nietzschean Roots of Foucault's Thought", *American Political Science Review* 84(3), 1990: 907-925; Abbey, *Nietzsche's Middle Period*; e M. L. Frazer, "The Compassion of Zarathustra: Nietzsche on Sympathy and Strength", *Review of Politics* 68(1), 2006: 49-78, que, do mesmo modo, põe em cheque a visão simplista de que Nietzsche se opõe à compaixão e à benevolência em todas as suas formas (uma visão aceita sem questionamentos pela maioria dos comentaristas de Nietzsche).

a chave para a compreensão adequada do que de fato envolve a "superação da compaixão".

Em algumas passagens muito significativas, Nietzsche acusa o profeta niilista da anulação do eu de ter interpretado mal a compaixão ao identificar de modo ilegítimo suas origens. Veja o fragmento a seguir:

> Sob a pressão da moral ascética da anulação, afetos como amor, bondade, compaixão, e mesmo a equidade, generosidade e heroísmo tinham, claro, de ser *mal compreendidos* [...] A *riqueza da personalidade*, a plenitude no próprio interior, transbordando e doando de si, o bem-estar instintivo e o dizer sim a si mesmo é que produzem grandes sacrifícios e grande amor: é dessa identidade forte e divina que brotam esses afetos.[76]

Aqui, a posição nietzschiana é, no fundo, diferente da encontrada em suas críticas psicológicas e culturais. O que temos aqui não é um ataque frontal à compaixão, mas uma crítica à forma como o niilista *décadent* vê a compaixão. Afetos como a compaixão autêntica, o amor, a generosidade etc. não têm raízes no automenosprezo da anulação e seu ideal de interesse impessoal e imparcial. Surgem, de fato, da saúde e de uma fervente autoafirmação.

Portanto, para Nietzsche, a verdadeira compaixão envolve um pensamento de natureza muito diferente do pensamento do niilista que nega a si mesmo e à vida – "sou forte, poderoso e estou bem. Ao contrário dos demais, posso ajudar, vou ajudar [...] à minha maneira". Em um tom similar, Nietzsche explica que o amor pela humanidade, a compaixão e o autossacrifício são, em essência, manifestações pesadas da vontade de poder ativa e criativa do tipo forte.[77] Esse comportamento é

---

[76] *FP* 1887-1888, 10(128). Sobre a compreensão equivocada da compaixão, do amor e da justiça na estrutura da moral ascética de anulação, ver também *FP* 1888-1889 12(1).

[77] *FP* 1887-1888, 9(145). É possível traçar um paralelo entre a descrição nietzschiana da compaixão em passagens como essas e a de J.-J. Rousseau's em *Émile*, Paris: Garnier Frères, 1967 [1762], em particular.

expressivo e característico das forças ativas, não das reativas. Deve-se fazer uma oposição entre ele e a glorificação da compaixão dos *décadents* com base na "*ausência* do eu e de desembaraço".[78] A compaixão enfraquecedora do *décadent* nascida da anulação do eu, como se vê, é um tanto falsa.

À luz disso, como a crítica psicológica à compaixão feita por Nietzsche deve ser entendida? Toda a crítica psicológica tratava de uma quimera inventada pelos *décadents*? Se a compaixão é um afeto ativo nascido da força, e não um afeto reativo nascido da fraqueza, então com o que Nietzsche gastou tanta energia ao criticar?

Como costuma acontecer quando nosso polifônico Nietzsche aparenta estar envolvido em uma rede inexorável de contradições, é preciso mudar de perspectiva. Como ocorre com o sofrimento e o pessimismo, a pergunta a ser feita não é bem "o que é a compaixão?", mas "quem sente compaixão?" e, portanto, também "como e por que se sente compaixão?"

Em uma passagem de *ABM*, Nietzsche explica que "o nobre também ajuda o desafortunado, embora não por compaixão, ou não apenas por ela, mas por um impulso produzido pelo transbordamento do poder".[79] Apesar da hesitação de Nietzsche, isso faz pensar que a expressão "compaixão" representa apenas a compaixão de suas críticas. No entanto, outra passagem do mesmo texto sugere algo diferente. Depois de elogiar o "homem que por natureza é um mestre", Nietzsche fica um pouco mais sério e escreve: "Se um homem assim tem compaixão, bem, essa compaixão vale alguma coisa. Mas que valor terá a compaixão daqueles que sofrem?"[80] Aqui, Nietzsche sugere que, de fato, só a compaixão do tipo forte é digna do nome "com-paixão", na medida em que a

[78] *CI* VIII, § 37 (grifo nosso).
[79] *ABM*, § 260.
[80] *Ibid.*, § 293.

compaixão do tipo fraco é só outro tipo de "*Leid*", desprovido de um autêntico "*mit*".

A ideia geral por trás da comparação da relação dos tipos forte e fraco com a compaixão, feita por Nietzsche, é que haveria de fato duas formas de compaixão, por assim dizer. Uma nasce da fraqueza e é sintoma da incapacidade de resistir a danos psicológicos; outra nasce da força e expressa uma propensão ativa, expansiva de ampliar a atenção para com o outro, de abrigar o outro sob suas próprias asas etc. Assim como, para Nietzsche, existe tanto o pessimismo da fraqueza quanto o pessimismo da força, há também a compaixão do fraco e a compaixão do forte. Nos dois casos, a "causa" é a mesma – "sofrimento ilimitado e insensato" no caso do pessimismo, "a dor do outro" no caso da compaixão –, mas o efeito psicológico é bem o oposto.

É fato que Nietzsche não fala muito sobre a compaixão da força. Porém, a discussão sobre "sua compaixão" oferece uma pista interessante. Ter-se-ia a impressão de que a compaixão do fraco e a compaixão do forte têm objetos de intenção muito diferentes. Para explicar o que distingue "sua compaixão" da de seus contemporâneos, Nietzsche aponta para a natureza bipartida dos seres humanos: o suposto indivíduo é parte criatura – ou "matéria, fragmento, excesso, barro, imundície, insensatez, caos" – e parte criador – ou "escultor, duro com o martelo".[81] Recorde-se da distinção entre forças reativas e ativas no indivíduo. A diferença entre a compaixão nietzschiana da força e a compaixão da manada é que aquela se ocupa com o lado ativo e criador do indivíduo, enquanto esta focaliza a criatura reativa no indivíduo – o que deveria ser quebrado, moldado e superado.[82] Portanto, do ponto de vista dominante da manada, a compaixão do forte é a compaixão invertida (*umgekehrt*). É a essa forma de compaixão que Nietzsche alude, em seus apontamentos, ao definir também "minha compaixão" como a emoção

---

[81] *Ibid.*, § 225.

[82] *Ibid.*

que sente quando um tipo superior desperdiça seu potencial e se vê detido em seu caminho rumo à grandeza ou desviado de sua meta, ou quando olha a Europa moderna e o niilismo profundo no qual ela chafurda.[83] Enquanto a compaixão do forte procura o que há de ativo nos seres humanos e procura ajudar essas forças ativas contra o ataque de forças reativas, a compaixão do fraco trata do que é reativo no ser humano. Como tal, a compaixão do fraco vai até combater forças ativas, uma vez que estas são uma ameaça à dominação das forças reativas.

A chave para uma melhor compreensão do que envolve a compaixão do forte consiste em desenvolver a ideia da compaixão da força como a compaixão "invertida" da fraqueza. A primeira coisa a se observar é que a oposição entre compaixão da força e compaixão da fraqueza alinha-se muito bem com as respostas mais gerais dos tipos fracos e fortes ao sofrimento. A compaixão do forte envolve responder ao sofrimento do outro como um desafio a ser enfrentado, uma oportunidade de lidar de modo ativo com o mundo. É assim, afinal, que o tipo forte constitui o sofrimento em geral. Por sua vez, a compaixão do fraco envolve sofrer de forma passiva com o sofrimento alheio e responder a ele reativamente, como uma fonte de enfraquecimento, e não de estímulo. É assim, portanto, que o tipo fraco constitui sempre o sofrimento.

Isso sugere que a compaixão da força também envolve o sofrimento por conta da dor alheia, mas que esse sofrimento é vivido como algo estimulante e revigorante, e não enfraquecedor ou depressivo. Logo, toda compaixão envolve certa dose de dor, mas nem toda compaixão pode ser descrita como sentimentalismo volúvel. Uma diferença importante está na forma como essa dor é constituída e, portanto, também na forma como se reage a ela. Em termos mais específicos, como o tipo forte não se entristece (pelo contrário, é estimulado) pelo sofrimento que presencia, decorre que o "objeto de sua atenção" será de fato o

[83] *FP* 1884-1885, 36(7).

outro e sua tristeza. Portanto, vê-se que, enquanto o tipo doentio vivencia o que Scheler descreve como "aparente simpatia", o tipo saudável passa por uma experiência um pouco mais próxima da "verdadeira" simpatia de Scheler. Tem-se a impressão de que, segundo o relato de Nietzsche, a saúde superior e a autoafirmação confiante são condições para romper com os confins do egocentrismo no qual o tipo fraco e reativo se mantém atolado. Isso implica que ações levadas a cabo com base na compaixão do forte não serão superficiais, tolas e insultuosas, diferente de ações realizadas com base na compaixão do fraco. É que não estão voltadas indiretamente para a própria pessoa, mas dirigidas com sinceridade para o sofrimento alheio.

O que Nietzsche fala sobre "sua compaixão" também sugere que a compaixão do forte envolve um mecanismo pelo qual o sofrimento que seria bom para alguém – o sofrimento que "o torna forte em vez de matá-lo" – não será constituído como base para a compaixão. Em vez disso, a compaixão da força vai se concentrar em tudo que torna o sofrimento enfraquecedor, em vez de fortalecedor – por exemplo, a prevalência e a proliferação de forças reativas, sua expressão no *ressentiment*, a supremacia das ideologias niilistas etc. Por conseguinte, essa compaixão da força por certo não vai agir como desserviço aos tipos superiores, seja como injúria, seja como sedução. Além disso, presume-se que seja ela a motivar o verdadeiro "médico da humanidade" de *AR*, § 133.

Entretanto, essa caracterização da compaixão do forte dá margem a um conjunto de questões que preocupam. A compaixão do forte só se concentra nos raros tipos superiores, feitos para a grande saúde? Ignora não só o sofrimento que se mostra útil para outros tipos fortes, mas também o sofrimento "inútil" das grandes massas de tipos reativos que nunca superarão sua *décadence*? Apesar de sua preocupação ser voltada ao próximo com sinceridade, não será o caso de o tipo forte se dedicar a menos atos de benevolência? Sua compaixão do forte não terá um escopo bem mais estreito do que a compaixão *décadent* da fraqueza?

À primeira vista, parece que todas essas perguntas têm de ser respondidas de modo afirmativo. Todavia, uma passagem significativa no projeto mais amplo de Nietzsche com relação à moral nos impele a lhe conceder ao menos o benefício da dúvida sobre como seu tipo saudável vai se mostrar, de fato, cruelmente indiferente ao sofrimento "inútil". É importante considerar a seguinte passagem de *AR*, obra com a qual Nietzsche começou a travar sua guerra contra nossos "preconceitos morais":

> Não nego, como é evidente – óbvio que não sou tolo –, que muitas ações que são chamadas de imorais deveriam ser desestimuladas e combatidas, e, do mesmo modo, que muitas ações ditas morais deveriam ser levadas a cabo e incentivadas. Mas penso que uma e outra deveriam sê-lo por outras razões que as já expostas. Precisamos *aprender [a avaliar] de forma diferente* para, afinal, talvez após algum tempo, chegarmos a algo maior: a *sentir de forma diferente.*[84]

Essa passagem sugere que todo o ataque de Nietzsche à moralidade não visa de fato as ações realizadas, mas a maneira delas e a razão para elas. Isso parece implicar que o tipo saudável não será menos útil, compreensivo, atencioso, compassivo e benevolente do que os pregadores da moral da manada parecem ser, ao menos de modo superficial. Um modelo para o tipo saudável, nesse sentido, pode ser La Rochefoucauld, um dos heróis de Nietzsche. Em seu autorretrato, La Rochefoucauld afirma que sempre fez tudo que estava a seu alcance no intuito de ajudar e auxiliar os demais, mas nunca em função do sentimento vulgar e estúpido da piedade.[85] Do mesmo modo, a compaixão da força pode suscitar muitas ações benevolentes – ações que terão a vantagem de ser autenticamente úteis e voltadas aos outros.

---

[84] *AR*, § 103.

[85] La Rochefoucauld, "Autoportrait", p. 20.

Seguindo a linha de pensamento de *AR*, § 103, o que distingue o tipo saudável do tipo doentio não é o que ele faz, mas a maneira de lidar com o mundo. Ele não corre para ajudar outra pessoa por conta de um altruísmo forçado porque, de fato, é fraco demais para evitar danos psicológicos diante do sofrimento alheio. Ele ajuda de forma espontânea por conta de sua abundante energia e sua confiante autoafirmação. O sofrimento que sente diante do sofrimento do outro é vivenciado como algo estimulante e revigorante. Dá a ele a oportunidade de agir, de expandir sua força e seu poder. O ato em si pode ser muito similar ao do tipo fraco e compassivo, mas a maneira de sentir ou de interpretar a situação é bem diferente.

Isso sugere, no mínimo, que o escopo da compaixão da força e da benevolência à que dá origem não é muito mais estreito do que o da compaixão da fraqueza, com sua benevolência autodirigida. É fato que estamos longe de concluir a questão. Ao que parece, os tipos reativos e propensos ao sofrimento e que se magoam de maneira positiva diante do sofrimento alheio farão mais pelo outro – quaisquer que sejam suas motivações subjacentes – do que os tipos saudáveis, apenas preocupados com o "criador no homem". Em última análise, não está claro se essa questão pode ser elucidada analisando-se apenas as ideias de Nietzsche. É por isso que teremos de voltar a ela no final do próximo capítulo.

Nosso estudo das posições de Nietzsche sobre a compaixão está concluído. Por fim, é possível compreender de modo adequado o que Nietzsche quer dizer ao falar de "superar a compaixão". Para começar, está claro que, para Nietzsche, é a compaixão da fraqueza que os tipos saudáveis precisam superar. Afinal, a compaixão da fraqueza é um afeto depressivo e enfraquecedor pelo qual a pessoa compassiva se prejudica diante do sofrimento alheio. Está baseada na *décadence* e é, em si, agente de mais *décadence*. Envolve uma resposta reativa – e por isso insalubre em termos paradigmáticos – ao sofrimento alheio. Por isso, reforça tudo que é reativo. À medida que a grande saúde de Nietzsche exige do tipo saudável que ele supere tudo que tem de reativo, é natural que queira aprender a "superar a compaixão (da fraqueza)".

Porém, o mais interessante (e aparentemente paradoxal) no comando nietzschiano para se superar a compaixão é que ele é fruto da própria compaixão. De modo mais específico, o comando de Nietzsche é dado desde o ponto de vista da compaixão da força. É a compaixão saudável, ativa, que luta contra o enfraquecimento e o desespero característicos do reativo, e por isso também luta contra a compaixão reativa da fraqueza. Isso explica o confuso grito de guerra de Nietzsche em *ABM*: "Compaixão *contra* compaixão!"[86] Portanto, por mais paradoxal que possa parecer, quando o (Anti)Buda da Europa apresenta a superação da compaixão *décadent* como virtude cardeal de afirmação da vida, trata-se de uma compaixão salutar, preocupada com o bem-estar e a ascensão do tipo forte.

---

[86] *ABM*, § 225.

Capítulo 6

Cultivando a compaixão

O cultivo da compaixão é essencial para se atingir a grande saúde budista do *nirvāṇa*. Com seu característico espírito de contradição, Nietzsche prescreveu a superação da compaixão como etapa crucial no progresso que leva até o que considerou a grande saúde antibudista do *amor fati*. Contudo, vendo como o *amor fati* está longe de ser o "ideal inverso"[1] do *nirvāṇa* que Nietzsche gostaria que fosse, é questionável se a oposição entre o cultivo da compaixão e sua superação faria melhor. Além disso, tendo em vista as afinidades subjacentes entre o *amor fati* e o *nirvāṇa* que emergiram no Capítulo 4, é provável que, aqui também, haja um grau significativo de superposição entre os dois ideais. Cultivar a compaixão e superar a compaixão, embora nominalmente contraditórios, podem ter mais em comum do que aparentam. A fim de entender como e por que é assim, é preciso compreender com clareza o significado do cultivo da compaixão na filosofia budista. Por que a cultivar? Que tipo de emoção é essa? Como ela se compara a sentimentos similares, que talvez não conduzam à – ou até a prejudiquem – grande saúde do

[1] *ABM*, § 56.

nirvāṇa? Ela envolve o sofrimento? Como se manifesta, de modo concreto, com base em ações compassivas?

Há muito poucas discussões sistemáticas da compaixão nos textos budistas. É como se o conceito fosse tão essencial para a tradição que ninguém se importasse em apreciá-lo como um todo.[2] Portanto, a fim de responder a nossas perguntas, os textos budistas precisam ser interrogados com cuidado.

A primeira coisa a se notar sobre a compaixão no budismo é que ela seria uma, se não *a* principal, característica da psicologia de Buda. Buda é o agente "compassivo" *par excellence*,[3] o único ser deste mundo cujo único propósito é agir em benefício de todas as criaturas "por compaixão".[4] Por conseguinte, uma ideia central budista é que Buda transmitiu seus ensinamentos por compaixão.[5] Há, portanto, um vínculo fundamental entre a compaixão de Buda e seus ensinamentos terapêuticos. Buda é um médico ou terapeuta infinitamente compassivo, e é por causa de sua compaixão ilimitada que ele oferece suas lições à humanidade.

Ademais, um componente importante desse ensinamento terapêutico é a prescrição para o cultivo da compaixão. Nos discursos, isso se expressa na instrução, repetida várias vezes, para o desenvolvimento da compaixão sem limites, ao lado das outras três grandes virtudes,

---

2 A respeito, ver também L. Viévard, *Vacuité* (śūnyatā) *et compassion* (karuṇā) *dans le bouddhisme madhyamaka*, Paris: Collège de France, 2002, p. 16.

3 *MN* II.100. Ver também *SN* I.110, em que Buda é descrito como "dotado de compaixão por todos os seres".

4 *AN* I.22; *DN* II.212.

5 Essa posição é expressada repetidas vezes nos discursos (em especial em *MN* I. 23, II.238 e III.302; *SN* I.110 e IV.359; e *AN* I.22, III.6 e IV.139). A ideia de que a característica mais saliente de Buda e de outros seres iluminados é sua disposição compassiva é enfatizada em particular nos textos sânscritos tardios, em especial (mas não de modo exclusivo) nos da tradição Mahāyāna. Para um estudo das diversas passagens sânscritas nas quais a compaixão é descrita como a raiz da iluminação e de todas as qualidades de Buda e/ou de outros bodhisattvas, ver Viévard, *Vacuité*, p. 156.

típicas da mente saudável, em essência, de Buda. O cultivo da compaixão infinita – bem como da boa vontade, da alegria simpática e da equanimidade – é descrito como o caminho para a "libertação mental" que caracteriza a grande saúde do *nirvāṇa*.[6] A ideia, portanto, é que existe uma conexão especial entre o desenvolvimento da compaixão e a obtenção da grande saúde.

Há uma forma simples de explicar essa relação especial. Implícita no comando budista de se cultivar a compaixão, há uma teoria subjacente não muito diferente da terapia comportamental cognitiva contemporânea.[7] A ideia é fazer o paciente combater comportamentos mentais insalubres cultivando características psicológicas, padrões de pensamento e comportamento emocional típicos de uma mente saudável.[8] No caso do ambicioso programa terapêutico do budismo, a meta

---

6 Estou me referindo aos exercícios de meditação centrados nas quatro supostas "moradas de *brahma*", nas quais o estudante é orientado a imaginar que está permeando o mundo inteiro com a mente repleta de boa vontade, compaixão, alegria simpática e, por fim, equanimidade (*DN* I.251). Essa instrução é repetida diversas vezes no cânone pāli, com as mesmas palavras.

7 Isso é algo de que Ellis, um dos fundadores da terapia comportamental cognitiva, parece ter tido conhecimento. A. Ellis, *Reason and Emotion in Psychotherapy*, Nova York: Carol Publishing Group, 1991, p. 35.

8 Sabe-se que a maior parte da terapia comportamental cognitiva, em especial a de Beck e seus seguidores, é mais cognitivista do que a terapia budista. Ver A. T. Beck, *Cognitive Therapy and the Emotional Disorders*, Nova York: International Universities Press, 1976. De modo geral, a psicologia budista focaliza mais os "estados mentais", nos quais não há uma linha divisória clara entre o cognitivo, o emotivo e o conativo. Portanto, no mínimo a terapia budista é mais comportamental – em um sentido que inclui "comportamento cognitivo" – do que cognitiva. Na verdade, esse modelo terapêutico e a psicologia por trás dele não são específicos do budismo, mas estão presentes em diversas tradições indianas. Fort lembra que no Advaita Vedānta as características psicológicas da *jīvanmukta* ("alma liberada") – o "tipo saudável" Advaitin – também são aquelas cujo cultivo conduz a esse *status*. A. Fortin, "Liberation while Living in the Jīvanmuktiviveka", em A. Fort e P. Mummes (orgs.), *Living Liberation in Hindu Thought*, Albany, NY: State University of New York Press, 1996, pp. 135-155, na p. 144. C. M. Brown observa algo similar no caso da ética do Mahābhārata em "Modes of Perfected Living in the Mahābhārata and the Purāṇas", também em Fort e Mummes, *Living Liberation in Hindu Thought*, pp. 157-183, na

aproxima-se muito do estado de saúde psicológica que caracteriza o Buda aperfeiçoado. Como a compaixão ilimitada é a característica mais essencial da mente saudável de Buda, uma parte significativa do caminho que leva à grande saúde é o cultivo de tal disposição mental. Portanto, por mais que isso pareça circular, o cultivo da compaixão ilimitada é fundamental para se atingir a grande saúde do *nirvāṇa*, justamente porque ter compaixão ilimitada é o resultado de se atingir o *nirvāṇa*.

À primeira vista, o relato da filosofia budista a respeito da relação entre compaixão e grande saúde parece bem problemático. Diz-se que a grande saúde do *nirvāṇa* se caracteriza tanto pela ausência do sofrimento (*duḥkha*) quanto pela presença da compaixão ilimitada. Mas o sentimento da compaixão não envolve certa dose de aflição? Nietzsche não está certo ao observar que sofremos quando temos compaixão? A compaixão não envolve uma forma de identificação com o outro que me faz "sofrer com" ele? E, se é assim, então não é contraditório dizer que Buda não conhece sofrimento, mas sente compaixão ilimitada?

O primeiro caminho a explorar em defesa da própria coerência do ideal budista consiste em argumentar que a compaixão budista, ao contrário da compaixão do ser humano comum, não envolve sofrimento. Em parte, a literatura Theravāda apoia essa posição.

Considere a passagem do cânone na qual Buda é criticado de modo explícito por transmitir seus ensinamentos aos outros. Seu oponente, chamado Śākya, parece acreditar que há algo de contraditório em uma pessoa livre de verdade ensinar outras pessoas: "Não é bom que você, um andarilho livre de todos os vínculos, instrua os demais".[9] "Śākya," responde Buda, "aquele que é dotado de percepção não é capaz da compaixão mental que se origina no apego. E se, com a mente clara, instrui os demais, não tem vínculos por isso [ensinar os outros]. *Isso* é compaixão.

p. 161. Em suma, parece ter sido uma crença bastante difundida na Índia que, para afastar sintomas nocivos, é útil levar-se a pensar que se tem mais saúde, sentindo-se isso.

[9] *SN* I.206.

Isso é preocupação atenciosa".[10] O que Buda parece dizer é que sua compaixão, ao contrário daquela das pessoas que carecem de percepção – ou seja, que não são iluminadas –, não é influenciada pelo apego sentimental comum, em geral envolvido com a compaixão. Tal "compaixão desapegada", conclui Buda, é o que a verdadeira compaixão e a atenção de fato envolvem. Livre de vínculos, presume-se que essa compaixão autêntica também seja livre de dor.

Essa ideia encontra apoio adicional na discussão sobre compaixão do comentarista Theravādin do século V, Buddhaghosa. Ele especifica a falsa manifestação de cada uma das quatro grandes virtudes cujo cultivo leva ao *nirvāṇa*. Assim como a boa vontade não deve dar lugar ao apego, ou a alegria simpática à excitação irrestrita, Buddhaghosa lembra que a verdadeira compaixão não deve dar origem à tristeza.[11] Algumas linhas adiante, ele acrescenta que se a crueldade ou a malícia são o "inimigo extremo" da compaixão – ou seja, seu oposto –, então a tristeza consigo mesmo é seu "inimigo próximo" – ou seja, o afeto com o qual pode ser confundido com facilidade.[12] Portanto, o resultado do comentário de Buddhaghosa é que o cultivo da compaixão envolve o cultivo de algo bem distinto das respostas sentimentais cotidianas a que costumamos nos referir como "compaixão". A verdadeira compaixão budista não envolve o sofrimento uma vez que não envolve apego.

Todavia, apesar de a posição que indica que a verdadeira compaixão não envolve sofrimento encontrar apoio indireto na literatura Theravāda, ela é contrariada de forma declarada nos textos budistas sânscritos. Diversos filósofos budistas do período clássico, quer Mahāyānistas, quer não Mahāyānistas, falam disso com a mesma voz: todas as formas de

---

[10] *Ibid.* (grifo nosso).

[11] *Vsm*, p. 318.

[12] *Ibid.*, p. 319. A expressão técnica usada aqui é "tristeza baseada na vida doméstica", que, como deixa claro a citação canônica aduzida por Buddhaghosa, representa a tristeza resultante da perda de bens e/ou de entes queridos.

compaixão envolvem sofrimento, mesmo a do *bodhisattva* exaltado (ou seja, o tipo Mahāyāna saudável).[13] Portanto, a grande saúde budista não exclui o sofrimento, pelo menos não o nascido da compaixão. Se a mente saudável em essência tem compaixão ilimitada, parece que a consequência é ela ser atormentada de forma ilimitada.

As implicações problemáticas que isso traz para a ética budista são duplas. Primeiro, não está mais claro o que distingue a compaixão do tipo saudável budista da simpatia sentimental exibida pelas pessoas comuns como resultado de seus apegos. Segundo, há algo de contraditório em um estado de grande saúde caracterizado tanto pela cessação de *duḥkha* quanto pela manifestação da compaixão causada por um *duḥkha* ilimitado. Há algo nos textos budistas que sugira que esses problemas podem ser resolvidos?

Nossa primeira preocupação parece ser corroborada de maneira adicional pelas instruções de Buddhaghosa acerca do cultivo da compaixão. Buddhaghosa instrui os estudantes a começar a desenvolver a compaixão pela família e pelos entes queridos e a ampliar pouco a pouco o escopo de seu interesse compassivo para pessoas que lhes são indiferentes, até chegar, por fim, a seus inimigos.[14] Esse treinamento sugere que a compaixão do tipo saudável não é diferente em termos qualitativos da compaixão que qualquer um sente de modo natural por aqueles a quem está ligado. É com certa surpresa que se percebe isso, uma vez que Buddhaghosa procura qualificar essa forma de compaixão como algo bastante distinto da dor e da tristeza voltadas para si mesmo. Vê-se aqui, no mínimo, uma tensão palpável. Será que a compaixão de Buda é diferente, em termos qualitativos, da compaixão da pessoa comum ou terá apenas um escopo mais amplo?

---

[13] Como lembra Viévard, um bom número de autores budistas indianos clássicos concordaram com esse ponto. Viévard apresenta diversas citações desses autores referentes à agonia pessoal envolvida na compaixão em *Vacuité*, pp. 180-181.

[14] *Vsm*, p. 314.

Felizmente, essa é uma questão para a qual Vasubandhu e Asaṅga oferecem duas respostas complementares. Vasubandhu distingue a compaixão que o estudante é orientado antes a desenvolver da "grande compaixão" característica da mente saudável, em essência, de Buda. Enquanto aquela se caracteriza apenas pela ausência de aversão, esta também se caracteriza pela ausência de delusão.[15] Qual, pode-se perguntar, é a delusão que não deve fazer parte da compaixão de Buda? Essa é uma questão que Asaṅga pode nos ajudar a responder. Enquanto discute o amor envolvido na compaixão, Asaṅga explica que, diferente do amor do pai ou da mãe, o qual "consiste em sede", o amor do tipo saudável budista "consiste em compaixão".[16] Apesar de essa diferença ser um tanto circular, ainda assim deixa muito claro que a compaixão de Buda é diferente da compaixão mundana, uma vez que *não envolve sede*. Por sua vez, isso sugere que, apesar de a compaixão poder envolver o sofrimento, esse sofrimento deve ser qualitativamente diferente de *duḥkha*, deve ter base na sede e cessar no *nirvāṇa*. Ademais, como agora podemos inferir com base na declaração de Asaṅga, é da autodelusão que a grande compaixão de Vasubandhu está livre. Portanto, a grande compaixão de Buda é qualitativamente diferente da simpatia da pessoa comum, pois está livre da autodelusão (Vasubandhu) e, por isso, não envolve sede (Asaṅga).

Assim, há um vínculo estreito entre a compreensão plena do altruísmo e a ascensão da compaixão ilimitada na mente perfeita do tipo saudável budista. A respeito, considere a sinopse feita por Viévard sobre a psicologia moral Madhyamaka: "A compaixão do indivíduo profano baseia-se no *ātman* [...] A perfeição da compaixão é proporcional ao desaparecimento da ideia de *ātman*. Tal [perfeição] é progressiva, e age ao mesmo tempo com a compreensão gradual do vazio".[17] Essa ideia

---

15 *AK*, p. 415.

16 *MSA* XVII.43, Comentário.

17 Viévard, *Vacuité*, p. 241. Ver, ainda, Siderits, *Buddhist Philosophy*, p. 199.

encontra eco nos textos de Dhammapāla, comentarista Theravādin de Buddhaghosa. Dhammapāla fala de percepção e compaixão como polos gêmeos – cognitivo e afetivo – da mente de Buda. Sugere-se que percepção e compaixão são dois lados da mesma moeda. A passagem é concluída da seguinte maneira: "Assim como a compaixão do mestre era desprovida de afetação sentimental ou tristeza, sua compreensão era desprovida dos pensamentos 'eu' e 'meu'".[18] A implicação, na verdade, é que existe uma conexão íntima entre a percepção libertadora da ausência do eu, que é a assinatura da filosofia budista, e a compaixão de Buda, que é a assinatura da ética budista.

Portanto, a psicologia moral budista excede o escopo do que foi discutido no Capítulo 4. A recuperação da autodelusão e a libertação de todos os seus efeitos perniciosos nos níveis cognitivo e afetivo não fazem apenas cessar *duḥkha*; não é apenas uma questão de recuperação do egocentrismo debilitante, narcisista e delusório do qual sofremos. Atingir a grande saúde do *nirvāṇa* também envolve um sentimento sincero de compaixão por todos os seres. No lugar do egoísmo sistêmico, surge o altruísmo sistêmico. Por conseguinte, no relato de Mādhyamika a compreensão do vazio e a ascensão da compaixão andam de mãos dadas. No entanto, essa compaixão é diferente em termos qualitativos da compaixão da pessoa comum. Livre da autodelusão, a compaixão do tipo saudável budista nada tem a ver com a sede que permeia a visão afetiva de mundo da pessoa comum. Por sua vez, essa compaixão manifesta-se como o desejo de ajudar os demais a alcançar a grande saúde do *nirvāṇa* e fazer, com isso, com que *duḥkha* cesse. Como é explicado no *DBhS*, aquele que ganha o conhecimento pleno do vazio "não deseja nada além de levar os seres à maturidade, [um desejo] que tem como causa a grande compaixão".[19]

---

[18] *Pm*, p. 194, citado por Bhikkhu Ñāṅamoli em *The Path of Purification*, Kandry: Buddhist Publication Society, 1975, p. 774.

[19] *DBhS*, p. 34.

Ademais, esse foco no progresso ético do outro oferece a chave para a compreensão da natureza do sofrimento envolvido na compaixão do tipo saudável budista. Já está claro que tal sofrimento será em termos qualitativos diferente de *duḥkha*, bem mais convencional e baseado na sede, a qual permeia a maior parte da vida. Mas para apresentar um relato positivo de tal sofrimento é preciso analisar a relação entre a compaixão e o destino daqueles por quem ela é sentida. A respeito, Asaṅga explica que, apesar de *bodhisattvas* recuarem inicialmente diante do sofrimento que sentem por causa da compaixão, esse mesmo sofrimento os enche de alegria ao ser apreendido de forma adequada.[20] E ele explica que ao ajudar de modo compassivo os outros a progredirem até a grande saúde do *nirvāṇa*, o "sofrimento [dos *bodhisattvas*] causado pela compaixão se transforma em felicidade".[21] Presume-se que por isso o sofrimento dos *bodhisattvas*, nascido da compaixão, os encha de alegria desde o início. Śāntideva evoca uma ideia similar. Ele explica que o sofrimento nascido da compaixão dos tipos saudáveis budistas é bem inferior ao imenso prazer que eles sentem quando alguém recebe ajuda no intuito de se aproximar do *nirvāṇa*.[22]

Embora o sofrimento envolvido na compaixão possa desconcertar a maioria das pessoas que não refletem, diz-nos Śāntideva, trata-se apenas de um preâmbulo para a felicidade da alegria simpática. Decorre disso que o sofrimento nascido da compaixão age como um estimulante para tipos saudáveis budistas, impelindo-os a agir de forma altruística. Ademais, ele é descrito como uma condição necessária para o profundo prazer da alegria simpática e, por isso, como um preâmbulo para uma felicidade superior. Portanto, longe de ser um problema para a ética budista o fato de se supor que a compaixão budista envolva o sofrimento,

---

20 *MSA* xvii.46.

21 *Ibid.*, 47, Comentário.

22 *BA* VIII.104-08.

ela destaca aspectos mais profundos e sutis da psicologia moral de Buda. Aponta para uma forma estimulante e saudável de sofrimento.

Talvez não haja forma melhor de compreender com acerto a compaixão de Buda do que contemplá-lo em ação. Em seu comentário sobre uma coleção de versos de grandes figuras do início do budismo, Dhammapāla conta a história de como a sábia poetisa Kisagotamī entrou para o rebanho budista. Esse exemplo ilustrativo da compaixão de Buda diz mais sobre seu espírito do que seria possível com uma discussão teórica. Eis a história contada por Dhammapāla:

> Seu nome era Gotamī, mas por causa de seu corpo delgado as pessoas a chamavam de "Gotamī Magricela". Depois de entrar para a família de seu marido [ou seja, após o casamento], as pessoas a tratavam com desprezo, [dizendo:] "Ela é filha de uma família miserável". Teve um filho. E, por ter um filho, adquiriu honra. Mas seu filho, depois de atingir a idade com que podia correr por aí, morreu enquanto brincava. Por isso, ela enlouqueceu de dor. Ela [pensou:] "Tendo sofrido desprezo antes, conquistei a honra [a partir da] existência de meu filho. Eles tentarão separar meu filho de mim". Enlouquecida pela tristeza, colocou o corpo morto sobre seu quadril e foi de casa em casa na cidade, [dizendo:] "Por favor, dê-me remédio para meu filho!" As pessoas a insultaram: "Remédio? Por quê?" Ela não os compreendeu. E um sábio pensou: "Ela está com a mente abalada diante do luto por seu filho. Aquele com dez poderes [ou seja, Buda] vai conhecer um remédio para ela". E falou: "Minha querida, vá ao Iluminado e peça-lhe um remédio para seu filho". Indo até [sua] morada enquanto o mestre ensinava a doutrina, [Kisagotamī] disse: "Exaltado, por favor, dê-me remédio para meu filho!" Vendo promessa nela, o mestre disse: "Vá! Entre na cidade e traga-me uma semente de mostarda de uma casa que nunca conheceu a morte". "Muito bem, senhor!" [disse ela], a mente satisfeita. Ela entrou na cidade, foi até a primeira casa e disse: "O mestre deseja que eu leve uma semente de mostarda para o remédio de meu filho. Sei que esta casa nunca conheceu a morte, [então] por favor, dê-me uma semente de mostarda". "Quem é capaz de contar os mortos daqui?" [Responderam-lhe,] "de que vale, portanto, esta semente de mostarda?" Ela foi até a segunda, a

terceira, a quarta casa. [Então,] livre do frenesi graças a Buda, [Kisagotamī] recuperou a consciência. Pensou: "Com certeza, isso vai acontecer na cidade inteira. O mestre terá visto isso por compaixão, preocupado com meu bem-estar". Ela desenvolveu *saṃvega*,[23] afastou-se dali, abandonou seu filho em um bosque sepulcral e murmurou estes versos:

> Não é a lei da aldeia, a lei da cidade,
> Nem a lei de uma única família.
> Para este mundo todo, inclusive para os deuses,
> A mesma lei se aplica: tudo é impermanente.[24]

Diversas coisas se destacam nessa história notável. A primeira é o discurso médico no qual a história toda é apoiada. Kisagotamī é descrita várias vezes como "enlouquecida pela tristeza" até se livrar de seu frenesi e recobrar a "consciência normal". Kisagotamī está de fato doente por causa da tristeza. O sábio que passou por ela percebeu isso de imediato. Na verdade, há uma ambiguidade evidente e quiçá proposital na formulação do pensamento do sábio – "Buda vai conhecer um remédio para ela". O remédio de Buda será para o filho dela ou para ela? Isso não fica claro. Afinal, ao se dirigir a ela, o transeunte fala explicitamente de um remédio para seu filho. O que fica muito claro é que é Kisagotamī, e não seu filho, que recebe o tratamento. Buda não a cura, mas cria condições para sua recuperação.

Nesse sentido, perceba que Buda vê "promessa" em Kisagotamī. Presume-se que isso tenha afetado o tipo de tratamento idealizado. Buda parece antever que, ao ir de casa em casa afetada pelo luto, isso não só fará com que Kisagotamī se recupere de seu frenesi, mas também acabará por levá-la a metas mais elevadas. Portanto, sua ação compassiva não foi dirigida à dor imediata de Kisagotamī, mas a algo mais

---

23 *Saṃvega* é uma expressão técnica budista que designa o tipo de agitação causada diante da compreensão da impermanência de todas as coisas, o que leva a pessoa a trilhar o caminho budista.

24 *ThGA* X.1.

profundo. Buda nem consola nem reconforta Kisagotamī. Ele nem tenta argumentar com ela. Em vez disso a manda sair com a falsa esperança de cura para seu filho caso encontre a semente de mostarda adequada. Essa intervenção fria e quase antipática é a manifestação da compaixão do grande médico. Por fim, é a própria Kisagotamī que percebe que tudo é impermanente, que o apego é fútil etc., o que acaba por levá-la a trilhar o caminho que conduz à grande saúde do *nirvāṇa*. É ela que vai se curar da mais fundamental de todas as doenças.

Muita gente se incomoda ao ouvir essa história pela primeira vez. Buda, que se supõe compassivo, parece desumano, pouco simpático e quase cruel. Até seu ensinamento sobre a impermanência é indireto e assume uma forma que alguns podem considerar como a de uma brincadeira sem graça e de mau gosto. É de se perguntar como esse pode ser o grande médico compassivo, admirado e venerado por mais de dois mil anos. Essa impressão provém da suposição irrefletida de que a compaixão sentida por Buda é idêntica à compaixão sentida pela maioria. Mas essa suposição está errada. A história de Kisagotamī é um dos exemplos mais ilustrativos e reveladores da compaixão budista ativa. Buda enxerga um potencial de grande saúde em Kisagotamī e faz com que ela própria tire a conclusão que a vai levar ao caminho do *nirvāṇa*, mesmo que isso aconteça por meio de uma profunda desilusão. Sua compaixão não se manifesta como comiseração ou consolo. Traduz-se em uma ação fria, desapaixonada, objetiva e, em última análise, eficiente. E mais: ele não faz nada por Kisagotamī de modo direto. Apenas orquestra as condições para que ela mesma se ajude. O sofrimento de Kisagotamī é de responsabilidade dela. Ninguém, exceto a própria Kisagotamī, pode lhe dar fim.

À primeira vista, parece haver certa ambiguidade ética na prática da compaixão^{budista}.[25] Nos discursos, vemos Buda afirmar que não hesi-

---

[25] De agora em diante, usarei o sobrescrito "compaixão^{budista}" no intuito de designar a compaixão que acompanha a grande saúde do *nirvāṇa*, em oposição a

taria em ferir alguém por compaixão, caso fosse necessário. Assim como a maioria decidiria a favor de tirar uma pedra da garganta de uma criança que estivesse engasgada com ela, "mesmo que fosse preciso fazê-la sangrar", Buda, por compaixão, causou algumas vezes sofrimento e tormento com suas palavras.[26] Por outro lado, o caso de Kisagotamī deixa claro que o sofrimento pode ser transformado em lucro com facilidade, em especial nas mãos de um terapeuta habilidoso. Portanto, à pergunta sobre quanto sofrimento pode ser causado em nome da cura, podemos acrescentar uma pergunta sobre quanto sofrimento deve ser permitido. Quanto dano e *laissez-faire* a compaixão^{budista} pode acarretar de fato?

A maioria das formulações do voto *bodhisattva* Mahāyāna parece implicar que a compaixão^{budista} leva a pessoa a ajudar qualquer um que sofra, seja qual for a maneira ou a situação.[27] Mas se a meta dos tipos saudáveis é dirigir as pessoas à grande saúde do *nirvāṇa* – o que implica a cessação completa de *duḥkha* –, não apenas a fim de combater toda e qualquer manifestação do sofrimento que se apresentar, então não está nada claro que é isso que a compaixão^{budista} os leva a fazer.

Buda não oferece o ombro para que Kisagotamī chore nele. Em vez disso, manda-a em uma busca inútil por uma semente de mostarda que sabe que ela nunca irá encontrar e prolonga, assim, seu sofrimento, até alimentando temporariamente a esperança delusória de curar o filho dela da morte. Em suma, parece que os tipos saudáveis budistas tanto causam sofrimento quanto permitem que este ocorra a fim de conduzir o outro com suavidade na direção do *nirvāṇa*. A prática da compaixão^{budista} pode envolver bem menos benevolência do que alguns textos budistas parecem sugerir. O que é mais preocupante é que podemos nos perguntar se

---

outras emoções que costumam ser chamadas de compaixão. Compare com Flanagan e seu "eudaimonia^{Buda}", felicidade^{Buda}"" etc., em oposição a "eudaimonia^{Aristóteles}", "felicidade^{Aristóteles}" etc., em *The Bodhisattva's Brain*.

[26] *MN* I.395.

[27] Ver, por exemplo, *BA* III.8-10, uma das mais famosas formulações desse voto.

Buda, vendo a "promessa" em Kisagotamī, teria chegado a impedir que seu filho morresse, caso pudesse fazê-lo. Afinal, isso poderia ter atrasado a recuperação de Kisagotamī da febre da sede.

A esse respeito, pense no conceito budista dos meios habilidosos (*kuśalopāya*), conceito que surge na filosofia budista indiana clássica. A ideia é que, ao ajudar os demais em seu progresso rumo à grande saúde, o tipo saudável budista exibe a perfeita "habilidade nos meios".[28] Esse conceito está relacionado de perto com a formidável versatilidade de Buda como professor.[29] Segundo alguns textos budistas, quase qualquer ação é admissível, inclusive assassinato ou relação sexual para um monge nominalmente abstinente, caso isso ajude uma criatura presa ao *saṃsāra*.[30] Isso aumenta a preocupação de que a compaixão^{budista} e seu uso de meios habilidosos possam acarretar a causa de sofrimentos e/ou permitir que aconteçam mais sofrimentos.

Ainda assim, há bons motivos para acreditar que a compaixão^{budista} nem envolve a causa de males nem é indiferente a esses males. Autores budistas de todos os tempos têm deixado claro que o excesso de sofrimento desvia muito a atenção e impede que as pessoas sigam o caminho que leva à grande saúde do *nirvāṇa*. É por isso que os que se encontram no reino humano da cosmologia indiana tradicional estão bem melhor posicionados do que os que se situam nos três reinos inferiores.[31] Seres infernais, fantasmas e animais sofrem demais para ter tempo de pensar na vida ou de adotar o caminho budista. Se traduzirmos a cosmologia para a psicologia, como os textos budistas nos

---

[28] Sobre essa difícil característica da ética budista e seu papel no Mahāyāna em particular, ver M. Pye, *Skilful Means: A Concept in Mahāyāna Buddhism*, Nova York: Routledge, 2003.

[29] Ver, a respeito, Gethin, *The Foundations of Buddhism*, p. 228.

[30] Sobre isso, ver P. Williams, *Mahāyāna Buddhism: The Doctrinal Foundations*, Londres: Routledge, 1989, p. 144 e ss.

[31] *MN* I.73; *DN* III.234.

convidam a fazer,[32] vamos obter o princípio de que as pessoas que sofrem demais não conseguem nem começar a se ajudar. Portanto, se o voto do *bodhisattva* parece envolver tal benevolência ampla, pode ser porque há uma imensa massa de sofrimento no mundo que distrai a todos e que precisa ser removida antes que as pessoas possam começar a se curar.

Todavia, viver nos reinos divinos e felizes (embora impermanentes) também é uma situação considerada menos favorável à obtenção da grande saúde do que viver no reino humano, em especial pelo fato de os deuses sofrerem muito pouco. Se traduzirmos essa afirmação cosmológica para a psicologia, teremos o princípio de que algumas pessoas "conseguem tudo com facilidade" e em seu detrimento, por assim dizer. Por isso, a prática da compaixão[budista], cuja meta é ajudar as criaturas a pôr fim ao sofrimento e a atingir a grande saúde do *nirvāṇa*, pode muito bem permitir que ocorra o sofrimento no caso de alguém que ainda não encontrou sofrimento suficiente até o momento – talvez até lhe causando dano. Afinal, com a habilidade arquipragmática da doutrina da habilidade nos meios, não há restrições categóricas sobre o que o tipo saudável budista pode fazer por compaixão.

Embora a compaixão[budista] ativa envolva muita benevolência gratuita e espontânea apenas em nome do alívio do sofrimento, as coisas não são tão objetivas como mostram alguns textos budistas. O tipo saudável budista vai combater o sofrimento porque ele desvia as pessoas da busca da grande saúde. Mas a meta final da compaixão[budista] é orientar o outro no sentido da autocura completa, a qual irá pôr fim a todo sofrimento. E pode ser que para que isso ocorra alguns danos sejam causados, e alguns danos podem ser permitidos, embora com uma discriminação bastante clara.

---

[32] Sobre o "princípio da equivalência entre cosmologia e psicologia" na interpretação do esquema cosmológico budista, ver Gethin, *The Foundations of Buddhism*, p. 119 e ss.

Em resumo, a ideia é que nem sempre a ajuda ao próximo pode ser de fato útil para ele. Veja, por exemplo, o caso de um pai que corre até o quarto de seu filho de um ano assim que ele chora e sempre passa dez minutos consolando-o e cantando para que ele durma. A falta de limites desse pai, mesmo motivado pela preocupação com o bem-estar do filho, prejudica a criança, privada da oportunidade de desenvolver a capacidade de se reconfortar sozinha, de conquistar certa autonomia etc. Sem dúvida, na maioria dos casos as coisas não são muito claras e exigem um juízo bastante apurado a fim de se avaliar a situação e se determinar o curso ideal de ação. Felizmente, imagina-se que os tipos saudáveis budistas sejam os melhores psicólogos. Em grande parte, isso se deve ao fato de estarem livres da autodelusão e à subsequente cessação do egoísmo debilitante que obscurece o juízo da pessoa normal.

Agora que a compaixão^{budista} do budismo foi examinada com mais detalhes, é possível voltar a Nietzsche e ver se o segundo eixo da dicotomia negação/afirmação da vida se sai melhor do que o primeiro. No que diz respeito à resposta ideal ao sofrimento da própria pessoa, o pensamento nietzschiano e a filosofia budista não se encontram na oposição imaginada por Nietzsche. Mas será que suas visões são mesmo opostas no que concerne ao sofrimento alheio? Ou será que aqui também a implosão da dicotomia negação/afirmação da vida exibe uma superposição significativa no tocante à visão ética?

Ao colocar as posições budista e nietzschiana sobre compaixão lado a lado, vemos duas oposições aparentes: (1) o comando de Nietzsche para se superar a compaixão *versus* o comando budista para se cultivar a compaixão; (2) o "médico da humanidade" de Nietzsche, livre da compaixão, *versus* o "grande médico" do budismo e sua compaixão sem limites. As duas posições de Nietzsche, antibudistas em aparência, tratam apenas da compaixão da fraqueza. É essa forma de compaixão que o tipo saudável precisa superar e da qual o autêntico médico da humanidade precisa se libertar. Portanto, para que as oposições entre o pensamento nietzschiano e a filosofia budista se sustentem, seria o caso de a compaixão^{budista} do budismo e a compaixão do fraco de Nietzsche designassem fenômenos similares.

Porém, essa condição está longe de ser satisfeita. Considere os pontos mais destacados suscitados por Nietzsche em sua crítica à compaixão da fraqueza:

1. Exibe fraqueza ou "incapacidade de resistir a estímulos", sentimentalismo irrestrito e falta de autocontrole.
2. Dá origem a um tipo de sofrimento que é deprimente e debilitante.
3. Sua estrutura motivacional é de autoconsideração subliminar – o propósito ulterior das ações a que conduz é amenizar o sofrimento do próprio indivíduo.
4. Focaliza a criatura e não o criador no homem, quiçá à custa do criador.
5. Em função de (1) e (2), é uma "sedução" para os homens superiores que rumam para a grande saúde, ou seja, a sedução de recair em um sentimentalismo volúvel, dissipado e autodebilitante.
6. Em função de (4), é uma "injúria" para os homens superiores que são seu objeto.

Ademais, no campo ideológico, Nietzsche faz as seguintes observações acerca do primado ético da compaixão da fraqueza:

1. Ela realiza uma redução ética a um mínimo denominador comum – o desfile de formas banais de fraqueza como virtudes excepcionais.
2. É uma expressão do autointeresse calculado da "manada" – transforma em virtude o que é necessidade da manada.

3. Como produto do *ressentiment* dos *décadents*, é um componente vital do programa de negação da vida e do eu da moral da anulação.

Como já deve estar óbvio, a compaixão[budista] tem muito pouca relação com o objeto das críticas psicológicas e culturais de Nietzsche. Para começar, a compaixão[budista] não tem nenhuma das características psicológicas da compaixão da fraqueza. Ela se distingue com firmeza do sentimentalismo irrestrito, típico daqueles que permanecem sob as garras da febre da sede. Assim sendo, é expressão da grande força e do autocontrole que o tipo budista saudável aufere ao superar a autodelusão e ao pôr fim a seus efeitos enfraquecedores. Além disso, como expressão da grande saúde do *nirvāṇa*, a compaixão[budista] é toda imune a *duḥkha*, a dor deprimente e debilitante que afeta o tipo doentio em meio a este oceano de devir transitório. Ao contrário, o sofrimento envolvido na compaixão[budista] é um sofrimento estimulante, que chama para a ação e serve de preâmbulo aos profundos prazeres da alegria simpática. Portanto, sentir a compaixão[budista] nunca constituirá uma "sedução" para o tipo superior nietzschiano.

Ademais, como os agentes motivados pela compaixão[budista] estão livres do sofrimento causado pelo egoísmo sistêmico, suas ações não são autodirigidas nem orientadas de forma subliminar para não sentirem a própria dor. Suas ações se ocupam de modo sincero com o bem-estar alheio. Enfim, uma vez que o bem-estar supremo do *nirvāṇa* é a única coisa que pode pôr fim ao sofrimento, a compaixão[budista] não trata do equivalente budista da "criatura" que sofre no homem ou na mulher, mas do "criador" que detém a promessa de destruir a própria raiz debilitante de *duḥkha*. Isso ficou claro no caso de Kisagotamī. Assim, ser o objeto da compaixão[budista] nunca vai "ferir" o tipo superior nietzschiano

– em especial por ser a mesma forma, ou interpretação, do sofrimento que cessa no *nirvāṇa* e no *amor fati*.[33]

As coisas não parecem muito diferentes no campo ideológico. Para começar, o primado da compaixão na ética budista é o oposto da redução ética ao mínimo denominador comum. O cultivo da compaixão^{budista} consiste no cultivo de uma virtude que é território exclusivo dos mais elevados e saudáveis – uma virtude de natureza muito diferente da "compaixão" da pessoa comum, baseada na sede e alimentada pela autodelusão. Portanto, embora possa ser vantajoso para a manada ter senhores motivados pela compaixão^{budista}, o primado ético da compaixão não é mais a glorificação insincera do instinto de manada do que uma expressão do autointeresse calculista da manada. Apesar de o budismo ter combatido o opressivo sistema hereditário de classes dos brâmanes, há algo bastante hierárquico em sua ética. O budismo não é igualitário no tocante ao valor ético; o ódio à ordem escalonada (*Rangordnung*) típica da manada animal[34] é-lhe totalmente estranho. Buda não disse que não há brâmanes (no sentido de tipos superiores), mas que não há brâmanes por nascimento. No mínimo, do ponto de vista histórico, a ascensão do budismo não foi uma revolta escrava; foi uma revolta dos senhores contra a classe sacerdotal, em relação à qual a classe aristocrática vinha em segundo lugar no sistema de castas. Portanto, o tipo saudável budista que exibe a compaixão^{budista} é, com clareza, um tipo superior. No mínimo, a ética budista e seu foco na compaixão expressam a mentalidade do governante, não a mentalidade da manada. Assim sendo, o cultivo da compaixão^{budista} nada tem a ver com a autodepreciação e a autossupressão típicas da moral da anulação e da negação da vida, como Nietzsche a descreve. A compaixão^{budista} expressa a exuberante autoestima, a poderosa confiança e a transbordante força presentes na superação da debilitante autodelusão. Tal como ocorre ao se

[33] A respeito, ver o Capítulo 4.

[34] *ABM*, § 62; *CI* VIII, § 37.

atingir o *nirvāṇa*, o cultivo da compaixão[budista] não é uma questão de automortificação e negação da vida – ou seja, de anulação –, mas sim de se atingir um estado fortalecedor de supremo bem-estar; é uma questão de se recuperar de tudo que pode nos "prender" outra vez.

Portanto, fica claro que a superação da compaixão (da fraqueza) e o cultivo da compaixão[budista] não são ideais diametralmente opostos. Do mesmo modo, está claro que o "médico da humanidade" nietzschiano não tem motivos para se proteger da compaixão[budista]. Ao contrário, parece que a emoção visada por Nietzsche é uma emoção da qual os budistas avançados que se encontram no caminho da grande saúde também precisam se proteger. Embora a filosofia budista não alimente a mesma desconfiança com relação aos efeitos sociais nocivos das formas mais convencionais de simpatia baseada no apego,[35] fica claro que o tipo saudável budista também precisa se livrar da compaixão cotidiana, tendo em vista que ela "consiste em sede" (Asaṅga). Com efeito, a advertência de Nietzsche de que a compaixão da fraqueza pode ser uma "sedução" para tipos superiores encontra eco na afirmação de Buddhaghosa, que diz que a tristeza mundana e autocentrada, confundida com a compaixão entre as pessoas comuns, é o "inimigo próximo" da compaixão[budista].[36] Vê-se, pois, que o "cultivo da compaixão" defendido por Buda exige, na verdade, que a emoção criticada por Nietzsche seja superada. Portanto, longe de serem opostos, o cultivo budista da compaixão implica e exige a superação nietzschiana da compaixão.

Se o cultivo da compaixão[budista] exige a superação da compaixão ironizada por Nietzsche, não nos surpreendamos se a compaixão[budista] se aproximar bastante da compaixão do forte nietzschiano. Afinal, é com

---

35 Buda sugeria que as pessoas comuns que não estivessem destinadas a trilhar a grande saúde mostrassem simpatia e sentimentos semelhantes, apesar de estes poderem resultar da sede (e reforçá-la). Compare com os comentários de Nietzsche sobre a utilidade para a manada da compaixão e de outros sentimentos nominalmente voltados aos demais.

36 *Vsm*, p. 319.

base no ponto de vista dessa compaixão salutar que Nietzsche prescreve a superação da compaixão do fraco, uma prescrição que o budista avançado faria bem em seguir. De fato, a compaixão cultivada pelo budista e a compaixão do forte de Nietzsche compartilham um surpreendente ar familiar.

Nesse sentido, é importante considerar as principais características da compaixão nietzschiana da força:

1. Expressa força e potência, confiança na capacidade distinta de intervir, no magistral autocontrole, na autoestima afirmativa etc.
2. O tipo de sofrimento ao qual dá origem é estimulante e tônico – ao contrário do tipo reativo, o tipo ativo saudável sempre considera o sofrimento como um obstáculo a ser superado.
3. A estrutura motivacional das ações a que dá origem é de autêntica consideração pelo próximo – o sofrimento do outro não é apenas o objeto intencional, mas também o objeto de atenção.
4. É focada no criador, e não na criatura, no homem.

Todas essas características estão diametralmente opostas às características psicológicas da compaixão do fraco nietzschiano. E não só a compaixão^{budista} se distingue com nitidez da compaixão do fraco, como ela é dotada dos quatro atributos essenciais da compaixão do forte de Nietzsche. Isso fica óbvio para (1) e (3). Ademais, apesar de a psicologia moral budista não ser articulada com base na dicotomia reativo/passivo *versus* ativo/criativo, sem empregar o idioma artístico de criador/criatura, fica claro que a compaixão^{budista} também tem características análogas às características (2) e (4) da compaixão da força. O sofrimento que ela envolve é um tônico e um preâmbulo para a felicidade vitoriosa da alegria simpática. E seu foco supremo recai sobre a promessa de grande saúde da pessoa, não sobre o sofredor desanimado.

Uma rápida análise das outras três grandes virtudes que complementam a compaixão^{budista} e que, da mesma forma, caracterizam a mente perfeita do tipo saudável budista só confirma que é grande a afinidade entre os ideais de Nietzsche e de Buda. No que diz respeito ao budismo, Nietzsche não pode reclamar, como faz em *GC*, de preocupação exclusiva com o sofrimento. Ao invés de outros "pregadores da compaixão",[37] Buda reserva um lugar importante também para a doação e o compartilhamento da felicidade. A doação é domínio da virtude capital da boa vontade, enquanto a ênfase budista na alegria simpática responde com vigor ao chamado de Nietzsche para a "*Mitfreude*" (em termos literais, "felicidade compartilhada") como contrapeso a *Mitleid*.[38] Ademais, a psicologia budista da compaixão^{budista} conecta, com efeito, ambos com o sofrimento da compaixão^{budista} e serve de prelúdio para um surto de alegria simpática.

A equanimidade, a quarta grande virtude dos discursos, também se encaixa muito bem com o que Nietzsche diz sobre ordem hierárquica em *ABM*. "Valor e hierarquia", diz ele, podem ser determinados com base em "quanto alguém consegue carregar e assumir de maneira pessoal, até *onde* pode estender sua responsabilidade".[39] Essa extensão da responsabilidade e da atenção é bem o que envolve o cultivo da grande virtude da equanimidade por parte do tipo saudável budista. A equanimidade perfeita implica a extensão da responsabilidade e da atenção do indivíduo para todos os seres. Em suma, a infinita boa vontade, a compaixão, a alegria simpática e a equanimidade do tipo saudável são a manifestação de uma responsabilidade ilimitada que surge da força e da saúde. As virtudes cultivadas pelos budistas são as virtudes nietzschianas do forte.

Essa relação adicional entre a ética nietzschiana e a filosofia budista possibilita enfrentar duas dificuldades potenciais para as posições de

---

[37] *GC*, § 338.

[38] *Ibid.*

[39] *ABM*, § 212.

Nietzsche sobre a compaixão. A primeira é que Nietzsche pode estar contando apenas parte da história ao afirmar que o progresso rumo à grande saúde envolve a superação da compaixão. Presume-se que a razão para isso seja o fato de a compaixão ser um sentimento debilitante, doloroso. Mas supõe-se que o tipo ativo de Nietzsche interprete e, por isso, vivencie a dor não como algo depressivo e nocivo, mas algo estimulante e, em última análise, fortalecedor. Por que, então, ele haveria de querer evitar o sofrimento nascido da compaixão?

Ao contrário da psicologia moral budista, tem-se a impressão de que Nietzsche não estabelece com a devida clareza um vínculo entre a grande saúde – ou o predomínio das forças ativas sobre as reativas – e a ascensão da compaixão da força. Enquanto a filosofia budista estabelece que há implicação mútua em ser saudável em essência e ser compassivo de modo ilimitado, Nietzsche só diz que a verdadeira compaixão nasce da saúde superior. Uma posição nietzschiana coerente alinhar-se-ia com a visão budista. A grande saúde, nesse modelo, teria de envolver o afastamento de uma compaixão que constitui de modo reativo o sofrimento nascido da tristeza alheia como algo que diminui e desanima e a aproximação de uma compaixão que constitui ativamente esse sofrimento como algo estimulante e revigorante.[40]

Ao final do Capítulo 4, comentei que há um lugar para o "sofrimento estimulante" do tipo ativo nietzschiano no budismo, na forma da própria compaixão. E, claro, a felicidade que corresponde a esse sofrimento aproxima-se muito do lema "felicidade como vitória" do tipo ativo. Essa é a alegria simpática que permite ao tipo saudável budista ter sucesso ao fazer cessar o sofrimento alheio. Nesse sentido, é revelador o fato de Śāntideva ter recomendado aos budistas avançados que nunca dessem as costas às dificuldades, porque tudo que antes foi alvo de insulto em breve seria uma condição necessária para seu prazer.[41] Uma psicologia

[40] Frazer também aponta nessa direção em "The Compassion of Zarathustra".
[41] *BA* VIII.119.

nietzschiana dos tipos superiores teria muito a ganhar ao replicar a estrutura da relação do tipo saudável budista com o sofrimento dos outros e ao aplicá-la à experiência do tipo ativo e à sua interpretação da compaixão. Desse modo, o tipo saudável de Nietzsche estaria de fato dizendo sim a todas as formas de sofrimento, inclusive àquela que deriva da compaixão (saudável).

A segunda dificuldade no relato de Nietzsche, ao qual aludi perto do final do Capítulo 5, diz respeito ao escopo da compaixão do forte e à benevolência a que ela dá origem. Uma preocupação razoável é que seu foco no "criador" e não na "criatura" presente na mulher e no homem – e, assim, nos poucos "artistas trágicos" capazes mesmo de superar as forças reativas rebeldes dentro deles – implica uma indiferença fria ao dilema e ao sofrimento da grande maioria da humanidade. Pouco antes, neste capítulo, uma questão similar foi suscitada (e resolvida) sobre a compaixão^{budista}, relacionada, de modo mais específico, com a quantidade de sofrimento que pode ser causada e/ou permitida ocorrer em seu nome. Tendo em vista as afinidades gerais entre a compaixão^{budista} e a compaixão nietzschiana do forte, pode ser possível analisar a psicologia da compaixão^{budista} no intuito de se fazer algumas sugestões relacionadas ao escopo e à natureza da compaixão do tipo saudável de Nietzsche. Elas têm a forma de três princípios independentes.

Primeiro, há o que chamo de *princípio da extravasão.* Vamos presumir que o tipo saudável nietzschiano, assim como seu equivalente budista, manifesta necessariamente a compaixão do forte, como sugiro que o faz. Como ambos manifestam tal compaixão em virtude de uma "extravasão" da confiança e da força nascidas da grande saúde, não haverá limite claro para o escopo de sua atenção e sua responsabilidade nascidas da compaixão. Como essa compaixão nasce do que, em termos nietzschianos, pode ser descrito como a plenitude extravagante do eu, os tipos saudáveis não vão precisar poupar o que dão nem para quem. É isso que está por trás da benevolência ilimitada e da boa vontade infinita de Buda e dos *bodhisattvas*. Portanto, no caso dos tipos saudáveis budistas e nietzschianos, a única limitação real à ação compassiva será a "benevolência" mal-orientada, a qual pode até impedir que o tipo superior atinja a grandeza. Essa limitação, porém, só se aplica aos destinados à grandeza. Ações destinadas a aliviar o sofrimento dos que são medíocres, sem qualquer redenção, não conhecerão essa limitação. Para essas pessoas, a torrente de atenção compassiva e alegre do tipo saudável fluirá sem restrições.

Em segundo lugar, vem o que chamo de *sofrimento como princípio de distração*. A filosofia budista reconhece que muitos seres estão escondidos demais no sofrimento para sequer começarem a se ajudar e, em última análise, a se curar. Seu grande sofrimento os distrai e os impede de se dedicar a metas superiores. É por isso que a benevolência do tipo saudável budista, nascida da compaixão, excede em muito o domínio mais limitado das ações que ajudam diretamente o outro no progresso rumo à grande saúde do *nirvāṇa*. Algo similar pode ser aplicado ao tipo saudável de Nietzsche e a seu exercício de compaixão e benevolência. A fim de permitir que o tipo superior ou o espírito livre atinja a epítome da afirmação da vida no *amor fati*, pode ser necessário que uma alma amiga alivie parte de seu fardo. O princípio segundo o qual o grande sofrimento é necessário para a grande saúde não implica que todo sofrimento, toda tristeza e toda doença conduzam ao *amor fati*. Como no budismo, o tipo saudável nietzschiano poderia, por compaixão, sentir-se impelido a afastar o sofrimento que, em virtude de sua intensidade ou natureza, se mostrar como uma distração para o tipo superior, o qual talvez ainda não tenha pensado em transformar esse sofrimento em lucro.

Em terceiro, vem o que chamo de *princípio da incerteza*. Junto ao "princípio do sofrimento como distração", esse princípio tem o poder de apoiar tanto a ética budista quanto a de Nietzsche caso o princípio da extravasão seja rejeitado. A ideia é que se está longe de saber quem, em meio ao oceano de tipos doentios, tem o potencial para atingir a grande saúde. Várias histórias budistas que lembram contos cristãos de transfigurações de santos (por exemplo, o parricida São Julião) falam de figuras as quais vão depressa de um profundo mergulho na doença à obtenção da grande saúde (como Kisagotamī). Tendo em vista o fato de a saúde trágica de afirmação da vida do *amor fati* ser condicionada a uma elevada tensão entre forças reativas e ativas, também não é de surpreender que figuras tão *décadents* estejam entre os que detêm a promessa mais elevada de obtenção da grande saúde conforme o relato nietzschiano.[42] Afinal, Nietzsche chega a se descrever tanto como *décadent* quanto como "o oposto de um *décadent*".[43] O resultado é que, mesmo que a compaixão da força se concentrasse apenas no que impede as pessoas "com promessa" de obterem grande saúde, a incerteza em relação a quem poderia apresentar essa promessa implicaria uma liberalidade considerável na benevolência nascida da compaixão.

A relação entre a ética da compaixão na filosofia budista e no pensamento nietzschiano é rica e complexa. Ao contrário do que parece, o "cultivo da compaixão" e a "superação da compaixão" não são ideais opostos. Na verdade, há um sentido profundo no qual aquele pressupõe este. E mais: a compaixão^{budista} se aproxima muito da compaixão da força que Nietzsche atribui aos tipos saudáveis, o que o inclui. Assim sendo, a descrição feita por Nietzsche da atitude do tipo saudável diante do sofrimento do outro sugere que é proveitoso examinar com mais cuidado a psicologia budista da compaixão. Não só a oposição entre o cultivo e a superação da compaixão é implodida, como sob os escombros jazem padrões excitantes de complementaridade.

---

42 A esse respeito, ver os dez homens superiores de Zaratustra em *Z* iv.

43 *EH*, "Warum ich so weise bin", § 2.

Conclusão

Rumo a uma nova resposta ao desafio do niilismo

Se Nietzsche quis, com vigor, levar seu navio para além do bem e do mal, o propósito último deste estudo é explorar os mares situados além da afirmação e da negação da vida. Agora nos aproximamos do vasto horizonte aberto que era nosso destino desde o começo. A estrela-guia que iluminou nosso caminho tortuoso nada mais é do que uma nova resposta ao desafio do niilismo. Afinal, está em jogo a formulação de um ideal humano em um (e para um) mundo de evanescente devir e pura imanência – um ideal situado além da dicotomia falida que forma a espinha dorsal da tentativa nietzschiana de responder ao desafio do niilismo. No horizonte, há uma nova visão híbrida da grande saúde.

O desafio do niilismo não é um pseudoproblema filosófico idealizado por um Nietzsche com imaginação exacerbada. É um desafio cultural, ético e existencial concreto, que ainda não começamos a enfrentar de fato. O desafio do niilismo é o desafio de se encontrar alguma base de valor após o colapso da ficção sobre a qual todos os valores se apoiavam antes. É o desafio de se desenvolver uma ética toda divorciada da ficção *wahre weltlich* do Ser.

Na tentativa de contornar o desafio do niilismo ou fugir dele (de forma consciente ou não), os filósofos morais seculares contemporâneos revelam apenas que estão sob a sedução dessa ficção inebriante. É importante levar em consideração uma dentre as muitas estratégias empregadas pelos ateus contemporâneos a fim de fugir do impasse niilista. Uma análise rápida da história das ideias sugere que a moralidade sempre esteve muito ligada a conceitos transcendentais e, em particular, a doutrinas pertencentes a Deus. Hoje, a tendência para moralistas seculares é afirmar que essa é uma associação apenas contingente. Na opinião deles, nada deveria ser lido de acordo com o fato histórico de que os sistemas morais se basearam em credos metafísicos e vice-versa. A moralidade não é um galho que brota do tronco do pensamento religioso, mas uma árvore que se sustenta sozinha e que, de modo casual, envolveu a religião, um vizinho próximo contingente.[1] Portanto, quando a árvore da religião for derrubada, a moralidade não precisará ruir com ela.

É óbvio que esses argumentos são produzidos no intuito de dispersar a disseminação do medo teísta. A ideia é arrancar as garras dos teístas, os quais afirmam ser importante manter Deus, a fim de que a moralidade não seja levada pelo mar. Logo, a disjunção moralidade-teísmo dos ateus parece ter motivação ideológica. É possível aduzir alguns argumentos plausíveis a seu favor, mas ela se encaixa bem na agenda, de modo espantoso. Em si e *de per si*, isso não implica que a tese moralista dos ateus está errada, mas faz com que pareça suspeitosamente polêmica. É difícil explicar o fato de religião e moralidade terem se entrelaçado de modo tão estreito no campo das instituições e das ideias sem admitir que há alguma espécie de conexão profunda entre a moralidade tradicional e o pensamento religioso/metafísico. O ônus da prova recai sobre o moralista ateu. Afirmar que a moralidade é um

---

[1] Essa posição é expressada com bastante clareza por J. Baggini em *Atheism: A Very Short Introduction*, Oxford University Press, 2003.

edifício autossustentado, o qual não deve nada em substância ao pensamento religioso, a conceitos como pureza ritual e a diversas concepções metafísicas, sem dar quaisquer motivos para o que aparente algo diferente não torna a tese dos ateus bastante convincente.[2]

Nietzsche representa uma linha bem diferente de pensamento ateísta. Segundo ele, não temos escolha senão sermos honestos e enfrentarmos a posição teísta. A moralidade que conhecemos depende da religião. Sistemas morais prevalentes têm sido dependentes do tipo mais amplo do qual as diversas religiões são mero gênero, isto é, a metafísica do Ser. Com efeito, Nietzsche vira o quadro de cabeça para baixo. Não é nem o caso de a moralidade e a metafísica/religião serem duas correntes independentes no pensamento humano, ou de a moralidade derivar da experiência do sublime, à qual a percepção filosófica e/ou a revelação proporcionam acesso.[3] Em vez disso, é a própria metafísica do Ser que deriva de um nítido "preconceito moral" pré-reflexivo. O impulso metafísico/religioso é o resultado de frustração e desencanto com a vida e com a natureza crua, que, como consequência, é acusada de ser injusta, brutal, contraditória, imprevisível, feia e repulsiva – em uma palavra, má. É com esse sentimento moral pré-reflexivo pessimista e fraco, e não com um sistema moral preestabelecido e funcional em sua plenitude, que começa a invenção de Ser/Deus. Portanto,

---

2 O melhor argumento dos moralistas ateus a favor de sua posição é que todas as "leis morais" importantes podem ser derivadas de premissas não religiosas, sejam elas "empíricas" ou "apenas racionais". Uma resposta nietzschiana convincente consiste em argumentar que o exame percuciente dessas premissas revela que, apesar das aparências, elas não são metafisicamente reservadas, mas baseiam-se em alguma forma da ficção *wahre weltlich* do Ser, se não de uma deificação escancarada da natureza. Essa é a linha de pensamento que será desenvolvida em algumas das próximas páginas.

3 Taylor, em *Sources of the Self*, adota uma forma dessa última posição. Dito isso, seus argumentos sobre muitas de nossas modernas intuições morais liberais terem base em seu contexto genético cristão são bastante convincentes. Nesse ponto, ele e Nietzsche trabalham lado a lado.

a idealização de um reino não contingente, não impermanente, não surgido, não impuro, não injusto – essas expressões negativas visam enfatizar a natureza reativa desse processo – do Real, da Verdade e do Bem é um gesto de condenação ressentida ao mundo contingente e impermanente de conflito perpétuo e evanescente devir. Sem dúvida, a afirmação de Nietzsche é psicológica, não histórica; em jogo estão as raízes psicológicas da metafísica e da moral, não sua gênese histórica.

Voltando aos proponentes de ideologias seculares morais e/ou políticas, não é difícil ver como, de um modo ou de outro, eles se mantêm comprometidos tanto com a ficção do Ser quanto com o pessimismo implícito (da fraqueza) que está por trás de seu otimismo deludido. Nietzsche denunciou os neo-hegelianos, os marxistas e os anarquistas de sua época – por mais que fossem ateus – por pensarem que a história era dotada de propósito, que a humanidade (e com ela o universo) tinha uma meta específica, que a sociedade rumava para um estágio final de Paz, Justiça e Virtude. Esses niilistas acreditam que por trás do labirinto de horrores naturais e artificiais de aparência arbitrária e que por trás da pluralidade de forças e movimentos sociais e culturais de aparência contraditória há um propósito real – um *telos* que, em última análise, vai justificar tudo que irá acontecer. "*Tout est pour le mieux dans le meilleur des mondes*",* podemos ouvi-los cantando em uníssono. O Fim da História vai assinalar o fim do devir – e mostrar que o Ser Estático, o Reino de Deus, foi atingido.

Uma avaliação nietzschiana da ética capitalista derivada da obra de Adam Smith ou do utilitarismo de John Stuart Mill e seus seguidores apresenta um veredito muito similar. Isso é reforçado pelo evidente sabor escatológico dos sistemas capitalistas utilitários, segundo os quais os princípios do autointeresse racional em condições ideais de liberdade vão acabar levando ao colapso da dicotomia egoísmo-altruísmo, à

* Tudo é para melhor no melhor dos mundos. (N. do T.)

riqueza e ao bem-estar para todos, às sociedades livres e justas etc. Mais uma vez, por trás do labirinto de exploração e da perfídia aparentemente sem sentido e arbitrária, por trás da agitação de autointeresses aparentemente plurais e seus empurrões e puxões contraditórios e em todas as direções, há uma orientação verdadeira e unitária rumo ao progresso e ao desenvolvimento humano e um interesse comum oculto. Uma espécie de *wahre Welt* também se esconde por trás dessa ética. A fé na democracia liberal também é a fé no Fim da História (a fantasia de Fukuyama[4]) ou no Reino de Deus.

Se Nietzsche tivesse tido o prazer de ler os cientistas e humanistas ateus de hoje, não teria deixado de perceber que inebriantes mitos do *wahre Welt* continuam a permear os mais sóbrios círculos científicos. A defesa do Deus de Einstein feita por Dawkins – ou seja, a Natureza *à la* Espinoza – no capítulo inicial de seu infame *The God Delusion* (2006) é um caso revelador.[5] O universo, para Dawkins, é Sublime e inspira Reverência. Por conseguinte, a Regularidade das leis naturais e físicas, a Coerência subjacente de todas as partes do universo e o Esmero matemático da seleção natural fazem da Natureza um objeto apropriado de veneração. A Natureza torna-se o novo Deus. Isso caminha ao lado de uma forma de utilitarismo regrado e centrado no "egoísmo iluminado", que confia em uma forma distinta de naturalismo realista e metaético. Imagina-se que isso seja "ateísmo", moralidade científica – coisas como dizer a verdade, o autossacrifício, a lealdade, a paciência, a fidelidade sexual, a benevolência etc. são justificadas como estratégias selecionadas de modo natural para maximizar as chances de transferência genética. Mas o capítulo inicial de *The God Delusion* deixa claro que essa moralidade ainda se baseia na deificação implícita da natureza, no mas-

---

4 F. Fukuyama, *The End of History and the Last Man*, Nova York: Free Press, 1996.

5 Ver R. Dawkins, *The God Delusion*, Boston: Houghton Mifflin, 2006, pp. 11-27. Ver também os capítulos iniciais do Gênese em A. C. Grayling, *The Good Book: A Humanist Bible*, Nova York: Walker and Co., 2011.

caramento de um mundo insensato de acidentes e caos sob um véu fictício, autodelusório, de funcionalidade infestada de *telos*, com base no que leis imutáveis são promulgadas. Uma vez mais, um sintoma da base dessa moral no *wahre Welt* é o nítido tom escatológico desses discursos – dos quais o trans-humanismo é apenas, com clareza, o mais escatológico e deludido.

Portanto, os que desejam divorciar a moralidade da religião ficam presos na rede de ficções do *wahre Welt*. O autor de *The God Delusion*, diria Nietzsche, ainda não se recuperou muito bem da "delusão de Deus" em sua forma mais sublimada, "científica". A evolução foi um processo violento e completamente arbitrário, no qual contingências aleatórias, ambientais e ecológicas tiveram bem mais impacto sobre as espécies "selecionadas" do que as qualidades adaptativas de seus membros; mas vamos focalizar a magnitude discreta da estrutura do esqueleto da mão humana ou a beleza exuberante das asas da borboleta: não são mágicas? As tentativas de unificar teorias incompatíveis da relatividade geral e da mecânica quântica têm sido infrutíferas, e toda unidade ontológica básica em potencial mostra-se passível de novas análises; mas vamos nos esquecer disso tudo e comemorar com reverência e adoração as leis imutáveis da Natureza, discernidas mediante a maravilhosa obra da Razão. Mais de 20% da humanidade sofre de desnutrição e/ou fome (e os números estão crescendo), enquanto produzimos cada vez mais alimentos; no século XX, a tecnologia e a organização científica contribuíram para a industrialização do assassinato e de horrores militares sem paralelo; o totalitarismo chauvinista está se saindo bem e parece muito compatível com a economia de mercado, como indica o exemplo da China "comunista"; estamos prontos para um colapso ecológico – mas os Beatles não escreveram músicas incríveis? Philip Roth não escreveu excelentes romances? Steve Jobs não facilitou a vida de todos nós? Não criamos coisas fantásticas quando trabalhamos juntos, quando seguimos os ditames do autointeresse instruído e continuamos a inovar? O otimismo deludido, de fato, ainda é a regra.

O que Nietzsche nos ajuda a perceber é que todas as formas de escatologia otimista da Iluminação secular (socialismo, comunismo, anarquismo, liberalismo, libertarismo, utilitarismo, ciência etc.) se mantêm presas a uma ou outra forma da ingênua ficção do *wahre Welt*. Todas essas ideologias postulam um Ser Verdadeiro, Estático, por trás das traiçoeiras aparências de um devir dinâmico, instável. Como tal, elas também se mantêm niilistas em essência. Afinal, a base psicológica de qualquer otimismo é uma forma crítica de pessimismo. O medo e a repulsa diante do mundo de devir insensato, das mudanças dolorosas e das contradições alucinantes é que criam a necessidade de Segurança e Estabilidade do Ser – para um Significado, um Propósito, um Bem por trás do mal aparente. Aceitar o que chamei de pessimismo descritivo – aceitar que o mundo não tem significado, propósito ou unidade inerente, que a história não terá fim, que a vida é e sempre será repleta de dor e tristeza, que uma "teoria de tudo" sempre estará fora de nosso alcance – é o primeiro passo para enfrentarmos o desafio do niilismo com dignidade e mente clara. É um passo que o mundo ainda não mostrou ter coragem para dar.

Contudo, abandonar a ficção otimista do Ser é apenas a primeira etapa para lidar com o desafio do niilismo. Trata-se apenas do ponto inicial das dificuldades. Como em caso de intoxicação, quando a inebriante ficção do Ser chega ao fim, o resultado é uma severa ressaca. É o momento em que a humanidade precisa lidar com um recuo de valores do qual pode ser difícil se recuperar. Afinal, toda ética formulada até agora se baseou na metafísica do Ser. Portanto, pode parecer impossível desenvolver uma ética em um mundo e para um mundo de puro devir. O desespero niilista é um risco real e tangível. Schopenhauer decidiu declarar que a natureza é má. Hoje, muitos seguem inconscientemente seu exemplo e adotam uma postura covarde e cínica diante da condição humana – "essa é a condição humana", dizem, "estamos condenados ao fracasso e à autodestruição". Daí a crise na crise niilista. Daí o desafio no desafio do niilismo. Trata-se de um desafio severo, que Nietzsche percebeu com acerto.

Além disso, esse é um desafio ao qual ele procurou responder e, ao fazê-lo, desenvolveu fascinantes visões sobre a psicologia humana. Ao mesmo tempo, a tentativa nietzschiana de responder ao desafio do niilismo baseou-se em um equívoco. Ele teve razão ao olhar para o budismo. Essa, afinal, é a única ideologia em grande escala da história a ter denunciado o Ser como ficção e a desenvolver, assim, uma autêntica ética pós-teísta, pós-metafísica. No entanto, como é o caso de muitos de seus contemporâneos, a visão de Nietzsche foi distorcida pelo prisma schopenhaueriano pelo qual ele contemplou o budismo. A seus olhos, a ética budista pareceu uma resposta ao desafio do niilismo que nega a vida – um niilismo de desespero passivo que, diante da crise niilista, não conseguiu superar o fraco julgamento pessimista no cerne de todas as ideologias anteriores e que, do mesmo modo, julgou que a "vida é má". Nietzsche aprovou a maneira como Buda formulou sua ética pós-metafísica com base em uma visão distinta de grande saúde. Mas, para Nietzsche, o que Buda propusera mesmo seria um ideal de grande doença que buscava dar cabo da vida. A essa negação fundamental da vida, que desnuda o niilismo no coração das ideologias antes predominantes, Nietzsche opôs sua ética de afirmação da vida.

Não há por que repetir o motivo pelo qual Nietzsche estava errado ao pensar que o budismo nega a vida, ou que o *amor fati* e a superação da compaixão se opõem de modo diametral ao *nirvāṇa* e ao cultivo da compaixão^{budista}, respectivamente. Tampouco haveria muito a se ganhar repetindo por que e como há uma complementaridade importante entre as visões de grande saúde propostas pelo pensamento nietzschiano e pela filosofia budista. As partes finais dos Capítulos 4 e 6 apresentam discussões detalhadas sobre esses pontos.

O que se exige agora é uma resposta nova e híbrida ao desafio do niilismo – uma resposta que se baseia na complementaridade entre a ética de Nietzsche e a filosofia budista a fim de apresentar uma nova visão de grande saúde. Isso é apresentado aqui como a primeira tentativa de formular uma ética que supere com firmeza a delusão do Ser: uma tentativa que, espero, outros adotem, critiquem e aprimorem.

O pensamento nietzschiano e a filosofia budista movem-se juntos em uma direção específica. A ética que propõem compartilha a mesma estrutura fundamental e o mesmo conteúdo fundamental. À guisa de conteúdo, a ideia básica é agarrar pela tromba o elefante que está na sala e empacotá-lo. A delusão bicéfala do Ser e do eu na qual a moral, a religião, a investigação racional etc. foram baseadas não é um acidente contingente da história e/ou da psicologia humana. Como todas as delusões, ela apresenta uma postura insalubre, em essência, diante do mundo. Assim, uma ética budo-nietzschiana tem como alvo a enfermidade que, desde o princípio, oculta-se por trás de nossa sede pela Estabilidade do Ser, pela Verdade, pelo Bem, por Deus etc. A meta é atingir um estado de grande saúde no qual o fluxo instável de devir evanescente e evasivo, tudo que o mundo contém de fato, não é mais vivenciado como algo desesperador e frustrante. Portanto, a ideia é não só evitar a promulgação de valores baseados nas ficções do Ser e do eu, mas também solapar essas ficções, atacando suas raízes na psicologia humana.

Como estrutura, chegou-se a uma forma de perfeccionismo formulado com base na figura de um nítido "tipo saudável". Isso contraria a maior parte da filosofia moral anglo-americana contemporânea, que, como Taylor observa com razão, "tem procurado se concentrar naquilo que é certo fazer em vez do que é bom ser, na definição do conteúdo da obrigação em vez da natureza de uma vida boa".[6] Sem dúvida, nossa

[6] Taylor, *Sources of the Self*, p. 3.

ética budo-nietzschiana não está muito preocupada com a "vida boa", a qual conduz a uma descrição objetiva ou pode ser reduzida a critérios claros. Em vez disso, delineia o contorno de uma vocação para a saúde superior. Em si e *de per si*, ela não determina deveres, obrigações e restrições.[7] Assim sendo, a estrutura de avaliação que produz não trata de ações de avaliação, do estado de coisas ou "bens", mas de determinar o mérito das pessoas. De modo similar, a outras formas da chamada ética da virtude, ela está comprometida com a visão de que boas ações são ações realizadas por bons agentes (ou seja, saudáveis), e que más ações são ações realizadas por maus agentes (ou seja, doentios). Tendo em vista a natureza derivativa do valor das ações, nesse tipo de visão, a ética só precisa se concentrar no que é essencial, ou seja, o *status* – ou, nesse caso, a saúde – dos agentes. Por conseguinte, nossa resposta budo-nietzschiana ao desafio do niilismo assume a forma de uma ética de virtude perfeccionista baseada no ideal de um tipo saudável exaltado.

Há várias coisas a comentar a respeito do que denominarei de perfeccionismo da grande saúde. Primeiro, ele é um novo ramo do perfeccionismo e tem pouco em comum com seus antecessores.[8] A maioria das éticas perfeccionistas desenvolvidas ao longo da história teve base em um conceito distinto de natureza humana. Com base nesse conceito, diversos perfeccionistas (a saber, Aristóteles, Aquino, Espinoza e Marx) produziram conceitos sobre o "bem humano" ou os bens humanos. Entretanto, para um Nietzsche ou um Buda a questão da natureza humana ainda está em aberto, para não dizer que é ilimitada. Tendo em vista o comprometimento com uma visão de mundo fluente, nenhum deles admitiria algo tão estático quanto uma natureza humana imutá-

7 É por isso que o esboço que se segue não contém uma ética normativa propriamente dita, mas apenas uma psicologia moral.

8 Sobre o perfeccionismo e suas duas linhas principais, "perfeccionismo da natureza humana" e "perfeccionismo de bens objetivos", ver S. Wall, "Perfectionism", em E. N. Zalta (org.), *Stanford Encyclopedia of Philosophy*, out. 2008.

vel.[9] Ademais, tanto a discussão de Nietzsche acerca da dinâmica complexa entre forças ativas e reativas quanto os métodos terapêuticos budistas – ou seja, o cultivo das virtudes principais – sugerem, cada um a seu modo, que o caráter humano individual é maleável, embora isso possa não ser tão fácil.

E isso é tudo que importa para o perfeccionismo da grande saúde. O que entra em discussão na ética budo-nietzschiana não é tanto a natureza humana, mas a natureza do que detém o ser humano. A metáfora dominante é a da remoção da doença. O diagnóstico do que é doentio apresenta o que deve começar com um *telos* definido negativamente, ou seja, a destruição da sede ou a vitória sobre as forças reativas mediante a autossuperação.

Bem, o perfeccionista da natureza humana pode argumentar que qualquer forma de perfeccionismo implica uma ideia positiva sobre o Bem, e que isso é necessário para determinar o que está errado em certas pessoas etc. Porém, não fica óbvio que isso é necessário em um modelo terapêutico. Quando estou doente, não preciso de uma noção clara sobre como será a "saúde" a fim de começar a investigar a etiologia dos sintomas que tenho e os meios de me recuperar da doença que está causando os sintomas. Embora o *nirvāṇa* e o *amor fati* não sejam conceitos apenas negativos, de modo algum, e embora se possa dizer muita coisa sobre a psicologia do tipo saudável no pensamento nietzschiano e na filosofia budista, esses ideais não representam o desenvolvimento pleno de um bem humano predeterminado baseado em um relato sobre certa natureza humana. Embora também seja passível de descrições positivas, a ideia da grande saúde é, acima e antes de

---

9 Em alguns círculos Mahāyāna, a ideia de "natureza do Buda" assume o papel de um tipo de natureza humana. A ideia é que o potencial para o budato, ou o "embrião" (*garbha*) da mente purificada de um Buda, encontra-se na essência de todos os seres. Esse desenvolvimento, porém, é pouco mais do que um retorno à metafísica do Ser, que Sidarta Gautama por certo teria condenado, no mínimo desde o ponto de vista da "verdade suprema".

qualquer coisa, a ideia da recuperação plena da doença, e não a concretização de um bem predeterminado. No mínimo, o "bem" da grande saúde é determinado em relação à "maldade" da doença.

Nesse sentido, o perfeccionismo da grande saúde também se distingue do tipo de perfeccionismo de bens objetivos esboçado por nomes como Rawls, Parfit e Griffin.[10] Essa versão do perfeccionismo não se baseia em uma visão da natureza humana, e sim em um conjunto de realizações humanas ou de bens objetivos excepcionais, que o perfeccionista almeja alcançar. Por seu lado, o perfeccionismo da grande saúde não está voltado para a realização de atos específicos (por exemplo, pintar a *Mona Lisa*) ou de feitos excepcionais, que estabelecem novos padrões de excelência para o ser humano. Aqui, a própria ideia de "bens objetivos" e fixos é olhada com circunspecção. O único bem (muito subjetivo e pessoal) em uma ética budo-nietzschiana é a recuperação de uma doença.

Porém, o que distingue de modo muito claro o perfeccionismo da grande saúde de outros perfeccionismos é que ele não envolve um imperativo categórico. Isso é parte da razão pela qual o "bem" da grande saúde não se qualifica como "objetivo". Quando tipos doentios deixam de almejar a grande saúde, não exibem falhas morais ou quebra de decoro. É aconselhável para quem tem o potencial de se recuperar de uma doença almejar a grande saúde – é "de seu interesse", por assim dizer –, mas não há padrão externo que lhe imponha a obrigação de fazê-lo. Portanto, em vez de outros perfeccionismos, a ética budo-nietzschiana não contém deveres categóricos para o indivíduo. Se o domínio da moral é o domínio das obrigações categóricas, então o perfeccionismo da grande saúde não é só uma forma de moral. É apenas uma ética. Essa

---

[10] Ver J. Rawls, *A Theory of Justice*, Cambridge, MA: Harvard University Press, 1971; D. Parfit, "Overpopulation and the Quality of Life", em P. Singer (org.), *Applied Ethics*, Oxford University Press, 1986, pp. 145-164; e J. Griffin, *Well-Being: Its Meaning, Measurement and Moral Importance*, Oxford: Clarendon Press, 1986.

ética proporciona uma direção clara para os esforços humanos, mas não a compulsão para o esforço.

É claro que a ausência de obrigações não implica que a ética budo-nietzschiana induz a uma moral vale-tudo ou ao apático *laissez-faire*. As ações aperfeiçoadas do tipo saudável serão consideradas boas, benéficas e admiráveis. Por outro lado, muitas das ações realizadas por tipos doentios, tolos e deludidos serão consideradas más, daninhas, indesejáveis e desprezíveis.[11] Ademais, se os tipos saudáveis que lutam pela grande saúde comportam-se de maneira a impedir a realização de sua meta, esse comportamento também será considerado mau e desprezível. Todavia, a realização de maus atos não é tida como uma falha moral, mas apenas como uma tolice ou, no caso do tipo doentio e ingênuo, como o resultado natural da doença, embora desafortunado. Tipos saudáveis podem tentar se opor a essas ações tolas ou impedi-las de modo espontâneo e chegar até a advertir de modo preventivo a pessoa tola contra tais ações, mas o fazem porque tal comportamento causa danos, e não porque seja intrinsecamente "maléfico".

No entanto, há lugar para o discurso moral na ética da grande saúde e até para se estabelecer códigos e restrições. Um componente importante do uso instrumental da linguagem, da autoridade e de quaisquer meios que estejam à disposição dos tipos saudáveis é promulgar códigos de conduta que se mostrem benéficos àqueles a quem se destinam. Uma forma de "consequencialismo da saúde"[12] serve de estrutura deliberada para tipos saudáveis perfeitos nesse contexto. Portanto, um aspecto importante em seu envolvimento com o mundo será a criação de diversas posições morais – consequencialistas, deon-

---

11 Podem ser ainda condenáveis em termos legais e/ou políticos, mas isso está fora do escopo um tanto restrito da ética da grande saúde, a qual, à primeira vista, é toda apolítica.

12 Comparar com o consequencialismo da virtude de J. Driver, *Uneasy Virtue*, Cambridge University Press, 2001, ou com B. Bradley, "Virtue Consequentialism", *Unitas* 17(3), 2005: 282-298.

tológicas ou baseadas na virtude, dependendo do contexto – mas com ironia. Pessoas diferentes vão ouvir coisas bem diferentes dos tipos saudáveis, todas pronunciadas com a finalidade suprema de prevenir danos e injúrias desnecessárias, bem como de orientar para a grande saúde os que têm o potencial de se curar. Essas intervenções serão tão variadas quanto os tipos de pessoa. As pessoas podem ficar "doentes" em graus variados, e a manifestação específica de sua doença em um dado momento pode exibir idiossincrasias bem distintas. Assim, as "dietas espirituais" receitadas para cada pessoa[13] vão variar de modo considerável. Porém, do ponto de vista dos saudáveis não há obrigações, deveres ou limites objetivos categoricamente restritivos. O discurso moral, como a linguagem em geral, tem um valor apenas instrumental para mestres da ironia como os nossos tipos saudáveis. Por falar nisso, até as intervenções dos tipos saudáveis na vida dos outros não derivam de alguma obrigação a que os tipos saudáveis estão sujeitos, mas da boa vontade e da compaixão espontâneas.

A última coisa a comentar sobre o perfeccionismo da grande saúde budo-nietzschiana é que ele não é monista. Apesar de as doenças fundamentais de que sofrem os humanos terem a mesma estrutura básica em todos os casos, e apesar de todo tipo saudável estar livre dos mesmos sintomas básicos, as pessoas não serão tipos idênticos, com caráter e comportamento idênticos. Uma vez mais, a ideia principal aqui é a do envolvimento budista irônico. Diferentes tipos saudáveis serão figuras muito diferentes, uma vez que representam papéis bem diferentes em vários contextos. A ideia é que irão lidar de modo irônico com o mundo por meio de incontáveis permutações de identidade e comportamento. A grande saúde envolve um nível extraordinário de versatilidade e, portanto, também grande diversidade entre tipos saudáveis. Assim, o perfeccionismo budo-nietzschiano não trata de tornar idênticos todos os

---

[13] Tomei por empréstimo a expressão "dieta espiritual" de *EH*, "Warum ich ein Schicksal bin", § 8.

homens, mas de se esforçar para atingir um estado no qual cada um possa ser ilimitadamente mutável e versátil.

Agora, é possível focalizar a psicologia moral por trás do perfeccionismo da grande saúde. Aqui, é possível extrair algumas percepções da psicologia contida tanto no pensamento nietzschiano quanto na filosofia budista. De modo mais específico, o ideal do tipo saudável deriva do diagnóstico do que é, em essência, insalubre na psicologia humana. Como foi visto no Capítulo 4, a reatividade sistêmica característica do que Nietzsche chama de *décadence* pode ser explicada, segundo o modelo da psicologia moral budista, como uma manifestação da autodelusão primordial. De fato, a psicologia budista vai bem além da mera crítica de um ego unitário, perpétuo, ou de qualquer outra substância portadora de propriedades. Ela nega que algo estático e imutável como um "eu" ou uma "substância" tenha qualquer efeito em um mundo formado apenas por processos interconectados. Mas a filosofia budista vai além disso – "eu", "coisa", "substância" e "Ser" não são meras ficções ou ilusões, são delusões. Ao acreditar no eu como substância e no mundo como um mundo de "coisas" hipostatizadas, as pessoas comuns não se mostram apenas equivocadas, mas deludidas. Superar essa delusão, eis do que trata a grande saúde.

A autodelusão é mantida mediante os processos pré-reflexivos gêmeos da "apropriação" do que é interno – ou do que "pertence" ao eu – e da reificação do que é externo – ou do que "pertence" ao horizonte do eu. Declaro a posse de eventos mentais e físicos que "pertencem a mim" – com base no que é "meu", derivo o "eu" – e, ao mesmo tempo, interpreto o mundo que me rodeia, comigo em seu centro, como formado por "coisas" discretas, cuja própria constituição como coisas reflete minhas preocupações, meus medos, meus interesses etc. Assim, a autodelusão narcisista condiciona tanto minha relação afetiva com o mundo – egoísmo sistêmico – quanto minha relação cognitiva com ele – a reificação sistêmica de coisas que se relacionam "comigo" de maneiras específicas. Como esclarece a filosofia budista, os efeitos afetivos e cognitivos da autodelusão são dois lados da mesma moeda. A atração e a aversão egoístas têm como objetos intencionais "coisas" discretas, estáveis. Por outro lado, a maneira pela qual reifico processos e os vários significados e valores que atribuo às "coisas" é função de meus estados afetivos com relação a esses "objetos". Logo, a hipóstase e a reificação não são menos parte do desempenho do eu (mediante a construção do horizonte autorreferencial do eu) do que a apropriação de "meu" corpo e "minha" mente.

No Capítulo 4, expliquei como essa construção do eu e do mundo resulta em uma condição debilitante, enfraquecedora e patológica pela qual estou, ao mesmo tempo, sempre sujeito à insatisfação, à ansiedade e à tristeza, e sempre propenso a desejos nocivos, a atitudes agressivas, a um comportamento manipulador (geralmente de modo inconsciente) etc. Portanto, a ideia é que a autodelusão é aquilo de que as pessoas que de fato se preocupam com seu bem-estar (e o daqueles que as rodeiam) visarão se recuperar. Elas vão procurar atingir o estado aperfeiçoado da grande saúde.

Embora esse modelo seja, em grande parte, emprestado da filosofia budista, ele pode ser complementado por duas ideias nietzschianas importantes. A primeira é a ideia da reatividade. O tipo doentio é um tipo reativo. O conceito de reatividade destaca a qualidade paranoide da psicologia dessa figura. De modo mais específico, esclarece como a autodelusão leva ao sofrimento perpétuo. Nas garras do egoísmo narcisista delusório, os tipos doentios sentem-se sempre visados. Quando a ameaça de dano ou de desapontamento surge em seu horizonte, os tipos doentios não percebem que quase tudo que acontece "com eles" não tem nada a ver com eles, mas é, em vez disso, apenas acidental e arbitrário. Como resultado do egoísmo delusório, o dano será constituído como se fosse intencional, com a implicação narcisista-paranoide de que o tipo doentio é um pouco mais importante do que de fato é.

Como surgem sentidos simultâneos de "eu" e do "outro como inimigo", o tipo doentio está sempre reagindo. Daí, entre muitas outras coisas, a sede por um mundo de Permanência, Paz e Sublimidade – em suma, o Ser –, que é uma reação às incontáveis frustrações que o tipo doentio encontra em meio ao turbulento mar de devir.

A segunda ideia nietzschiana está relacionada de perto com isso. Para Nietzsche, a grande saúde envolve um deslocamento no relacionamento pessoal com o sofrimento – um deslocamento afastando-se da reatividade e aproximando-se da atividade. A ideia é que o tipo saudável não considerará mais as dificuldades, as resistências e os obstáculos como revezes ou motivos para desespero, frustração e desilusão. Em vez de sofrer essa reação, o tipo saudável será impelido à ação. Para o tipo saudável, enfrentar obstáculos e defrontar-se com dificuldades será estimulante e revigorante. Portanto, o ideal de grande saúde não deve apenas ser concebido com base no fim do sofrimento, como costuma acontecer – pelo menos, nominalmente – no budismo. É claro que a ideia é fazer cessar o sofrimento do tipo doentio removendo a condição de contato debilitante com o mundo. Porém, a ideia também é desenvolver uma relação com o mundo na qual dificuldades e desafios tornem-se uma base ativa de contatos, e não de desespero, frustração e desinteresse.

Essas duas ideias nietzschianas permitem uma compreensão mais clara da psicologia da grande saúde. O esforço para atingir a grande saúde envolve a passagem, ainda mais ampla, de posições reativas/passivas para um desempenho ativo, criativo. Sem dúvida, a autoidentificação por meio da apropriação interna e da reificação externa acontece sempre. Ela resulta de uma atividade distorcida, quase delusória e, mais importante, inconsciente. Mas a apresentação da identidade narrativa e da construção de horizonte dos tipos doentios também é suportada de maneira bem real. Sua própria atuação é reativa. O amor da minha vida me deixou, digamos, e minha identidade se estraçalhou – a própria construção da minha identidade "estraçalhada" é suportada. Do mesmo modo, sempre reajo ao meu ambiente e às mudanças "interiores" entre "meus" atributos físicos e mentais.

Por outro lado, a relação do tipo saudável com a identidade não é a despersonalização ataráxica – a ideia é não ficar como pessoas que sofrem de autismo ou de Alzheimer em seu estágio final. Em vez disso, é de autoconstrução deliberada, ativa. A ideia não é nem neutralizar os impulsos gêmeos da autoidentificação e da reificação (ou seja, almejar a paralisia mental e física) nem apenas "enxergar por meio" das ilusões e, com isso, recolher-se a um "exílio interior da mente". A ideia é pôr fim à delusão de que o "eu" e x, y e z reificados referem-se a coisas discretas reais, enquanto lida com a apresentação e a invenção dessas ficções para fins bem instrumentais, ou seja, o sustento próprio, a priorização de atividades, deliberações, comunicação e, mais importante (como veremos em breve), atividades altruístas.

A transição entre doença e saúde pode ser descrita com a imagem (vagamente nietzschiana) do artista dramático. Nós, tipos doentios, somos como atores deludidos em uma peça, convencidos de que somos nossos personagens e que os objetos de cena são reais. Tipos saudáveis são atores que se recuperam da delusão de que são de fato seus personagens e de que o mundo do palco tem qualquer realidade substancial, mas que continuam a representar um papel dramático e a lidar com o mundo cenográfico como todos os outros atores. Essa relação irônica assegura não só um alto nível de versatilidade, como uma forma específica de distanciamento (emocional) fortalecedor. Em virtude dessa distância irônica, o tipo saudável põe fim a um sofrimento existencial que caracteriza a relação entre o tipo doentio e o mundo. Na linguagem nietzschiana, a distância irônica permitirá que os atores saudáveis tenham a apreciação estética da beleza da peça na qual têm um papel, em vez de fazerem um julgamento moral insalubre sobre o responsável por seu destino. E, mais importante, a distância irônica é a condição para responderem ao sofrimento – próprio e alheio – de modo ativo, e não reativo. É claro que é muito mais fácil falar dessa relação irônica consigo mesmo e com o mundo do que colocá-la em prática. Muitas pessoas reflexivas podem concordar que o eu é construído e que o mundo é feito de processos evanescentes, os quais então são reificados pela mente humana (e animal), mas isso não basta para livrá-los da sensação de que são seus personagens e que o mundo cênico é real. Sair de uma compreensão apenas intelectual dessas percepções a fim de atingir a recuperação completa da autodelusão exige um esforço muito grande. Os tipos saudáveis são, em suma, atores habilidosos.

No intuito de dar substância a esse ideal budo-nietzschiano de grande saúde, será necessário lidar com duas questões importantes. A primeira está relacionada com a dificuldade perene da filosofia budista. A questão tradicional é: quem atinge o *nirvāṇa* se não existe o eu? No contexto atual, a questão pode ser reformulada da seguinte maneira: quem realiza ironicamente a autoidentificação e a reificação após a autodelusão ser superada, se não um eu antes inestruturado? A implicação dessa questão retórica é que a ideia budo-nietzschiana de grande saúde exige um eu que não é produto de uma delusão. A ideia é que falar de uma construção ou uma realização deliberada, ativa/criativa, implica um grau de autonomia que só um eu inestruturado pode ter.

Primeiro, é preciso lembrar que essa objeção suscita dúvidas. A própria ideia de que a construção implica um constructor, a realização, um realizador, ou, de modo mais genérico, a ação, um agente, já pressupõe o tipo de metafísica bem rejeitado pela filosofia budista e pelo pensamento de Nietzsche. Não obstante, quem argumenta tem razão em exigir uma explicação sobre a forma como forças impessoais podem atuar juntas no intuito de construir uma pessoa, ou um "eu", e, com mais razão ainda, sobre como a percepção da impessoalidade dessas forças impessoais pode tornar essa construção menos automática (ou mecanicista) e reativa, e mais deliberada e ativa.

Com relação a esse problema, o tipo saudável não é tão diferente do tipo doentio. Elementos psicofísicos específicos que formam um subsistema funcionalmente autônomo são responsáveis por reclamar outros elementos psicofísicos, constituídos como periféricos, por assim dizer.[14] Embora seja todo composto por forças impessoais, no processo de reclamar o que lhe "pertence" o subsistema irá se constituir como o eu ao qual "pertence" o que é reclamado. Ademais, note que a autonomia funcional desse sistema mutável não sugere, de modo algum, que ele seja um eu estático – ele está apenas deludido ao considerar a si mesmo como um eu. O que acontece quando se atinge a grande saúde é que o subsistema se recupera dessa delusão. Como resultado, afrouxa sua rigidez – a qual, observo à parte, resulta do grande turbilhão existencial dos tipos doentios, em particular em relação às "crises de identidade". A fim de obter maior flexibilidade por meio do conhecimento (vivido) de sua própria contingência e inessencialidade, o subsistema mutável também conquista uma autonomia bem maior. Daí a ilimitada versatilidade do engajamento irônico do tipo saudável.

Entretanto, essa explicação conduz a uma preocupação adicional. Aparentemente, a passagem da doença para a grande saúde, como a descrevi, envolve sair de uma posição determinada de modo passivo para outra determinante de forma ativa (sobre o eu e o mundo). Mas, em relação ao compromisso inequívoco de Nietzsche com o determinismo estrito, isso é inconsistente. Tem-se a impressão de que nenhuma visão nietzschiana pode admitir graus de "determinação", uma vez que tudo, para Nietzsche, é muito determinado.[15]

No intuito de contornar esse problema, é possível empregar duas estratégias. A primeira consiste em argumentar que, embora Nietzsche seja determinista, a distinção reativo/ativo permite que vários nexos de força sejam mais ou menos determinados/determinantes. Tipos

[14] Sobre esse ponto, ver Siderits, *Buddhist Philosophy*, p. 48 e ss.

[15] *CI* V, § 6, e VII, §§ 7-8.

saudáveis, de acordo com essa visão, tornar-se-ão mais determinantes à medida que progridam na direção da grande saúde, embora até essa progressão e esse ganho na "determinância" se façam necessários ou determinados – isto é, como destino inevitável.

A outra estratégia é mais controversa, mas também mais interessante. A ideia é que o compromisso de Nietzsche com o determinismo é tanto (1) implicitamente comprometido com uma visão do universo que só admite forças reativas quanto (2) reativo em si e *de per si*. Perceba que essas duas críticas são feitas de acordo com um ponto de vista muito nietzschiano. Para começar, não é difícil ver que o determinismo implica uma visão de mundo mecanicista no sentido estrito. A relação causal universal entrega um bloco cósmico denso e impermeável de determinação fixa apenas na medida em que as relações causais são apenas mecanicistas. Mas, como lembra o próprio Nietzsche, o domínio mecanicista é o domínio da reação – ou da estrita proporcionalidade entre ação e reação. Portanto, o determinismo estrito é uma visão de mundo que só admite forças reativas. Se Nietzsche é sincero em relação ao papel de forças ativas, criativas, dinâmicas, produtoras de formas, então o determinismo estrito deve ser descartado.

Então, por que Nietzsche endossou de modo tão vigoroso uma visão de mundo que conflita com sua defesa do ativo? Eu argumentaria que ele o fez por reatividade involuntária. Nietzsche reage à doutrina prevalente do livre-arbítrio libertário, o qual ele vê como um instrumento usado pelos *décadents* para culpar seus opressores por atos dolorosos "deliberados" e para se louvarem por sua mansidão e sua passividade (na verdade, pela incapacidade de retaliar) "deliberadas" de maneira tola. Do mesmo modo, Nietzsche sinaliza que a doutrina do livre-arbítrio faz parte da institucionalização da culpa, uma emoção que ele considera muito insalubre.[16] A doutrina cristã do livre-arbítrio é um

[16] Perceba que a culpa está muito relacionada com uma robusta identidade pessoal diacrônica. Ela pressupõe que sou a mesma pessoa que realizou o ato pelo qual me

produto do *ressentiment*. No entanto, à maneira típica das respostas reativas, Nietzsche oscila até o outro extremo. Não existe liberdade alguma, ele afirma – tudo está determinado de maneira estrita. Nietzsche tinha razão tanto em denunciar os abusos da doutrina do livre-arbítrio como em questionar se o comportamento humano é mesmo tão "livre" quanto cristãos, racionalistas e muitos teístas afirmam. Mas ele foi longe demais. O ideal de grande saúde estabelecido aqui admite, sim, graus de determinação. O tipo saudável, ativo, que realiza ironicamente a autoidentificação e a reificação é um tipo mais determinante do que o tipo doentio passivo/reativo.

A segunda questão importante que precisa ser estudada a fim de embasar nossa nova ética trata do propósito do engajamento do tipo saudável com o mundo. Como dito antes, o tipo saudável continua a lidar com a realização e a invenção das ficções do eu e de "coisas" para fins instrumentais. E isso suscita a pergunta: qual a finalidade dessa instrumentalidade? Afinal, depois que a grande saúde é obtida e a ansiedade e o sofrimento enfraquecedores são eliminados, o que há mais para se almejar? Qual o escopo para a atividade dos tipos saudáveis? Que desejos ainda podem animá-los?

Essas questões encontram resposta no Capítulo 6. A autodelusão resulta em um egocentrismo (e egoísmo) sistêmico. Por outro lado, a cura da autodelusão resulta em um altruísmo sistêmico. Em termos estritos, é claro, falar do eu e do outro ainda depende da ficção da identidade – o tipo saudável não é nem egoísta nem altruísta, apenas engajado –, mas essa visão faz parte da ironia do engajamento do tipo saudável. Nesse sentido, a ideia principal é que a grande saúde é um estado tão

---

sinto culpado. Ademais, a culpa bloqueia a compaixão. Sentir-se culpado pelo sofrimento de uma pessoa, de qualquer maneira, modo ou forma, implica uma relação bastante autorreferencial com o sofrimento do outro, o que inibe a compaixão autêntica e pode levar à mágoa e à irritação. Essas observações não são de Nietzsche (e nem de Buda), mas minhas.

fortalecedor que o tipo saudável exibe a propensão natural para, de forma espontânea, ajudar os outros a aliviarem seu sofrimento. Logo, os tipos saudáveis são compassivos sem quaisquer limites.

Porém, perceba que os tipos saudáveis são movidos por uma compaixão bem diferente da emoção que em geral recebe esse nome. Livres do egocentrismo, os tipos saudáveis não vão responder ao sofrimento alheio com a intenção implícita de pôr fim ao próprio sofrimento. Isso é o que fazem os tipos doentios. Em vez disso, o sofrimento nascido da compaixão do tipo saudável vai agir como um revigorante estímulo para que se dediquem a ações compassivas, voltadas de maneira autêntica ao sofrimento alheio. Como no caso mais geral do sofrimento em nosso modelo nietzschiano, a passagem da doença para a saúde envolve o afastamento de uma posição na qual o sofrimento nascido da compaixão é reativo – ou seja, daninho e enfraquecedor – e a aproximação de outra na qual ele é ativo – ou seja, um preâmbulo estimulante à felicidade da vitória. A alegria vitoriosa que reveste a ação compassiva do tipo saudável é aquilo a que os textos budistas se referem como alegria simpática. Desse modo, a prática da compaixão do tipo saudável exibe uma relação ativa/criativa com o sofrimento, geralmente mais característica da grande saúde. Por fim, tendo em vista que o maior problema para pessoas bastante saudáveis (em termos médicos) é a própria autodelusão, o tipo saudável compassivo estará entretido quase sempre em orientar as pessoas na direção da grande saúde mediante as próprias ações e também com palavras e sugestões (irônicas).

Com uma ilimitada compaixão nascida da força, o tipo saudável exibe outras virtudes, como boa vontade (a disposição de dar felicidade, e não só de aliviar o sofrimento), alegria simpática, equanimidade, generosidade, justiça etc. Elas são indicadores do transbordamento da atenção e da preocupação que derivam do supremo bem-estar da grande saúde e do poder e da energia que decorrem dela. Combinadas com a compaixão, essas virtudes orientam o comportamento dos tipos saudáveis e determinam as formas de seu engajamento irônico.

Como a filosofia budista deixa claro, a vantagem de expressar e de conhecer as virtudes do tipo saudável é que isso proporciona certa estrutura à terapia perfeccionista, por assim dizer. Identificar, isolar e combater formas reativas de resposta e de comportamento é parte do programa. Como sugerido tanto pelo pensamento nietzschiano quanto pelos textos budistas, também pode ser importante aos que já estão bem avançados no caminho rumo à grande saúde se colocar em situações nas quais forças insalubres, ou reativas, podem ganhar domínio – o objetivo, é claro, é solapá-las por completo. Outro elemento, enfatizado pelo budismo de modo particular, é a análise efetiva, na prática meditativa, da identidade pessoal construída (bem como de sua construção continuada). Entretanto, uma característica importante da terapia será também o cultivo das virtudes que identificam a mente saudável. Aprendendo a sentir e a pensar como um tipo saudável, a pessoa já fica mais saudável. Portanto, as nobres virtudes do tipo saudável delineiam um programa terapêutico no qual virtudes específicas são cultivadas com o intuito de se atingir a grande saúde.

Diversas objeções podem ser opostas a essa tentativa de desenvolvimento de uma resposta nova, híbrida, ao desafio do niilismo. No interesse da concisão e do foco, vou encerrar a atual indagação levando em conta apenas o que considero como o mais urgente desses problemas. O perfeccionismo budo-nietzschiano de grande saúde que proponho é suscetível a diversas "objeções santas" tradicionalmente lançadas contra o utilitarismo.[17] A ideia é que o ideal da grande saúde, ou a recuperação da autodelusão, é tão ambicioso que se revela um alvo impossível de ser atingido. A meta é que as pessoas se tornem uma espécie de

[17] Sobre essa objeção, ver G. Scarre, *Utilitarianism*, Londres: Routledge, 1996, p. 182 e ss.

santo. Assim, ela não pode informar o anseio ético humano, pois sobe tanto o patamar que o fracasso e o desapontamento acabam acontecendo.[18] Por certo, as pessoas devem ser mais realistas e pragmáticas do que um proponente do perfeccionismo da grande saúde.

Bem, é muito possível que o ideal de grande saúde que proponho seja mesmo inatingível. Mas, ainda que esse ideal fosse mesmo inatingível, isso não o desqualificaria como meta válida para os esforços humanos, desde que se entenda que "saúde" é uma questão de grau. O fato de ser impossível produzir uma tradução perfeita de um texto não impede os tradutores de procurarem fazer a melhor tradução de que são capazes. O fato de eu nunca conseguir dominar absoluta e impecavelmente sequer a minha língua natal (no meu caso, o francês) não me detém na minha busca da perfeição. Ao que parece, a perfeição é sempre um ideal inatingível, embora seja um ideal que oferece um direcionamento claro para os esforços humanos. É isso que o ideal da grande saúde procura fazer. Mesmo que o ideal "santo" de grande saúde seja inalcançável – como pode mesmo ser –, isso não significa que deixa de ser a meta dos esforços éticos.

Quando fazemos uma pausa e contemplamos o escopo e a profundidade da loucura humana e a formidável quantidade de males a que as pessoas se expõem e expõem os demais, é difícil não sentir que o que não se aproxime, de maneira individual e coletiva, de um ideal ousado, corajoso, não será suficiente. Essa é a intuição por trás do ideal budo-nietzschiano de grande saúde. Parece haver algo de tragicamente pragmático no grito de guerra do Che: *¡seamos realistas, pidamos lo imposible!*

---

[18] De modo evidente, há uma diferença importante entre essa objeção e a objeção tradicional à santidade – ou o excesso de exigência – que ataca o utilitarismo por torná-lo um requisito moral para alguém se tornar santo. Como a ética da grande saúde não exige que todos almejemos a grande saúde, a questão não pode tratar do que é razoável ser exigido. Em vez disso, o problema consiste em mirar alto demais, de maneira irrealista, o que, presume-se, afastaria muita gente.

Bibliografia

Fontes indianas

Abhidharmakośa e *Abhidharmakośabhāṣya of Vasubandhu*, P. Pradhan (org.). Patna: Jayaswal Research Institute, 1967.

Aitareyopaniṣad, em *Eighteen Principal Upaniṣads*, V. P. Limaye e R. D. Vadekar (orgs.). Poona: Vaidika Saṃśodhana Maṇḍala, 1958.

Aṅgutarranikāya, vols. I-VI, R. Morris (org.). Londres: Pāli Text Society, 1976-1981.

Bodhicāryāvatāra de Śāntideva, V. Bhattacharya (org.). Calcutá: Bibliotheca Indica, Asiatic Text Society, 1960.

Bodhicāryāvatārapañjikā de Prajñākaramati, L. de la Vallée Poussin (org.). Londres: Asiatic Society, 1901.

Brahmasiddhi de Maṇḍanamiśra, vol. IV, S. K. Sastri (org.). Madras: Government Oriental Manuscripts Series, 1937.

Bṛhadāraṇyakopaniṣad, em *Eighteen Principal Upaniṣads*, V. P. Limaye e R. D. Vadekar (org.). Poona: Vaidika Saṃśodhana Maṇḍala, 1958.

Chāndogyopaniṣad, em *Eighteen Principal Upaniṣads*, V. P. Limaye e R. D. Vadekar (org.). Poona: Vaidika Saṃśodhana Maṇḍala, 1958.

Daśabhūmikasūtra, P. L. Vaidya (org.). Darbhanga: Mithila Institute of Postgraduate Studies and Research in Sanskrit Learning, 1967.

Dhammapāda, S. S. Thera (org.). Londres: Pāli Text Society, 1914.

Dīghanikāya, vols. I-III, T. W. R (org.). Davids e J. E. Carpenter. Londres: Pāli Text Society, 1890-1911.

Kenopaniṣad, em *Eighteen Principal Upaniṣads*, V. P. Limaye e R. D. Vadekar (org.). Poona: Vaidika Saṃśodhana Maṇḍala, 1958.

Madhyamakāvatāra de Candrakīrti (excertos sânscritos), em *Madhyamakavṛtti of Candrakīrti*, L. de la Vallée Poussin (org.). São Petersburgo: Académie Impériale des Sciences, 1903.

Madhyamakavṛtti of Candrakīrti, L. de la Vallée Poussin (org.). São Petersburgo: Académie Impériale des Sciences, 1903.

Mahāyāyanasūtrālaṃkara de Asaṅga, S. V. Limaye (org.). Nova Délhi: Indian Books Centre, 1992.

Majjhimanikāya, vols. I-IV, V. Treckner e R. Chalmers (org.). Londres: Pāli Text Society, 1888-1925.

Milindapañha, V. Treckner (org.). Londres: Royal Asiatic Society, 1928.

Mūlamadhyamakakārikā de Nāgārjuna, J. W. de Jong (org.). Madras: Adyar Library and Research Center, 1977.

Paramatthamañjusā de Dhammapāla, em Bhikkhu Ñāṇamoli, *The Path of Purification*. Kandry: Buddhist Publication Society, 1975.

Prasannapadā de Candrakīrti, L. de la Vallée Poussin (org.). São Petersburgo: Bibliotheca Buddhica, 1903.

Saṃyuttanikāya, vols. I-V, L. Féer e R. Davids (org.). Londres: Pāli Text Society, 1884-1904.

Suttanipāta do *Khuṇḍakanikāya*, D. Andersen e H. Smith (org.). Londres: Pāli Text Society, 1948.

Suttanipātāṭṭhakathā de Buddhaghosa, H. Smith (org.). Londres: Pāli Text Society, 1966-1972.

Therātherīgāthaṭṭhakathā de Dhammapāla, F. L. Woodward (org.). Londres: Pāli Text Society, 1980.

Triṃśikāvijñaptikārikā de Vasubandhu, em *Deux traités de Vasubandhu: Vimśikā et Triṃśikāvijñaptikārikā*, S. Lévi (org.). Paris: Bulletins de L'École des Hautes Études, 1925.

Vigrahavyāvartanī de Nāgārjuna, E. H. Johnston e A. Kunst (org.). Délhi: Motilal Banarsidass, 1986.

Vinayapiṭaka, vol. I, H. Oldenberg (org.). Londres: Williams and Norgate, 1879.

Visuddhimagga de Buddhaghosa, C. A. F. Rhys Davids (org.). Londres: Pāli Text Society, 1975.

Yuktiṣaṣtikākārikā de Nāgārjuna, C. Lindtner e R. Mahoney (org.). Oxford: Indica et Buddhica, 2003.

Fontes ocidentais

ABBEY, R. "Descent and Dissent: Nietzsche's Reading of Two French Moralists". Dissertação de doutorado, McGill University, 1994.

________. *Nietzsche's Middle Period*. Oxford University Press, 2000.

ABEL, G. *Nietzsche: Die Dynamik der Willen zur Macht und die ewige Wiederkehr*. Berlim: W. de Gruyter, 1998.

ALHABARI, M. *Analytical Buddhism: The Two-Tiered Illusion of the Self*. Basingstoke: Palgrave Macmillan, 2006.

________. "Nirvana and Ownerless Consciousness", em M. Siderits, E. Thompson e D. Zahavi (orgs.), *Self, No Self? Perspectives from Analytical, Phenomenological and Indian Traditions*. Oxford University Press, 2011, pp. 79-113.

AMADEA, S. M. "Nietzsche's Thirst for India: Schopenhauerian, Brahmanist, and Buddhist Accents in Reflections on Truth, the Ascetic Ideal, and the Eternal Return", *Idealistic Studies* 34(3), 2004: 239-262.

ANQUETIL-DUPERRON, H. B. *Oupnek'hat*, 2 vols. Paris: Argentorati, 1801-1802.

APPEL, F. *Nietzsche contra Democracy*. Ithaca, NY: Cornell University Press, 1999.

ARISTÓTELES 1962. *Eudemische Ethik*, trad. de F. Dirlmeier. Berlim: Akademie Verlag, 1962.

ARNOLD, D. *Buddhists, Brahmins and Belief*. Nova York: Columbia University Press, 2005.

BAGGINI, J. *Atheism: A Very Short Introduction*. Oxford University Press, 2003.

BECK, A. T. *Cognitive Therapy and the Emotional Disorders*. Nova York: International Universities Press, 1976.

BERKOWITZ, P. *Nietzsche: The Ethics of an Immoralist*. Cambridge, MA: Harvard University Press, 1995.

BERMAN, D. "Schopenhauer and Nietzsche: Honest Atheism, Dishonest Pessimism", em C. Janaway (org.), *Willing and Nothingness: Schopenhauer as Nietzsche's Educator*. Oxford University Press, 1998, pp. 178-196.

BONARDEL, F. *Bouddhisme et philosophie: en quête d'une sagesse commune*. Paris: Harmattan, 2008.

BRADLEY, B. "Virtue Consequentialism", *Unitas* 17(3), 2005: 282-298.

BREAZEALE, D. "Introduction", em D. Breazeale (org.), *Untimely Meditations*, trad. de R. J. Hollingdale. Cambridge University Press, 1997, pp. VII-XXXII.

BROGAN, W. A. "The Central Significance of Suffering in Nietzsche's Thought", *International Studies in Philosophy* 20(1), 1988: 53-62.

BRONKHORST, J. *Greater Magadha: Studies in the Culture of Early India II*, vol. XIX. Leiden: Koninklijke Brill NV, 2007.

BROWN, C. M. "Modes of Perfected Living in the Mahābhārata and the Purāṇas", em A. Fort e P. Mummes (orgs.), *Living Liberation in Hindu Thought*. State University of New York Press, 1996, pp. 157-183.

BURTON, D. "Curing Diseases of Belief and Desire: Buddhist Philosophical Therapy", em C. Carlisle e J. Ganeri (orgs.), *Philosophy as Therapeia*. Edição especial do *Royal Institute of Philosophy Supplement* 66, 2010: 187-217.

_________. *Emptiness Appraised: A Critical Study of Nāgārjuna's Philosophy*. Richmond, CA: Curzon, 1999.

CHATTOPADHYAYA, D. "Skepticism Revisited: Nāgārjuna and Nyāya via Matilal", em P. Bilimoria e J. Mohanty (orgs.), *Relativism, Suffering and Beyond: Essays in Memory of Bimal K. Matilal*. Délhi: Oxford University Press, 1997, pp. 50-68.

CLARK, M. "Nietzsche, Friedrich", em *Concise Routledge Encyclopedia of Philosophy*. Londres: Routledge, 2000, pp. 630-631.

_________. *Nietzsche on Truth and Philosophy*. Cambridge University Press, 1990.

COLLINS, S. *Selfless Persons: Imagery and Thought in Theravāda Buddhism*. Cambridge University Press, 1982.

CONCHE, M. "Nietzsche et le bouddhisme", em *Cahier du Collège International de Philosophie*, vol. IV. Paris: Osiris, 1989, pp. 125-144.

CONZE, E. "Spurious Parallels to Buddhist Philosophy", *Philosophy East and West* 13(2), 1963: 105-115.

COX, C. "From Category to Ontology: The Changing Role of Dharma in Sarvāstivāda Abhidharma", *Journal of Indian Philosophy* 32(5-6), 2004: 543-597.

DAMASIO, A. *The Feeling of What Happens: Body and Emotion in the Makings of Consciousness*. Londres: Heinemann, 1999.

D'AMATO, M.; GARFIELD, J. e TILLEMANS, T. (orgs.). *Pointing at the Moon: Buddhism, Logic, Analytic Philosophy*. Oxford University Press, 2009.

DANTO, A. C. *Nietzsche as Philosopher*. Nova York: Macmillan, 2005.

DARWALL, S. "Empathy, Sympathy, Care", *Philosophical Studies* 89(3), 1998: 261-82.

DAWKINS, R. *The God Delusion*. Boston: Houghton Mifflin, 2006.

________. *The Selfish Gene*. Oxford University Press, 1976.

DELEUZE, G. *Nietzsche et la philosophie*. Paris: Presses Universitaires de France, 1962.

DE MAN, P. "Nietzsche's Theory of Rhetoric", *Symposium* 28(1), 1974: 33-51.

DETWILER, B. *Nietzsche and the Politics of Aristocratic Radicalism*. Chicago University Press, 1990.

DREYFUS, G. "Self and Subjectivity: A Middle Way Approach", em M. Siderits, E. Thompson e D. Zahavi (orgs.), *Self, No Self? Perspectives from Analytical, Phenomenological and Indian Traditions*. Oxford University Press, 2011, pp. 114-156.

DRIVER, J. *Uneasy Virtue*. Cambridge University Press, 2001.

DROIT, R.-P. *Le culte du néant: les philosophes et le Bouddha*. Paris: Seuil, 1997.

________. "La fin d'une éclipse?", em R.-P. Droit (org.), *Présences de Schopenhauer*. Paris: Grasset et Fasquelle, 1989, pp. 7-23.

________. *L'oubli de l'Inde: une amnésie philosophique*. Paris: Presses Universitaires de France, 1989.

________. "Schopenhauer et le Bouddhisme: une 'admirable concordance'?", em E. von der Luft (org.), *Schopenhauer*. Lewiston, NY: Edwin Mellen Press, 1988, pp. 123-138.

ELLIS, A. *Reason and Emotion in Psychotherapy*. Nova York: Carol Publishing Group, 1991.

FIGL, J. "Nietzsche's Early Encounters with Asian Thought", em G. Parkes (org. e trad.), *Nietzsche and Indian Thought*. Londres: University of Chicago Press, 1991, pp. 51-63.

________. "Nietzsche's Encounter with Buddhism", em B. Bäumer e J. R. Dupuche (orgs.), *Void and Fullness in the Buddhist, Hindu and Christian Traditions: Śūnya-pūrṇa-Pleroma*. Nova Délhi, D. K. Printworld, 2005, pp. 225-237.

FLANAGAN, O. *The Bodhisattva's Brain: Buddhism Naturalized*. Cambridge, MA: MIT Technology Press, 2011.

FORT, A. "Liberation while Living in the Jīvanmuktiviveka", em A. Fort e P. Mummes (orgs.), *Living Liberation in Hindu Thought*. State University of New York Press, 1996, pp. 135-155.

FRAZER, M. L. "The Compassion of Zarathustra: Nietzsche on Sympathy and Strength", *Review of Politics* 68(1), 2006: 49-78.

FRAZIER, A. M. "A European Buddhism", *Philosophy East and West* 25(2), 1975: 145-160.

FUKUYAMA, F. *The End of History and the Last Man*. Nova York: Free Press, 1992.

GADAMER, H.-G. *Wahrheit und Methode: Grundzüge einer philosophischen Hermeneutik*. Tübingen: Mohr, 1972.

GANERI, J. *The Concealed Art of the Soul: Theories of Self and Practices of Truth in Indian Ethics and Epistemology*. Oxford University Press, 2007.

________. "Subjectivity, Selfhood and the Use of the Word 'I'", em M. Siderits, E. Thompson e D. Zahavi (orgs.), *Self, No Self? Perspectives from Analytical, Phenomenological and Indian Traditions*. Oxford University Press, 2011, pp. 176-192.

GÉRARD, R. *L'Orient et la pensée romantique allemande*. Nancy: Thomas, 1963.

GERHARDT, V. *Vom Willen zur Macht: Anthropology und Metaphysik der Macht am exemplerischen Fall Friedrich Nietzsches*. Berlim: W. de Gruyter, 1996.

GETHIN, R. *The Foundations of Buddhism*. Oxford University Press, 1998.

________. "He Who Sees Dhamma Sees Dhammas: Dhamma in Early Buddhism", *Journal of Indian Philosophy* 32(4), 2004: 513-542.

GOMBRICH, R. F. *What the Buddha Thought*. Londres, Equinox, 2009.

GOWANS, C. W. "Medical Analogies in Buddhist and Hellenistic Thought: Tranquility and Anger", em C. Carlisle e J. Ganeri (orgs.), *Philosophy as Therapiea*. Edição especial do *Royal Institute of Philosophy Supplement* 66, 2010: 11-33.

GRAYLING, A. C. *The Good Book: A Humanist Bible*. Nova York: Walker and Co., 2011.

GRIFFIN, J. *Well-Being: Its Meaning, Measurement and Moral Importance*. Oxford, Clarendon Press, 1986.

GRIMM, R. H. *Nietzsche's Theory of Knowledge*. Berlim: W. de Gruyter, 1977.

HALBFASS, W. *India and Europe: An Essay in Understanding*. State University of New York Press, 1988.

_________. *Tradition and Reflection: Explorations in Indian Thought*. State University of New York Press, 1991.

HAMILTON, S. *Early Buddhism: A New Approach: The I of the Beholder*. Richmond, CA: Curzon, 2000.

HAMLYN, D. *Schopenhauer*. Londres: Routledge and Kegan Paul, 1980.

HARMAN, G. "Ethics and Observation", em S. Darwall, A. Gibbard e P. Railton (orgs.), *Moral Discourse and Practice*. Oxford University Press, 1997, pp. 83-88.

_________. *Explaining Value and Other Essays in Moral Philosophy*. Oxford University Press, 2000.

HAVAS, R. *Nietzsche's Genealogy: Nihilism and the Will to Knowledge*. Ithaca, NY: Cornell University Press, 1995.

HAYES, R. P. *Diṅ nāga on the Interpretation of Signs*. Londres: Kluwer Academic Publishers, 1989.

HEIDEGGER, M. *Nietzsche*, 4 vols. Pfullingen: Neske, 1961.

HEINE, H. *Sämtliche Werke*. Hamburgo: Hoffman und Sampe, 1863.

HELLER, P. *Studies on Nietzsche*. Bonn: Bouvier, 1980.

HERÁCLITO DE ÉFESO. "Fragments", em C. H. Kahn (org.), *The Art and Thought of Heraclitus*. Cambridge University Press, 1981.

HORSTMANN, R.-P. "Introduction", em R.-P. Horstmann e J. Norman (orgs.), *Beyond Good and Evil*, trad. de J. Norman. Cambridge University Press, 2002, pp. II-XXVIII.

HULIN, M. *Le principe d'égo dans la pensée indienne classique: la notion d'ahaṃkāra*. Paris: Collège de France, 1978.

HUME, D. *A Treatise of Human Nature*, org. por F. e M. Norton. Oxford University Press, 2005.

HUTTER, H. *Shaping the Future: Nietzsche's New Regime of the Soul and its Ascetic Practices*. Lanham, MD: Lexington Press, 2006.

JANAWAY, C. *Beyond Selflessness: Reading Nietzsche's Genealogy*. Oxford University Press, 2007.

________. *Self and World in Schopenhauer's Philosophy*. Oxford: Clarendon Press, 1989.

________ (org.). *Willing and Nothingness: Schopenhauer as Nietzsche's Educator*. Oxford: Clarendon Press, 1998.

JOHNSON, D. R. *Nietzsche's Anti-Darwinism*. Cambridge University Press, 2010.

KANT, I. *Kritik der reinen Vernunft*. Leipzig: Felix Meiner, 1926.

KAUFMANN, W. *Nietzsche: Philosopher, Psychologist, Antichrist*. Princeton University Press, 1974.

KERN, H. *Der Buddhismus und seine Geschichte in Indien*. Leipzig: O. Schulze, 1882.

KING, R. *Indian Philosophy: An Introduction to Hindu and Buddhist Thought*. Edinburgh University Press, 1999.

KIOWSKI, H. "Nietzsches Kritik an Schopenhauers Mitleidsbegriff", *Prima Philosophia* 12(1), 1999: 47-61.

KOEPPEN, C. F. *Die Religion des Buddhas*, 2 vols. Berlim: F. Schneider, 1857-1859.

LAMBRELLIS, D. N. "Beyond the Moral Interpretation of the World: The World as Play: Nietzsche and Heraclitus", *Philosophical Inquiry* 27(2), 2005: 211-221.

LA ROCHEFOUCAULD, F. de. *Maximes et réflexions diverses*, P. Kuetz (org.). Paris: Bordas, 1966.

LEIBNIZ, G. F. *Essai de théodicée sur la bonté de dieu, la liberté de l'homme et l'origine du mal*, J. Jalabert (org.). Paris: Aubier, 1962 [1710].

________. *The Monadology and Other Philosophical Essays*, org. e trad. por P. e A. M. Schrecker. Indianapolis, IN: Bobbs-Merrill, 1965.

LEITER, B. *Nietzsche on Morality*. Londres: Routledge, 2002.

LÉVI-STRAUSS, C. *La pensée sauvage*. Paris: Plon, 1962.

LÓPEZ, D. S. Jr. "Do Śrāvakas Understand Emptiness?", *Journal of Indian Philosophy* 16(1), 1988: 65-105.

LOSURDO, D. *Nietzsche, il ribelle aristocratico: biografia intellettuale e bilancio critico*. Turim: Bollati Boringhieri, 2002.

MACKENZIE, M. "Enacting the Self: Buddhist and Enactivist Approaches to the Emergence of the Self", em M. Siderits, E. Thompson e D. Zahavi (orgs.), *Self, No Self? Perspectives from Analytical, Phenomenological and Indian Traditions*. Oxford University Press, 2011, pp. 239-273.

MACKIE, J. L. "From Ethics: Inventing Right and Wrong", em S. Darwall, A. Gibbard e P. Railton (orgs.), *Moral Discourse and Practice*. Oxford University Press, 1997, pp. 89-100.

MAGNUS, B. *Nietzsche's Existential Imperative*. Bloomington, IN: Indiana University Press, 1978.

MARTIN, G. T. "Deconstruction and Breakthrough in Nietzsche and Nāgārjuna", em G. Parks (org.), *Nietzsche and Asian Thought*. Londres: Chicago University Press, 1991, pp. 91-111.

MISTRY, F. *Nietzsche and Buddhism: Prolegomenon to a Comparative Study*. Nova York: W. de Gruyter, 1981.

MOORE, G. *Nietzsche, Biology and Metaphor.* Cambridge University Press, 2002.

MORRISON, R. G. *Nietzsche and Buddhism: A Study in Nihilism and Ironic Affinities.* Oxford University Press, 1997.

________. "Nietzsche and Nirvana", em W. Santaniello (org.), *Nietzsche and the Gods.* State University of New York Press, 2001, pp. 87-113.

MÜLLER, M. *Beiträge zur vergleichenden Mythologie und Ethnologie.* Leipzig: Englemann, 1879.

NAGEL, T. *The View from Nowhere.* Oxford University Press, 1989.

ÑĀṆAMOLI, B. *The Path of Purification.* Kandry: Buddhist Publication Society, 1975.

NEHAMAS, A. *Nietzsche: Life as Literature.* Cambridge, MA: Harvard University Press, 1985.

NICHOLLS, M. "The Influence of Eastern Thought on Schopenhauer's Doctrine of the Thing-in-Itself", em C. Janaway (org.), *The Cambridge Companion to Schopenhauer.* Cambridge University Press, 1999, pp. 171-212.

NIETZSCHE, F. W. *Nietzsche Briefwechsel*, G. Colli e M. Montinari (orgs.). Berlim: W. de Gruyter, 1980.

________. *Nietzsche Werke*, G. Colli e M. Montinari (org.). Berlim: W. de Gruyter, 1977.

________. *Der Wille zur Macht*, E. Forster-Nietzsche e P. Gast (org.), em *Nietzsches Werke*, vols. IX e X. Leipzig: C. G. Naumann, 1906.

NORMAN, K. R. "A Note on Attā in the Alagaddūpama-sutta", em *Collected Papers*, vol II. Oxford University Press, 1991, pp. 100-09.

NUSSBAUM, M. C. "Pity and Mercy: Nietzsche's Stoicism", em R. Schacht (org.), *Nietzsche, Genealogy, Morality: Essays on Nietzsche's On the Genealogy of Morals.* University of California Press, 1994, pp. 139-147.

OETKE, C. "'Nihilist' and 'Non-nihilist' Interpretations of Madhyamaka", *Acta Orientalia* 57(1), 1996: 57-103.

________. "Remarks on the Interpretation of Nāgārjuna's Philosophy", *Journal of Indian Philosophy* 19(3), 1991: 315-323.

OLDENBERG, H. *Buddha: sein Leben, seine Lehre, seine Gemeinde*. Berlim: W. Hertz, 1881.

O'SHAUGHNESSY, B. *The Will: A Double Aspect Theory*. Cambridge University Press, 1980.

PANAÏOTI, A. "Anātmatā, Moral Psychology and Soteriology in Indian Buddhism", em N. Mirning (org.), *Puṣpikā: Tracing Ancient India through Text and Traditions* – Contributions to Current Research in Indology, vol. I. Oxford, Oxbow Books Press, a ser lançado.

________. "Wrong View, Wrong Action in Buddhist Thought", em N. Norris e C. Balman (orgs.), *Uneasy Humanity: Perpetual Wrestlings with Evils*. Oxford: Inter-Disciplinary Press, 2009, pp. 9-23.

PARFIT, D. "Experiences, Subjects, and Conceptual Schemes", *Philosophical Topics* 26(1-2), 1999: 217-270.

________. "Overpopulation and the Quality of Life", em P. Singer (org.), *Applied Ethics*. Oxford University Press, 1986, pp. 145-164.

________. *Reasons and Persons*. Oxford University Press, 1984.

PEARSON, K. A. "For Mortal Souls: Philosophy and Therapiea in Nietzsche's Dawn", em C. Carlisle e J. Ganeri (orgs.), *Philosophy as Therapiea*. Edição especial do *Royal Institute of Philosophy Supplement* 66, 2010: 137-163.

PIPPIN, R. B. "Introduction", em R. B. Pippin (org.), *Thus Spoke Zarathustra: A Book for All and None*, trad. de A. Del Caro. Cambridge University Press, 2006, pp. VIII-XXXV.

PRIEST, G. *Beyond the Limits of Thought*. Oxford University Press, 2002.

PURUSHOTTAMA, B. "Nietzsche as 'Europe's Buddha' and 'Asia's Superman'", *Sophia* 47(3), 2008: 359-376.

PYE, M. *Skilful Means: A Concept in Mahāyāna Buddhism*. Londres: Psychology Press, 2003.

RAWLS, J. *A Theory of Justice*. Cambridge, MA: Harvard University Press, 1971.

REGINSTER, B. *The Affirmation of Life: Nietzsche on Overcoming Nihilism*. Cambridge, MA: Harvard University Press, 2006.

RHYS DAVIDS, T. W. e STEDE, W. (orgs.). *Pāli Text Society's Pāli-English Dictionary*. Chipstead: Pāli Text Society, 2006.

RICHARDSON, J. *Nietzsche's New Darwinism*. Oxford University Press, 2004.

________. *Nietzsche's System*. Nova York: Oxford University Press, 1996.

RICOEUR, P. *Soi même comme un autre*. Paris: Seuil, 1990.

RORTY, R. *Consequences of Pragmatism*. University of Minnesota Press, 1991.

ROUSSEAU, J.-J. *Émile, ou De l'éducation*. Paris: Garnier Frères, 1967 [1762].

RUEGG, D. S. *The Literature of the Madhyamaka School of Philosophy in India*. Wiesbaden: O. Harrassowitz, 1981.

RUPP, G. "The Relationship between *Nirvāṇa* and *Saṃsāra*: An Essay on the Evolution of Buddhist Ethics". *Philosophy East and West* 21(1), 1971: 55-67.

RUSSELL, B. *History of Western Philosophy and its Connection with Political and Social Circumstances from the Earliest Times to the Present Day*. Nova York: Simon and Schuster, 1945.

SARTRE, J.-P. *L'être et le néant: essai d'ontologie phénoménologique*. Paris: Gallimard, 1943.

SCARRE, G. *Utilitarianism*. Londres: Routledge, 1996.

SCHECHTMAN, M. *The Constitution of Selves*. Ithaca, NY: Cornell University Press, 1996.

SCHEIFFELE, E. "Questioning One's 'Own' from the Perspective of the Foreign", em G. Parkes (org.), *Nietzsche and Indian Thought*. Londres: University of Chicago Press, 1991, pp. 31-47.

SCHELER, M. *Gesammelte Werke*, 7 vols. Berna: Francke, 1973.

SCHOPENHAUER, A. *Sämtliche Werke*, A. Hübscher (org.). Mannheim: F. A. Brockhaus, 1988.

SCHWAB, R. *La Renaissance orientale*. Paris: Payot, 1950.

SIDERITS, M. "Buddhas as Zombies: A Buddhist Reduction of Subjectivity", em M. Siderits, E. Thompson e D. Zahavi (orgs.), *Self, No Self? Perspectives from Analytical, Phenomenological and Indian Traditions*. Oxford University Press, 2011, pp. 308-331.

_________. *Buddhism as Philosophy: An Introduction*. Aldershot: Ashgate, 2007.

_________. *Buddhist Philosophy and Personal Identity: Empty Persons*. Aldershot: Ashgate, 2003.

SIDERITS, M.; THOMPSON, E. e ZAHAVI, D. (orgs.). *Self, No Self? Perspectives from Analytical, Phenomenological and Indian Traditions*. Oxford University Press, 2011.

SOBER, E. e WILSON, D. S. *Unto Others: The Evolution and Psychology of Unselfish Behaviour*. Cambridge, MA: Harvard University Press, 1998.

SOLL, I. "Pessimism and the Tragic View of Life: Reconsiderations of Nietzsche's Birth of Tragedy", em R. C. Solomon e K. M. Higgins (orgs.), *Reading Nietzsche*. Oxford University Press, 1988, pp. 104-133.

SORABJI, R. *Self: Ancient and Modern Insights about Individuality, Life, and Death*. Oxford University Press, 2006.

SPINOZA, B. *A Spinoza Reader: The Ethics and Other Works*, org. e trad. De E. Curley. Princeton University Press, 1994.

SPRUNG, M. "Nietzsche's Trans-European Eye", em G. Parkes (org.), *Nietzsche and Indian Thought*. Londres: University of Chicago Press, 1991, pp. 76-90.

STATEN, H. *Nietzsche's Voice*. Ithaca, NY: Cornell University Press, 1990.

STRAWSON, G. "The Self", *Journal of Consciousness Studies* 6(5-6), 1997: 405-428.

TAPPOLET, C. "Compassion et altruisme", *Studia Philosophica* 59, 2000: 175-193.

TAYLOR, C. *Sources of the Self*. Cambridge, MA: Harvard University Press, 1989.

THAPAR, R. *Ancient Indian Social History: Some Interpretations*. Londres: Sangam Books, 1984.

URE, M. *Nietzsche's Therapy: Self-Cultivation in the Middle Works*. Lanham, MD: Lexington Press, 2008.

VANDERHEYDE, A. *Nietzsche et la pensée bouddhiste*. Paris: Harmattan, 2007.

VARELA, F. J. *Ethical Know-How: Action, Wisdom, and Cognition*. Stanford University Press, 1999.

VIÉVARD, L. *Vacuité (śūnyatā) et compassion (karuṇā) dans le bouddhisme madhyamaka*. Paris: Collège de France, 2002.

WACKERNAGEL, J. *Über den Ursprung des Brahmanismus*. Basel: H. Richter, 1877.

WALDINGER, R. J. *Psychiatry for Medical Students*. Washington, DC: American Psychiatric Press, 1997.

WALL, S. "Perfectionism", em E. N. Zalta (org.), *Stanford Encyclopedia of Philosophy*, out. 2008.

WALLIS, G. "The Buddha Counsels a Theist: A Reading of the *Tejjivasutta* (*Dīghanināya* 13)", *Religion* 38(1), 2008: 54-67.

WARDER, A. K. *Indian Buddhism*. Délhi: Motilal Banarsidass, 1970.

________. *Outline of Indian Philosophy*. Délhi: Motilal Banarsidass, 1971.

WESTERHOFF, J. *Nāgārjuna's Madhyamaka: A Philosophical Introduction*. Oxford University Press, 2009.

WICKS, R. *Schopenhauer*. Oxford: Blackwell, 2008.

WILLIAMS, B. "Introduction", em B. Williams (org.), *The Gay Science*, trad. de J. Nauckhoff e A. del Caro. Cambridge University Press, 2005, pp. vii-xxii.

________. *The Sense of the Past*. Cambridge University Press, 2006.

________. *Truth and Truthfulness*. Princeton University Press, 2002.

WILLIAMS, P. *Mahāyāna Buddhism: The Doctrinal Foundations*. Londres: Routledge, 1989.

WILLSON, A. L. *A Mythical Image: The Ideal of India in German Romanticism*. Durham, NC: Duke University Press, 1964.

WOOD, T. *Nagarjunian Disputations: A Philosophical Journey through an Indian Looking-glass*. University of Hawaii Press, 1994.

YOUNG, J. *The Death of God and the Meaning of Life*. Londres: Routledge, 2003.

________. *Schopenhauer*. Londres: Routledge, 2005.

ZAHAVI, D. "The Experiential Self: Objections and Clarifications", em M. Siderits, E. Thompson e D. Zahavi (orgs.), *Self, No Self? Perspectives from Analytical, Phenomenological and Indian Traditions*. Oxford University Press, 2011, pp. 56-78.

Índice remissivo

Absoluto, 20, 22, 34, 35, 52, 76, 79, 86, 251
absolutismo, 82, 92
moral, 272
afirmação da vida, 21, 22, 28, 128, 133-39, 145, 148-52, 164, 166, 167, 180, 191, 195, 198, 238, 250, 254,287, 304, 313
ética da,20-1, 22, 134, 139, 140-41, 145, 191, 197, 201, 322
alegria simpática (*muditā*), 291, 293, 297-98, 306, 309, 310, 311, 337
alma, 23, 69, 83-6, 92, 93,94, 106, 115, 116, 184, 241
do mundo, 80
racional, 93, 94
superstição da (*Seelen-Aberglaube*), 69, 84, 251
altruísmo, 108, 261, 271, 272, 273, 296, 318, 336
amor fati, 21, 22, 135, 138, 140, 145, 152, 155, 156, 161, 194, 198-203, 238, 246, 249, 250, 254, 289, 307, 313, 314, 322, 325
como anti-*nirvāṇa*, 135-37
e falsificação, 197-200
Anaximandro, 150, 156, 164
Anquetil-Duperron, H. B., 119
Antibuda, 22, 94, 95, 107, 111, 128, 134, 139-40, 145, 203
Anticristo, 87, 107
antropomorfismo, 217, 225
anulação (*Entselbstung*), 105-06, 109, 110, 126, 138, 139, 141, 188, 191, 250, 272, 279, 280, 307
apreensão (*upādāna*), 210-13, 217, 223-24, 225, 230, 231
e o princípio do ego, 216-17
inflamação da, 223, 225, 245
voltada para o exterior, 214, 216, 217
voltada para o interior, 212, 213, 233
apropriação, 212, 213, 214, 216, 220, 225, 233, 235, 243, 239, 331
Ver também apreensão voltada para o interior
inflamação da, 213
Aristóteles, 25, 324

Asaṅga, 295, 297, 308
atividade, 154
ação, 333
afeto ativo, 281
força ativa, 171, 173, 174, 177, 187, 188, 192, 193, 194, 201, 281, 282, 312, 314, 325, 335
impulso ativo, 29, 172
tipo ativo, 174, 188, 192, 249, 253, 254, 308, 310, 311, 331. *Ver também* tipo saudável
ātman, 78, 86, 92, 229, 295. *Ver também* eu como *brahman*, 79-80

boa vontade (*maitrī*), 291, 293, 310, 312, 328,337
bodhisattva, 294, 297, 313
voto, 301, 303
brahman, 72, 80, 86, 92, 101, 124, 219, 223, 251
bramanismo, 107, 123, 124, 125, 165
Buda, 22, 23, 27, 31-6, 56, 57, 62, 72-3, 86, 93, 100, 122, 128, 133,140-41, 164, 202-07, 224, 227, 232, 236, 237, 240, 242, 244, 247, 248, 250, 254, 290, 292, 302, 313, 322, 324
Nietzsche como, 37, 87, 93
da Europa, 21, 38, 54, 60, 90, 94, 98, 141, 259, 287
Buddhaghosa, 293, 294, 296, 308
budismo, 36, 37-8, 43, 88, 96, 122, 165, 193, 242-43, 254, 279, 307, 322
como religião, 32, 35
contrabudismo, 137
ética budista, 58, 89, 90, 94, 101, 102, 111, 134, 138, 219, 238, 246, 256, 294, 296, 297, 307, 322
europeu, 127-28, 132, 279
filosofia budista, 23-4, 30-5, 57, 72, 79, 83, 85, 86, 90-4, 125, 145, 204, 208, 219-20, 221, 222, 229-33, 239, 241, 242, 243, 251-55, 289, 295, 296, 302, 308, 311, 313, 314, 322, 325, 329, 330, 333, 338
novo, 129, 191, 279
pensamento budista, 22, 30, 35, 36, 71, 243

Candrakīrti, 212, 227
coisa em si, 85, 112, 113, 116. *Ver também Ding an sich*
compaixão, 108-11, 134, 256, 259, 260, 279, 311, 337
como contraprincípio da seleção, 276
compaixão[budista], 300-08, 310, 312, 314
crítica cultural de Nietzsche à, 272-79
crítica psicológica de Nietzsche à, 260-71
cultivo da, 22, 108, 139, 140, 259, 275, 289, 307, 322
da força, 283-84, 286, 287, 309, 311, 314
da fraqueza, 304-06
do forte, 281-83, 284, 312
do fraco, 282-83, 284, 309
e autonegação, 109
e instinto de manada, 272-73
e moral da anulação, 272-75
moralidade da, 274, 277, 278, 279
na filosofia budista, 289-05
religião da, 271-78
superação da, 21, 22, 135, 139-41, 271, 289, 308, 322

componentes (*skandha*), 63, 66, 67, 68, 208-13, 216, 217, 224, 235, 236
construção do horizonte, 213, 215-16, 234
constructo hipostatizado (*vikalpa*), 214-18, 232
hipóstase, 195, 214, 216, 224, 253, 330
criatividade
criação, 49, 172, 174, 177, 198
força criativa, 188, 201. *Ver também* força ativa
cristianismo, 41, 43, 53, 87, 93, 96, 98, 99, 111, 123-26, 129, 153, 164, 190, 191, 271, 275
cristão, 41-2, 164, 336
veracidade cristã, 53, 129, 132
culpa, 87, 107, 126, 158, 159, 163, 165, 187, 188, 192, 194, 199, 201, 335

Dawkins, R., 172 , 319
décadence, 23, 47, 48, 78, 89, 94, 96, 101, 103, 106, 108, 111, 125, 128, 132, 136, 138, 139, 148, 156, 160, 162, 188, 193, 247, 251, 271, 277, 284, 286, 329
décadent, 47-51, 95, 96, 100, 103, 105, 109, 110, 127, 129, 156-57, 160, 162, 163, 165, 182, 186-94, 197, 247, 248, 252, 262, 264, 267, 269-75, 277, 281, 284, 287, 306, 314, 335 . *Ver também* tipo doentio
ética, 23-4
idiossincrasia dos *décadents*, 104, 106, 110
Deleuze, G., 46, 173
delusão (em oposição à ilusão), 220-21, 237-38
despersonalização, 232, 332
determinismo, 334-35
Deus, 19, 23, 46, 47, 51-6, 77, 80-7, 101, 113, 114, 121, 124, 129, 131-32, 165, 186, 193, 197, 223, 228, 251, 252, 316-19, 323
de Einstein, 319
indiano, 57
morte de, 20, 41, 42, 52-3, 56, 90, 91, 101, 116, 126-33, 190, 278
reino de, 318, 319
sombra de, 177, 190
devir (em oposição a Ser), 19-20, 21, 22, 44-53, 70, 75, 77, 78, 86, 90, 100, 101, 103, 113, 150, 151, 158, 167, 178, 183, 187, 189, 193-201, 214, 230, 232, 251, 252, 253, 306, 315, 318, 321, 323, 331
filosofia do, 178
Dhammapāla, 296, 298
Ding an sich, 85, 101. *Ver também* coisa em si
Dioniso, 151, 152, 166-67, 184, 197-01, 254
sabedoria de, 164
discurso médico, 23, 37, 88-94, 205, 210, 213, 299
no budismo, 88
doença, 29, 38, 48, 50, 91, 106, 121, 138, 156, 160-61, 162, 166, 167, 180, 184, 219, 246, 250, 276, 278, 322, 323, 332, 334
tipo doentio, 37, 48, 50, 89, 161-66, 192, 194, 249-55, 284, 286, 306, 314, 326, 330, 331-32, 334, 336

ego, 23, 32, 33, 83, 84, 86, 119, 213, 214, 241, 242, 252, 329.
Ver também eu
egocentrismo, 221, 296, 304, 306, 329, 330, 336
egoísmo, 107, 119, 221, 242, 273, 318, 336-37
princípio do ego (*ahaṃkāra*), 81, 82, 209-14, 224, 245, 246
equanimidade (*upekṣā*), 108, 291, 310, 337
Espinoza, B., 154, 263, 265, 319, 324
espírito livre, 129-30, 131, 132, 164, 191, 313
eterna recorrência, 137, 197-201, 254-55
ética budo-nietzschiana, 323, 324, 325-26
eu, 23, 34, 35, 60-71, 74, 78, 79, 80, 83, 84, 85-6, 90, 93-4, 119-20, 121, 196-200, 208-20, 223-38, 241, 242, 251, 252, 253-54, 312, 323, 329, 332-36
como substância, 64, 72, 217
ausência do, 61, 68, 225, 227, 229, 236, 281, 296
narrativo, 234
autoafirmação, 138, 139, 180, 250, 254, 280, 284, 286
autoconstrução, 332
autocontrole, 139, 262, 263, 269, 305, 306, 309
autodelusão (ātmamoha), 82, 84, 209, 217-26, 229, 230, 231, 233, 241, 242, 246, 247, 250, 251, 295, 296, 304, 306, 307, 329, 330, 333, 336, 337, 338
autoidentificação, 212, 331, 332, 336
autonegação, 103, 104, 105, 106, 113, 114, 141, 243, 274, 275
autossuperação, 53, 54, 129, 132, 189-94, 199, 201, 325
do niilismo, 190
autopreservação, 169, 172, 183, 274
como processo de combustão, 212-13
crítica de Nietzsche ao, 70-1
crítica budista ao, 60-8
ausência de eu, 34, 80, 81, 227, 230, 243, 271, 285, 296

falsificação, 77, 82, 195-200
Fim da História, 318, 319
Foucault, M.,30

Ganeri, J., 212, 227, 237
grande saúde, 21, 22, 24, 28, 33, 36, 37, 87, 88, 92, 93, 94, 95, 98, 102, 106, 128, 132, 134, 135, 137, 139, 140, 145, 150, 152, 155, 156, 189, 191, 197, 201-05, 226, 232, 240, 245-50, 254-55, 256 260, 269, 284, 287, 289, 292, 294, 300-05, 306, 308-15, 322, 326-33, 335-39
ética da, 22, 89-91, 327
do *nirvāṇa*, 37, 208, 255, 291, 292, 296, 297, 300, 301, 302-03, 306, 313

habilidade, 229, 236
habilidade nos meios (*upāyakauśalya*), 36, 37, 302, 303
habilidosa, 36
meios habilidosos (*kuśalopāya*), 302
Heidegger, M., 181, 200
Heráclito, 77, 149-52, 156, 164, 201
hermenêutica, 37, 38
higiene, 87, 91, 96

Hobbes, T., 173
Hume, D., 63, 67

identidade, 61-2, 68, 69-70, 79, 80, 85, 216, 217, 221, 233, 234, 235, 328, 331, 334, 336, 338
pessoal, 61, 63, 65, 69, 233
abordagem narrativa à, 233
sensação de, 82
iluminação, 74, 244
impermanência, 22, 50, 66, 70, 73, 77, 146, 217, 223, 225, 300
infecção emocional, 266, 267
interpretação, 51, 159, 162, 167, 171, 180-81, 183, 184, 185-88, 194-98, 247, 253, 254, 307, 312
e falsificação, 195
ironia, 200, 235-36, 237, 238, 253-54, 255, 328, 336
distância irônica, 235
distanciamento irônico, 237, 332
engajamento irônico, 235, 237, 328, 332, 334, 338
mestres da, 233, 253, 328

Jesus Cristo, 166

Kant, I., 112
Kisagotamī, 298-301, 302, 306, 314

La Rochefoucauld, F., 260, 285
Leibniz, G. F.,118
Locke, J., 79

Madhyamaka, 34, 82, 223
Mādhyamika, 81, 82, 211, 296
Mahāyāna, 294, 301
māyā, 118, 119-20
médico, 36, 88, 91, 244, 269, 290, 300
da humanidade, 269, 284, 304, 308
décadent, 99
metafísica do processo, 23, 183, 184
moral, 43, 52-3, 90, 93, 191, 271, 285, 317-18, 320, 323, 326
anulação, 105, 106, 163, 188, 191, 192, 249, 271, 280, 306, 307
cristã, 102, 160, 190
da manada, 285
décadent, 188
do escravo, 159, 163, 187
do senhor, 159
niilista, 108, 259, 270
moralidade, 27, 53, 59, 90, 95, 96, 119, 133, 159, 248, 261-62, 270, 273, 277, 278, 279, 285, 316, 317, 319
cristã, 123, 129
da compaixão, 270
do altruísmo, 270
niilista, 90
mundo aparente, 90, 92, 94, 112, 131, 179, 182

nada, 51, 97, 101, 103, 106, 110, 124, 139, 165, 278
vontade do nada, 100, 112, 125, 278
Nāgārjuna, 34, 42, 73-4, 75, 77, 80, 211, 218, 224, 226, 227, 230, 245
Nagel, T.,26
narcisismo, 218, 221
natureza humana, 324-25
negação da vida, 49, 95, 98-105, 108, 112, 113, 118, 121, 123-28, 133, 134, 135, 138, 145, 148, 150, 153, 156, 166, 167, 180, 189, 191, 194, 195, 196, 239, 246, 249, 259, 275, 304, 308, 315, 322

ética da, 22, 23, 192
niilismo, 27, 41, 57, 86, 110, 134, 187, 275, 277, 279, 283
afastamento niilista, 182
ativo, 134, 141
crise niilista, 22, 51-4, 87, 90, 91, 94, 96, 97, 101, 111, 112, 127, 128-29, 131, 132, 134, 194, 322
indiano, 56
cristão, 190
desafio do, 19, 20, 23, 30, 87, 94, 97, 102, 315-23, 324, 338
ética pós-niilista, 87, 90
mentalidade niilista, 43-51, 52-3, 54, 96, 101, 112, 124, 129, 160, 187
metaético, 43, 45, 53
metafísico, 42-3, 45
niilista, 41, 44, 45, 46, 51, 52, 278-79
passivo niilista, 101, 183
passivo, 97, 112, 125, 128, 134
religião niilista, 96, 104, 126, 158, 161, 165, 191
nirvāṇa, 22, 33, 36, 61, 89, 93, 95, 97, 102, 103, 106-07, 108, 111, 122, 124, 134, 138, 140, 145, 152, 158, 191, 197, 202, 203-05, 209, 210, 211, 223, 226, 229-33, 235-50, 255, 279, 289, 293, 295, 297, 300, 301, 306, 308, 322, 325, 333. *Ver também* grande saúde
nobres verdades, 103-04, 205, 207
primeira nobre verdade, 239-40
segunda nobre verdade, 205-09

ordem hierárquica, 307, 310
otimismo, 60, 164, 167, 189, 190, 191, 318, 321
cristão, 128

Parfit, D., 63, 64, 326
Parmênides, 20, 75, 77
Paṭipadāsutta, 208
perfeccionismo, 323-24
bens objetivos, 326
budo-nietzschiano, 328
grande saúde, 324-28, 338, 339
personificação, 78, 217, 225, 252
perspectivismo, 24-6, 28, 179, 181-83
pessimismo, 59-60, 118, 122, 124, 133, 141, 153, 184, 281, 318, 321
budista *versus* schopenhaueriano, 239-43
descritivo, 59, 60, 184, 185, 194, 321
do fraco, 60, 125-31, 133, 164, 166, 167, 186, 188, 193, 195
religião pessimista, 123
schopenhaueriano, 127-28, 147, 164
Platão, 20, 25, 42, 75, 91, 93, 130, 131
filosofia platônica, 93
platonismo, 43, 126
poder, 169-70, 173-75. *Ver também* vontade de poder
prazer, 47, 58, 104, 109, 154, 157, 161, 170, 186, 239, 297, 311, 319
busca do, 169, 170
principium individuationis, 118, 119, 123, 253
proliferação conceitual (*prapañca*), 214, 215, 218, 224, 225
psicologia moral, 24, 209, 247
budista, 145, 203, 205, 213-38, 241, 242, 244, 247, 296, 298, 309, 311, 329
da ética budo-nietzschiana, 329-33
Madhyamaka, 295
psicologia. *Ver também* psicologia moral

da compaixão, 109-11, 260-68
da *décadence*, 47-8
evolucionista, 25

Razão, 93-4, 190, 320
racionalismo, 31, 94, 190
Realidade, 45, 76, 77, 179, 236
realismo, 119, 179, 219, 254
reatividade, 49, 154, 187, 193, 252, 329, 330, 335
afeto reativo, 264, 267, 271, 281
força reativa, 171-74, 187, 188, 192, 193, 201, 249, 252, 282, 283, 311, 314, 325, 335
impulso reativo, 29
reação, 48, 97, 101, 171, 176, 177, 186, 261, 271, 274, 331, 335
resposta reativa, 188, 262, 336
tipo reativo, 173, 186, 189, 192, 196, 249, 251, 264, 284, 286, 309, 330. *Ver também*
reducionismo, 176, 178-79, 181, 237
reencarnação, 33, 35, 245-46
renascimento, 33, 102, 206, 244, 245
ressentiment, 48, 49, 78, 99-102, 116, 125, 138, 158, 159, 187, 188, 191-94, 197, 201, 246-47, 250, 273, 284, 306, 336
afeto do, 48, 148, 158, 246-47
ressentiment$_1$, 100, 101, 138, 159, 247, 248
ressentiment$_2$, 100, 101-02, 138, 247, 248, 249, 252
contra a realidade, 49, 100, 101, 127, 138, 140, 193, 247

salvação (*Erlösung*), 121, 122-23, 124, 238, 240, 242, 243, 246
versus nirvāṇa, 246
saṃsāra, 122, 124, 137-38, 223, 226, 239, 244, 245, 248, 302
Śāntideva, 297, 311
Scheler, M., 266-68, 284
Schopenhauer, 51, 58, 59, 103, 111, 112-26, 128, 140, 164, 219, 238-44, 246, 274-75, 321
Anti, 111
sede (*tṛṣṇā*), 33, 204-14, 217, 218, 221, 223, 224, 231, 232, 242, 243, 246, 247, 255, 295, 296, 307, 325
febre da, 204-10, 213, 223, 225, 242-46, 249, 302, 306
versus Vontade de Schopenhauer, 242
Ser, 19, 20-1, 22, 26, 33, 35, 42-47, 49, 51-6, 61, 71, 75-86, 90, 91, 94, 97, 101, 103, 112, 113-14, 124, 131, 134, 149, 153, 157, 167, 182, 186, 188, 196-200, 218-19, 223, 242, 249-54, 315-23, 329, 331
como produto da autodelusão, 79-86
metafísica do, 44, 46, 49, 72, 76, 82, 84, 88, 92, 125, 164, 178, 181, 183, 184, 317, 321
Sidarta Gautama, 22, 31, 88, 95, 244
Siderits, M., 31, 233
sofrimento, 21, 57-60, 87, 90, 98, 102, 107-08, 109, 114, 117, 121, 122, 124, 133, 134-35, 138, 146, 147-64, 165, 166-67, 172, 184, 185, 186, 191, 192, 194, 198, 200-01, 205, 206, 209, 239, 247, 250, 252, 255, 256, 259, 263, 264-65, 267-68, 269, 275-78, 281-90, 292, 293, 295, 297, 300, 301, 302, 306, 309-14, 330, 331-32, 336, 337

afirmação do, 135-39, 161, 167, 194, 201, 203,
cessação de, 209, 231, 294, 301
cessação do, 102-07, 135, 202, 204, 205, 243, 247, 249, 250, 255
como estímulo para a vida, 152-54
compaixão como, 261-63
duḥkha, 57, 206-08, 209, 221, 226, 231, 239-40, 241, 242, 245, 246, 248, 255, 292, 295, 296, 306
extensional *versus* intensional, 162-63
Sublimidade, 21, 46, 49, 57, 66, 86, 90, 94, 97, 103, 156, 252, 331
Substância, 20, 23, 35, 45, 73-82, 84, 178, 190, 251
ausência de substância, 225
crítica à, 71-85
metafísica da linguagem, 83
metafísica da substância, 23, 32, 34, 45, 72, 73, 77, 81, 83, 84, 216, 217, 237
substância (*svabhāva*), 45, 64, 73, 74, 75-6, 80, 81, 216, 217, 219-29, 236, 237-38, 243, 251, 329
sujeito, 23, 26, 27, 33, 64, 70, 71, 83, 85, 120, 181, 184, 216, 217, 221, 328
sujeito-sentimento (*Subjekt-Gefühle*), 84, 251, 252
subjetividade, 25
summum bonum, 101, 102, 118, 186, 197, 200, 204, 241, 243
surgimento codependente (*pratītyasamutpāda*), 34, 74, 225, 229, 230, 232, 236, 237

Tappolet, C., 268
teoria do mecanismo, 170, 171, 177, 335
terapia, 35, 92, 139, 338
budista, 225, 226, 230, 231, 248
comportamental-cognitiva, 291
ética terapêutica, 139
perfeccionista, 338
terapeuta, 36, 236, 290, 301
Buda como, 36-7
tipo budista, 100, 103, 138
tipo criativo, 187. *Ver também* tipo saudável
tipo doentio, 37, 48, 50, 89, 161-66, 192, 194, 249-55, 284, 286, 306, 314, 326, 330, 331-32, 334, 336
tipo forte, 136, 161, 162, 280-87. *Ver também* tipo saudável
tipo fraco, 48, 156, 159, 162, 166, 187, 188, 255, 282, 283, 284, 286
tipo saudável, 89, 90, 135, 137, 138, 156, 160-66, 188-94, 197-202, 233, 236, 250, 253, 254-55, 256, 270, 284, 285, 287, 294, 295, 301, 303-04, 223, 312-13, 314, 323-34, 336, 337-38
budista, 197, 231-38, 249, 250, 253, 254, 295, 296, 297, 302-08, 310, 311, 313
heraclitiano, 253
tipo superior, 270, 284, 307, 308, 312. *Ver também* tipo saudável
tipologia
dos pessimismos, 164-65
dos sofredores, 161-64
tragédia, 28, 151, 153, 164, 197, 198, 202
Transcendência, 19, 45, 90
metafísica da, 45
transtorno de personalidade paranoide, 221-22

Übermensch, 37
upādāna, 210. *Ver também* apreensão
Upaniṣads, 66, 72, 78

Vasubandhu, 67, 295
vazio (śūnyatā), 74-77, 223-24, 225, 226, 230, 231, 295
Verdade, 20, 26, 45, 49, 52, 76, 79, 179, 182, 183, 190, 197, 236-37, 323
  Absoluto, 26-7
  convencional (*saṃvṛtisatya*), 69, 227, 229, 236
  crítica à, 179
  suprema (*paramārthasatya*), 68, 227, 236
virtude, 19, 23, 91, 93, 109, 111, 134, 139, 262, 264, 272, 273, 274, 287, 290, 305, 307, 310, 325, 337
  ética perfeccionista, 324
  nobre, 259, 271, 338
visão reificadora (*dṛṣṭi*), 214-18, 224-227, 232
reificação, 81, 195, 196, 214, 216, 224, 329, 330, 331, 336
vontade de poder, 168, 169-84, 185-90, 192-98, 201, 280
  como filosofia da natureza, 177-79
  contra a teoria evolucionista convencional, 171
Vontade, 105-06, 112, 116-20, 228, 242
  de vida, 124
  negação da, 121, 125

wahre Welt, 44, 45, 49-56, 77-8, 79, 80, 85, 86, 90, 91, 92, 95, 100, 112, 116, 124, 131, 157, 158, 179, 187, 188, 192, 196, 252, 319, 320, 321
metafísica, 49, 53, 80, 183

Williams, B., 30, 195

Zarathustra, 38, 154

Impresso por :

Graphium
gráfica e editora

Tel.:11 2769-9056